Theodor Fontane
Am Ende des Jahrhunderts

Theodor Fontane
Am Ende des Jahrhunderts

Internationales Symposium des

Theodor-Fontane-Archivs

zum 100. Todestag Theodor Fontanes

13.–17. September 1998 in Potsdam

Herausgegeben von Hanna Delf von Wolzogen

in Zusammenarbeit mit Helmuth Nürnberger

Gedruckt mit Unterstützung des Ministeriums
für Wissenschaft, Forschung und Kultur des Landes
Brandenburg

Die Deutsche Bibliothek — CIP-Einheitsaufnahme

Ein Titeldatensatz für diese Publikation
ist bei Der Deutschen Bibliothek erhältlich.

© Verlag Königshausen & Neumann GmbH. Würzburg 2000
Gedruckt auf säurefreiem und alterungsbeständigem Papier
Redaktion: Christina Siems, Christine Hehle
Gesamtgestaltung: Therese Schneider
Bindung: Rimparer Industriebuchbinderei GmbH
Alle Rechte vorbehalten
Dieses Werk einschließlich aller seiner Teile ist urheberrechtlich geschützt.
Jede Verwertung außerhalb der engen Grenzen des Urheberrechtsgesetzes ist
ohne Zustimmung des Verlages unzulässig und strafbar. Das gilt insbesondere
für Vervielfältigungen, Übersetzungen, Mikroverfilmungen und die
Einspeicherung
und Verarbeitung in elektronischen Systemen.
Printed in Germany
ISBN 3-8260-1795-1

Band I

Der Preuße

Die Juden

Das Nationale

Inhalt

IV

Zum Geleit

Fontane ist der Dichter unserer Region. Wie kaum ein anderer Schriftsteller hat er die Menschen verstanden, sie charakterisiert und in einzigartiger Weise in Beziehung zur märkischen Landschaft gesetzt. Nach eigenem Bekunden im »märkischen Sand geboren«, spürt man quasi in seinen Büchern zwischen allen Seiten das Knirschen der Streusandbüchse.

Mich hat der alte Fontane zunehmend fasziniert: In seinen Romanen begegnen mir Menschen, deren Schicksal direkt aus dem Leben gegriffen scheint, denen man Sympathie und Achtung entgegenbringen kann.

Und erst die »Wanderungen«! Vor allem nach dem Fall der Mauer, als endlich auch für den Westen die Mark wieder problemlos erreichbar wurde, avancierten diese Reisebände – allesamt eine einzige Liebeserklärung an Landschaft und Menschen – zu einem wahren Kultbuch. Als Schriftsteller und Journalist, als Kriegsberichterstatter und Theaterkritiker, als weitgereister Europäer und heimatverbundener Preuße, mit einem Wort – als profunder Kenner seiner Zeit wurde Theodor Fontane zu einem brillanten Chronisten des 19. Jahrhunderts.

Das Jubiläumsjahr 1998 – wir feierten den 100. Todestag des Dichters – gab uns Gelegenheit, die vielen Facetten dieses ebenso humorvollen wie unterhaltsamen Autors wieder oder neu zu entdecken. Die Hauptstadt der Fontane-Feiern hieß selbstverständlich Neuruppin. Unter den mehr als 120 Veranstaltungen nahm allerdings das Symposium des in Potsdam beheimateten Fontane-Archivs einen herausragenden Platz ein.

Wie anregend und nachhaltig die insgesamt vier Tage dauernde Veranstaltung mit hochkarätigen Diskutanten war, ist für das interessierte Fachpublikum in immerhin drei umfangreichen Bänden nachzulesen.

Theodor Fontane. Am Ende des Jahrhunderts – so der Titel des Symposiums und die Überschrift dieser drei Bände. Uns wird der Dichter nahegebracht, der mit seinem Werk zwischen Traditionen und Veränderungen stand. Ein Jahrhundert später erleben wir diese Zeitwende, erleben den Sprung ins neue Jahrtausend. Wie Fontane oder seine Romangestalten versuchen wir diese Gratwanderung zwischen Traditionellem und Modernem. Als ein Zeitzeuge des Übergangs hat er uns auch zu diesem Thema einiges mitzuteilen.

MANFRED STOLPE
Ministerpräsident des Landes Brandenburg

Zum Geleit

»Theodor Fontane. Am Ende des Jahrhunderts.«

Theodor Fontane, unbestritten einer der bedeutendsten europäischen Schriftsteller des 19. Jahrhunderts, ist auch und zuerst der »Dichter der Mark«. Sein Werk ist untrennbar mit der Landschaft, den Menschen, der Geschichte und Kultur der Mark Brandenburg verbunden. Anläßlich seines 100. Todestages ehrten ihn die Länder Berlin und Brandenburg im Rahmen des gemeinsam organisierten Fontane-Jahres 1998 mit einer Vielzahl von Veranstaltungen, Ausstellungen und Publikationen. Das Theodor-Fontane-Archiv, überregional ausstrahlendes Forschungsinstitut des Landes Brandenburg mit über sechzigjähriger Geschichte, lud im September 1998 zu einem Symposium unter dem Titel »Theodor Fontane. Am Ende des Jahrhunderts« nach Potsdam ein. An vier Tagen diskutierten Wissenschaftlerinnen und Wissenschaftler aus Europa, den USA, Australien und Neuseeland vor mehreren hundert Fontane-Fachleuten und Fontane-Liebhabern über das Werk Theodor Fontanes in seinem Verhältnis zu Themen und Fragen der beginnenden Moderne.

Nunmehr, am Beginn des neuen Jahrhunderts, liegen die Vorträge des Symposiums, das von Fachpresse wie Besuchern als ein großer Erfolg für das Land Brandenburg gewertet wurde, in drei umfangreichen Bänden vor. Die Texte dokumentieren einen wichtigen Beitrag zur Fontaneforschung und zum Fontanebild seiner Zeit, und sie wollen zum Nach-, Wieder- und Neulesen anregen.

Das Land Brandenburg wird dafür Sorge tragen, daß derartige Foren zu Gespräch, Diskussion und internationalem wissenschaftlichen Austausch auch in Zukunft stattfinden – ob mit oder ohne kalendarischen Anlaß.

Dem Theodor-Fontane-Archiv wünsche ich ein erfolgreiches Fortführen seiner Arbeit als Literaturarchiv und Forschungseinrichtung.

Wolfgang Hackel
Minister für Wissenschaft, Forschung und Kultur des Landes Brandenburg

Vorwort

Theodor Fontane.
Am Ende des Jahrhunderts

>>Ein Jahrhundert geht zu Ende. Das will nicht viel
bedeuten. Ich sehe Größeres zu Ende gehen, nicht einen
menschlichen Zahlenbegriff, sondern eine menschliche
Wirklichkeit.<<
HEINRICH HART, *Die Moderne*, 1890

>>Tick, tick, Tausend Jahre sind ein Augenblick<<
THEODOR FONTANE, *Veränderungen in der Mark*,
1894/95

Theodor Fontane. Am Ende des Jahrhunderts. Unter dieses Motto stellten wir das
große Symposium zu seinem einhundertsten Todestag in Potsdam. Jahrhundertende und Jahrhundertwenden lagen in der Luft und motivierten uns, nicht nur nach
dem Verhältnis Fontanes zu seinem Jahrhundert, sondern und vor allem auch nach
seinem Verhältnis zu dem neuen, dem zwanzigsten Jahrhundert zu fragen, an dessen Ende wir uns den Tendenzen, Prognosen, Hoffnungen eines wiederum neuen
Jahrhunderts gegenüber sehen. Die Spanne reichte also von den Anfängen des
neunzehnten Jahrhunderts, in welche Fontanes Jugend fällt, bis in die Anfänge des
einundzwanzigsten, in das wir, seine Leser, unsere Hoffnungen und Befürchtun-
gen projizieren. Was interessiert uns also an diesem in seinen Höhen und Tiefen
vollendeten Repräsentanten des neunzehnten Jahrhunderts, an dessen Ende sich
ankündigte, was uns heute längst wiederum klassische Moderne heißt? Nicht das
antiquarische Interesse am Mann des neunzehnten Jahrhunderts sollte im Mittelpunkt stehen, sondern das, mit Nietzsche zu sprechen, Lebendige unserer heutigen
Lese- und Texterfahrung. Wir konfrontierten Fontane in der Engführung des letzten Jahrzehnts seines Jahrhunderts, seinem letzten Lebensjahrzehnt, mit jener
Spiritualität der Jahrhundertwende, die in Nietzsche, in der Sprachskepsis eines
Hofmannsthal, in der Gefühlsskepsis eines Freud, im Kalkül eines Musil, im
>>unrettbaren Ich<< eines Hermann Bahr sich artikulierte. Wir zogen die gravieren-
den lebensweltlichen Veränderungen in Betracht: Die industrielle Produktion und
das mit ihr einhergehende, alle anderen Lebensbereiche erfassende Phänomen der
Massenhaftigkeit (des Wohnens, der Kunstrezeption, des Reisens), die neuen
Kommunikationsmedien (Telegraphie, Photographie, Kino), aus denen neue
Paradigmen des Sehens, Hörens, der Welt- und Selbstwahrnehmung sich entwickelten, aber auch die offensichtlichen politischen Veränderungen, die am Ende
des neunzehnten Jahrhunderts mächtig zu wirken begannen – der >>neue Götze des
Nationalismus<<, von dem Fontane spricht, die Sozialdemokratie, der Antisemitis-

mus. Wie kommen solche realen und mentalen Veränderungsprozesse bei Fontane vor, wie sind sie präsent in seinen Texten? Thematisch pointiert, wie wenn es um Elektrizität oder das Fahrradfahren geht, oder subtil eingebunden in todessehnsüchtigen Ästhetizismus oder selbstreferentielle Causerien? Wie werden derartige historische Differenzerfahrungen bei Fontane und im Hinblick auf ihn heute wahrgenommen? Wissenschaftler und Wissenschaftlerinnen aus der Literatur-, Kunst-, Geschichts- und Kulturwissenschaft, aus der Linguistik und Soziologie waren gebeten, sich damit auseinanderzusetzen. Die Ergebnisse dieses internationalen wissenschaftlichen Brainstormings liegen nun in drei Bänden vor und geben einen recht umfassenden Überblick über die Fontane-Forschung am Ende des Jahrhunderts.

Ob eine Epochenschwelle oder das Ende einer Illusion, die »Fundamente für eine neue Zeitrechnung«, von denen im *Stechlin* so oft die Rede ist, scheinen bei Fontane von der Art zu sein, die Hans Blumenberg angesichts des in den *Wanderungen* mitgeteilten Rheinsberger philosophischen Tischgesprächs konstatiert: »Mit besonderer Vorliebe«, heißt es da, »wurden metaphysische Sätze beleuchtet und diskutiert und alle jene wohlbekannten Fragen, auf die die Welt seitdem verzichtet hat«. In der Tat: Ein Fin de Siècle. Das eben noch Mögliche, kurz bevor es unmöglich wurde. »Ein Nebensatz, ein Untergang«.

Die Bände selbst nehmen in ihrer thematischen Gliederung die Themenschwerpunkte des Symposiums wieder auf. So ist Band 1 dem politischen Fontane gewidmet, seinem Verhältnis zum Preußentum, zum Bismarckreich und seinen politischen Manifestationen wie dem Kulturkampf, der Kolonialpolitik und nicht zuletzt der Sozialdemokratie als der neuen politischen Kraft. Zeittypische Nationalismen und Nationalstereotypen und ihre Präsenz in der Sprache des Journalisten wie des Romanciers Fontane stehen ebenso zur Debatte wie der Antisemitismus seiner Zeit und Fontanes eigene Ressentimentstruktur.

Während Band 1 aus sämtlichen Teilen des Œuvres schöpft, konzentriert sich Band 2 vornehmlich auf das Romanwerk. *Sprache. Ich. Roman. Frau* geben die Richtung der Analysen an. Sprache selbst wird hier Gegenstand in ihrer Beziehung zu Handlung, Dingwelt, Körperlichkeit, in ihrem Zeichencharakter und ihrer Fragwürdigkeit. Aber auch die Figuren selbst geraten ins Zwielicht des Zwiefels, der Sinnsuche: Melusinen und nervöse Männer, Ehe und »rätselvolle Zuneigung«, Geschlechterkonstellationen in Brechung.

Auch Band 3 setzt sich vor allem mit den poetischen bzw. erzählenden Teilen des Werkes auseinander. Unter den Stichworten *Geschichte. Vergessen. Großstadt. Moderne* geht es um die Polarität von Metropole und Provinz, um die Ungleichzeitigkeit ihrer Zeit- und Raumerfahrung, um literarische Topographien und die aus dieser Spannung erwachsenden Gedächtnis- und Hoffnungsräume. Anciennität und Moderne werden aber auch gemessen an literarischen Beziehungen, zu Joseph Roth oder Arthur Schnitzler etwa, an Lektüreerfahrungen, wie der Kurt Tucholskys oder Uwe Johnsons, und am literarischen Leben, in das Fontane selbst sich bekanntlich kräftig eingemischt hat, so mit seinen Beiträgen in der *Freien Bühne* oder seinem Mittun an der Zeitschrift *Pan*.

Die Bände sind jeder für sich benutzbar und verfügen sämtlich über ein den Inhalt aller drei Bände erschließendes Personen- und Fontane-Werkregister. Hinsichtlich der formalen Gestaltung, insbesondere der Siglen und Abkürzungen haben wir die Vorgaben der *Fontane Blätter* übernommen.

Daß das Symposium so erfolgreich hat stattfinden können, daß nunmehr in drei stattlichen Bänden die Beiträge vorliegen und, so hoffen wir, nicht nur die Fontane-Forschung bereichern werden, verdanken wir vor allem der großzügigen Förderung durch das Ministerium für Wissenschaft, Forschung und Kultur des Landes Brandenburg. Gedankt sei aber an dieser Stelle auch noch einmal all denen, die unser Projekt unterstützten und mit Rat und Tat zur Seite standen, für sie seien an dieser Stelle Christina Siems und Therese Schneider genannt, die Redaktion und Herstellung der Bände hervorragend meisterten.

Potsdam im Februar 2000

HANNA DELF VON WOLZOGEN
HELMUTH NÜRNBERGER

Bericht über eine Begegnung von Fontane und Petöfi

GYÖRGY KONRÁD

W as mag schon einer unter so vielen Fontanekennern und -liebhabern mitzuteilen haben, unter Literaturwissenschaftlern oder Literaturfreunden deutscher Muttersprache, die alte und vertraute Bekannte des Autors sind, was soll
jemand sagen, der um einen Beitrag gebeten worden ist, ein ungarischer Schriftsteller, zu dessen Lieblingslektüre in seiner Schulzeit *Effi Briest* gehört und die er
gelegentlich einer großen Gartenparty der Romanfiguren in jene Damengruppe
eingereiht hat, der sich auch Effi selbst angeschlossen haben würde, der Gesellschaft von Anna Karenina und Emma Bovary, woraufhin auch der ein wenig abseits stehende Tolstoi und Flaubert Theodor Fontane wohlwollend zu sich gebeten
hätten?

Zumindest hätten sie ihre Gläser mit dem seinen zum Klingen gebracht, wuß-
ten sie doch alle voneinander, was der andere gemacht und wie er es gemacht hat.

Ein Lächeln huscht über ihre Lippen, als sie jenes sympathisch einfachen Herrn
ansichtig werden, des Grafen Petöfy, den dieser Apotheker aus dem Inhalt ver-
schiedener Tiegel mischend zu einer Mixtur komponiert hat. Dieser alte Graf
Petöfy ist angeblich ein Magyar, und von Wien führt er seine junge Gemahlin, eine
Schauspielerin, heim auf sein Schloß, der Katholik die Protestantin, der aus dem
Süden die aus dem Norden, der Leidenschaftliche die Verführbare, der Graf die
Bürgerliche, die in Sturm und Gefahr dem jungen und feschen Grafen Egon die
Hand zum Kuß überläßt, woraufhin Petöfy sich einschließt und seinem Leben ein
Ende bereitet. Im Bewußtsein des Erbes aber verweigert die verwitwete Gräfin
Egon einstweilen das Jawort, ihren Blick richtet sie auf diejenige, die schon viele
Gräfinnen Petöfy unterstützt hat, natürlich auf Maria; Fontane behauptet nicht, auf
die Jungfrau Maria, doch Gräfin Franziska Petöfy, das ahnen wir, ist eine katholische Gräfin geworden, eine schwarz verschleierte freilich, und zusammen mit ihr
schwebt auch der Autor hinüber in jenes moralisch und religiös flatterhafte Wesen,
das ursprünglich schließlich eine Schauspielerin gewesen ist, der Apotheker aus
Neuruppin verwandelt sich in einen österreichisch-ungarischen Grafen, der gern
dem geistreichen Plappern der Komödiantin lauscht. Soviel zur Liebe; von körperlichen Dingen berichtet der Autor nicht. Hier schreitet reckenhaft dieser stolze
alte Ungar einher, es schreitet durch den Garten der versteckte Voltaireianer, der
Österreicher verschlingt, jedoch um das Gleichgewicht herzustellen, führt er als
Hagestolz die ältere Schwester, die katholische Österreichanhängerin, die alte
Jungfer, Arm in Arm spazieren, vom gemeinsamen Palais über die Hofburg in den
Himmel namens Weltliteratur, wo die Dichter und die erdichteten Figuren gemein-
sam herumlungern und wechselseitig ihrer überdrüssig sind. Nach einer kleinen
Prozedur wird ihnen Einlaß gewährt, die Zöllner registrieren, daß sie gewisser-
maßen auf chemischem Wege hergestellt worden sind, auch hegen jene den
Verdacht, daß Graf Petöfy nicht einmal für eine halbe Stunde im Land der
»Ungrischen« verweilt hat. Auch von Wien genügen drei Tage, alles andere ist ein
Werk der Phantasie. Mangelndes Wissen wird Fontane durch Vorstellungskraft
ersetzen.

Einen achtundsechzig Jahre alten Mann kann sich ein fünfundsechzigjähriger vorstellen, und neugierig macht ihn auch die Frage, ob der Betagte das Gefühl einer neuen Liebe entfalten, ob der betagte Autor einen Liebesroman schreiben kann.

Er kann. Er übt, bereitet sich vor, studiert den Dialog, in dem er die Dinge noch gründlich darlegt, er tanzt nicht, hopst nicht herum, verleiht dem Text seine Form, läßt einen jeden seine Anschauungen artikulieren, weiß jedoch bereits, daß zu diesem Zeitpunkt jemand anderes eintreffen muß, weshalb der bisher Erzählende auf jene Frage, zu der vielleicht nicht einmal dem Autor eine glückliche Erwiderung einfallen würde, nicht antworten muß. Soll also irgendein anderer den Raum betreten, zu kreieren ist eine weitere Figur.

Mit derartigem versucht es der durch Effi in gute Gesellschaft geratene jugendliche, erst fünfundsechzig Jahre alte, und im Beruf des Romanciers gerade am Anfang stehende Fontane. Noch hat er, um größeren Problemen aus dem Weg zu gehen, um keinen Tadel zu ernten, vor all dem, dem Achtung gebührt, schrecklich große Hochachtung, dennoch aber piesacken ihn die kleinen Teufelchen und ist er darum bemüht, die Gegensätze miteinander zu vereinen, denn verzichten möchte er auf nichts, schätzt er doch alles, sowohl das Deutsche wie auch das Französische, das Preußische wie auch das Österreichische und dann eben auch das Ungarische, obschon er zugleich weiß, daß sich die Gegensätze nicht miteinander vereinen lassen und daß man an den Lebenslügen zugrundegeht.

Dieses Zugrundegehen wickelt er noch ein wenig zurückhaltend ab, ebenso wie die Liebesszenen. Noch hat er nicht gelernt, was er später beherrschen wird, nämlich fast Satz für Satz die Gemüts- und Tonlage zu verändern, damit die Betrachtungsebenen vibrieren, damit uns der Humor beflügelt, noch bevor ein Thema allzu schwer auf uns zu lasten beginnt.

Schon im Romantitel versucht Fontane, das Adelsprädikat mit dem Namen Petöfis zu verknüpfen, was für ungarische Augen und Ohren ziemlich eigenartig anmutet, da ein junger Mann namens Sándor Petrovics [1823–1849], der den von ihm selbst erfundenen Namen Petöfi angenommen und dadurch zugleich ein Copyright darauf erworben hatte, für etwas seinen Namen gewiß nicht hergegeben hätte, nämlich dafür nicht, daß man aus ihm einen Grafen machen würde, zumal er – in jakobinischer Einfachheit – den vornehmen Herren zusammen mit den Königen am liebsten einen Strick gespendet hätte, weshalb ihm die Beförderung zum Aristokraten und die Verleihung des Alters zu seinem Glück gerade noch gefehlt haben würde. Und wenn die Herren Tolstoi und Flaubert den jungen Petöfi zur Gartenparty eingeladen haben würden, was sie sicher getan hätten, dann hätten sie Zeugen wüster Sarkasmen sein können, deren Zielscheibe der arme Fontane gewesen wäre.

Doch da Petöfi dort drüben Gelegenheit gehabt, auch die Arbeiten des alten Fontane zu lesen (denn dort, wo sie wohnen, haben die Kollegen die Möglichkeit, die Geschichten des anderen von vorn bis hinten kennenzulernen), verzieh er ihm um der späteren Romane willen diese Namensanmaßung. Auch Petöfi, der Dichter, konnte sich dem Zauber der liebenswürdigen Stimme nicht entziehen, die in nachmittäglicher Atmosphäre, in dämmrigen Zimmerecken, ähnlich einem Glas Eiswein, zu genießen ist, vielleicht in kleineren Portionen und durch Wechseln der Sorte, bevor wir ihn als allzu süß empfinden, denn dann fand der alte Fontane die Möglichkeit, wie auch Bitternis und reifes Wissen von allem Endlichen in Erscheinung treten können, wodurch jedem Moment der Gegenwart elegischer Glanz verliehen wird. Durch Ausgleich verschiedenartigen Drucks und vielfacher Nervosität gelangte er zur inneren Ruhe des Erzählens. Dieser Reporter, dieser vom Schreiben lebende, jedoch der Geldsorgen niemals enthobene Bürger trat, um sich von der Bedrängnis zu befreien, die Vorwärtsflucht an: Er entdeckt für sich das gemächliche, jedoch nicht weitschweifige Erzählen, das uns allein schon durch sein Murmeln in die vom Ende des neunzehnten Jahrhunderts umrahmte Intimität Norddeutschlands entführt.

Im Erzähler begegnen wir einem Menschen, der die von ihm geschaffenen Figuren respektiert, ja sogar mag, begegnen seinen Ichs, die verschiedene Namen und Gewänder tragen, verschiedenen Geschlechts und Alters sind, verschiedener Nationalität, Konfession und gesellschaftlicher Stellung angehören, deren Stimmen er hört, durch deren Vermittlung er reizend mit sich selbst plaudert, gleich einem alten Menschen, der sich nicht nur auf die Schilderung, sondern auch auf das Verschweigen versteht.

Aus dem Ungarischen von HANS-HENNING PAETZKE

Wendepunkte
Der politische Fontane 1848 bis 1888

HUBERTUS FISCHER

D er Dichter und der Schwefelgelbe«, Fontane-Jahr und Bismarck-Jahr, das geht zusammen.[1] Es ginge aber auch andersherum: »Der Dichter und der Blusenmann«, Fontane-Jahr und Märzrevolution. Heute vor fast genau 150 Jahren schrieb der zum politischen Publizisten mutierte Dichter-Apotheker in der radikalen *Berliner Zeitungs-Halle:* »Diese Auferstehung Deutschlands wird schwere Opfer kosten. Das schwerste unter allen bringt Preußen. Es stirbt.«[2] Was über die Haltung des Dichters zur Märzrevolution vor hundert Jahren anderes in *Von Zwanzig bis Dreißig* zu lesen war, fällt unter das Kapitel »Die verdrängte Revolution«.[3]

Fontane war 1848 nicht für Preußen, sondern als Wahlmann für die Deutsche Nationalversammlung und bald darauf öffentlich für eine »große deutsche Republik« eingetreten. Seine vormärzlichen Ideale, so schien es wenigstens, waren gleichsam über Nacht ins wirkliche Leben getreten. Diesen Wendepunkt hatte er hautnah an einer »Hauptstätte mörderischen Kampfs« erlebt, und dort, in der »Königstadt«, mit hohem Armutsanteil, hatte er auch sein politisches Mandat erhalten. Aus seiner unmittelbaren Nachbarschaft waren Arbeitsmänner, Seidenwirker-, Tischler-, Schlossergesellen, ein Maschinenbauer, ein Handlungsdiener im Kampf gegen das Militär gefallen. Die Barrikade der Neuen Königstraße hatte dem Angriff des Leibregiments standgehalten; am Morgen des 19. März war der ganze Stadtteil in den Verteidigungszustand versetzt. Um hier als Wahlmann gewählt zu werden, war es nicht mit einem lauen Bekenntnis getan.[4]

Eine auch nur lokal prominente Rolle hat Fontane in der Märzrevolution nicht gespielt, besondere Beachtung fand jedoch sein zitierter *Zeitungs-Hallen*-Artikel.[5] Er stand im Sommer wohl in Verbindung mit Hermann Kriege vom *Centralausschuß der Demokraten Deutschlands* und allem Anschein nach in der Septemberkrise, als allgemein mit einem neuerlichen Kampf gerechnet wurde, in einer vorübergehenden Beziehung zum *Demokraten-Verein der Königstadt.* Im Herbst, als er den inhaftierten Leutnant Techow kennenlernte, der nach seiner Flucht am badischen und Pfälzer Aufstand teilnehmen sollte, muß er auch Kontakt zum Organisationskomitee des *Zweiten Congresses der Deutschen Demokraten* aufgenommen haben.[6] Im Zuge der Revolutionsdynamik, die alsbald in eine Dynamik der Gegenrevolution umschlug, radikalisierten sich jedenfalls seine Ansichten. Aus dem Anhänger der Bewegungspartei war ein Befürworter der Militäragitation und »bewußte[r] Republikaner«[7] geworden. Das publizistische Nachspiel als Berliner Korrespondent der radikal-demokratischen *Dresdner Zeitung* von November 1849 bis April 1850 ist bekannt.

Es gehört zu der an Paradoxien reichen Lebensgeschichte, daß in derselben Zeit, als Fontane noch die Fahne der Demokratie hochhielt, seine *Preußischen Feldherrn*-Gedichte im Lager der Gegenrevolution Karriere machten; ein Erfolg, den Fontane für sich zu nutzen bemüht war.[8] *Männer und Helden, Acht Preußen-Lieder* wurde neben dem Romanzenzyklus *Von der schönen Rosemunde* seine erste Buchveröffentlichung, während er gleichzeitig bei der dezidiert antipreußischen *Dresdner Zeitung* in Brot stand. Die *Preußen-Lieder* kamen in demselben

Verlag heraus, in dem auch die berüchtigten *Communisten-Verschwörungen* erschienen. Da fanden sich, vier Jahre später, die Redakteure der *Dresdner Zeitung*, Hermann Kriege und Leutnant Techow, unter der ›denunzierten Menschheit‹ wieder.[9] Viel hätte also nicht gefehlt und Fontane wäre in ein sehr ungemütliches Verhältnis zum Verlag von Adolf Wilhelm Hayn geraten. Inzwischen hatte er sich jedoch »der Reaction für monatlich 30 Silberlinge verkauft [...].«[10] *Tunnel*-Konnexionen waren ihm bei der Buchpublikation und der Anstellung im *Literarischen Kabinett* dienlich, wie überhaupt der *Sonntags-Verein* und seine Ableger eine nicht zu unterschätzende Rolle im Leben des Schriftstellers und des ›politischen‹ Fontane gespielt haben. Der Eintritt ins *Literarische Kabinett* des Innenministeriums war ein zweiter, teils erzwungener, teils ermöglichter Wendepunkt, denn auf ihn folgte, mit einigen Unterbrechungen, fast ein Jahrzehnt im Dienste der preußischen Regierung, die er zuvor mit Vehemenz attackiert hatte.

II

Charlotte Jolles hat betont, daß Fontane sich »von jetzt an [...] in einem politischen Lager befand, dem er eigentlich nicht angehörte«.[11] Das war zunächst zweifellos der Fall. Andererseits bezeichnete er sich bereits 1853 als einen »eingefleischten Royalisten« und räumte ein, daß »Haß gegen das Bestehende und Republikanismus [...] hierzulande eine Kugel vor den Kopf verdienen [mochten], aber sie sind um deshalb noch nicht unschön oder ungeeignet für eine dichterische Behandlung.«[12] Das war mit Blick auf Freiligraths Revolutionspoem *Die Toten an die Lebenden* gesagt.[13] Ein Jahr später, in *Ein Sommer in London,* las man von seiner »altpreußischen Loyalität«, die ihm Gelegenheit bot, die »Flüchtlingswirtschaft« der deutschen Revolutionsexilanten als »widerlich und lächerlich zugleich« abzuschildern. Den »deutschen Regierungen« schrieb er ins Stammbuch: »Ihr verdientet zu fallen, wenn dieser Abhub euch je gefährlich werden könnte.«[14]

Mit dem farb- und geistlosen Regiment der bürokratischen Reaktion unter Manteuffel konnte sich ein denkender Kopf schwerlich befreunden. Die Hochkonservativen, obwohl sie den größten Vorteil davon hatten, übrigens auch nicht, da ihnen ein ständisch gegliederter, bunterer, christlich-germanischer Staat vorschwebte. In *Storch von Adebar,* 1881 bis 1882 entworfen, wollte Fontane diesen »pietistischen Konservatismus, den Friedrich Wilhelm IV. aufbrachte und der sich bis 1866 hielt [...] in seiner Unechtheit, Unbrauchbarkeit und Schädlichkeit [...] zeichnen.«[15] Es wäre, wie *Der Stechlin,* ein »politischer Roman« geworden, der jedoch nicht die Dialektik des Alten und Neuen, sondern das überlebte Alte als Fatalität zur Darstellung gebracht hätte.

Für Fontane, so scheint es, waren die fünfziger Jahre die Inkubationszeit, in der sich sein eigener ästhetisch-historischer und mentaler Konservatismus herausbildete; nicht in Preußen, in den »stillen Jahren« der Reaktion, sondern draußen in der lärmenden und fiebernden Welt des Hochkapitalismus, dessen Kapitale

London war.[16] Hier liegt der Keim für die *Wanderungen* als einer in sich ruhenden Gegenwelt, nicht nur, aber doch überwiegend des Land- und Landesadels, einer Gegenwelt, die selbst schon Vergangenheit war und die erst von dieser Vergangenheit Sinn und Bedeutung empfing. Das »raumhafte Erleben der Geschichte«, das »Wollen des Konkreten« – dies und anderes mehr sind die charakteristischen Züge eines konservativen Erlebens und Denkens der Dinge, wie Karl Mannheim einmal gezeigt hat.[17] Mit den *Wanderungen* bildet sich eine Grundschicht konservativen Denkens heraus, die ein lebensgeschichtliches Kontinuum darstellt, denn die *Wanderungen* wandern durch das gesamte Schriftstellerleben mit. Hätte Fontane zwei Jahre länger gelebt und statt des *Stechlin* als sein letztes Buch *Das Ländchen Friesack und die Bredows* hinterlassen – das Fontane-Bild sähe am Ende des 20. Jahrhunderts anders aus.

III

Die Beweise sind erbracht, es kann nicht mehr im Streite sein: Nach seiner Rückkehr aus England und dem Eintritt in die *Kreuzzeitung,* übrigens wieder durch einen *Tunnel*-Genossen vermittelt, gehörte Fontane nicht nur äußerlich, sondern bald auch innerlich dieser Zeitung an. Dazu mußte er weder fromm noch kirchlich, sondern nur ein Journalist mit Korpsgeist sein, der die politische Grundlinie des Blattes teilte. Daß er in der Krise der Monarchie, in der Frühphase des Heeres- und Verfassungskonflikts, als Wahlmann für die *Mit Gott für König und Vaterland!*-Partei kandidierte, ist nur der äußere Beweis für diese Zugehörigkeit.[18] Damit bezog Fontane Stellung gegen den »letzte[n] Versuch des deutschen Bürgertums, dem Feudaladel die politische Führungsrolle abzunehmen. Wie in der Revolution von 1848 ging es um ein doppeltes Ziel: Liberalisierung des Obrigkeitsstaates und nationale Einigung Deutschlands.«[19] Fontane trat jetzt für den militärisch-monarchischen Obrigkeitsstaat und gegen die Ziele der liberal-demokratischen *Deutschen Fortschrittspartei* ein. Hatte der »wirtschaftliche Aufschwung der fünfziger Jahre […] das Bürgertum mit neuem Selbstbewußtsein erfüllt«,[20] so nahm er an ebendiesem Selbstbewußtsein Anstoß und verstand seine *Wanderungen* als eine sanfte Erziehung zu einem »ächten Conservatismus«: »Speziell unsrer guten Stadt Berlin ist die Vorstellung abhanden gekommen, daß Beschränkung, Disciplin, das freimüthige Bekenntnis des Nichtwissens […] auch Tugenden sind […].«[21] Emilie Fontane, die es am besten wissen mußte, verhehlte ihm nicht, auf wessen Seite sie in der politischen Kontroverse mit Lepel stand: »[…] und namentlich stimme ich so oft mehr mit seinen liberalen Gesinnungen als Deinen Conservativen, mir ist oft als sähest Du die Dinge verschleiert an.«[22]

Mit dem Aufschwung des industriellen Kapitalismus und in dessen Folge des politischen Liberalismus bahnten sich in Preußen gewissermaßen ›englische Verhältnisse‹ an. Man sollte deshalb die *Wanderungen* auch im Lichte der *Unechten Korrespondenzen*[23] betrachten; irgendeine Art von Zwiesprache muß der Reisefeuilletonist mit dem Redakteur des englischen Artikels gehalten haben. Das *Kreuzzeitungs*-Jahrzehnt war in literarischer Hinsicht in erster Linie *Wanderungen*-Jahrzehnt, und erst in zweiter Linie kommen die Balladen und Kriegsbücher in Betracht. Die ersten drei Bände, 1862, 1863, 1873, unter das Diktat der Romane zu stellen, erscheint aus Gattungsgründen sowohl wie auch wegen der andersgearteten Produktions- und Rezeptionsbedingungen als reichlich verfehlt.

Singulär war das Durchwandern der politischen Extreme vom Republikanismus zum Konservatismus nicht; es gibt dafür markantere Beispiele aus der Berliner Demokratie der Märzrevolution: Bruno Bauer und Edgar Bauer, August Braß, Max Schasler und Rudolf Schramm, den prominenten Achtundvierziger Lothar Bucher nicht zu vergessen.[24] Die Hälfte von ihnen hatte die Emigrationszeit in London verbracht.[25] Für Fontane war der Eintritt in die *Kreuzzeitung* ein doppelter Wendepunkt: Er hatte nun für ein Jahrzehnt eine gesicherte Existenzgrundlage und, was für sein Metier als Poet und *Wanderungen*-Schriftsteller wichtig war, einen gesicherten politisch-gesellschaftlichen Rahmen, in dem er seine »Rolle als vaterländischer Schriftsteller«[26] ausfüllen konnte. Der weniger erfolgreiche Romanautor war sich dessen bewußt, denn er schrieb noch 1888 an Otto Brahm, daß sich bis dato »höchstens eine Partei-Mediocrität (bei Gelegenheit der Wanderungen etc.)« um ihn »gekümmert«[27] habe. »Mediocrität« ist richtig, »Partei« aber auch. Bedeutete die Kündigung bei der *Kreuzzeitung* einen *grundsätzlichen* politischen Bruch? Wohl kaum, denn Fontane bewahrte sich seine konservative Grundhaltung; er gewann darin nur ein Maß an Unabhängigkeit, das ihn frei in seinem Urteil machte und auf die Länge hin in den Stand setzte, der konkreten Individualität mehr poetische Gerechtigkeit widerfahren zu lassen, als es Prinzipien nach der Fortschritts- und Freiheitsschablone zugelassen hätten.

IV

Als Fontane 1870 als Theaterkritiker in die liberale *Vossische* eintrat, bekannte er dem Chefredakteur: »Die Vossische Zeitung ist das eigentliche Berliner Blatt, das macht sie mir werthvoll; daß ich politisch über manches anders denke, ist irrelevant, da es sich in meinen Arbeiten nicht um politische Fragen handelt.«[28] Das Blatt stand der Fortschrittspartei nahe. Als Fontane nach fast zwanzig Jahren aus der *Vossischen* austrat, schrieb er dem Chefredakteur: »Wären nicht – ich habe einen ganz freien Sinn, bin aber freilich nicht ›freisinnig‹ – die verdammten politischen Unterschiede, so wäre ich wundervoll als Leitartikelschreiber zu verwenden […].«[29] Die Deutsche Freisinnige Partei (1884–1893) wurde in ihrem aus der früheren Fortschrittspartei gebildeten Flügel von der *Vossischen* unterstützt.

Gegenüber »Fortschritt« und »Freisinn«, dem politischen Linksliberalismus, blieb es bis zum Ende der achtziger Jahre bei den »verdammten politischen Unterschiede[n]«. Während Bismarcks Reden für Fontane der »reine Zucker« waren, empfand er die liberale Oppositionsrhetorik als äußerst fade: »Wenn er niest oder

Prosit sagt, finde ich es interessanter als die Redeweisheit von 6 Fortschrittlern.«[30] Auch zum Rechtsliberalismus, den Nationalliberalen, hatte Fontane keine politischen Bindungen, obwohl er sie als staatstragende Partei respektierte. Gebunden fühlte er sich noch bis Mitte der achtziger Jahre an das konservative Milieu; das war gewissermaßen seine biographisch-literarische und emotionale Heimat geblieben. So würdigte er einmal die journalistische Leistung der liberalen *Deutschen Montags-Zeitung,* um daran jedoch das Bekenntnis anzuschließen: »Ich schreibe dies alles im Hinblick auf die Kreuz-Ztng. und die conservative Partei. Schließlich gehör' ich doch diesen Leuten zu und trotz ihrer enormen Fehler bleiben märkische Junker und Landpastoren meine Ideale, meine stille Liebe. Aber wie wenig geschieht, um diese wundervollen Elemente geistig standesgemäß zu vertreten. Es ist mir das immer ein wirklicher Schmerz. Das conservative Fühlen unsrer alten Provinzen wäre von unwiderstehlicher Kraft, wenn die Leute da wären, diesem Gefühl zu einem richtigen Ausdruck zu verhelfen.«[31]

Mindestens im Preußischen Landtag, vom Herrenhaus zu schweigen, war dank klassengewählter Gesellschaftsrepräsentanz für eine dauerhafte »standesgemäß[e]« Vertretung gesorgt. Die Fraktion der Deutschkonservativen Partei verfügte dort bis 1918 über die Mehrheit.[32] Die »*geistig*« standesgemäße Vertretung mußte nicht ihre erste Sorge sein. Im übrigen erkannte Fontane nüchtern, daß bei Wahlen niemand ungestraft seine »Klasse« verläßt: »Besuch von Karl v. Flemming aus Röntsch, der sich als ›National-Liberaler‹ in Hinterpommern hat wählen lassen wollen und natürlich durchgefallen ist. Wenn man v. Flemming heißt und auf einem hinterpommerschen Gute wohnt, muß man durchaus conservativ sein; von dieser Regel darf nur *der* eine Ausnahme machen, der *sehr* klug ist; ein kleiner Durchschnittsmensch muß innerhalb seiner Klasse bleiben und darf nicht halbgeniale Allotria treiben.«[33]

Das ist, mit umgekehrten politischen Vorzeichen, der vorweggenommene Fall des Kommerzienrats Treibel, der nicht nur auf die falsche Partei und den falschen Wahlkreis, sondern obendrein auf den Leutnant Vogelsang mit seinem »Allotria« gesetzt hat. »»Jeder Lebensstellung entsprechen auch bestimmte politische Grundsätze. Rittergutsbesitzer sind agrarisch, Professoren sind nationale Mittelpartei und Industrielle sind fortschrittlich. Seien Sie doch Fortschrittler««,[34] sagt die Majorin von Ziegenhals, und der Erzähler gibt ihr recht, wenn er zu Treibel bemerkt, daß ihm »der Bourgeois […] tief im Geblüt«[35] steckte. Den »Bourgeoiston« mochte Fontane nicht, darüber konnte man »am Ende Sozialdemokrat«[36] werden. Die Abstraktionen von »Fortschritt« und »Freisinn«, ihre Einfärbung zumal mit dem Gold der Bourgeoisie, konnten seiner Kritik ebenso sicher sein wie in früheren Jahren »Professorenweisheit, Professorendünkel und Professorenliberalismus«.[37] Nebenbei bemerkt ist *Frau Jenny Treibel*, nicht anders als *Der Stechlin,* insofern auch ein politischer Roman, als die »Wahl in Teupitz-Zossen« wie die »Wahl in Rheinsberg-Wutz« ein strukturbildendes Element im Aufbau der Erzählung darstellt. Daß in beide Romane nicht zuletzt eigene Wahlerfahrungen eingegangen sind, liegt auf der Hand. Das Kapitel ›Wahlen‹ im Briefwerk, den journalistischen Arbeiten, der Autobiographie und den Romanen verdiente überhaupt eine zusammenfassende Betrachtung.

V

Als Fontanes erster Roman *Vor dem Sturm* erschien, 1878, war dies für den Schriftsteller ein Wendepunkt, da er, wie er im Nachhinein erkannte, erst über dem Schreiben des Romans ein *»wirklicher Schriftsteller«*[38] geworden war. Das Jahr bedeutete aber auch einen Wendepunkt in der Geschichte des Liberalismus und des politischen Systems in Preußen-Deutschland. Was man früher die »innere Reichseinigung« von 1878/79 genannt hat, wird heute als das Ergebnis der Krise der späten siebziger Jahre betrachtet, die eine Konjunkturkrise und eine Partizipationskrise war, »hervorgerufen durch den Machtanspruch einer neuen sozialen Klasse, des industriellen Proletariats«.[39] Fontane reagierte darauf nicht nur in Briefen,[40] sondern auch als Schriftsteller in dem Romanentwurf *Die Bekehrten*. Er enthält die Charakterbilder eines liberalen Professors, »der alles im Leben in Einklang mit Freiheits- und Fortschrittsprinzipien gestalten will«, und eines konservativen Rittergutsbesitzers, der im Unterschied zu dem »Theoretiker« und »feine[n] Doktrinär« ganz ein Mann der Praxis und Erfahrung ist. Der Professor wird durch die »Attentate« auf Wilhelm I. zu einem »mäßigen Praktiker«, der Gutsbesitzer durch die »Maigesetze und das Sozialistengesetz« zu einem »mäßigen Theoretiker«.[41] Da die »Vermischung beider Prinzipien« durch die Praxis erfolgen soll, wird, wie Joachim Krueger zu Recht bemerkt hat,[42] der konservative Gutsbesitzer besser abschneiden. Eine Annäherung von Rechtsliberalismus und Konservatismus deutet sich an, oder anders gesagt, die Solidarität der staatserhaltenden Kräfte. *Die Bekehrten* wäre ein Roman der »inneren Reichseinigung« geworden; statt dessen haben wir *Grete Minde. Nach einer altmärkischen Chronik*.

Sowohl *Die Bekehrten* wie *Storch von Adebar* bezeugen den Reiz der politischen Stoffwahl. Daß es dabei einmal um einen modernisierten Konservatismus etwa im Sinne der Freikonservativen Partei, ein andermal um den überwundenen doktrinär-pietistischen Altkonservatismus ging, dürfte kein Zufall sein. Die Entwürfe muten wie Selbstverständigungen des Autors über Stufen des Konservatismus an, die für ihn im Rückblick auf sein *Kreuzzeitungs*-Jahrzehnt und als Orientierung im neuformierten politischen Kräftegefüge der Gegenwart auch lebensgeschichtlich bedeutsam waren.

VI

Mit dem Liberalismus war nach Fontanes Auffassung im Grunde kein ›Staat‹ zu machen, jedenfalls in Preußen-Deutschland nicht. Nirgends tritt das deutlicher zutage als in der Kommentierung der Ereignisse des Jahres 1888. Es hätte ein

Wendepunkt werden können, wurde es aber zu Fontanes großer Erleichterung nicht. Denn am Ende waren nicht nur die gewohnten Verhältnisse wiederhergestellt, sie hatten auch in dem jungen Kaiser Wilhelm II. einen von ihm begrüßten »Dirigent[en]«[43] erhalten.

Die Trauerrede Bismarcks zum Tode Wilhelms I. verschaffte ihm noch Genugtuung, weil er sah, daß »die Sonderbündler und Fortschrittler [...] dadurch captivirt werden«[44] sollten. Sein ausgeprägtes konservatives Ordnungsgefühl riet ihm jedoch zu einigem Mißtrauen gegenüber Friedrich III.: »Völker verlangen Bestimmtheiten und Befehle. Das ›ins Belieben stellen‹ geht kaum im Privatleben, im Staatsleben gewiß nicht.«[45] Mit einer klassisch-liberalen »Laissez-faire«-Politik hatte Fontane nichts im Sinn. Als er dann in ›seiner‹, der *Vossischen Zeitung* lesen mußte, wie sehr die Liberalen auf den kranken Kaiser gesetzt hatten, schalt er sie in heftigem Ton.[46] Der Grund wird folgender gewesen sein. Bekannt waren die anglophilen Neigungen des Kaisers und seiner aus dem englischen Königshaus stammenden Frau. Solche »englische Intimität«, die Bismarck namentlich »im Hinblick auf unsere inneren Verhältnisse für bedenklich« gehalten haben soll, ließ den »Einfluß britischer Ideen auf Deutschland [...], die den Konstitutionalismus und Liberalismus betreffen«,[47] befürchten. Fontane muß ähnlich gedacht haben. Die Vorstellung jedenfalls, daß unter Friedrichs milder Sonne die Früchte des Liberalismus kräftiger gedeihen sollten, hat ihn stark beunruhigt. Er äußerte sich in diesem Sinne gegenüber Emilie[48] und sah sich dann durch die kaiserliche Proklamation nachdrücklich bestätigt: »Ich habe nicht argwöhnisch oder schwarzseherisch geurtheilt, es ist klar, daß die fortschrittliche Partei die Sache grade so ansieht wie ich und in diesem sanften, stillen, reservirten Programm eine Kriegserklärung erblickt. Aber während sich der Fortschritt dieser versteckten und doch ganz deutlichen Kriegserklärung gegen B. [Bismarck, H. F.] freut, erschrecke ich davor.«[49]

Unzweideutiger konnte er sich nicht gegen die Liberalisierung des Systems und für Bismarck und seine Politik aussprechen. Aber er ging noch einen Schritt weiter: Bei weiteren »Experimenten« dieser Art befürchtete er »eine kolossale Stärkung der Opposition«[50] und sah eine Gefahr für den Staat selbst heraufziehen. Das erklärt sein erleichtertes Aufatmen, als der frühzeitige Tod Kaiser Friedrichs dem »Dilettantismus«[51] ein Ende machte und die von ihm herbeigesehnten geordneten Zustände wieder eintraten. Was immer er Kritisches über Bismarck gesagt hat, und er hat es oft und nachdrücklich getan,[52] in den Tagen und Wochen, als die Stellung des Reichskanzlers zu wanken schien, schlug er sich vorbehaltlos auf dessen Seite und erklärte sein Werk für das »Größte[,] das *politisch* in einem Jahrhundert geleistet worden ist (denn das Friedericianische ist kleiner und das Napoleonische flüchtiger gewesen) [...].«[53]

VII

So muß es nach dem Durchgang durch vierzig Jahre wohl doch heißen: Bismarck-
und Fontane-Jahr, das geht zusammen. Ginge es, auf das *gesamte* Leben hin gesehen, auch andersherum: Fontane-Jahr und Märzrevolution? Vielleicht. Ganz am
Ende, als er nach eigenem Bekunden »immer demokratischer«[54] geworden war,
dämmerte ihm die Erkenntnis, »daß es am achtzehnten März doch anders gelegen
hat, als ich vermutete [...]«, und die selbstgestellte Frage: »ja, wie verlaufen denn
diese Dinge *überhaupt*?« beantwortete er für sich dahin: »Sie müssen – vorausgesetzt, daß ein großes und allgemeines Fühlen in dem Aufstande zum Ausdruck
kommt – jedesmal mit dem Siege der Revolution enden [...].«[55]

Daß die Revolution von 1848 in einer Niederlage endete, hat für den politischen Fontane wie für den Schriftsteller Fontane weitreichende Folgen gehabt. Es
führt kein geradliniger Weg vom Herwegh-Enthusiasmus des Vormärz zum
Radikalismus der Altersbriefe. Zwischen dem Republikanismus des Achtund-
vierzigers und dem prononcierten Konservatismus des Kandidaten der »Kon-
fliktszeit« liegen politische Welten, die freilich auch andere Achtundvierziger
durchschritten haben. Das knappe Jahrzehnt im Dienste des preußischen
Reaktionsministeriums kommt nach Auftrag und Tätigkeit einem Dementi der
Revolutionspublizistik gleich. Das volle *Kreuzzeitungs*-Jahrzehnt steht hingegen
auch aus Überzeugungsgründen im Zeichen des Widerspruchs zum liberalen
Zeitgeist der Epoche. Presseagent unter Manteuffel und Redakteur der *Kreuzzeitung* sind übrigens unter politischem Aspekt zwei völlig verschiedene Dinge,
denn über die gesamte Manteuffel-Ära stand die *Kreuzzeitung* in einem teils offenen, teils verdeckten Krieg mit den Leitern jener »Centralstelle für Preßan-
gelegenheiten«,[56] von denen Fontane seine Direktiven empfing.

Der Eintritt in die großbürgerliche *Vossische Zeitung* bringt mehr Unabhängigkeit, auch im politischen Urteil, mit sich, hebt aber die Vorbehalte gegenüber der politischen Richtung des Blattes so wenig auf, daß sie bis zum Austritt
nach zwanzig Jahren unvermindert fortbestehen. Im kritischen Moment des
Epochenjahres 1888 treten sie unverhüllt zutage. In seiner persönlichen Haltung
keineswegs illiberal, steht Fontane doch entschieden jenseits des Liberalismus; es
scheint für ihn schließlich eine größere Nähe zwischen einem geläuterten Konservatismus und der modernen Sozialdemokratie zu geben, als sie aus heutiger Sicht
für möglich gehalten wird. Was die Tochter einmal geäußert hat, dürfte auch im
Geist des Vaters gesprochen sein: »›sie sei für gemäßigte Sozialdemokratie und
einen feinen aber forschen Conservatismus‹ [...].«[57] Dieses Attachement nach
zwei entgegengesetzten Seiten hin zeichnet sich in den späten Briefen ab und geht
als Grundidee in den letzten Roman, den *Stechlin*, ein. Dem politisch organisierten »Freisinn« steht Fontane indessen am Ende des Jahrhunderts genauso reserviert bis ablehnend gegenüber wie Jahrzehnte früher dem »Professorenliberalismus« oder der Deutschen Fortschrittspartei.

Nicht, weil sein Weg folgerichtig ist, sondern umgekehrt, weil er Gegensätze durchläuft, von Brüchen nicht frei und streckenweise fragwürdig ist, beansprucht er bis heute unser Interesse. Daß er als bürgerlicher Weg merkwürdig unbürgerlich in der anhaltenden Distanz zum politischen Liberalismus geblieben ist, nimmt ihm nichts von diesem Interesse. Man wird sich vielmehr fragen müssen, welche ästhetischen Potenzen Fontanes konservativem Denken innewohnen. Daß sich dieses Denken nicht in sich abschließt, sondern offen für moderne Entwicklungen bleibt, muß uns nicht ratlos machen. Von einem sozial oder sozialreformerisch getönten Konservatismus bildet sich leichter eine Brücke der Sympathie zur Sozialdemokratie als vom Standpunkt der »»Bourgeoisie, die nie tief aus dem Becher der Humanität trank [...].«« [58]

Anmerkungen

1 Vgl. *Der Spiegel,* Nr. 28 vom 6. Juli 1998, Titel: »Der Dichter und der Schwefelgelbe«, sowie »Rudolf Augstein zum 100. Todestag der epochalen Preußen Bismarck und Fontane«, ebd., S. 72–81. Vgl. auch HANS-JÜRGEN PERREY: *Fontane und Bismarck. Eine Erzählung.* Winsen und Weimar 1998.

2 THEODOR FONTANE: *Preußens Zukunft [Berliner Zeitungs-Halle,* Nr. 200 vom 31. August 1848]. In: UFA *Aufsätze und Aufzeichnungen. Politische Korrespondenzen. Aufsätze und Berichte aus England.* Bd. 27. 1979, S. 9–10, hier: S. 9.

3 Vgl. HUBERTUS FISCHER: *Theodor Fontanes »Achtzehnter März«. Neues zu einem alten Thema.* In: *Fontane Blätter* 65–66/1998, S. 163–187.

4 Vgl. ebd.

5 Vgl. UFA *Aufsätze und Aufzeichnungen,* wie Anm. 2, S. 212.

6 Vgl. FISCHER, wie Anm. 3.

7 CHARLOTTE JOLLES: *Fontane und die Politik. Ein Beitrag zur Wesensbestimmung Theodor Fontanes.* Textredaktion und Nachwort v. GOTTHARD ERLER. Berlin und Weimar 1983, S. 51.

8 Ich verweise hier vorläufig auf meinen Vortrag *»Gedichte – Soldatenlieder – Preußenlieder«: Wie Fontanes »Preußische Feldherrn« volkstümlich wurden.* Jahrbuch für Brandenburgische Landesgeschichte, Bd. 50 (1999), S. 136–168.

9 Vgl. *Die Communisten-Verschwörungen des neunzehnten Jahrhunderts.* Im amtlichen Auftrage zur Benutzung der Polizei-Behörden der sämmtlichen deutschen Bundesstaaten auf Grund der betreffenden gerichtlichen und polizeilichen Acten dargestellt von DR. JUR. WERMUTH, Königl. Hannöverschem Polizei=Director, DR. JUR. STIEBER, Königl. Preußischem Polizei=Director. 2 Theile. Berlin: A. W. Hayn 1853 u. 1854, Nachdruck: Berlin: Verlag Klaus Guhl 1976, hier: T. 2, S. 69, 70, 129.

10 Theodor Fontane an Bernhard von Lepel, Berlin [30. Oktober 1851]. In: HFA IV/1. 1976, S. 194 (Nr. 100).

11 CHARLOTTE JOLLES: *Theodor Fontane.* 4., überarb. u. erw. Aufl. Stuttgart und Weimar 1993, S. 8. Vgl. ausführlicher JOLLES, wie Anm. 7, S. 75–103.

12 THEODOR FONTANE: *Unsere lyrische und epische Poesie seit 1848.* In: NFA XXI/1. 1963, S. 7–33, hier: S. 18.

13 Vgl. RUDOLF MUHS: *Fontane, Marx und Freiligrath. Überlegungen zu ihrer Beziehungslosigkeit.* In: *Fontane Blätter* 65–66/1998, S. 246–265, hier: S. 255f.

14 THEODOR FONTANE: *Wanderungen durch England und Schottland.* 2 Bde. Hrsg. v. HANS-HEINRICH REUTER. Berlin 1979, hier: Bd. 1, S. 164.

15 THEODOR FONTANE: *Storch von Adebar.* In: HFA I/7. 2. Aufl. 1984, S. 375–427; das Zitat aus dem Brief an Gustav Karpeles, Thale, 24. Juni 1881, ebd., S. 717f.

16 Sehr entschieden hat Hermann Lübbe den Konservatismus Fontanes mit dessen Erfahrungen aus dem langjährigen Englandaufenthalt in Verbindung gebracht; vgl. HERMANN LÜBBE: *Fontane und die Gesellschaft.* In: *Literatur und Gesellschaft. Vom neunzehnten bis ins zwanzigste Jahrhundert. Festgabe für Benno von Wiese zu seinem sechzigsten Geburtstag.* Bonn 1963, S. 229–273, hier: bes. S. 270. Erneut in: *Theodor Fontane.* Hrsg. v. WOLFGANG PREISENDANZ. Darmstadt 1973, S. 354–400 (= Wege der Forschung, Bd. 381).

17 KARL MANNHEIM: *Das konservative Denken. Soziologische Beiträge zum Werden des politisch-historischen Denkens in Deutschland* [zuerst 1927]. In: *Konservativismus.* Hrsg. v. HANS GERD SCHUMANN. Köln 1974, S. 24–75 (= Neue Wissenschaftliche Bibliothek, Bd. 68).

18 Vgl. HUBERTUS FISCHER: *»Mit Gott für König und Vaterland!« Zum politischen Fontane der Jahre 1861 bis 1863* [1. u. 2. Teil]. In: *Fontane Blätter* 58/1994, S. 62–88 und 59/1995, S. 59–84.

19 HEINRICH AUGUST WINKLER: *1866 und 1878. Der Machtverzicht des Bürgertums.* In: *Wendepunkte deutscher Geschichte.* Hrsg. v. CAROLA STERN und HEINRICH AUGUST WINKLER. Frankfurt/M. 1984, S. 37–60, hier: S. 39.

20 Ebd.

21 Theodor Fontane an Ernst Kossack, Berlin, 16. Februar 1864. In: THEODOR FONTANE: *Briefe an Wilhelm und Hans Hertz 1859–1898.* Hrsg. v. KURT SCHREINERT, vollendet u. mit einem Nachwort versehen v. GERHARD HAY. Stuttgart 1972, S. 450f.

22 Emilie Fontane an Theodor Fontane, Neuhof, 7. Juli 1862. In: EMILIE und THEODOR FONTANE: *Der Ehebriefwechsel.* Bd. 2: *Geliebte Ungeduld. 1857–1871.* Hrsg. v. GOTTHARD ERLER unter Mitarbeit v. THERESE ERLER. Berlin 1998, S. 233–235 (Nr. 389), hier: S. 234.

23 Vgl. THEODOR FONTANE: *Unechte Korrespondenzen.* Bd. 1: *1860–1865.* Bd. 2: *1866–1870.* Hrsg. v. HEIDE STREITER-BUSCHER. Berlin und New York 1996 (= Schriften der Theodor Fontane Gesellschaft, Bde. 1.1 und 1.2).

24 Vgl. RÜDIGER HACHTMANN: *Berlin 1848. Eine Politik- und Gesellschaftsgeschichte der Revolution.* Bonn 1997, S. 931f., 937, 962f. – Zu Bucher vgl. FRITZ GEBAUER: *Lothar Bucher. Vom Steuerverweigerer zum Mitarbeiter Bismarcks.* Berlin 1988. – Vgl. auch CHRISTOPH STUDT: *Lothar Bucher (1817–1892). Ein politisches Leben zwischen Revolution und Staatsdienst.* Göttingen 1992.

25 Zu Edgar Bauer in England (1852–1861) vgl. PETER BARKER: *Edgar Bauer, Refugee Journalist and Police Informer.* In: *Exilanten und andere Deutsche in Fontanes England. Festschrift für Charlotte Jolles zum 85. Geburtstag.* Hrsg. v. PETER ALTER und RUDOLF MUHS. Stuttgart 1996, S. 370–384. – Zu Bucher in England (1850–1861) vgl. FRITZ GEBAUER: *»Welch Schauspiel! aber ach! ein Schauspiel nur!« Lothar Bucher und England,* ebd., S. 273–291. – Zu Schramm in England (1849–1859) fehlt, soweit zu sehen, eine entsprechende Studie.

26 Vgl. PETER WRUCK: *Theodor Fontane in der Rolle des vaterländischen Schriftstellers.* In: *Theodor Fontane im literarischen Leben seiner Zeit. Beiträge zur Fontane-Konferenz vom 17. bis 20. Juni 1986 in Potsdam.* Mit einem Vorwort v. OTFRIED KEILER. Berlin 1987, S. 1–39, bes. S. 13–18 (= Beiträge aus der Deutschen Staatsbibliothek, Bd. 6).

27 Theodor Fontane an Otto Brahm [Berlin, 21. April 1888]. In: HFA IV/3. 1980, S. 599 (Nr. 573).

28 Theodor Fontane an Hermann Kletke, Berlin, 20. Dezember 1870. In: HFA IV/2. 1979, S. 367–368 (Nr. 279), hier: S. 367.

29 Theodor Fontane an Friedrich Stephany, Berlin, 24. Juni 1889. In: HFA IV/3. 1980, S. 701 (Nr. 669).

30 Theodor Fontane an Martha Fontane, Berlin, 16. März 1884. In: HFA IV/3. 1980, S. 301–304 (Nr. 281), hier: S. 303.

31 Theodor Fontane an Emilie Fontane, Thale, 10. Juni 1884. In: HFA IV/3. 1980, S. 325–326 (Nr. 296), hier: S. 325.

32 Vgl. LOTHAR WALLRAF: *Deutschkonservative Partei (DKP) 1876–1918.* In: *Die bürgerlichen Parteien in Deutschland. Handbuch der Geschichte der bürgerlichen Parteien und anderer bürgerlicher Interessenorganisationen vom Vormärz bis zum Jahre 1945.* Hrsg. v. einem Redaktionskollektiv unter der Leitung v. DIETER FRICKE. 2 Bde. Berlin 1968, Bd. 1, S. 673–701.

33 THEODOR FONTANE: *Tagebücher. 1866–1882. 1884–1898.* Hrsg. v. GOTTHARD ERLER unter Mitarbeit v. THERESE ERLER. 2. Aufl. Berlin 1995, S. 140f. (Eintrag v. 5. Dezember 1881).

34 THEODOR FONTANE: *Frau Jenny Treibel oder »Wo sich Herz zum Herzen find't«.* In: HFA I/4. 2. Aufl. 1974, S. 297–478, hier: S. 321.

35 Ebd., S. 439.

36 Ebd., S. 450. – »Ich hasse das Bourgeoishafte mit einer Leidenschaft, als ob ich ein eingeschworner Socialdemokrat wäre.« Theodor Fontane an Martha Fontane, Wyk auf Föhr, 25. August 1891. In: HFA IV/4. 1982, S. 146–148 (Nr. 151), hier: S. 148.

37 Theodor Fontane an Martha Fontane, Berlin, 18. April 1884. In: HFA IV/3. 1980, S. 314–315 (Nr. 288), hier: S. 314. – Vgl. schon das zutreffende Urteil von Davis: »The greed for money and the unprincipled morals of the wealthy middle class caused Fontane to oppose the representative of its interests in politics, the Progressive Party. On almost every occasion this party, in Fontane's mind, displayed its inability to assume government responsibility.« (ARTHUR L. DAVIS: F*ontane and the Germanic Empire.* In: *Germanic Review* 11 [1936], S. 258–273, hier: S. 268f.).

38 Theodor Fontane an Emilie Fontane, Berlin, 28. August 1882. In: Fontane: *Ehebriefwechsel,* wie Anm. 22, Bd. 3: *Die Zuneigung ist etwas Rätselvolles. 1873–1898,* S. 289–291 (Nr. 605), hier: S. 291.

39 WINKLER, wie Anm. 19, S. 59.

40 Vgl. die Briefe an Emilie Fontane, Berlin, 3. Juni 1878, Berlin, 4. Juni 1878, Berlin, 5. Juni 1878; sowie den Brief an Martha Fontane, Berlin, 5. Juni 1878. In: HFA IV/2. 1979, S. 576 (Nr. 467), S. 577–581 (Nr. 469), S. 581-582 (Nr. 470), S. 582–583 (Nr. 471).

41 THEODOR FONTANE: *Die Bekehrten.* In: HFA I/7. 2. Aufl. 1984, S. 313–314.

42 Vgl. THEODOR FONTANE: *Vier epische Entwürfe.* Hrsg. und kommentiert v. JOACHIM KRUEGER. In: *Fontane Blätter* 23/1976, S. 485–502, hier: S. 494f.

43 FONTANE: *Tagebücher. 1866–1882. 1884–1898,* wie Anm. 33, S. 243 (Einträge v. 4. März bis 8. Juli 1888).

44 Theodor Fontane an Martha Fontane, Berlin, 10. März 1888. In: HFA IV/3. 1980, S. 588–589 (Nr. 564), hier: S. 588.

45 Ebd., S. 589.

46 Vgl. Theodor Fontane an Martha Fontane, Berlin, 11. März 1888. In: THEODOR FONTANE: *Briefe. II. An die Tochter und Schwester*. Hrsg. v. KURT SCHREINERT. Zu Ende geführt und mit einem Nachwort versehen v. CHARLOTTE JOLLES. Berlin 1969, S. 921.

47 Zit. nach: HANS-ULRICH WEHLER: *Das deutsche Kaiserreich* 1871–1919. 2., durchgesehene u. bibliographisch ergänzte Aufl. Göttingen 1975, S. 188 (= Deutsche Geschichte, Bd. 9). – Vgl. ANDREAS DORPALEN: *Emperor Frederick III. and the German Liberal Movement*. In: *The American Historical Review* 1948/49, S. 1–31.

48 »Ich sprach mich schon heute Vormittag über das Bedrohliche dieser Situation aus, Mama wollte nicht recht dran glauben, ›ach, Du redest immer‹, nun ist vor einer Stunde das Abendblatt der Vossin gekommen und nun hat sie's schwarz auf weiß.« (Theodor Fontane an Martha Fontane, Berlin, 13. März 1888. In: HFA/3. 1980, S. 591–592, hier: S. 591).

49 Ebd.

50 Ebd., S. 592.

51 Theodor Fontane an Martha Fontane, Berlin, 17. Juni 1888. In: FONTANE, wie Anm. 46, S. 104f.

52 Vgl. KARL HEINRICH HÖFELE: *Theodor Fontanes Kritik am Bismarckreich*. In: *GWU* 14 (1963), S. 337–342; WALTER MÜLLER-SEIDEL: *Fontane und Bismarck*. In: *Nationalismus in Germanistik und Dichtung*. Hrsg. v. BENNO VON WIESE und RUDOLF HESS. Berlin 1967, S. 170–201; KURT IHLENFELD: *Fontanes Umgang mit Bismarck. Zur Problematik der Verhältnisse zwischen Dichter und Politiker*. In: *Der Bär von Berlin* 22 (1973), S. 44–78; FRITZ GEBAUER: *Eine unbekannte Quelle. Die »vaterländischen Reiterbilder« und die Bismarck-Biographie Fontanes*. In: *Fontane Blätter* 51/1991, S. 77–95; EDA SAGARRA: *Noch einmal Fontane und Bismarck*. In: *Fontane Blätter* 53/1992, S. 29–42.

53 Theodor Fontane an Martha Fontane, Berlin, 14. März 1888. In: HFA IV/3. 1980, S. 592–593 (Nr. 566), hier: S. 592.

54 Theodor Fontane an Martha Fontane, Berlin, 16. Februar 1894. In: HFA IV/4. 1982, S. 333–336 (Nr. 341), hier: S. 335.

55 THEODOR FONTANE: *Von Zwanzig bis Dreißig*. In: UFA. Bd. 35. 1980, S. 335.

56 Vgl. *Briefe des Generals Leopold von Gerlach an Otto von Bismarck*. Hrsg. v. HORST KOHL. Stuttgart und Berlin 1912, S. 5, 13f., 15f., 25, 36, 38–40, 43f.,49, 52f.,55, 57f., 61, 64, 95, 141.

57 Theodor Fontane an Emilie Fontane, [Krummhübel], 17. Juli 1888. In: FONTANE: *Ehebriefwechsel*, wie Anm. 22, Bd. 3, S. 507–509 (Nr. 725), hier: S. 507.

58 THEODOR FONTANE: *Cécile*. In: HFA I/2. 3., durchgesehene u. im Anhang erweiterte Aufl. 1990, S. 141–317, hier: S. 172.

Preußens Königshaus im Urteil Fontanes

WERNER RIECK

Als 1896 Fürst Bogusław Radziwiłł in einer Schrift darauf insistierte, daß Friedrich Wilhelms III. Verbot für seinen Sohn, die schöne Elise Radziwiłł wegen der ihr abgesprochenen »*Ebenbürtigkeit*« zu heiraten, ungerecht gewesen sei und Wilhelm II. bei Nichtbeachtung des Verbots ein Enkel der Elise und nicht der Kaiserin Augusta wäre, da reagierte Theodor Fontane auf die ihm zugestellte Schrift mit der Bemerkung: »Vor 30 Jahren hätte mich das kolossal interessiert, *jetzt* bin ich so verdemokratisiert, daß ich die feierliche Behandlung solcher Fragen mindestens für überflüssig halte.«[1] Was »verdemokratisiert« besagt, das helfen die im letzten Lebensjahrzehnt des Autors zunehmend distanzierten und kritischen Unmutsäußerungen zu gesellschaftlichen Verhältnissen in Preußen erschließen.[2] Der literarischen Öffentlichkeit war diese Entwicklung übrigens nicht verborgen geblieben, denn nicht nur der sozialdemokratische *Vorwärts* vermerkte in seinem Nachruf am 2. Oktober 1898, daß sich »in seiner beobachtenden Seele allerhand Fragen und Zweifel […] in späten Lebenstagen« gemeldet hätten und er an Dinge gerührt habe, die »ihm kraft seiner Preußendisziplin hätten heilig bleiben sollen«,[3] sondern auch Erich Schmidt – nicht nur Berliner Ordinarius für Literaturgeschichte, sondern auch wiederholt gerngesehener Gast Kaiser Wilhelms II.[4] – wies in der Trauerrede des Vereins Berliner Presse darauf hin, daß sich beim alten Fontane »eine kleine Abschwenkung ins Demokratische bemerkbar«[5] gemacht habe.

Und tatsächlich: die Auffassung Fontanes, daß der »militärische Rechts-, Anstands- und Ehrbegriff« anfange »überzuschnappen«, wird ergänzt und belegt durch Beobachtungen, daß »die militärische Welt« sich überschlage, Zeichen einer Zeit, die – identisch mit der von Innstetten berufenen und von Wüllersdorf beschriebenen Signatur preußischer Verhältnisse – »im ganzen glänzend, im einzelnen« jedoch »jämmerlich« und das Preußentum »bei viel Tüchtigem und Gescheitem, schließlich nur ein Götzendienst auf tönernen Füßen« sei.[6] Somit erscheint es geradezu konsequent, daß ihm dazu »Fritz Reuters Heimat«, die Fontane im Juni 1897 zum wiederholten Male besuchte, »als eine Art Gegensatz« erschien und ihm »Rotspohn und Onkel Bräsig« nun höher standen als der ganze »Borussismus, diese niedrigste Kulturform, die je da war«.[7]

Der von ihm in den Jahren 1895 bis 1897 ausdrücklich als »politischer Roman«[8] charakterisierte *Stechlin* hüllte Zeitkritik darum nicht von ungefähr ins Urteil über Preußens Monarchen. Pastor Lorenzen entwickelte seine Auffassung von den »›drei große[n] Epochen‹« preußischer Geschichte am Beispiel des Soldatenkönigs, der »›die Fundamente für eine neue Zeit geschaffen und an die Stelle von Zerfahrenheit, selbstischer Vielherrschaft und Willkür Ordnung und Gerechtigkeit gesetzt‹« habe, am Beispiel Friedrichs des Großen – Dubslavs großes Vorbild –, unter dem sich »›das seiner Natur und seiner Geschichte nach gleich ungenialische Land […] mit einem Male von Genie durchblitzt‹« sah, und am Beispiel der Zeit unter Friedrich Wilhelm III., als »›das arme, elende, halb dem Untergange verfallene Land […] von Begeisterung durchleuchtet‹« wurde, »›von dem

Glauben an die höhere Macht des Geistigen, des Wissens und der Freiheit.‹«[9]

Doch mit Blick auf Wilhelm II. wurde von Lorenzen mit dem Anspruch überzeugender Zeitanalyse konstatiert, daß inzwischen eine »rückläufige Bewegung« da sei, »längst Abgestorbenes [...] neu erblühn« solle. Aber Tabakskollegium und Krückstock von Sanssouci könne man nicht wiederhaben, und was »einmal Fortschritt« gewesen sei, das sei »längst Rückschritt geworden«.[10] Diese Zustandsbeschreibung ist nichts anderes als die poetische Version eines politischen Klartextes, der Georg Friedlaender gegenüber eingesteht, daß Fontane an Wilhelm II. »der totale Bruch mit dem Alten« gefalle, allerdings nicht dessen »Wiederherstellenwollen des Uralten«. Fontane meint, daß zudem »Waffen« und »militärische Anstrengungen«, die Wilhelms II. politische Ambitionen verdeutlichten, anachronistisch seien und nichts ausrichten würden: »[...] die Rüstung muß fort und ganz andere Kräfte müssen an die Stelle treten: Geld, Klugheit, Begeisterung.« Der Adel sei überlebt. »Worin unser Kaiser die *Säule* sieht, das sind nur *tönerne Füße*.«[11] So erscheint am Ende des Jahrhunderts politisches Bekenntnis bei Fontane auch als Resümee und Fazit seiner Sicht auf führende Repräsentanten des preußischen Königshauses.

Bei Hofe hätte man ihm – Enkel eines Prinzenerziehers und Kabinettssekretärs der Königin Luise[12] – , der sich von Maximilian Harden wünschte, unter anderem als »Alten-Fritz-, Zieten-, Kaiser Friedrich-, Bismarck-Sänger«[13] gewürdigt zu werden, dankbar sein müssen für ein Gesamtwerk, das poetische Erinnerung an preußische Geschichte und Herrscher in unnachahmlicher Weise bewahren half. Doch 1851 lehnte man sein Gesuch um eine Pension ab, Ministerpräsident und Innenminister verwiesen den Monarchen sogar auf die politische Unzuverlässigkeit des Petenten.[14] Wilhelm I. veranlaßte noch als Prinzregent im Oktober 1859 den Leiter der »Centralstelle für Presseangelegenheiten«, daß Fontane aus dem Kreise der »Vertrauenskorrespondenten« ausgeschlossen wurde, weil er in den *Hamburger Nachrichten* auf eine von der Stettiner Bürgerschaft geforderte und noch bevorstehende Erklärung Wilhelms zur deutschen Frage eingegangen war.[15]

Obwohl Fontanes Kriegsbuch mit seinen »vier starken Halbbänden [...] immer« in der kleinen Nachschlagebibliothek auf Wilhelms I. Schreibtisch lag,[16] fiel die Würdigung durch den Hof und durch den Monarchen nur mäßig, geradezu schäbig aus. Dennoch ermutigte die Annahme der Widmung des im Oktober 1876 erschienenen Halbbandes durch den 1871 zum deutschen Kaiser proklamierten Monarchen den Autor, »um eine Gnade (*nicht* Titel oder Orden) zu bitten«. Fontane kommentiert, daß diese »ungeheuer naive Bitte [...] von Sr. M. einfach« abgewiesen wurde. »Ich warne meine Söhne [...] vor ähnlichen Schritten. [...] nur nicht von Fürsten und Herren etwas wollen; [...]«. Als er dann im Dezember 1881 wieder auf diese Tagebucheintragung aus dem Jahre 1876 stieß, schrieb er eine Art ergänzenden ironischen Text zu dieser Angelegenheit. Die finanziellen Zuwendungen des Hofes für die ersten Halbbände hätten ihn in der Meinung bestärkt, daß er für ein »doppelt so starkes Buch *Der Krieg gegen Frankreich* ein Königliches Geschenk von mindestens gleicher Höhe gewärtigen« dürfe. Doch der kompetente Hofbeamte hätte ihn wohl »als *einen ein für allemal Abgefundenen*« angesehen und sei davon ausgegangen, »daß ein freigebigeres Handeln seinerseits, bei fortgesetzter siegreicher Kriegführung, notwendig zum Ruin der Königlichen Schatulle führen« müsse.[17]

Immerhin hatte Wilhelm I. am 7. März 1876, als durch den Tod des Philosophie-professors Friedrich Gruppe die Stelle des »ersten ständigen Sekretär[s] der Königlichen Akademie« neu zu besetzen war, der Berufung Fontanes in dieses Amt zugestimmt. Doch Fontane – in dieser Beamtenrolle äußerst unbeholfen und unglücklich sowie von den Zwistigkeiten zwischen Akademiedirektor Anton von Werner und Präsident Friedrich Hitzig sowie des letzteren überheblicher Haltung angewidert – bat nach kürzester Frist um Entpflichtung, und schon am 17. Juli des gleichen Jahres unterschrieb der Kaiser – vermutlich mit großem Unverständnis – die Entlassungsurkunde.[18]

Mit Ehrungen für Fontane hielten sich Hof und Hofkanzlei zurück. Wie das »Ritterkreuz der wendischen Krone«, das ihm 1871 der Großherzog Friedrich Wilhelm von Mecklenburg-Strelitz verlieh,[19] nahmen sich der ihm 1871 zuerkannte Preußische Kronenorden IV. Klasse und der seit 1851 vergebene und ihm am 10. Dezember 1888 verliehene Hohenzollernsche Hausorden recht bescheiden aus. Den 1859 von Wilhelm I. gestifteten Schiller-Preis mußte er sich 1891 mit Klaus Groth teilen.[20] Dem Kronprinzen Friedrich Wilhelm und nachmaligen Kaiser Friedrich III. gefiel – im Gegensatz zu Menzel selbst und zu Friedrich Stephany – die dichterisch-anmutige Würdigung des 70. Geburtstages von Adolph Menzel im Dezember 1885 durch Fontane mit dem fiktiven Gespräch zwischen dem Dichter und dem Geist Friedrichs des Großen *Auf der Treppe von Sanssouci*. Der Kronprinz erzählte, »daß er es seiner Frau 2mal beim Frühstück vorgelesen und [...] dann [...] ausgeschnitten« habe.[21] Ex-Kaiser Wilhelm II. berichtete in seinen 1927 erschienenen Memoiren, daß ihm sein Lehrer Georg Hinzpeter aus Werken von Alexis und Fontane vorgelesen habe.[22] Bei der Beerdigung Fontanes hatte er vom Geheimrat Lucanns einen prachtvollen Kranz niederlegen lassen.[23]

Doch der Autor der Preußen-Balladen und bedeutende realistische Romancier wurde nicht »Adelsritter und Hofgänger [...] wie Adolph Menzel« – ein Phänomen, das schon Thomas Mann 1910 in seinem Fontane-Essay bewegte und das er dadurch zu erklären versuchte, daß »beim bildenden Künstler [...] das Geistige und Problematische mehr als beim Schriftsteller mit dem Technischen« zusammenfalle und daß die Herrschenden »das Stoffliche für die Gesinnung« nähmen. »Ein großer Maler kann offiziell werden, ein großer Schriftsteller niemals. Denn [...] die geistige Nuance, die artikulierte Problematik, die verantwortungsvolle Ungebundenheit, muß ihn in den Augen der Herrschenden als gesinnungsuntüchtig und verdächtig erscheinen lassen. Vom amtlichen Preußen ist nicht zu verlangen, daß es den patriotischen Sänger für voll nimmt, der eines Tages den

Borussismus für die niedrigste aller je dagewesenen Kulturformen erklärt.«[24]

Kontakte zur Hohenzollernfamilie gab es seitens Fontanes nur peripher und von ferne. Zwar wurde er 1881 und 1882 in die »Tafelrunde« des Prinzen Friedrich Karl im Jagdschloß Dreilinden einbezogen und kannte den »Prinz-Louis-Ferdinand-Enkel« Ernst von Wildenbruch – den Schiller-Epigonen und Hohenzollern-Apologeten – persönlich, auf den er Therese von Poggenpuhl und den alten Briest bei der Hochzeit seiner Tochter Effi als »verkappte[n] Hohenzoller[n]« anspielen läßt.[25] Doch als das Kaiserreich gerade erst proklamiert war, da schrieb Fontane mit Blick auf das Verhältnis von Hohenzollernhaus und deutschen Schriftstellern 1872 an Mathilde von Rohr, die ihn zu einem Brief wegen materieller Unterstützung an den Prinzen Georg – Sohn des Prinzen Friedrich, General der Kavallerie, Schöngeist und unter dem Pseudonym Georg Conrad und Gelonrod auch dilettierender Dramatiker – bewegen wollte, recht bitter, daß er allein »auf Gott und auf das eigene Tun« bauen werde. »Mir kann kein Kaiser und am wenigsten ein doch immerhin ziemlich wackeliger Prinz helfen. […] Die Hohenzollern haben […] nach dieser Seite hin […] nie etwas getan; […] ich persönlich habe, von wenigen Fällen abgesehen, nie etwas andres extrahiert als ein prinzliches oder herzogliches Schreiben, an dem nichts golden war als der Rand des Briefpapiers […], Kabinettssekretärsarbeit und der Namenszug von Serenissimus unleserlich daruntergefludert.«[26]

Fontane, nach anfänglichen Hoffnungen 1840 auf politischen Wandel sehr bald desillusioniert, vertrat im Oktober des Revolutionsjahres 1848 an Bernhard von Lepel die These – und Preußens Königshaus war hier keineswegs ausgenommen – daß es uns, »wenn wir noch heut am Tage 27 Fürsten nach Van-Diemensland« – also auf die Verbrecherinsel Tasmanien – schickten, »nicht um ein Haar schlechter« ginge, »wir sparten viel Geld und sind in 8 Tagen auch reif für die schönste Republik«.[27] Doch obwohl auch später Distanz und Vorbehalte nie ganz versiegten, bestimmen Versuche sachlicher Historisierung Fontanes Urteile über Preußens Herrscher.

Dem Streben nach objektiver Wertung historischer Leistungen der Hohenzollern dienten seine vielfach nachzuweisenden Studien über die Geschichte Preußens. Bei der Beschreibung vieler historischer Stätten in der Grafschaft Ruppin, im Oder-, im Havel-, im Spreeland und im Ländchen Friesack entstand außerdem ein respektables episches Gemälde über Leben und Taten der Hohenzollern. Über ihre Schlösser und Wohnsitze – einschließlich des Inventars und der Kunstsammlungen – sowie über Schauplätze, auf denen sie agierten, wurde mit der gleichen Anschaulichkeit – oft unter Nutzung von Kuriosa und Anekdotischem – erzählt wie auch über ihre Biographien, ihre Familienverhältnisse und Affären, wobei nur wenig davon für chauvinistische Mythenbildung über dieses Herrscherhaus zu vereinnahmen war.

Selbst das respektable Œuvre Fontanescher Erzählungen und Romane weist in stofflichen Details, in Episoden sowie in Reminiszenzen und Dialogen seiner literarischen Figuren immer wieder Bezüge zur Geschichte des preußischen Königshauses und zur geselligen und kulturellen Sphäre bei Hofe aus, weiß selbst über Gaumenfreuden einzelner Monarchen zu informieren. Schon Handlungs- und Figurenkonstellation seines ersten Romans *Vor dem Sturm* sind beispielsweise ohne die historische Situation, die das politische Zögern Friedrich Wilhelms III. vor den Befreiungskriegen 1813/14 bewirkte, nicht denkbar. Vielfach sind interessante stoffliche Details und Episoden aus der Geschichte des Königshauses, auf die die *Wanderungen durch die Mark Brandenburg* eingingen, auch im Romanwerk poetisch genutzt worden. Romane wie *Vor dem Sturm, Schach von Wuthenow* oder auch *Der Stechlin* bieten sich derartigen Vergleichen an. Sogar in Fontanes Rezensionen sind solche Belege präsent; ebenfalls in seinen autobiographischen Schriften und immer wieder auch in den Tagebüchern. So zählten Gespräche über Geschichte und Personen des Hofes – wie wir daraus erfahren – auch zu den Themen während seines Englandaufenthaltes. In Frankreich besuchte er schließlich auch jene Stätten, von denen aus die Generalität aus dem Hohenzollernhause, die Prinzen und König Wilhelm I., das Kriegsgeschehen geleitet oder mit dem Feinde verhandelt hatten.

Briefe und Tagebücher Fontanes – also gewichtige inoffizielle Zeugnisse seines Lebens, Schaffens und Denkens – lassen außerdem Rückschlüsse über seine Sicht auf das Verhältnis von Hof und Schriftsteller, von adliger und höfischer Standessphäre und Künstler zu. Als sein Tunnel-Freund, Schriftsteller- und Redakteurskollege George Hesekiel 1874 starb, notierte er betroffen: »[...] er wird auf dem Matthäi-Kirchhof begraben, ohne daß sich Hof, Adel, Militär um ihren Verherrlicher par excellence gekümmert hätten. Ein schlimmes Zeichen für *beide* Theile. Man soll des Guten nicht zu viel thun, auch nicht in der Loyalität und im Preußenthum.«[28] 1894 sagte er das schließlich – auf sich selbst bezogen und gleichsam als poetische Paraphrase dieser Erkenntnis – auch in seinem Gedicht *Als ich 75 wurde.*[29] Als er dann 1896 in einem Brief an Georg Friedlaender auf seine Stunden im geselligen Kreise des Prinzen Friedrich Karl zu sprechen kam, da formulierte er:»Ich erinnere mich voller Dankbarkeit der in Dreilinden zugebrachten Stunden und hab auch wirklich was davon gehabt, aber doch eigentlich nur in meiner *Schriftsteller*eigenschaft; worauf doch alle echte Gesellschaftlichkeit hinausläuft, von einem Gegenseitigen, von einem geistigen Geben und Nehmen war in Dreilinden keine Rede.«[30]

Leser mehrerer Berliner Blätter[31] konnten Fontane nach den Kriegen 1864, 1866 und 1870/71 für einen Apologeten preußischer Siege und preußischer Politik halten. »Ein tief erregter, männlich patriotischer Geist weht uns aus diesen markigen Versen an [...], ein altpreußisch strammes Soldatentum« – so wertete der Kunsthistoriker Wilhelm Lübke Fontanes Gelegenheitsgedichte aus dieser Zeit; Ludwig Pietsch erhob sie gar zum »Gemeingut unseres preußischen Volkes«, das die Jugend »im Gedächtnis wie Volkslieder« trage.[32] Dabei hat sich Fontane mehrfach sehr abfällig gegen Schlachtengesänge, Gelegenheits- und Festgedichte dieses Genres geäußert. »Im ganzen haben wir für diesen Zweig der Dichtung keine lebhafte Zustimmung im Herzen [...]«,[33] heißt es an einer Stelle.

So artikulierte denn sein Gedicht zur Erinnerung an die verlustreiche Erstürmung der Düppeler Schanzen auch weniger den von vielen Deutschen gefeierten Heroismus der Preußen als vielmehr mit eindringlichen Bildern aus der Landschaft bei Düppel und am Alsen-Sund Trauerstimmung über den Tod so vieler junger Menschen;[34] und das Gedicht *Neujahr 1871* erinnerte zwar an die Siege der verflossenen Jahre, mündete jedoch in den Wunsch an das neue: »o gib uns *Frieden, Frieden.*«[35]

Die anläßlich der siegreichen Einzüge durchs Brandenburger Tor und des Empfangs der Truppen durch die Berliner 1864, September 1866 und Juni 1871 geschriebenen Gedichte sind darum auch gleichsam in einen Rahmen gefaßt, der als Schauplatz das Friedrich-Denkmal Unter den Linden darstellt. Der Reiter des Rauchschen Standbildes neigt sich am Schluß des ersten *Einzugsliedes* ein wenig herab und gesteht: »Konzediere, es war gut«, während er beim dritten Einzug, bei dem nur »die Hälfte« der Soldaten wiederkehrt, die Sieger mahnt: *»nun* ist es *genug«.*[36] So sind also die Gelegenheits- und Festgedichte Fontanes von durchaus anderen Intentionen bestimmt als der chauvinistische Hurra-Patriotismus eines Geibel, Freiligrath, Detlev von Liliencron und sogar eines Richard Wagner.

Urteilte Fontane über Preußens Monarchen seit der Gründung des Königreichs, so waren es vor allem »die beiden organisatorischen Genies«[37] Friedrich Wilhelm I. und dessen Sohn, die er besonders schätzte. Friedrich Wilhelm II., durch Anspielungen in *Schach von Wuthenow* auf den Grafen von der Mark – ein Sohn des Königs und seiner Geliebten Wilhelmine Encke – und auf die von Bischofswerder initiierten Geisterbeschwörungen in Marquardt in Erinnerung gebracht, fand hingegen, wie schon bei seinen Zeitgenossen, nur wenig Sympathien. Das gilt auch für das Kapitel über Marquardt und Geheimgesellschaften im 18. Jahrhundert in den *Wanderungen.*[38] Dagegen hat Fontane den Prinzen Louis Ferdinand, dessen urwüchsigen Lebens- und Liebeswillen er mit dessen Trauer über den Niedergang Preußens in einer seiner poetisch schönsten Balladen eindrucksvoll konfrontierte, besonders verehrt.[39]

Hatte der Autor seinem Freunde Lepel gegenüber im Oktober 1848 Friedrich Wilhelm III. noch attestiert, daß der 1813 »seine ganze Schwäche und Unbedeutendheit«[40] bewiesen habe und dessen Regierungszeit recht »trivial« gewesen sei, so grenzte er 1891 in einem Brief an Georg Friedlaender vom in Preußen zu dieser Zeit grassierenden »Protztentum« und dessen Ideal von »Bier- und Beefsteakkonsum« die »Armutszeiten unter Fr. W. III.« ab, »wo es Tausende von höchst erfreulichen Einzelerscheinungen, namentlich im Adel, im Professorentum und unter den Geistlichen« gegeben habe, »Einzelerscheinungen, die derart kaum noch vorkommen.«[41] Friedrich Wilhelm IV., dessen volksverachtende Ablehnung der ihm von der Nationalversammlung angetragenen Kaiserkrone in Fontane Groll und Unmut erregte, hatte, dem Urteil in der Autobiographie zufolge, den

»Wandel der Zeiten nicht« begriffen.[42] Somit wird verständlich, daß sich der Schriftsteller 1894 zu dem 1848 noch von politisch neutraler bzw. distanzierter Position mit Lepels apologetischer Ode *An den König* verglichenen Gedicht Freiligraths *Die Toten an die Lebenden* – zum »berühmte[n], später nicht wieder gedruckte[n] Gedicht, wo man die Toten an dem König vorbeiträgt«[43] – bekannte, zu einer Dichtung, in der die Märzgefallenen mit revolutionärem Pathos ihr strafendes Verdikt über diesen Monarchen sprechen.[44]

Fontane hat höfisches Geschehen um Wilhelm I. und dessen Familie registriert und Reaktionen seiner Zeitgenossen darauf beschrieben und bewertet. Auch Gedichte aus mehr als drei Jahrzehnten vermitteln einen Einblick in sein Verhältnis zu diesem Monarchen. Sein *Prolog. Zum 22. März 1861* – Auftragsarbeit zu dessen Geburtstag –, der im Opernhause und auch im Schauspielhaus gesprochen wurde, deutet auf sein Verständnis von einer Wende in der preußischen Politik nach dem Ableben Friedrich Wilhelms IV.[45] *Der Tag von Düppel, Königgrätz, Neujahr 1871, Kaiser Blanchebart, Kaiser Wilhelms Rückkehr* und die sogenannten Einzugs-Lieder drücken nach anfänglicher Huldigung für König und Kaiser zunehmend die Hoffnung auf Frieden aus.[46]

Übereinstimmend waren im *Prolog zum Kolonie-Familienfest am 29. Oktober 1888* und im Gedicht *Zur Erinnerung an Kaiser Wilhelm I. und Kaiser Friedrich III.*, das als Prolog im Berliner Geschichtsverein am 13. Oktober 1888 vorgetragen wurde, das Lob auf Wilhelm I. – unter anderem mit dem Verweis auf die unter seiner Herrschaft erreichte Reichseinheit – mit der Würdigung Friedrichs III. als Hoffnungsträger des intellektuellen Preußens verbunden.[47] Das gereimte Resümee *Auch ein Stoffwechsel* aus dem Jahre 1896 über das lyrische und das Balladenschaffen seiner Jugend erwähnt auch die Gelegenheits- und Huldigungsgedichte auf Wilhelm I. und dessen Sohn, schließt jedoch in Anspielung auf seine seit Ende der achtziger Jahre stärker auf Natur, Erlebtes und Beobachtungen alltäglichen Geschehens bezogenen Gedichte und Sprüche mit dem Hinweis, daß ihm im Gegensatz zur früheren Schaffenszeit jetzt »der Alltag ans Herz gewachsen« sei und er es mit den Dichtern einer frühen Bürgerkultur, Hans »Rosenplüt und Hans Sachsen«, halte.[48]

Schließlich stimmt mit den kritischen Bemerkungen Fontanes aus dem Jahre 1892 über die Bestrebungen des preußischen Kultusministers, die Volksschulen zu Konfessionsschulen zu machen, die er Georg Friedlaender gegenüber als »Bestreben, mit Hülfe des Schutzmanns bzw. des Staatsanwalts …, wieder Religion ins Land zu schaffen«, charakterisierte, die Position Dubslavs im *Stechlin* überein, der nach Woldemars Bericht über seines Freundes Frühgottesdienste in Schönhausen und Finkenkrug auf Wilhelms I. Bestreben verweist, dem Volk »die Religion wiedergeben (zu) wollen«, diese Zielstellung aber als etwas Unnatürliches und Künstliches charakterisiert.[49] Dennoch ist es im *Stechlin* der »alte Kaiser«, dem – nicht politisch, doch menschlich – Sympathie entgegengebracht wird, nicht der neue – nicht Wilhelm II.[50]

Von Fontanes differenzierter Sicht auf die höfische Sphäre in Preußen, von seiner Fähigkeit, zwischen persönlicher Integrität eines Menschen und politischen Zwängen sowie Fehlurteilen im Öffentlichkeitsbewußtsein zu unterscheiden, auch von seiner Gabe, mit Widersprüchen einer Herrscherfigur sachlich kommentierend oder mit poetisch subtiler Charakteristik umzugehen, zeugen besonders seine Äußerungen über Kaiser Friedrich III., auf den die politisch liberalen Kräfte in Deutschland große Hoffnungen gesetzt hatten, dessen Regierungszeit jedoch bereits nach neunundneunzig Tagen endete und der in Wirklichkeit kaum mehr war als ein bereits vom Tode gezeichneter und der Sprache nicht mehr mächtiger Schattenkaiser.[51] Gerade die skandalösen Vorgänge am Hofe während der kurzen Regierungszeit Friedrichs III. und die zuvor durch dessen aus England stammende Gemahlin Victoria veranlaßten Querelen zwischen deutschen und englischen Ärzten über die Methode der Behandlung seines Kehlkopfleidens haben Fontane zu einer Reihe kritischer Äußerungen – auch über »Willkürlichkeit und Konfusion« in der illusionär als »liberaler Regierungswechsel« vermuteten kurzen Regierungszeit des kranken Kaisers[52] – veranlaßt. So schrieb er seiner Tochter mit spürbarem Mißmut über die Presse, die sich statt der Würdigung, die Theodor Storm nach seinem Tode verdient hätte, mehr mit der Fehde der Ärzte über die Schuld am Tode des Kaisers beschäftigte, sie werde »schließlich doch keinen Aufschluß« geben können, »aber wer kümmert sich noch um ›Immensee‹ wenn solch Skandal blüht und ›Viola Tricolor‹ ist das Veilchen, das bei der Gelegenheit unter die Füße getreten wird.«[53]

Als dann Bismarck den Heidelberger Völkerrechtler Heinrich Geffken wegen der von ihm veröffentlichten Tagebuchnotizen Friedrichs III. verhaften ließ, bekannte Fontane in seinen persönlichen Aufzeichnungen, daß sich ihm »politische Fragen [...] in den Vordergrund« drängten. Seiner Frau hatte er kurz zuvor geschrieben: »Das Merkwürdigste ist, daß *wieder alles auf Bismarcks Seite tritt* und daß gegen Geffken und vor allem gegen den armen Kaiser Friedrich selbst wieder die heftigsten Anklagen laut werden.«[54]

So hat es denn einen recht aktuellen Bezug und ist gleichsam poetischer Paralleltext dazu, wenn im *Stechlin* Pastor Lorenzen im letzten Gespräch mit Dubslav formuliert: »»Es kommen immer Tage, wo die Leute nach irgendeinem ›Kronprinzen‹ aussehn. Aber so gewiß das richtig ist, noch richtiger ist das andre: der Kronprinz, nach dem ausgeschaut wurde, hält nie das, was man von ihm erwartete. Manchmal [...] holt [er] ein Volksbeglückungsprogramm auch wirklich aus der Tasche. Nur nicht lange [...], nach einem halben Jahre lenkt der Neuerer wieder in alte Bahnen und Geleise ein.««[55] In dieses Resümee flossen die eigenen Erfahrungen Fontanes ein, die sich auf alle jene Preußenkönige anwenden ließen, deren Machtantritt – von Friedrich Wilhelm IV. bis zu Wilhelm II. – er erlebt hatte.

Dabei hat Fontane, was sein achtungsvolles Verhältnis zu Friedrich III. und sein menschliches Mitgefühl mit diesem Regenten betrifft, der als Freund der Künste und Förderer von Kunst und Wissenschaften galt, eindrucksvoll Wüllersdorf in *Effi Briest* an dessen Leiden erinnern lassen[56] und dem Kaiser ergreifende Gedichte gewidmet. Als er Ende 1889 Paul Heyse die kurz zuvor erschienene dritte Auflage seiner Lyrik und Balladen zuschickte, wies er besonders auf einige seiner »neuen Sachen« hin und dabei unter anderem auf »die kleinen Gedichte auf Kaiser Friedrich«.[57] Das sind anrührende Würdigungen eines vom Tode gezeichneten Menschen. *Kaiser Friedrichs letzte Fahrt* erinnert an dessen letzten Besuch mit seiner Familie in der kurz zuvor vollendeten Kirche von Alt-Geltow und würdigt mit großem Einfühlungsvermögen das entsagungs- und leidvolle Leben des unglücklichen Monarchen. Anknüpfend an eine wahre Begebenheit kurz vor des Kaisers Tod, bittet Friedrich in diesem Gedicht seine künstlerisch vielseitig begabte Vicky »stumm«, ihm auf der Orgel nochmals den Choral *Lobe den Herrn* zu spielen.[58] *Kaiser Friedrich III. Letzte Begegnung* und auch *Ré Umbertos Kranz* knüpfen stofflich an Würdigungen an, die diesem Herrscher noch kurz vor seinem Tode durch den Besuch Oskars II. von Schweden und Norwegen und nach seiner Beisetzung durch den liberalen und beliebten König Umberto von Italien zuteil wurden, und heben vor diesem Hintergrund nochmals Leistung, Größe und Martyrium des Kaisers hervor.[59] Joseph Kainz hat übrigens auf der Trauerfeier der Freien literarischen Gesellschaft für Fontane eines dieser Gedichte rezitiert.[60] Die poetische *Grabschrift* Fontanes auf Friedrich III. lautete:

>»Du kamst nur, um dein heilig Amt zu schaun,
>Du fandst nicht Zeit, zu bilden und zu baun,
>Nicht Zeit, der Zeit den Stempel aufzudrücken,
>Du fandst nur eben Zeit noch, zu beglücken,
>Du sahst dein Reich und ließ'st es deinem Erben,
>Du fandst nur Zeit, um wie ein Held zu sterben.«[61]

Auf diese Gedichte spielte noch Fontanes Schaffensresümee aus dem Jahre 1896 *Auch ein Stoffwechsel* an, in dem er neben der Aufzählung seiner lyrischen und Balladenstoffe auch erwähnt, daß er »bei Sedan die Fahne geschwenkt / Und vor zwei Kaiser[n] sie wieder gesenkt« habe.[62] Daß Franz Mehring, gewiß kein Preußenapologet, in der Rezension zu einer 1899 erschienenen Liedersammlung hervorhob, daß Reimereien Ernst von Wildenbruchs nicht in diese Anthologie gehörten, er sich aber darin »Fontanes gleichfalls aufgenommene Verse über […] den Kaiser Friedrich […] ganz gern gefallen«[63] lasse, weist selbst im Kritikerurteil des streitbaren Sozialdemokraten auf die von üblichen gereimten Apologien abgehobenen Gedichte Fontanes mit ihrer berührenden Trauerstimmung.

Nach dem Regierungsantritt Wilhelms II. konnte Fontane im Hinblick auf Stimmungen in der Öffentlichkeit, die mit den Veränderungen im Hohenzollernhause, vor allem mit der wahrnehmbaren Ausschaltung aller unter Friedrich III. ansatzweise unternommenen Abgrenzung zur Herrschaftsperiode Wilhelms I. zu tun hatten, sehr viel Opportunismus unter seinen Zeitgenossen wahrnehmen.[64] Daß der neue Kaiser keineswegs wie sein Vater im Ansehen eines Förderers von Kunst und Wissenschaft stand, belegt eine Äußerung Fontanes gegenüber dem angesehenen jüdischen Gelehrten und Freund Moritz Lazarus. Ihm teilte er bereits kurz nach Wilhelms II. Regierungsantritt seine Meinung darüber mit, daß Rudolf Virchow nicht Rektor der Berliner Universität geworden war: »*Ich* freue mich, bei größter und aufrichtigster Würdigung V.s, daß er *nicht* Rektor geworden ist. [...] Ein Rektor der Berliner Universität, der sozusagen dem preußischen König u. deutschen Kaiser jeden Morgen in die Fenstern kuckt, muß gut mit ihm stehn. Unter Friedrich III. hätt er's werden können, jetzt nicht. Haben wir mal einen fortschrittlichen Kaiser, so mag sich der Spieß umdrehn.«[65]

Trotz anfänglicher Illusionen nach dem Sturz Bismarcks – Fontane fand wieder Freude am Reiz großstädtischen Lebens, und er führte es darauf zurück, »daß das Leben unter userm jungen Kaiser doch viel bunter, inhaltsreicher, interessanter geworden« sei[66] – wuchsen beim kritischen Zeitbetrachter und exzellenten Kenner preußischer Historie zunehmend Distanz und Ablehnung zum jungen Monarchen. In den Kontext gehört – weil er sich 1897 ähnlich äußern wird – eine Briefpassage des Jahres 1891 an Paul Heyse, in der es heißt: »Hast Du vielleicht gelesen, daß er [Bismarck – W. R.] neulich gesagt hat: ›der Kaiser wolle fernliegende Dinge beständig in der *Luftlinie* erreichen, das ginge aber nicht, und der Weg unten sei mühsam und voller Hecken und Gräben.‹«[67] Im April 1897 ging Fontane dann, der seiner Tochter drei Jahre zuvor, bezogen auf die Auseinandersetzung zwischen Kaiser und Kanzler, noch geschrieben hatte – »Die Macht des hohenzollernschen Königtums (eine wohlverdiente Macht) war stärker als sein [Bismarcks – W. R.] Genie und seine Mogelei« –, in einem Brief an Georg Friedlaender nochmals auf die Stellung Wilhelms II. zu Bismarck ein. Er betonte, daß er »kein Bismarckianer« sei, doch: »[...] die Hohenzollern sollten sich *nicht* von ihm abwenden, denn die ganze Glorie, die den alten Wilhelm umstrahlt – und noch dazu eine *reine* Glorie ist, weil das Häßliche davon an Bismarcks Händen kleben blieb –, die ganze neue Glorie des Hauses verdankt das Hohenzollerntum dem genialischen Kraftmeier im Sachsenwald.«[68]

Als 1894 eine Petition gegen die sogenannte »Umsturzvorlage« der kaiserlichen Regierung zur Knebelung demokratischer Bestrebungen im Reichstag eingebracht wurde, gehörte Fontane zu den Unterzeichnern; und er hat auch weitere Bekannte – so Adolph Menzel – zur Unterschrift zu bewegen versucht.[69] Der beachtenswerte Brief vom 18. März 1894 über die »Adelsfrage« an Georg Friedlaender, in dem die Rede davon ist, daß »unser eigentlichster Adelstypus« zwar als »Kunstfigur« interessant bleibe, ansonsten jedoch »ungenießbar geworden« sei, daß der »x-beinige Cohn, der sich ein Rittergut kauft«, ihm »lieber zu werden« beginne »als irgendein Lüderitz oder Itzenplitz, weil Cohn die Zeit begreift und alles tut, was die Zeit verlangt, während Lüderitz an der Lokomotive zoppt und ›brr‹ sagt und sich einbildet, sie werde stillstehn wie sein Ackergaul« – in diesem Brief ist nun auch die distanzierte Haltung zu Wilhelm II. offensichtlich, denn hier formuliert Fontane – übrigens fast identisch mit manchen Aussagen und Klagen der über ihren Sohn enttäuschten Kaiserin Friedrich[70] – nun unmißverständlich: »Es heißt, unser Kaiser spiele sich auf Friedrich den Großen hin aus; ist es so, so sollte er lieber um eine Nummer weiter zurückgreifen und sich auf Fr.[iedrich] W.[ilhelm] I. hin ausspielen; *diesen* großen König könnten wir jetzt gebrauchen, selbst auf die Gefahr hin, daß ein Stück bürgerlicher Freiheit in die Quist ginge – denn Zerbrechen dieser aufgesteiften, falschen Adelsmacht muß nächste Aufgabe eines preußischen Königs sein, seines Nebenpostens als deutscher Kaiser ganz zu geschweigen.«[71] Diese Sichtweise mündet schließlich in die Erkenntnis und politische Auffassung Fontanes, daß Wilhelm II. »das Neue mit ganz Altem« besorgen wolle, »Modernes [...] mit Rumpelkammerwaffen«[72] aufzurichten versuche.

In seiner Reaktion auf den gehässigen Artikel *The Hungry Hohenzollerns* aus dem *Morning*, den ihm James Morris zukommen ließ, verteidigte er gut ein halbes Jahr vor seinem Tode nochmals preußische Geschichte, vor allem die Politik des Großen Kurfürsten, Friedrich Wilhelms I. und Friedrichs des Großen. Doch bezogen auf die Gegenwart schrieb er dem englischen Freunde: »Ich darf Ihnen versichern, der jetzt in unserem Lande blühende Borussismus ist sehr wenig nach meinem Geschmack, und wenn ich Reden lese, wie sie Kaiser Wilhelm und nun gar erst [...] sein Bruder Heinrich in Kiel gehalten hat, so wird mir [...] himmelangst.«[73]

Es ist somit kein Wunder, daß Wilhelm II. einem Adolph Menzel den Titel »Exzellenz« verlieh, ihn zu Ehren seines 80. Geburtstages sogar zu einem Friedrich-Kostümball nach Sanssouci einlud, wo er ihn, selbst als Adjutant Friedrichs des Großen gekleidet, mit einem Gedicht begrüßte und ihm das berühmte *Flötenkonzert* als »Lebendes Bild« vorführen ließ.[74] Theodor Fontane, der, überblickt man dessen poetisches Werk, eine vergleichbare, wenn auch weniger spektakuläre Würdigung durch das Hohenzollernhaus verdient hätte, ist für die Preußenkönige seit seinem Debüt als Dichter ein allenfalls schätzenswerter, jedoch wegen der Vielzahl ihrer Apologeten nur peripher auffälliger deutscher Schriftsteller gewesen. Thomas Mann machte das mit seiner Formel vom weiten und im Prozeß des Schaffens sichtbaren umfangreichen Spielraum der Fontaneschen Position zwischen »patriotischem Sänger« und Kritiker des »Borussismus« schon am Anfang unseres Jahrhunderts überzeugend bewußt.[75]

Fontane hat, wenn er Urteile über das preußische Königshaus in Geschichte und Gegenwart fällte oder zahlreiche Gestalten aus dem reichen Figurenensemble seines poetischen Werks darüber urteilen ließ, zumeist auch Meinungen, Emotionen und Haltungen seiner Zeitgenossen vermittelt und dadurch zu tieferem Verständnis einer Gesellschaft beitragen können, die ein ambivalentes Verhältnis zum Herrscherhause auszeichnete. Für ihn selbst – und eigenartigerweise ist das in der Fontane-Forschung nie ein Untersuchungsgegenstand gewesen – war dieses Verhältnis durch eine Position charakterisiert, in der Wissen, Geschichtsbild und Achtung vor gesellschaftshistorischen, politischen und kulturellen Leistungen des Soldatenkönigs und Friedrichs II. im Gefolge zunehmender Lebens- und Zeiterfahrungen mit wachsender Distanz zu den Throninhabern seit 1840 korrespondierten – freilich in jeweils unterschiedlicher persönlicher und politischer Motivation und Sichtweise. Dieser Prozeß weist – kulturgeschichtlich akzentuiert – nicht nur allein auf einen Wesenszug der Geschichte öffentlicher Meinungsbildung in Deutschland, sondern vor allem ermöglicht er auch, das Wechselverhältnis zwischen Hof und Schriftsteller, Künstler und Krone, Geist und Macht in Preußen präziser zu fixieren. Für Fontane weisen diese Urteile aus, daß darin etwas über Herz und politisches Gewissen eines bewußten und um das Verständnis seiner Zeit verantwortungsvoll bemühten Schriftstellers – und Preußen – aufzuspüren ist.

Anmerkungen

1 *Fontanes Briefe in zwei Bänden.* Ausgewählt und erläutert v. GOTTHARD ERLER. Berlin und Weimar 1968. Bd. 2, S. 409.

2 Im obenstehenden Text – die für einen Konferenzbeitrag stark gekürzte Version einer belegreichen Untersuchung zu einem Desiderat der Fontane-Forschung – können nur Haupttendenzen von Fontanes Sicht auf die Hohenzollernfamilie und vor allem auf die Monarchen seit der Gründung des Königreichs Preußen im Jahre 1701 skizziert werden.

3 Zit. nach: LUISE BERG-EHLERS: ›*Um neun Uhr ist alles aus.*‹ *Nachrufe und Gedenkartikel für Theodor Fontane in deutschen Zeitungen.* In: *Fontane Blätter* 65–66/1998, S. 366–417, hier: S. 406.

4 Vgl. KAISER WILHELM II.: *Ereignisse und Gestalten aus den Jahren 1878–1918.* Leipzig und Berlin 1922, S. 165.

5 Zit. nach: BERG-EHLERS, wie Anm. 3, S. 412.

6 THEODOR FONTANE: *Effi Briest.* In: AFA Bd. 7. 1969, S. 248f.; FONTANE, wie Anm. 1, Bd. 2, S. 156f. und 417. Vgl. ferner KARL HEINRICH HÖFELE: *Geist und Gesellschaft der Bismarckzeit (1870–1890).* Göttingen u. a. 1967, S. 23.

7 FONTANE, wie Anm. 1, Bd. 2, S. 428.

8 Vgl. ebd., S. 398 und 424.

9 THEODOR FONTANE: *Der Stechlin.* In: AFA Bd. 8. 1969, S. 289f.

10 Ebd., S. 46.

11 FONTANE, wie Anm. 1, Bd. 2, S. 418f.

12 Vgl. THEODOR FONTANE: *Autobiographische Schriften.* In: AFA Bd. I. 1982, S. 4f. Vgl. dazu auch HEINZ OHFF: *Theodor Fontane – Leben und Werk.* 3. Aufl. München und Zürich 1996, S. 24f.

13 FONTANE, wie Anm. 1, Bd. 2, S. 251.

14 Vgl. *Der junge Fontane. Dichtung – Briefe – Publizistik.* Hrsg. v. HELMUT RICHTER. Berlin und Weimar 1969, S. 605f., 609, 616 und 749; ferner FONTANE, wie Anm. 1, Bd. 1, S. 57 und HANS-HEINRICH REUTER: *Fontane.* Berlin 1968, S. 258f.

15 Vgl. ebd., S. 347f. und OHFF, wie Anm. 12, S. 203f.

16 FONTANE, wie Anm. 12, Bd. III/1, S. 375.

17 THEODOR FONTANE: *Tage- und Reisetagebücher.* In: GBA Bd. 2. 1994, S. 60–63. Vgl.
    ferner ebd., S. 35–37 und FONTANE, wie Anm. 1, Bd. 1, S. 440. Vgl. außerdem THEODOR
    FONTANE: *Der Ehebriefwechsel.* In: GBA Bd. 2. 1998, S. 428 und THEODOR FONTANE:
    *Wanderungen durch Frankreich. Erlebtes 1870–1871. Kriegsgefangen – Aus den Tagen der
    Okkupation – Briefe.* Berlin 1970, S. 596f., außerdem die Einleitung zu dieser Ausgabe v.
    GÜNTER JÄCKEL, ebd., S. 28.

18 Vgl. FONTANE, wie Anm. 1, S. 434 und 437, ferner OHFF, wie Anm. 12, S. 259–265.

19 Vgl. BRIGITTE BIRNBAUM: *Fontane in Mecklenburg.* Schwerin 1994, S. 97. Bei HANS-
    WERNER KLÜNNER: *Theodor Fontane im Bildnis.* In: *Festschrift der Landesgeschichtlichen
    Vereinigung für die Mark Brandenburg zu ihrem hundertjährigen Bestehen.* Hrsg. v.
    ECKART HENNING und WERNER VOGEL. Berlin 1984, S. 284, ist von ›dem Großherzog-
    lichen Mecklenburgischen Orden zur Wendischen Krone‹ die Rede. Vgl. auch ebd., S. 301,
    Abb. 20, die Fontane auf der Kreidezeichnung Fritz Werners mit Ordensschmuck zeigt.

20 Vgl. THEODOR FONTANE: *Der Ehebriefwechsel,* wie Anm. 17, Bd. 3, S. 66. Vgl. auch
    REUTER, wie Anm. 14, S. 734.

21 Vgl. THEODOR FONTANE: *Gedichte.* In: AFA Bd. 1. 1989, S. 272–275 und Anm. S. 616.

22 Vgl. KAISER WILHELM II.: *Aus meinem Leben 1859–1888.* Berlin 1927, S. 65.

23 Vgl. BERG-EHLERS, wie Anm. 3, S. 402.

24 THOMAS MANN: *Aufsätze – Reden – Essay. Bd. 1, 1893–1913.* Berlin und Weimar 1983,
    S. 205.

25 Vgl. FONTANE, wie Anm. 1, Bd. 2, S. 204 und FONTANE, wie Anm. 6, S. 27, und THEODOR
    FONTANE: *Die Poggenpuhls.* In: AFA Bd. 7. 1969, S. 352.

26 FONTANE, wie Anm. 1, Bd. 1, S. 377f.

27 Ebd., S. 24f.

28 FONTANE: *Tage- und Reisetagebücher,* wie Anm. 17, Bd. 2, S. 50.

29 Vgl. FONTANE, wie Anm. 21, Bd. 2, S. 493f.

30 FONTANE, wie Anm. 1, Bd. 2, S. 405.

31 Z. B. Leser der *Neuen Preußischen Zeitung,* des *Berliner Fremden- und Anzeigenblattes*
    sowie des Journals *Der Salon für Literatur und Gesellschaft.*

32 THEODOR FONTANE: *Aufzeichnungen zur Literatur.* Hrsg. v. HANS-HEINRICH REUTER.
    Berlin und Weimar 1969, S. 207 und 210.

33 THEODOR FONTANE: *Literarische Essays und Studien. Erster Teil.* In: NFA Bd. XXI/1.
    München 1963, S. 293.

34 Vgl. FONTANE, wie Anm. 21, Bd. 1, S. 234f.

35 Ebd., S. 264.

36 Ebd., S. 239–242.

37 FONTANE, wie Anm. 1, Bd. 2, S. 25.

38 Vgl. THEODOR FONTANE: *Schach von Wuthenow.* In: AFA Bd. 3. 1969, S. 401f., 483–485
    und THEODOR FONTANE: *Irrungen, Wirrungen.* In: AFA Bd. 5. 1969, S. 167, sowie
    THEODOR FONTANE: *Wanderungen durch die Mark Brandenburg.* In: AFA Bd. 3. 1977,
    S. 300–356.

39 FONTANE, wie Anm. 21, Bd. 1, S. 220–223 und FONTANE, wie Anm. 31, S. 39.

40 FONTANE, wie Anm. 1, Bd. 1, S. 24 sowie FONTANE: *Tage- und Reisetagebücher,* wie Anm. 17, Bd. 2, S. 96.

41 FONTANE, wie Anm. 1, Bd. 2, S. 291.

42 FONTANE, wie Anm. 12, Bd. II, S. 345.

43 FONTANE, wie Anm. 32, S. 195.

44 Vgl. *Freiligraths Werke in einem Band.* Hrsg. v. WERNER ILBERG. 3. Aufl. Berlin und Weimar 1976, S. 128–132.

45 Vgl. FONTANE, wie Anm. 21, Bd. 3, S. 137f. Vgl. auch den *Toast auf die Ellora,* ebd., S. 147f.

46 Vgl. ebd., Bd. 1, S. 231, 240, 242f. und 263–267.

47 Vgl. ebd., Bd. 1, S. 278 und Bd. 2, S. 97.

48 Ebd., Bd. 2, S. 504.

49 Vgl. FONTANE, wie Anm. 9, S. 51f. und Kommentar, S. 467.

50 Vgl. dazu bes. REUTER, wie Anm. 14, S. 725.

51 Vgl. bes. HARALD MÜLLER: *Friedrich III. – Ein Schattenkaiser.* In: *Gestalten der Bismarckzeit.* Berlin 1986. Bd. 2, S. 399–424.

52 FONTANE: *Tage- und Reisetagebücher,* wie Anm. 17, Bd. 2, S. 243.

53 THEODOR FONTANE: *Briefe.* Hrsg. v. KURT SCHREINERT, zu Ende geführt v. CHARLOTTE JOLLES. Berlin 1968. Bd. 2, S. 110.

54 FONTANE: *Tage- und Reisetagebücher,* wie Anm. 17, Bd. 2, S. 421 und FONTANE: *Der Ehebriefwechsel,* wie Anm. 17, Bd. 3, S. 517f.

55 FONTANE, wie Anm. 9, S. 393f.

56 Vgl. FONTANE, wie Anm. 6, S. 303.

57 FONTANE, wie Anm. 1, Bd. 2, S. 256.

58 FONTANE, wie Anm. 21, Bd. 1, S. 247.

59 Vgl. ebd., S. 248f.

60 Vgl. BERG-EHLERS, wie Anm. 3, S. 415.

61 FONTANE, wie Anm. 21, Bd. 1, S. 249.

62 Ebd., Bd. 2, S. 504.

63 FRANZ MEHRING: *Aufsätze zur deutschen Literatur von Hebbel bis Schweichel.* Berlin 1961, S. 416.

64 Vgl. z. B. *Der Briefwechsel zwischen Theodor Fontane und Paul Heyse.* Hrsg. v. GOTTHARD ERLER. Berlin und Weimar 1972, S. 191.

65 FONTANE, wie Anm. 1, Bd. 2, S. 209.

66 Zit. nach: REUTER, wie Anm. 14, S. 725.

67 *Der Briefwechsel zwischen Theodor Fontane und Paul Heyse,* wie Anm. 64, S. 216.

68 FONTANE, wie Anm. 1, Bd. 2, S. 324 und 420.

69 Vgl. REUTER, wie Anm. 14, S. 814.

70 Vgl. *Briefe der Kaiserin Friedrich.* Hrsg. v. SIR FREDERICK PONSONBY. Berlin o. J., z. B. S. 359, 445–447 und 463f.

71 FONTANE, wie Anm. 1, Bd. 2, S. 339f.

72 Ebd., S. 419.

73 Ebd., S. 434f.
74 Vgl. CHRISTOPHER B. WITH: *Adolph Menzel und die Berliner Nationalgalerie.* In: *Adolph Menzel 1815–1805. Das Labyrinth der Wirklichkeit.* Hrsg. v. CLAUDE KEISCH und MARIE URSULA RIEMANN-REYHER. Berlin 1996, S. 541.
75 Vgl. MANN, wie Anm. 24, S. 205.

Fontane und die preußischen Diener des Herrn

Geistlichkeit und Kirche von *Vor dem Sturm* bis zum

Stechlin

HANS ESTER

Das Motto unserer Konferenz, die Losung sozusagen, ein kernhafter Spruch Heinrich Harts, besagt, daß gegen Ende des 19. Jahrhunderts das Bewußtsein vorhanden ist, daß eine Menschheitsepoche zu Ende gehe. Menschheitsdämmerung ist das Schlüsselwort: eine alte Menschheit gehe zugrunde, eine neue Menschheit tauche empor, steige aus der Geschichte herauf. Hier begegnen wir dem Geist des Expressionismus. Wir wissen im nachhinein, daß das 19. Jahrhundert – Fontanes Jahrhundert – erst wirklich mit dem Ersten Weltkrieg zu Grabe getragen wurde. Oder müssen wir Walter T. Rix in seinem Aufsatz über »Zivilisationskritik im Werk Ernst Wiecherts« beipflichten, der den Ersten Weltkrieg als Konsequenz einer sich bereits vollziehenden Umwertung traditioneller Werte versteht? Rix schreibt dazu: »Der Erste Weltkrieg wird selbst als militärisches Ereignis erst dann verständlich, wenn man ihn als Folgeerscheinung einer zusammenbrechenden Ordnung begreift. Durch das Kriegsgeschehen wurde der Einsturz der alten Ordnung lediglich beschleunigt.«[1]

Wir brauchen nicht die expressionistischen Dichter zu bemühen, eine der einschneidenden Veränderungen im Zusammenhang mit der Wende vom 19. zum 20. Jahrhundert zu registrieren. Dafür ist der während der letzten Jahre des 19. Jahrhunderts entstandene, im Jahre 1901 veröffentlichte Roman *Buddenbrooks* von Thomas Mann sehr gut geeignet. Der Roman fängt mit folgenden merkwürdigen Sätzen an: »Was ist das. – Was – ist das …«[2] Es geht hier um mechanisch wirkende Fragen aus dem Katechismus Martin Luthers. Der alte Buddenbrook hat das kleine Examen vorgenommen, sich über den Katechismus »moquieren« zu können. Ironisch läßt sich das christliche Erbe noch verwenden. Höchstens ironisch geht es noch.

Zu den Elementen, die am Ende des vorigen Jahrhunderts verschwunden sind oder wenigstens in die Marginalität gerieten, gehört ohne Zweifel der christliche Glaube und gehören im Zusammenhang damit die Geistlichkeit und infolgedessen die Kirche. Der Leser des 20. Jahrhunderts muß einiges dafür übrig haben, das 19. Jahrhundert in seinen künstlerischen Äußerungen zu verstehen. Der Horizont ist verschoben. In verstärktem Maße gilt diese Entfremdung für den Leser des ausgehenden 20. Jahrhunderts, der neuen Jahrhundertwende, der sich an postmodernistische Vorstellungen und mit dem Postmodernismus verwandte erkenntnistheoretische Voraussetzungen gewöhnt hat. Dieser Leser muß den eigenen Horizont relativieren, sich – soweit dies möglich ist – für den Kontext der mehr als hundert Jahre alten literarischen Dokumente öffnen, um auch nur etwas von der Welt des 19. Jahrhunderts zu verstehen, ja, um auch nur etwas von der Welt Fontanes begreifen zu können. Fontanes Welt bleibt dem heutigen Blick fremd, wird sogar zum Stein des Anstoßes für ein Blickfeld, das gewisse Phänomene nicht mehr kennt oder bewußt ausschließt. Zu diesen Phänomenen gehört der evangelische Geistliche in Preußen. Beim Thema »Pfarrer und Kirche« fehlen die Möglichkeiten, auf uneigentliche Weise zu aktualisieren. Eine Anleitung zum Predigen als Parallele zu den kulinarischen Anthologien von heute (etwa: *»Ich bin*

nicht für halbe Portionen«. Essen und Trinken mit Theodor Fontane, 1995)[3] gibt
es nicht. Ein Buch *Predigen mit Theodor Fontane* wird es bestimmt nie geben. Bei
einem Titel wie *Seelsorge mit Fontane* bin ich mir allerdings nicht so sicher. Dafür
bestehen bereits bestimmte Ansätze.

Meine hier vertretene These lautet, daß Fontanes literarische Welt über die
historischen Voraussetzungen, die dieser Welt das Fundament verschafft haben,
für Leser des ausgehenden 20. Jahrhunderts nicht ohne weiteres ein offenes Blatt
bildet, sondern bewußt zugänglich gemacht werden muß. Die Voraussetzungen
müssen geklärt werden, soweit wir dazu überhaupt in der Lage sind. Ohne diesen
Weg dominiert in unserer Weise zu verstehen eine ungerechtfertigte Subjektivität
der Interpretation, was bereits in gewissen psychologischen Studien sichtbar wird.

Die erste Voraussetzung in bezug auf die Darstellung des Geistlichen bei
Fontane ist jene der literarischen Tradition. Ich meine hier konkret den traditionellen literarischen Rahmen, in dem Fontanes Pfarrer in Erscheinung treten.
Hierbei macht sich an erster Stelle die Bedeutung, die Kreativität der englischen
Literatur bemerkbar. Die zum Topos gewordene Vorstellung des Pfarrhauses als
Ort und Hort der Harmonie, als idyllischer Raum, ist während des 18. und
19. Jahrhunderts sehr einflußreich gewesen. Es ist verführerisch, hier die literar-
historischen Linien genauer zu verfolgen. Das kann ich an dieser Stelle nicht
nach Genügen leisten. Dafür ist das Thema zu umfassend und zu vielschichtig. Für
eine umfassende Kulturgeschichte des evangelischen Pfarrhauses verweise ich auf
Martin Greiffenhagens *Das evangelische Pfarrhaus. Eine Kultur- und Sozialgeschichte* (1984).[4] Wohl aber ist einige Aufmerksamkeit der Bedeutung des im
Jahre 1766 erschienenen Romans *The Vicar of Wakefield* von Oliver Goldsmith zu
widmen. In bezug auf diesen, markante Züge des Topos begründenden Roman hat
Goethe mit seinem im zehnten Buch von *Dichtung und Wahrheit* gegebenen Urteil
über *The Vicar of Wakefield* zweifellos die Tradition der Pfarrhausbewertung und
Pfarrhausdarstellung in der deutschen Literatur entscheidend mitbestimmt.
Goethe nennt den protestantischen Landgeistlichen den schönsten »Gegenstand
einer modernen Idylle«. Das Bild des »trefflichen Wakefield«, wie Goethe sich
ausdrückt, umfaßt in schöner Einheit die Funktion eines Vaters, eines Hausherrn,
eines Landmannes und natürlich eines geistigen Erziehers. Das Resultat ist:
Gutmütigkeit, Versöhnlichkeit, Standhaftigkeit, heitere Nachgiebigkeit und
lächelnde Duldung eigener und fremder Fehler.[5] Es sind Eigenschaften, die vorzugsweise dem alten Fontane zugesprochen wurden. Er, Fontane, kannte seine
Engländer, unter ihnen auch *Der Landpfarrer von Wakefield.* Im Schlußwort zum
Band *Spreeland* seiner *Wanderungen* redet er eine bestimmte Gruppe von ihm bei
seiner Arbeit hilfreichen Menschen an: »Und nun ihr meine Geliebtesten, ihr
meine *Landpastoren* und *Vicars of Wakefield!* Ach, auch euch lacht nicht eigentlich die Sonne der Volksgunst [...].«[6]

Fontane präsentiert sich als Anwalt der Landgeistlichen. Das Idyll, von dem
Fontane spricht, gründet sich auf bestimmte ethische Qualitäten des Geistlichen,

auf Duldsamkeit, auf einen guten Willen dem Gegner gegenüber, auf Wohlwollen, Friedensgeneigtheit, Versöhnung und Liebe. Dies ist die eine Voraussetzung, die Tradition literarischer Vorstellungen, die nicht ganz autonom ist, aber die daneben auch eine innere Dynamik besitzt. Dabei ist im Zusammenhang der Fontaneschen Aneignung dieses Motivs ein Aspekt auffallend. Fontane hat nicht nur die Idylle des Pfarrhauses dargestellt. Er hat auch die risikovollen Seiten dieser Existenzform einkalkuliert. Damit ist Fontane dem gewiß nicht ausschließlich heiteren Roman *The Vicar of Wakefield* über Pfarrer Primrose und seine Familie auch noch in anderer Weise gerecht geworden als Goethe vor ihm in seiner Darstellung. Mit dieser ambivalenten Darstellung ist Fontane der englischen Tradition gerecht geworden, die zum Beispiel in den Romanen Jane Austens und der Geschwister Brontë zum Ausdruck kommt. Ich halte es für denkbar, daß das gesellschaftliche Kräftespiel im Umkreis des Geistlichen für Fontane (und für zahlreiche andere Leser) eine Quelle des Vergnügens und der Erkenntnis gewesen ist.

Diese andere Rolle des Pfarrers – jenseits der Idylle oder vielleicht besser noch: parallel zur Idylle – hat die sozial-politischen Verhältnisse Preußens zur Voraussetzung. Hier gilt es zu differenzieren, damit das komplexe Bild der Abhängigkeiten und Spannungen möglichst vollständig wird.

Die Idylle kann ihre Schattenseiten haben. Eine der Ursachen dafür kann im Abhängigkeitsverhältnis des evangelischen Pfarrers liegen. Dieses Abhängigkeitsverhältnis betrifft die Beziehung zwischen dem evangelischen Landgeistlichen und dem adligen Gutsherrn und ist bekannt als das Patronatsverhältnis. Dieses Patronat wird in Fontanes Romanen von *Vor dem Sturm* bis *Der Stechlin* als Grundstruktur einer bedeutsamen Beziehung vorausgesetzt, in dem Maße, daß das Spiel mit diesen Gegebenheiten, der wunderbare Humor, der hier spürbar ist, von den Kenntnissen der Spielregeln ausgeht; ein Rollenspiel, das tief in die sozial-politische Ordnung Preußens hineinreicht.

Versuchen wir, einige wesentliche Elemente des Patronats zusammenzufassen. Ein maßgebliches theologisches Wörterbuch gibt folgende Definition: »Der Patronat (heute meist: *das* Patronat) ist die – Rechte und Pflichten beinhaltende – Rechtsbeziehung zwischen dem Gründer (Stifter) eines Kirchengebäudes, einer Kapelle oder eines Benifiziums sowie dessen Rechtsnachfolgern einerseits und der ev. bzw. kath. Kirche andererseits.«[7] Das Patronatsrecht wurde von der Reformation lutherischer Prägung beibehalten, eine vom materiellen Standpunkt der Kirche gesehen notwendige Entscheidung, die aber dem reformatorischen Kirchenbegriff scharf entgegengesetzt war. Im 19. Jahrhundert wird man sich bei der Auseinandersetzung mit dem Patronat auf den ›wahren‹ reformatorischen Kirchenbegriff berufen. Dies geschah besonders stark während und nach der Märzrevolution des Jahres 1848. Die evangelisch-lutherische Landeskirche von Brandenburg ist im Zeitalter der Reformation wesentlich Patronatskirche. Sie bleibt auch Patronatskirche und wird in ihrer Struktur bekräftigt, indem das

Patronat bei der von Friedrich dem Großen befohlenen Kodifikation des gesamten, damals in Preußen geltenden Rechts erfaßt wird.

Daß die evangelisch-lutherische Kirche von Brandenburg Patronatskirche war, bedeutete – und dies ist für die Interpretation Fontanescher Romane enthüllend –, daß den materiellen Pflichten des Patrons einer Kirche spirituelle Rechte gegenüberstanden. Auf diese Rechte kommt es an. Die Rechte des Patrons umfassen etwa folgendes: a) das Präsentationsrecht, das heißt, das Recht, einen Geistlichen für die Neubesetzung einer Pfarrstelle vorzuschlagen, b) das Recht, in den Gemeindevorstand einzutreten oder einen Ältesten zu ernennen und c) die Rechte, die sich auf die Verwaltung der Kirchengüter beziehen. Hinzu kommen noch die sogenannten, eher materiellen, Ehrenrechte, die sich auf einen Kirchenstuhl, auf ein Grab und auf ein Wappen in der Kirche beziehen. Auch diese Rechte sind für das Verstehen der Romane Fontanes nicht unbedeutend. Als im Augsburger Religionsfrieden im Jahre 1555 der Grundsatz »cuius regio, ejus religio« aufgestellt wurde, trat der Landesherr der protestantischen Territorien die Erbschaft der weggefallenen bischöflichen Jurisdiktion an. Daraus entstand das Institut des landesherrlichen Kirchenregiments. Anstatt Kontrollorgan des Staates zu sein, wurde die Kirche zu einem Staatsinstitut. Mit der Institution des landesherrlichen Kirchenregiments hängt die Tatsache zusammen, daß die Verleihung des Patronats schließlich dem Staat vorbehalten wurde. Neben dem persönlichen Patronat der Junker entwickelte sich ein fürstliches Patronat. Diese Entwicklung beruhte auf einem Irrtum. Aus dem patronatischen Besetzungsrecht über einzelne Kirchen – wobei der Fürst eben nicht als Fürst auftrat – ging das landesherrliche Patronat hervor. Konnte es zu dieser Sonderform des Patronats nur auf Grund des landesherrlichen Kirchenregiments kommen, nunmehr wurde das Patronatsrecht selbst zu einem der Fundamente der Kirchenleitung des Landesherrn. Nur so kann man verstehen, weshalb in Brandenburg-Preußen die Verleihung des Patronats letztlich dem Recht der höheren Kirchenleitung (folglich: dem Staat) unterworfen werden konnte.

Wie sah nun konkret die »Fremdherrschaft« des Staates im Bereich der Kirche innerhalb der Verwaltung aus? An dieser Stelle genügt es zweifelsohne, einige der einzelnen kirchenregimentlichen Befugnisse des Landesherrn zu nennen. Eine Befugnis liegt auf dem Gebiet der kirchlichen Gesetzgebung durch Erteilung der Sanktion für Kirchengesetze und der Erlaß kirchlicher Verordnungen. Eine weitere Befugnis ist die Ernennung der Mitglieder des Oberkirchenrats und der Konsistorien und die Ernennung bzw. Bestätigung der Superintendenten. Dann kam dem Landesherrn auch die Entscheidung über die Entschließungen der Kirchenregimentsbehörden in der letzten Beschwerdeinstanz zu. Ich lasse es bei dieser Aufzählung. Es lohnt sich aber, noch kurz auf die Frage nach den einzelnen kirchlich-institutionellen Einrichtungen einzugehen. Im Preußen des 19. Jahrhunderts ist als kirchenregimentliche Zentralbehörde der »Evangelische Oberkirchenrat« wirksam. Unter dem Oberkirchenrat steht das »Provinzialkonsistorium«. Hierauf folgt die unterste Stufe des Kirchenregiments, die von den Superintendenten gebildet wird. Zu unterscheiden sind Superintendenten und Generalsuperintendenten. Die Superintendenten sind die Vermittler zwischen der unteren Ebene der Kirche, das heißt den Pfarrern, und den höheren Kirchenregimentsbehörden. Sie, als Leser können jetzt auch verstehen, weshalb in Preußen eine Diskussion aufkam über die Frage, ob die erwähnten Behörden als Staatsbehörden und die Superintendenten als Staatsbeamte zu betrachten seien oder nicht. Damit wird die Überschneidung der Bereiche Kirche und Staat sehr deutlich akzentuiert. Und damit sind wir gleichzeitig zur Welt Fontanes zurückgekehrt. Nur mit den skizzierten Verhältnissen und Verquickungen im Hintergrund kann die Problematisierung des Patronats auf der Ebene der Dorfgemeinschaft richtig verstanden werden. Das Schicksal der Kirche war unlösbar mit dem Schicksal des Staates verknüpft. Da die Kirche und ihre Vertreter auch eine staatstragende und staatsbestätigende Aufgabe zu erfüllen hatten, bedeutete eine Schwächung der Staatsstruktur gleichzeitig ein In-Frage-stellen der Kirche mitsamt ihren Dienern.

Die hier beschriebene Verschachtelung von göttlichem Auftrag und staatstragender Funktion ist Teil des Fontaneschen Werkes geworden. Der Roman *Vor dem Sturm* demonstriert dies auf sehr eindrucksvolle Weise. Schenken wir diesem Roman einige Aufmerksamkeit. In *Vor dem Sturm* steht die Frage nach der Legitimierung eines bewaffneten Aufstandes gegen die französischen Truppen in Preußen im Mittelpunkt. Vom Patronatspfarrer Seidentopf wird nahezu selbstverständlich eine religiöse Sanktionierung des von Bernd von Vitzewitz initiierten Privatkrieges, des Angriffs auf die Soldaten in Frankfurt an der Oder, erwartet. Diese Sanktionierung verschafft Seidentopf jedoch nicht.[8] Die freiheitliche Haltung des Pfarrers läßt sich nun sehr deutlich anhand seiner Predigt am Vorabend des Angriffs aufzeigen. Hier gilt die historische Predigt Schleiermachers, die Fontane für seine epischen Zwecke dienstbar machte, als Vergleichsobjekt. Seidentopfs Vorbehalt, die Zeichen der Zeit eindeutig als bestimmte göttliche Offenbarung auszulegen, muß als individuelle Initiative vor dem Hintergrund des strikten Patronatsverhältnisses gesehen werden. Da der Krieg gegen Napoleon bei Schleiermacher die religiös begründete Aufgabe zu erfüllen hat, die Identität des Vaterlandes wiederherzustellen, dient seine Predigt dazu, das Individuum, das direkt oder indirekt am Befreiungskrieg beteiligt ist, von der überindividuellen Notwendigkeit dieser Aufgabe zu überzeugen.[9] Indem bei Seidentopf das Vaterland als expliziter Bezugspunkt ausgespart wird, öffnen sich seine Worte für eine auf das Ethos des Individuums gemünzte Auslegung. Seidentopf distanziert sich von der Verschmelzung von »Gottes Sache« und »Sache des Vaterlandes«. Um uns an die realen Verhältnisse zu erinnern, tritt auch der drastische und nekrophile Generalmajor von Bamme mit »seinem« Pfarrer in Erscheinung. Dann zeigt sich die Macht, die diesem Patronatsverhältnis immer potentiell zugrunde liegt. Der Text flacht zu etwas Harmlosem ab, wenn wir diesen Zusammenhang nicht berücksichtigen.

Im Jahre 1817 kam die Einheit der lutherischen und der reformierten Kirche in Preußen zustande. Das von Friedrich Wilhelm III. unterzeichnete Dokument, es handelte sich um eine königliche Erklärung zum Reformationsfest (1517–1817!), bezeichnet man allgemein als Gründungsurkunde der Preußischen Union, auch kurz Preußische Unionsurkunde genannt. Die seit der Reformation getrennten lutherischen und reformierten Gemeinden wurden dadurch in Form einer Verwaltungsunion geeint. Dadurch wurde der Grundstein gelegt für die preußische Landeskirche.

Was bedeutete die Kirche im sozial-politischen Geflecht des 19. Jahrhunderts? Und welche Bedeutung hatten infolgedessen die Verteter dieser Institution, wenn sie eine gewisse Rolle spielen in Werken epischer Natur, wie etwa den Romanen Fontanes? Das Stichwort, das ich zur Kennzeichnung dieser Bedeutung verwenden möchte, ist das Wort von der politischen Ekklesiologie. Das 19. Jahrhundert steht von der Romantik an im Zeichen dieses Begriffs. Die Hauptvertreter sind Menken, Stahl und Vilmar.[10] Der Begriff Ekklesiologie leitet sich von der Überzeugung her, daß die Kirche selbst grundlegender Inhalt des christlichen Bekenntnisses sei. Friedrich Wilhelm IV. von Preußen drückt diese Überzeugung in seinen Briefen anläßlich der Märzrevolution sehr deutlich aus. Im Jahre 1849 bemerkt der König gegenüber Ernst Moritz Arndt, daß die zu bekämpfende Revolution nicht nur »in den sogenannten roten Demokraten und Kommunisten« zu sehen sei.[11] Die Revolution ist seiner Anschauung nach die Aufhebung der göttlichen Ordnung, das Beseitigen der rechten Obrigkeit. Wie Reiner Strunk es in seinem Buch *Politische Ekklesiologie im Zeitalter der Revolution* mit Recht formuliert: »Lagen das Wesen und das eigentlich bewegende Moment der Revolution aber tatsächlich in einem verheerenden, weil alle bestehende göttliche Ordnung auflösenden Antichristentum begründet, dann mußte freilich auch die maßgebliche Kraft zur Eindämmung der Revolution in Christentum und Kirche gefunden werden.«[12] Es würde gewiß zu weit führen, an dieser Stelle auf die Details der Entwicklungen im 19. Jahrhundert und auf die unterschiedlichen Positionen der drei genannten Theologen einzugehen. Sie waren auch nicht die einzigen, die eine politische Auffassung der Funktion der Kirche vertraten. Wie produktiv das 19. Jahrhundert in dieser Hinsicht gewesen ist, können wir beim schweizerischen Theologen Karl Barth in seinem großen Buch *Die protestantische Theologie im neunzehnten Jahrhundert* (1946)[13] genauer studieren. Eine Linie müssen wir festhalten, damit wir das richtige Gefühl für die historischen Implikationen der Anwesenheit von Kirche und Geistlichkeit bekommen. Die Besinnung auf das Wesen und auf die Funktion der Kirche wird von der Erkenntnis getragen, daß die gesellschaftliche Ordnung nur mittels der Kirche zu gewährleisten sei. Natürlich soll der Mensch auch nach dieser Auffassung über die Rolle der Kirche zu höheren Zielen erzogen werden, aber nicht mittels der Vernunft und der aus dieser Vernunft hervorgehenden Revolution. Die christliche Kirche soll »[...] den Menschen vor seinem gottlos-individuellen Drang nach unbedingter Selbständigkeit und Freiheit bewahren und an die immer schon vorgegebenen, höheren Normen und Ordnungen der göttlichen Weltregierung binden«.[14] Der Theologe Vilmar akzentuiert die Konzeption der Kirchengeschichte. Darin kommt seiner Auffassung nach sukzessive die Offenbarung zum Ausdruck. Die Kirchengeschichte ist innerhalb dieser Form des Denkens keine Erscheinung am Rande, sondern sie hat ein großes politisches und moralisches Gewicht. Welche Konsequenzen hat diese grundlegende Auffassung von Kirche und Geschichte der Kirche für das politische und kulturelle Leben in Deutschland in den siebziger und achtziger Jahren des 19. Jahrhunderts? Gegen das revolutionäre Selbstbewußtsein erziehe die Kirche zu einem »Sinn für die Vergangenheit«, so lautet die Überzeugung. Die Kirche ist deshalb eine Waffe gegen die Destruktion im ästhetischen wie im politischen Bereich. Das kirchliche Amt ist nach Vilmar ein festes Fundament für eine Neuordnung der Verhältnisse im Zeitalter der Revolution.[15] Wenn wir kurz auf die Dichtung schauen und dabei Heinrich Heine ein wenig Aufmerksamkeit widmen, dann sehen wir, daß die in den *Reisebildern* oder in *Die Romantische Schule* gebotenen Witze, in denen Religiöses oder in denen Teile der Heiligen Schrift zur Sprache kommen, sehr präzise auf jenen Bereich zielen, der sich schützend vor die politische Ordnung stellt. Heines Tabuverletzung mag uns heute im Zeitalter der Pornographie unschuldig vorkommen, damals tastete die Heinesche Form des Erzählens die moralische Grundlage einer bestimmten Gemeinschaft an, um diese Grundlage mit einer anderen, politisch-moralischen zu vertauschen. Und so kann man auch besser verstehen, mit welcher Vehemenz Karl Büchsel, der Superintendent und Pfarrer der Matthäikirche in Berlin gegen die Revolution zu Felde zieht. Fontane hat Büchsels *Erinnerungen aus dem Leben eines Landgeistlichen* mit großem Interesse gelesen und erweist Büchsel sogar die Ehre, Frau Dörr aus *Irrungen, Wirrungen*[16] von ihm trauen zu lassen. In seinen Erinnerungen schreibt Büchsel über das Revolutionsjahr 1848: »Das war mir ganz klar, daß der Aufruhr in Berlin darin seinen Grund hatte, daß von den Obrigkeiten der Stadt die kirchlichen Verhältnisse und die Pflege der Gottesfurcht in unbegreiflicher Weise vernachlässigt waren. Die rechte Autorität aller menschlichen Ordnungen hat nur da ihre Grundlage, wo die Autorität Gottes in den Herzen des Volkes lebt. Wenn aber Gott nicht mehr gefürchtet wird, so steht die Revolution vor der Tür und wartet auf die Gelegenheit auszubrechen«.[17]

Die Verführung ist da, Fontanes Werk besonders als Quelle der Vergnüglichkeit zu betrachten. Ich möchte die Freude bei der Lektüre keineswegs schmälern. Ich glaube, daß der tiefsinnige Begriff des Humors sehr gut auf das Werk Fontanes paßt. Humor im Sinne des weisen Ausgleichs von Widersprüchen und gegensätzlichen Meinungen ist konstant vorhanden und hebt Fontanes Werk in positivem Sinne von jenem meistens bitteren und zuweilen zynischen Œuvre Wilhelm Raabes ab.

Zu den Widersprüchen und gegensätzlichen Positionen gehört die Erzählkonstellation, in der der evangelische Geistliche seinem adligen Patron begegnet.

Ein Autor wie Fontane, der Gesellschaftliches im Blick hat, stellt nicht umsonst den Geistlichen evangelischer Provenienz so prominent in den Vordergrund. Die latente Spannung, mit viel Humor umgeben, stellt eine reizvolle Erzählsituation dar. Es kommt auf das richtige Wort an, den in der Hierarchie höher Stehenden zu überzeugen. Oder sich mit seinen eigenen Überzeugungen in dieser Situation zu behaupten. *Der Stechlin* führt dies in schönster Weise vor. Pfarrer Lorenzen soll sich verantworten. Welchem Herrn dient er, dem Erhalt der sozial-politischen Ordnung oder dem Umsturz? Dem Amte nach müßte man das Erstgenannte erwarten können. Lorenzen ist aber ein freier Mensch, der seine eigenen Auffassungen nicht preisgibt, weder an eine Richtung Göhre, noch an eine Richtung Stoecker.

Eine gewisse Verwandtschaft ist vorhanden zwischen dem Patronatsschriftsteller Theodor Fontane und dem Patronatspfarrer. Hatte nicht Fontane auch den Herren gedient? Hat er vielleicht aufgrund seiner eigenen Biographie diese Abhängigen, diese Diener von zweierlei Herrn so attraktiv gefunden, gerade auch als Romancier? Fontane hat dem Pfarrer nicht ohne Grund eine große Prominenz verliehen. Das Wort des Geistlichen war gebunden, gebunden durch die hierarchische Situation, in der er verkehrte und durch die sozial-politische Reichweite, die sein Wort innerhalb des gegebenen Kontextes haben mußte. Der Pfarrer ist keine willkürliche Gestalt. Bei den von Fontane dargestellten Berufen ist der Pfarrer prominent da, vielleicht dem Hausdiener vergleichbar, aber dennoch weit interessanter durch die seinem Beruf und seiner gesellschaftlichen Stellung inhärente Spannung.

Das Schlußwort des *Stechlin*, die gedankliche Zusammenfassung, das gedankliche Gerüst des Romans, ist eine Bitte um Anerkennung von Seiten der interessantesten aller Frauen, die Fontane ins Leben gerufen hat: Melusine von Barby. Diese Bitte richtet sich an jenen Menschen, der kurz vorher die Grabpredigt für seinen adligen Patron Dubslav von Stechlin gesprochen hatte: den Pfarrer Lorenzen. Eine Hommage an Lorenzen.[18] Lorenzen, ein wichtiger Mann, als Mensch und gerade als Mensch auch in der Qualität eines Pfarrers. Fritz Martini charakterisiert Lorenzen auf treffende Weise in seinem auf die Literatur konzentrierten Beitrag zu Greiffenhagens Buch *Das evangelische Pfarrhaus:* »[...] in ihm geht es um eine umfassende Zeit- und Kirchenkritik, um eine neue Beziehung zwischen der Gesellschaft und allen ihren Schichten, um das Programm eines verjüngten, zur Zukunft öffnenden Lebens, in dem Christentum nicht nur gepredigt und gelehrt, sondern in die Praxis mitmenschlichen, sozialen Handelns umgesetzt wird.«[19] Lorenzen ist für Martini die eindrucksvollste Figur des Geistlichen im deutschen Roman des 19. Jahrhunderts. Niemals wurde dieser bescheidene Lorenzen so oft zitiert wie nach Fontanes Sterben im Jahre 1898. Ausgerechnet Lorenzen wurde zum Sprachrohr vieler, die die ethische Bedeutung Fontanes wiedergeben wollten. Dubslav von Stechlin, ihn sah man als Fontanes Alter Ego. Eine köstliche Situation also: der mit Humor gesegnete Fontane schrieb den eigenen

Nachruf und legt ihn einem Dorfpfarrer in den Mund. Damit bestätigte die Wirkung des *Stechlin* die Vorliebe des Romanciers Fontane für einen verwandten Geist, den Mitbruder beim Kampf um das wahre und das freie Wort, den preußischen Landgeistlichen.

Anmerkungen

1 WALTER T. RIX: *Zivilisationskritik im Werk Ernst Wiecherts.* In: *Wort und Dichtung als Zufluchtsstätte in schwerer Zeit.* Hrsg. v. FRANK-LOTHAR KROLL. Berlin 1996, S. 87.

2 THOMAS MANN: *Buddenbrooks. Verfall einer Familie.* 27. Aufl. Berlin 1905, S. 5.

3 *»Ich bin nicht für halbe Portionen«. Essen und Trinken mit Theodor Fontane.* Hrsg. v. LUISE BERG-EHLERS und GOTTHARD ERLER. 2. Aufl. Berlin 1996.

4 *Das evangelische Pfarrhaus. Eine Kultur- und Sozialgeschichte.* Hrsg. v. MARTIN GREIFFENHAGEN. Stuttgart 1984.

5 JOHANN WOLFGANG GOETHE: *Aus meinem Leben. Dichtung und Wahrheit. Zweiter Teil.* In: DERS.: dtv-Gesamtausgabe, Bd. 23. München 1962, S. 197f.

6 THEODOR FONTANE: *Wanderungen durch die Mark Brandenburg. Spreeland.* In: HFA *Wanderungen durch die Mark Brandenburg 2.* 1967, S. 874f.

7 In: *Die Religion in Geschichte und Gegenwart. Handwörterbuch für Theologie und Religionswissenschaft.* Bd. 5, Sp. 156ff. 3. Aufl. Tübingen 1961.

8 THEODOR FONTANE: *Vor dem Sturm.* In: AFA *Romane und Erzählungen 2.* 1969, S. 322.

9 HANS ESTER: *Die Befreiungskriege gegen Napoleon bei Fontane, Schleiermacher und Fichte.* In: JOEP LEERSSEN und MENNO SPIERING: *German Reflections. Yearbook of European Studies.* Bd. 7. Amsterdam und Atlanta 1994, S. 77–95.

10 Vgl. dazu: REINER STRUNK: *Politische Ekklesiologie im Zeitalter der Revolution.* München 1971 (= Reihe Gesellschaft und Theologie, Abt.: Systematische Beiträge, Nr. 5).

11 Ebd., S. 164.

12 Ebd., S. 165.

13 KARL BARTH: *Die protestantische Theologie im 19. Jahrhundert. Ihre Vorgeschichte und ihre Geschichte.* 3. Aufl. Zürich 1960.

14 STRUNK, wie Anm. 10, S. 250.

15 Ebd., S. 282–290.

16 THEODOR FONTANE: *Irrungen, Wirrungen.* In: AFA *Romane und Erzählungen 5.* 1969, S. 9: Frau Dörr erzählt ihrer Nachbarin Frau Nimptsch: »»Ja, in die Kirche, in die Matthäikirche un bei Büchseln.««

17 KARL BÜCHSEL: *Erinnerungen aus meinem Berliner Amtsleben. Vierter Band der »Erinnerungen aus dem Leben eines Landgeistlichen«.* Berlin 1886, S. 47.

18 THEODOR FONTANE: *Der Stechlin.* In: AFA *Romane und Erzählungen 8.* 1969, S. 414: »»[...] es ist nicht nötig, daß die Stechline weiterleben, aber es lebe *der Stechlin.*««

19 FRITZ MARTINI, in: wie Anm. 4, S. 141.

»Nach Canossa gehen wir nicht!«
Kulturkampfmotive in Fontanes *Cécile*

PETER SPRENGEL

Unter dem historischen Kulturkampf des 19. Jahrhunderts werden die Auseinandersetzungen zwischen staatlichen Behörden und katholischer Kirche in verschiedenen deutschsprachigen Ländern verstanden, die etwa zwischen 1860 und 1880 ihren Höhepunkt erreichten.[1] Der überfälligen Abgrenzung zwischen den Belangen des sich damals formierenden modernen Nationalstaats und der Kirche verweigerten sich beide Seiten über Jahre hinweg durch eine Politik der symbolischen Stärke und der konträren Profilierung. Unter Papst Pius IX. (1846–1878) kompensierte der Vatikan seinen Verlust an weltlicher Macht durch die Verkündung des Unfehlbarkeitsdogmas und die zentralistische Anbindung des Klerus an Rom – durchaus im Sinne des vielgeschmähten Ultramontanismus. Bismarck seinerseits mißbrauchte den objektiven Konflikt zu innenpolitischen Zwecken: zur Bekämpfung der katholischen Zentrumspartei als vermeintlich reichsfeindlich und partikularistisch und zur Stärkung seines befristeten Bündnisses mit den Nationalliberalen, die er damit allerdings vor äußerst unbequeme Entscheidungen stellte.

So mußten die Liberalen, um ihre antiklerikalen Ziele zu erreichen, erhebliche Zugeständnisse an den preußischen Macht- und Obrigkeitsstaat in Kauf nehmen. Denn der Kampf gegen die katholische Kirche wurde in der Ära des preußischen Kultusministers Adalbert von Falk (1872–1879) mit den Mitteln des Polizei- und Verwaltungsapparats ausgefochten. »In den ersten vier Monaten des Jahres 1875 wurden 241 Kleriker, 136 Redakteure, 210 andere Katholiken zu Geld- oder Haftstrafen verurteilt, 74 Wohnungen durchsucht, 55 Veranstaltungen aufgelöst, 20 Zeitungen konfisziert, 103 Personen interniert oder ausgewiesen.«[2]

Das gibt dem heutigen Betrachter schon einen Vorgeschmack auf die Sozialistengesetze, mit denen der Eiserne Kanzler ab 1878 (Zeitpunkt seiner Abwendung vom Liberalismus) die Opposition zu knebeln versuchte. Während jedoch Bismarcks hartes Vorgehen gegenüber der Arbeiterbewegung kaum Beifall in der literarischen Öffentlichkeit fand, ja umgekehrt die jungen Autoren in Scharen dem Sozialismus und Naturalismus in die Arme trieb, erfreute sich der Kulturkampf der siebziger Jahre in höchstem Maße der Unterstützung der Kulturträger. Von Keller bis Anzengruber,[3] von Meyer[4] bis Spielhagen: mit Seitenhieben auf die Pfaffenherrschaft, Andeutungen über dunkle Machenschaften der Jesuiten und proprotestantischen Darstellungen der Glaubenskriege schalteten sich wichtige Vertreter des Realismus in die antikatholische Agitation ein – von der zweiten Garde der Autorenschaft und der eigentlichen Unterhaltungsliteratur ganz zu schweigen! Allein auf dem Gebiet des historischen Romans sind Hunderte von Werken zu verzeichnen, deren eigentlichen Bezugspunkt der aktuelle Kulturkampf bildet, auch wenn die Handlung zur Zeit der Pharaonen, im alten Rom, in mittelalterlichen Kulissen oder im Paris der Bartholomäusnacht angesiedelt ist.[5] Auch das damals beliebte historische Drama liefert reichliches Belegmaterial.[6]

Die geschichtliche Vertiefung des Konflikts ist bezeichnend für das ideologische Potential, das im Kulturkampf der 1870er Jahre auf dem Spiel steht. Das neugegründete Reich, dessen konkrete Genese und konstitutionelle Gestalt ja so wesentlich von den Idealvorstellungen der liberalen Nationalbewegung abstachen, litt unter einem spürbaren Legitimationsdefizit, das allenthalben durch Zitate aus der mittelalterlichen Reichstradition kompensiert wurde. Die Wiedereinführung des Kaisertums ist ja selbst schon ein solches Zitat, und wenn zur Reichstagseröffnung 1871 der alte Kaiserstuhl aus Goslar nach Berlin gebracht wurde, dann zeigt ein solches Detail, wie ernst man es mit den Anleihen beim Mittelalter nahm. Die Kaiserpfalz in Goslar wurde seit 1879 mit einem Gemäldezyklus ausgestaltet, der »die Kaiser des Mittelalters als die Vorkämpfer eines deutschen oder germanischen gegen ein römisch-romanisches Weltprinzip« zeigte,[7] also die ghibellinischen Hohenstaufen als Präfiguration der gegen Frankreich siegenden und den Vatikan in die Schranken weisenden Hohenzollern etablierte.

Der Goslarer Geschichtszyklus endet mit dem Reichstag zu Worms: Luthers »Hier stehe ich« wurde zum Inbegriff des trotzigen Selbstbewußtseins des neuen Reichs, der Protestantismus gewissermaßen zur Reichsgründungsreligion. Ganz im Sinne dieser Stiftungslegende verknüpfte Bismarck die aktuelle Kulturkampfproblematik mit den Investiturstreitigkeiten, die über Jahrhunderte hinweg das Verhältnis des Deutschen Reichs Römischer Nation zum Heiligen Stuhl belasteten, als er am 14. Mai 1872 vor dem Reichstag erklärte: »Seien Sie außer Sorge: Nach Canossa gehen wir nicht, weder körperlich noch geistig!«[8] Als Tiefpunkt deutsch-kaiserlicher Macht hatte sich die dreitägige Buße Heinrichs IV. vor Papst Gregor VII. in dessen oberitalienischer Burg im Januar 1077 dem kollektiven Gedächtnis eingeprägt. Auch in Wislicenus' Goslarer Bildprogramm war die Canossa-Szene ursprünglich vorgesehen. Nach Bismarcks Machtwort wollte freilich niemand mehr – auch nicht ikonographisch – nach Canossa gehen; das Motiv wurde durch den Einzug des Kaisers in Mainz ersetzt. Dafür erhielt die 19 Meter hohe Bismarck-Säule im benachbarten Bad Harzburg die Aufschrift: »Nach Canossa gehen wir nicht!«[9] Das Zitat aus der Reichstagsrede wurde gleichsam für die nationale Tat genommen, als Ende einer tausendjährigen Abhängigkeit von Rom gefeiert.

Als Fontane im Sommer 1883 die Harzburger Bismarck-Säule besuchte, teilt er deren den Canossa-Gang verweigernde Inschrift seiner Frau mit, nicht ohne folgenden Zusatz zum abschließenden »nicht«: »Es soll jetzt in ›doch‹ abgeändert werden, vielleicht blos überklebt, damit man's leicht wieder abreißen kann.«[10] Der Spott über Bismarcks Rückzug aus dem Kulturkampf 1878, der mit seiner Abwendung vom Liberalismus und der Hinwendung zum konservativen Lager einherging, war in der liberalen Presse seinerzeit weitverbreitet. Fontane stimmt in den Chor der Spötter jedoch nur soweit ein, als es um die Diskrepanz zwischen Wort und Tat, Ideologie und Praxis geht. In der Sache selbst hat er stets deutliche Distanz zur Programmatik und zu den konkreten Auswirkungen des Kulturkampfs gehalten. Im Unterschied zu liberalen Zeitgenossen wie Keller und Spielhagen war Fontane in den siebziger Jahren viel zu konservativ disponiert, viel zu stark mit der Macht der Überlieferung und dem Geist vergangener Adelsgeschlechter befaßt, als daß er mit der revolutionären Attitüde moderner Kulturkämpfer hätte sympathisieren können.

Schon in den unechten London-Korrespondenzen vom Ende der sechziger Jahre spricht sich seine Ablehnung aller Übergriffe des liberalen Staates auf die Kirchenverfassung aus.[11] Briefaussagen aus den Folgejahren, die allerdings vereinzelt und punktuell bleiben – gewissermaßen das außerbriefliche Einverständnis mit dem Empfänger voraussetzen – machen Fontanes Abstand von den Kulturkämpfern (hüben wie drüben) unmißverständlich deutlich. Ein Brief an Karl Zöllner von 1874 über einen Besuch bei der katholischen Familie Wangenheim spricht kritisch von der »Katholiken-Hetze«, bedauert aber auch die Einseitigkeit gewisser Einschätzungen seiner liebenswürdigen Freunde als Folge des politischen Klimas.[12] Gegenüber Heyse wird sich Fontane später über den Verlust der Unbefangenheit beklagen, den auch er als »versöhnlich Gestimmte[r]« empfunden habe.[13] In einem Brief an Gustav Karpeles von 1880 – ein Jahr nach dem Rücktritt Falks – witzelt er über die jesuitische Physiognomie eines Schauspielers, angesichts deren »man auf der Stelle Falkianer und Culturkämpfer« werden könne: »Wovor mich Gott in Gnaden bewahren wolle.«[14] Derselbe Gott, an den die radikaleren unter den Kulturkämpfern gar nicht mehr glauben mochten (und unter dem sich ja auch Fontane nichts allzu Festes vorstellen konnte).

Die beschriebene Sonderstellung Fontanes in der Kulturkampf-Frage dokumentiert sich auch in seinem literarischen Werk.[15] Das soll hier anhand seines zweiten Gesellschaftsromans *Cécile* beleuchtet werden, der im späten Fragment *Die preußische Idee* (entstanden mutmaßlich 1894) eine satirische Fortsetzung findet, denn der karrieristische Geheimrat Schulze, dessen Lebenslauf dort skizziert wird, hat offenkundig im kulturkämpferischen Geheimrat Hedemeyer sein Vorbild, der auf der abendlichen Gesellschaft im Hause St. Arnaud das große Wort führt. Der unter Falks Vorgänger Mühler »kaltgestellt[e]« Beamte hat, wie uns der Erzähler wissen läßt, »den bald darauf ausbrechenden Kulturkampf als Pamphletist begleitet, seine Wiederanstellung jedoch trotz andauernder Falk-Umschmeichlung nicht durchgesetzt«. Durch ein satirisches Detail macht er die Abhängigkeit auch dieses Ideologen von den Verhältnissen deutlich: Bevor Hedemeyer zu seiner großen Philippika gegen Bismarcks kulturkämpferische Nachgiebigkeit und bedrohliche »Omnipotenz« ausholen kann, verfängt sich ein Brillenhaken in den Locken seiner Perücke:

»Unter glücklicheren und namentlich gesicherteren Toupet-Verhältnissen würd' er nun freilich aller Widerhaarigkeit zum Trotz mit jener ›Energie‹ vorgegangen sein, die sieben Jahre lang sein Programm und den Inhalt seiner Pamphlete gebildet hatte; dieser Sicherheit aber entbehrend, sah er sich auch *hier* gezwungen, den Verhältnissen Rechnung zu tragen und auf ein rücksichtsloses Vorgehen zu verzichten, das ihn an seiner empfindlichsten Stelle bloßgestellt haben würde.«[16]

Die Ironie liegt nicht zuletzt darin, daß der sich den Verhältnissen fügende Redner dem Kanzler dessen Zugeständnisse an die politischen Realitäten zum Vorwurf macht. Hedemeyer greift dankbar das Bismarck-Zitat der Harzburger Säule auf, das ihm der Vorredner St. Arnaud serviert – und zwar mit dem kritischen Zusatz, den wir schon aus Fontanes Familienbrief kennen:

»›'Nach Canossa gehen wir *nicht.'* Aber wir gehen *doch.*‹« –:

»›Und gehen auch noch weiter‹«, fiel der Geheimrat ein. […] »›[…] Das heißt also bis nach Rom. […]‹«

»›[…] Aber wenn es erst dahin gekommen ist, meine Herren, daß jede freie Meinung im Lande Preußen Hochverrat bedeutet, so sind wir alle Hochverräter, alle samt und sonders. Ein Wunder, daß Falk mit einem blauen Auge davongekommen ist, er, der einzige, der den Blick für die Notlage des Landes hatte, der einzige, der retten konnte. Nach Canossa gehen wir *nicht!* O nein, wir gehen nicht, aber wir laufen, wir rennen und jagen dem Ziele zu und überliefern einer beliebigen und beständig wechselnden Tagesfrage zuliebe die große Lebensfrage des Staates an unseren Todfeind. Die große Lebensfrage des Staats aber ist unsere protestantische Freiheit, die Freiheit der Geister!‹«[17]

Mit der überbietenden Widerlegung von Bismarcks Canossa-Ausspruch zitiert Fontane wörtlich einen alten Bekannten: den Geheimen Oberregierungsrat Karl Zitelmann (1816–1898).[18] Noch Jahrzehnte später erinnert sich Friedrich Holtze an Zitelmanns stehende Rede im ›Fontane-Kränzchen‹, »daß wir nicht nach Kanossa gegangen, sondern gerannt seien«.[19] Der von Bismarck 1866 aus dem Amt gedrängte Geheimrat dürfte nicht nur dem Geheimrat Hedemeyer (wie schon Holtze vermutet), sondern auch dem Geheimrat Schulze im späteren Fragment wesentliche Züge geliehen haben, zumal die »preußische Idee«, die dieser in seinen liberalen Phasen vertritt, in Hedemeyers »große[r] Lebensfrage des Staates« ja weitgehend präformiert ist. Aber auch die Gegenposition, die Schulze in der Restaurationsphase der 50er und 60er Jahre einnimmt, findet Eingang in den Roman, und zwar unter Heranziehung desselben Ausspruchs Friedrichs II., von dem auch der künftige Text Gebrauch macht: »Die Welt ruht nicht sicherer auf den Schultern des Atlas als der preußische Staat auf den Schultern seiner Armee ...«[20] Es ist der alte General Rossow, der sich solchermaßen vernehmen läßt und dem sogenannten »Canossa-Gerede« das Prinzip der Loyalität entgegensetzt, das in der Armee nur durch die alten preußischen bzw. brandenburgischen Geschlechter repräsentiert werde: »›*Da* liegt es, mein lieber Geheimrat. *Da*, nur da. Canossa hin, Canossa her. Preßfreiheit, Redefreiheit, Gewissensfreiheit, alles Unsinn, alles Ballast, von dem wir eher zu viel als zu wenig haben.‹«[21]

Wie oft bei Fontane stehen zwei konträre Meinungen einander gegenüber, ohne daß eine Entscheidung fällt. Der Leser dürfte sich auch kaum fragen, wer hier recht hat, da er schon darauf vorbereitet ist, in diesem Kapitel einem Kreis von Außenseitern oder Randexistenzen der gesellschaftlichen Szene zu begegnen; aufgrund der Vergangenheit Céciles wird das Haus St. Arnaud von der besseren

Berliner Gesellschaft ja gemieden. Dienen die Canossa-Bezüge also nur als ornamentales Füllsel, als Anlaß zur Entfaltung einer Konversations-Rhetorik, die es dem Autor erlaubt, uns und seinen Protagonisten Gordon mit Céciles Berliner Umgebung bekannt zu machen? Nicht so ganz. Zunächst wird Hedemeyers kulturkämpferisch-liberale Gesinnung im nachhinein einer Bewertung und Umdeutung unterworfen, die mit dem weiteren Gang der Handlung und ihrer tragischen Zuspitzung eng verknüpft ist. Noch auf dem gemeinsamen Heimweg hört Gordon von der Malerin Rosa folgendes über den Geheimrat: »›Er versteht unter ›protestantischer Freiheit‹ die Freiheiten, die er sich nimmt, und deren sind viele, jedenfalls genug. Sein ganzer Liberalismus ist Libertinage, weiter nichts.‹«[22] Nur weil er diese Worte im Ohr hat, kann und muß Gordons Eifersucht in Flammen schlagen, wenn er viele Wochen später Cécile in der Oper wiedersieht – in einer gemeinsamen Loge mit Hedemeyer, der ihr Heimlichkeiten zuzuflüstern scheint. Durch den vermeintlichen Libertin, der jedoch streng die äußeren Formen wahrt, läßt sich Gordon zu noch weitergehenden Freiheiten provozieren, die ihn gesellschaftlich ins Unrecht setzen und ihm wie Cécile den Tod bringen.

Die Kulturkampf-Anspielungen in den Tafelreden des 20. Kapitels haben darüber hinaus Bedeutung für Struktur und Gehalt des *Cécile*-Romans insgesamt. Zunächst bilden sie eines der wenigen – und daher auch der wichtigsten – Verbindungsglieder zwischen den beiden ungleichen räumlich streng geschiedenen Romanhälften. Der Unterschied zwischen der breit geschilderten Reiseidylle des ersten in Thale im Harz angesiedelten Romanteils und den nachfolgenden beschleunigt auf die Katastrophe zusteuernden Berliner Kapiteln ist ja oft empfunden worden.[23] Vor einem Auseinanderfallen wird die prekäre Konstruktion nicht zuletzt durch einige inhaltliche Verklammerungen bewahrt, und dazu zählt eben die im Gespräch erwähnte Harzburger Bismarck-Säule, die sich zwar nicht unter den Ausflugszielen des ersten Teils befindet, aber als mögliches Besichtigungsobjekt ausdrücklich erwähnt wird (und durch ihre räumliche Nachbarschaft indirekt gegenwärtig ist):

»›In Harzburg, auf der Burgberg-Höhe (deren Besteigung ich ihnen empfehlen möchte; Sie finden Esel am Fuße des Berges) stand die Lieblingsburg des zu Kanossa gedemütigten Heinrich, und zu Goslar, in verhältnismäßiger Nähe jener Burgberg-Höhe, haben wir bis diese Stunde die große Kaiserpfalz, die die mächtigsten Herrschergeschlechter, die Träger des ghibellinischen Gedankens in schon vorghibellinischer Zeit, in ihrer Mitte sah. Also Kaisererinnerungen auf Schritt und Tritt.‹«[24]

Es ist der weltfremde Privatgelehrte Eginhard Aus dem Grunde, der dieses spricht und sich beim Hinweis auf die Esel, die zur Burg des Canossa-Büßers (und damit auch zur Bismarck-Säule) führen, sicher nichts Böses, geschweige denn Kulturkämpferisches denkt. Unser Zitat zeigt aber auch, daß Eginhards Geschichtsforschungen mehr Interesse verdienen, als die *Cécile*-Interpreten ihnen gewöhnlich entgegenbringen und der Autor selbst ihnen zutraut, der in einem

Brief an Sohn Theo den Verdacht äußert, hier in der Nachzeichnung eines Langweilers des Guten zuviel getan zu haben.[25] Eginhard bringt nicht nur das Stichwort Canossa erstmals in den Roman ein; er verbindet es auch sogleich mit den Akzenten, die für seine Bewertung in der Kulturkampfära wichtig waren: ghibellinisch, Kaisererinnerungen, Kaisergedanke, Kaisertum und Kaiserherrlichkeit.[26] Wie es sich für einen Privatgelehrten gehört, hat Eginhard seine eigenen Anschauungen von der Entwicklung des deutschen Kaisertums; er ergreift für die halbvergessenen Askanier Partei und kratzt damit ein wenig an der Legitimation der Hohenzollern. Dies sind denn auch die Elemente, die vom Erzähler mit einem humoristischen Lächeln präsentiert werden. Die symbolische Topographie, die Eginhard beschwört: die Verortung der Sommerfrische am Harzrand zwischen dem »ewigen Kyffhäuser«, den Sachsenkaiser-Gräbern in Magdeburg und Quedlinburg und den Kaiser-Gedenkstätten in Goslar und Bad Harzburg gibt den Thale-Kapiteln recht eigentlich erst die historisch-kulturpolitische Tiefenschärfe.

Wie wichtig in diesem Roman solche geographisch-geschichtlichen Bezüge genommen werden, macht noch ein Detail der Berliner Kapitel deutlich. Bei seinem ersten Besuch in Céciles Haus trifft Gordon auf den Hofprediger, gegenüber dem er ein Hoch auf die Hansestädte, auf den »Strich von Halberstadt bis Goslar« und Thüringen ausbringt. Dörffel erwidert: »Darauf müssen wir noch eigens anstoßen: erst Hansa, dann Harz und dann Thüringen. Mir aus der Seele gesprochen, trotzdem es fast sakrilegisch ist. Denn ein richtiger lutherischer Geistlicher muß eigentlich auch zur Luthergegend halten.‹«[27] Mit dem Stichwort Luther sind wir indirekt natürlich wieder beim Kulturkampf; da Luther im späten 19. Jahrhundert vor allem als der Begründer einer einheitlichen Nationalsprache gewürdigt wurde, verbleiben wir jedoch im Dunstkreis der durch Goslar markierten Reichsidee. Das gilt zumal für Gordons anschließende Bemerkung: »Gewiß, zur Luthergegend, die die Dioskuren von Weimar uns gleich noch als Zugabe bringt.‹« Auch das ist natürlich unverfälschter Gründerzeit-Diskurs: Goethe und Schiller als Dioskuren und weitstrahlende Sternbilder der deutschen Nationalkultur.[28]

Soviel zur Bedeutsamkeit geographisch-räumlicher Bezüge in *Cécile*. Während es im allgemeinen der Figurenrede überlassen bleibt, die räumlichen Gegebenheiten mit politisch-geschichtlicher Bedeutung aufzuladen, enthält dieser Roman auch ein Beispiel einer stummen Kulturkampf-Allegorie, die erst im nachhinein durch einen fast entbehrlichen Figurenkommentar aufgelöst wird. Gemeint ist die Konkurrenz von Kirche und Schloß als Hauptsehenswürdigkeiten Quedlinburgs, im Kontext der übrigen Kulturkampf-Anspielungen des Romans offenkundig als raumsymbolische Verschlüsselung des Antagonismus von Kirche und Staat aufzufassen:

»Der Platz, den man erreicht hatte, war ein mäßig breiter, Schloß und Abteikirche voneinander scheidender Hof, der, außer den auf ihm lagernden Schatten und Lichtern, nichts als zwei Männer zeigte, die wie Besuch erwartende Gastwirte vor ihren zwei Lokalen standen. Wirklich, es waren Kastellan und Küster, die zwar

nicht mit haßentstellten, aber doch immerhin mit unruhigen Gesichtern abwarte-
ten, nach welcher Seite hin die Schale sich neigen würde, worüber in der Tat selbst
bei denen, die die Entscheidung hatten, immer noch ein Zweifel waltete.

Besichtigung von Schloß und Kirche, so lautete das Programm, *das* stand fest,
und daran war nicht zu rütteln. Aber was noch schwebte, war die Prioritätsfrage.
Gordon und St. Arnaud sahen sich also fragend an. Endlich entschied der Oberst
mit einem Anfluge von Ironie dahin, daß Herrendienst vor Gottesdienst gehe, welchem Entscheide Gordon in gleichem Tone hinzusetzte: ›Preußen-Moral! Aber wir
sind ja Preußen.‹«[29]

Man beachte die durch den sachlichen Kontext überhaupt nicht begründbare
Formulierung »haßentstellte Gesichter« und den Hinweis auf Preußen, die führende Macht des Kulturkampfs.

Am Ende dieser Sichtung von Kulturkampf-Anspielungen in *Cécile* besteht
wohl kein Zweifel an der Präsenz dieses Themas in dem acht Jahre nach Abklingen
des Kulturkampfs erschienenen Roman. Worin aber liegt seine Funktion für das
Hauptthema des Buchs, die Geschichte der unglücklichen Liebe Gordons zur einstigen Fürsten-Favoritin und deren unentrinnbare Bindung an das Stigma ihrer
Vergangenheit? Dazu in gebotener Kürze zwei mehr oder weniger hypothetische
Vorschläge. Der eine betrifft den Katholizismus Céciles, ihren früheren Katholizismus, wie man eigentlich sagen müßte, denn sie ist – wohl anläßlich der Heirat
mit St. Arnaud – inzwischen zum Protestantismus konvertiert und pflegt engen
Umgang mit dem evangelischen Hofprediger. Aber schon ihre testamentarische
Schenkung des Opalkreuzes an Dörffel und die ausdrückliche Erklärung in ihrem
letzten Brief, »›daß es ein katholisches Kreuz ist, und […] daß ich […] meine letzten Gebete an ebendies Kreuz und aus einem katholischen Herzen heraus gerichtet habe‹«,[30] machen deutlich, wie äußerlich ihr offenbar die evangelische Konfession geblieben ist. Für Gordon und den Leser, der die rätselumwobene Gestalt
Céciles ja über weite Strecken mit den Augen des Protagonisten zu sehen gezwungen ist, bildet der Katholizismus von vornherein ein integrales Element dieses ausdrücklich als Männerphantasie entworfenen Frauenbildes. So schreibt Gordon
gleich am Abend der ersten Begegnung: »›Übrigens wirkt sie katholisch, und
wenn sie nicht aus Brüssel ist, ist sie wenigstens aus Aachen. Nein, auch das nicht.
Jetzt hab' ich es: Polin oder wenigstens polnisches Halbblut. Und in einem festen
Kloster erzogen: ‚Sacré coeur‘ oder ‚Zum guten Hirten‘.‹«[31]

Erst am Morgen seiner überraschenden Abreise von Thale wird Gordon klar,
von welchem Vorbild seine einschlägigen Assoziationen beeinflußt sind. Es ist ein
Bild Maria Stuarts, seiner »arme[n] Landsmännin«, das er vor Jahren gesehen und
das seine Wahrnehmung Céciles von Anfang an gesteuert hat: »›Etwas Katholisches, etwas Glut und Frömmigkeit und etwas Schuldbewußtsein. Und zugleich
ein Etwas im Blick, wie wenn die Schuld noch nicht zu Ende wäre. Ja, daran erinnert sie mich.‹«[32] Mehrere Arbeiten der letzten Jahren, allen voran die bahnbre-
chende Studie von Lieselotte Voss, haben die Bedeutung der hier angelegten

Präfiguration für das Verständnis des Romans erhellt und dabei auch die eminenten Impulse gewürdigt, die seit der Jahrhundertmitte von der Gestalt Maria Stuarts und ihrem schottischen Ambiente auf Fontanes dichterische Phantasie ausgingen. Wenn man noch die Parallelen hinzunimmt, die Helmuth Nürnberger zwischen Gordons Verhalten und demjenigen Mortimers in Schillers Drama aufgerollt hat, läßt sich fast sagen, daß Fontanes *Cécile*-Roman – in einer bestimmten, nicht unwichtigen Schicht seiner Konzeption – eine narrative Variation auf das Maria-Stuart-Thema darstellt.[33]

Mit unseren früheren Beobachtungen zur Relevanz der Kulturkampf-Anspielungen in *Cécile* harmoniert dieser Befund natürlich in hohem Grade. Es scheint poetischen Sinn zu ergeben, wenn das Charakterbild einer Frau, die dem Prototyp der sündigen Katholikin entspricht, von Bezügen auf ein politisches Geschehen umrahmt wird, das praktisch die Kriminalisierung des Katholizismus bewirkte. Ja, man kann noch weitergehen und auch die Figur Gordons in die Betrachtung einbeziehen. Dessen Position bleibt im Roman zwar frei von jeder politischen Festlegung; seine Berufstätigkeit als Ingenieur einer internationalen Kabelbaugesellschaft, die damit verbundene Mobilität (die Weltreisen) und die Abhängigkeit von kurzfristigen Weisungen aus der Ferne (die Telegramme, die ihn unversehens von Thale und Berlin abberufen) lassen ihn jedoch wie eine Personifikation des technisch-wirtschaftlichen Fortschritts erscheinen. Nach dem dualistischen Weltbild, das der kulturkämpferische Liberalismus in den siebziger Jahren entwickelte, qualifiziert sich Gordon damit automatisch zum typischen Kirchengegner. Thomas Nipperdey schreibt:

»Im Kulturkampf entwickelten die Liberalen ein geradezu manichäisches Weltbild, vom Kampf zwischen Licht und Finsternis, Fortschritt und Stagnation. Wer nicht nach Canossa wollte, plädierte für den Fortschritt, für Aufklärung und Emanzipation, Modernität der Kultur und der Wirtschaft, der Gesellschaft, der Nation, des Staates. Wer nach Canossa zurück wollte, konnte, so sahen es die Liberalen, im Grunde keine Eisenbahnen bauen«[34]

– und natürlich auch keine unterseeischen Kabel verlegen! Gordons Berufsbild und Céciles Katholizismus entsprechen einander als dualer Gegensatz im Rahmen der Kulturkampflogik. Vielleicht darf man damit auch die unterschwellige Aggressivität, die Gordons Werbung zugrunde liegt, in Zusammenhang bringen. Sein beleidigend-bedrängender Auftritt in Céciles Loge und Wohnung am letzten Abend hat ja fast den Charakter einer »Katholiken-Hetze«.

Der andere Bezug, der sich von den Kulturkampf-Anspielungen des Romans zur psychischen Problematik der Hauptfigur(en) herstellen läßt, betrifft die Vorstellung der Buße. Eine solche hat Kaiser Heinrich IV. seinerzeit vor dem Papst in spektakulärer Weise abgelegt. Als Büßerin sieht sich offenbar auch Cécile – als Büßerin einer Schuld, die sie als halbes Kind und ohne zureichende sittliche Erziehung auf sich geladen hat. Man erinnere sich der bekannten Selbstinterpretation in dem Brief, mit dem Fontane seinen »kl. Roman« dem Zeitschriftenherausgeber

Jesco von Puttkamer anbietet: »Der Grundgedanke [...] ist *der* von der unerbittlichen Macht zurückliegender Geschehnisse, die durch reinen Wandel und aufrichtige Buße [!] vor *Gott* zu sühnen, aber *gesellschaftlich* nicht zu tilgen sind.«[35] Erst vor dem doppelten Hintergrund der Canossa-Geschichte und dieser moralischen Problematik wird die eigenartige Anekdote von Papst Gregor XVI. verständlich, mit der Hofprediger Dörffel die nervenkranke Cécile vor dem Rückfall in einen hysterischen Gefühlsüberschwang zu bewahren sucht. »»Nicht einmal vor dem Papste‹«, erklärt er ihr, hätten religiös verkleidete Überschwenglichkeiten Geltung, und er begründet diese für einen evangelischen Prediger einigermaßen unkonventionelle Behauptung mit einem Erlebnis aus seiner Zeit als Hauslehrer und Reisebegleiter in Rom. Der altersweise Papst Gregor XVI., der eine fanatische Gläubige »kalt und abwehrend« als »una enthusiasta« bezeichnet,[36] erweist sich in dieser Anekdote als Antipode seines kulturkämpferischen Nachfolgers (Pius IX.) und jenes Namensvetters (Gregor VII.), vor dem einst Kaiser Heinrich beschämende Buße tat. Er erwartet keinen Gang nach Canossa und tut überschwengliche Selbsterniedrigungen als falschen Enthusiasmus ab. Möglicherweise enthält die kleine didaktische Erzählung auch eine nachträgliche Botschaft an die Parteien des Kulturkampfs.

Anmerkungen

1 Vgl. zuletzt HELMUT WALSER SMITH: *German Nationalism and Religious Conflict. Culture, Ideology, Politics* 1870–1914. Princeton/New Jersey 1995; *Der Kulturkampf.* Hrsg. v. RUDOLF LILL. Paderborn 1997 (= Beiträge zur Katholizismusforschung 10).

2 THOMAS NIPPERDEY: *Deutsche Geschichte 1866–1918.* Bd. 2: *Machtstaat vor der Demokratie.* 2. Aufl. München 1993, S. 375.

3 Vgl. KARLHEINZ ROSSBACHER: *Literatur und Liberalismus. Zur Kultur der Ringstraßenzeit in Wien.* Wien und München 1992.

4 Vgl. PETER SPRENGEL: *Von Luther zu Bismarck. Kulturkampf und nationale Identität bei Fontane, C. F. Meyer und Gerhart Hauptmann.* Bielefeld 1999.

5 Vgl. GÜNTHER HIRSCHMANN: *Kulturkampf im historischen Roman der Gründerzeit 1859–1878.* München 1978.

6 Vgl. SASCHA KIEFER: *Dramatik der Gründerzeit. Deutsches Drama und Theater 1870–1890.* St. Ingbert 1997.

7 MONIKA ARNDT: *Die Goslarer Kaiserpfalz als Nationaldenkmal. Eine ikonographische Untersuchung.* Hildesheim 1976, S. 30.

8 Zit. nach HIRSCHMANN, wie Anm. 5, S. 45.

9 Abb. in: HELMUTH NÜRNBERGER: *Fontanes Welt.* Berlin 1997, S. 307.

10 Brief an Emilie Fontane, 9.6.1883. In: EMILIE und THEODOR FONTANE: *Der Ehebriefwechsel.* GBA Bd. 3, S. 300.

11 Vgl. THEODOR FONTANE: *Unechte Korrespondenzen.* Hrsg. v. HEIDE STREITER-BUSCHER. Bd. 1.2. Berlin und New York 1995. Bd. 2, S. 1168f. u. ö.

12 In: HFA IV/2, S. 464.

13 »Es gab Zeiten während des Krieges mit Oestreich und bei Beginn des Kulturkampfs, wo ich mit meiner lieben katholischen Freundin Frau v. Wangenheim nicht mehr unbefangen reden konnte« (an Paul Heyse, 10.12.1889; In: HFA IV/3, S. 739f.).

14 In: HFA IV/3, S. 104.

15 Einen breiteren Überblick gibt: SPRENGEL, wie Anm. 4.

16 THEODOR FONTANE: Cécile. In: HFA I/2, S. 268f.

17 Ebd., S. 268–270.

18 Freundlicher Hinweis von Rudolf Muhs, London, dem Herausgeber des demnächst erscheinenden dienstlichen Briefwechsels Fontanes.

19 FRIEDRICH HOLTZE: Erinnerungen an Theodor Fontane. In: Mitteilungen des Vereins für die Geschichte Berlins 43 (1926), S. 29–38 und 67–78, hier: S. 70.

20 FONTANE, wie Anm. 16, S. 271. Vgl. HFA I/5, S. 865.

21 FONTANE, wie Anm. 16, S. 272.

22 Ebd., S. 275.

23 Vgl. z. B. HELMUT KREUZER: Zur Erzähltechnik in Fontanes »Cécile«. In: DERS.: Aufklärung über Literatur. Autoren und Texte. Ausgewählte Aufsätze. Hrsg. v. WOLFGANG DROST und CHRISTIAN W. THOMSEN. Bd. 2. Heidelberg 1993, S. 124–134, hier: S. 125 (»Der erste Teil tendiert partiell zur Idylle, der zweite zur Tragödie«).

24 FONTANE, wie Anm. 16, S. 203.

25 An den Sohn Theodor Fontane, 8.9.1887; In: HFA IV/3, S. 559.

26 Wörtlich nach: FONTANE, wie Anm. 16, S. 203.

27 Ebd., S. 256.

28 Vgl. C. F. MEYERS Gedicht Schutzgeister (1887), das Schiller und Goethe als Dioskuren des Schweizer Volks interpretiert.

29 FONTANE, wie Anm. 16, S. 176.

30 Ebd., S. 316f.

31 Ebd., S. 149.

32 Ebd., S. 243.

33 LIESELOTTE VOSS: Literarische Präfiguration dargestellter Wirklichkeit bei Fontane. Zur Zitatstruktur seines Romanwerks. München 1985; BETTINA PLETT: Die Kunst der Allusion. Formen literarischer Anspielungen in den Romanen Theodor Fontanes. Köln und Wien 1986; WINFRIED JUNG: »Bilder, und immer wieder Bilder ...« Bilder als Merkmale kritischen Erzählens in Theodor Fontanes »Cécile«. In: Wirkendes Wort 40 (1990), S. 197–208; HELMUTH NÜRNBERGER: »Du hast den Sänger Rizzio beglückt ...« Mortimer und Maria Stuart, Robert von Gordon-Leslie und Cécile von St. Arnaud. In: Fontane Blätter 63/1997, S. 91–101.

34 NIPPERDEY, wie Anm. 2, S. 379.

35 Brief vom 20.1.1886. In: HFA IV/3, S. 451.

36 FONTANE, wie Anm. 16, S. 261.

Sozialdemokratisches Gedankengut in Fontanes späten Romanen

Pierre-Paul Sagave

Meinen Dank für die ehrenvolle Einladung zu diesem Symposium. Am Beginn möchte ich die Erinnerung wachrufen an zwei meiner engsten Freunde; sie sind nicht mehr unter uns: Joachim Schobeß und Hans-Heinrich Reuter, denen wir alle hier so viel verdanken! Und nun will ich die Frage beantworten: Wie bin ich zu Fontane gekommen? Es war im Herbst 1925, auf einer Café-Terrasse in Santa Margherita an der Riviera; vor Ehrfurcht ersterbend wurde ich dem Stellvertreter Goethes auf Erden, Herrn Gerhart Hauptmann, vorgestellt. Der große Mann küßte mich auf die Stirn und sprach zu mir: »Du wirst doch bald 13 Jahre alt; welche Dichtwerke werden dir auf deinem Gymnasium im Deutschunterricht vorgesetzt?« Meine Antwort: »Fontanes Balladen, Joachim Hans von Zieten, Husarengeneral, usw.!« »So, so«, meinte Hauptmann, »Fontane hat aber auch Romane geschrieben; die solltest du lesen!« – »Jawoll, Herr Hauptmann«, erwiderte ich. Ich las daraufhin *Effi Briest, Irrungen, Wirrungen, Cécile:* in meiner Tertianerperspektive waren das lauter verkorkste Liebesgeschichten; doch habe ich sie mit wachsender Neugierde verschlungen. Ein paar Jahre später habe ich gemerkt, daß bei Fontane noch anderes dahintersteckte, nämlich Sozialkritik, also Politik, und dies nicht nur in den Romanen, sondern auch in seinen Reportagen, die er viel später für seine Romane verwendet hat.

Schon 1848–49, dann wieder 1863 und natürlich 1870–71 geistert die erste französische Revolution durch Fontanes Schriften und Briefe. Hier einige Beispiele: Am 12. September 1848 schreibt er in dem demokratischen Blatt *Berliner Zeitungshalle:* »Kennt ihr die Brücke von Arcole? Drüben die Stillstandsmänner und ihre Kanonen: Hier der Fortschritt und seine Begeisterung. Gleich jenem volksentstammten Korsen ergreift das Volk die Fahne der neuen Zeit, und über Leichen und Trümmer hin stürmt es unaufhaltsam zum Siege.« Die 1796 stattgefundene Erstürmung der Brücke von Arcole (bei Verona) durch Napoleon Bonaparte, an der Spitze seiner Grenadiere, ist das Beispiel eines Sieges der Nation in Waffen über das Söldnerheer des Habsburger Monarchen Franz II. In Fontanes Denken geht die Berliner Revolution von 1848 zurück auf das Modell der siegreichen französischen Revolution von 1789 bis 1799. Ein Jahr darauf schreibt er an Bernhard von Lepel: »Ein aufständisches Volk ist schließlich doch stärker als die wehrhafteste geordnete Macht!«[1]

Im Jahre 1863 kommt Fontane nochmals auf 1789 zurück. Er spricht von Preußen: »Das achtzehnte Jahrhundert hat hierzulande überhaupt keinen Widerstand gekannt! Erst die französische Revolution schuf politisch-freiheitliche Gedanken.«[2] Endlich erklärt er in seinem Frankreichbuch *Aus den Tagen der Okkupation* (1871): Die Revolution von 1789 war »ehrlich und gründlich«[3] gewesen, ein Urteil, das er durch seine Anspielung auf Jean-Jacques Rousseaus Essay über den *Ursprung der Ungleichheit unter den Menschen* (1754) und auf die Rückforderung der sozialen Gleichheit für alle erläutert. Jedoch, ganz plötzlich, unter dem Einbruch der Pariser Kommune-Insurrektion (1871), also eines Kampfes zwischen »wehrhafter Macht« und »aufständischem Volke«, dem er als Schlachtenbummler beigewohnt hat, ganz plötzlich also ändert Fontane seine Meinung und behauptet, die revolutionäre Devise »Freiheit, Gleichheit, Brüderlichkeit« sei eine »Lügentrinität« und die Pariser Kommune sei »auf Irrtum« gegründet; ihre Fahne sei »ein schmutziges Massenrot«.[4] War Fontane ein Opportunist, der 1871 eine Kehrtwendung in seinen politischen Ansichten vollzog? Wohl kaum. Auch bei seinen fortschrittlich gesinnten französischen Berufsgenossen finden sich damals publizistische Äußerungen, in denen die Kommune als Rückfall in die Barbarei (so die »linke« Schriftstellerin George Sand) oder als das Werk von gefährlichen Irren (so Émile Zola) gezeichnet wird. Die Erklärung dieser Fehlurteile liegt in der Angstpsychose, in die sich manche Schriftsteller beim Ausbruch sozialer Bewegungen versetzt fühlen. Man denke an Goethe 1796 (*Hermann und Dorothea*[5]). Später sprach Goethe Lobpreisungen über die französische Revolution aus.[6] Und Zola? Einige Jahre nach dem Fall der Kommune wurde er Sozialist. Bei Fontane liegen die Dinge zwar ähnlich, aber dennoch viel nuancierter. Immerhin, aus seinen polemischen Äußerungen des Jahres 1871 werden 1890 bis 1898 Dichtwerke entstehen, »späte« Romane, in denen die Pariser Insurrektion und die Arbeiterbewegung überhaupt in viel günstigerem Lichte erscheinen als in seinen Reportagen von 1871.

Jedoch, was hat denn das *Pariser* Jahr 1871 noch zu tun mit dem Berliner Jahrzehnt 1889 bis 1998, um das sich in diesem Symposium alles dreht? Nun: »La Commune n'est pas morte« heißt es im Pariser Volkslied. In der Tat, schon während und auch beim Fall der Kommune fanden in Berlin stark besuchte Volksversammlungen statt, in denen, mitten im offiziellen Siegesjubel über den gewonnenen Krieg, die Arbeiterbewegung ihre Solidarität mit den Pariser Klassenkämpfern bekundete. Höhepunkt dieser Sympathie-Kundgebungen war die Reichstagsrede des Mitbegründers der deutschen Sozialdemokratie, August Bebel, am 25. Mai 1871. Hier seine Worte: »Der Kampf in Paris ist nur ein Vorpostengefecht. Die Hauptsache steht uns erst bevor. Ehe wenige Jahrzehnte vergehen, wird der Schlachtruf des Pariser Proletariats, *Krieg den Palästen, Friede den Hütten,* der Schlachtruf des gesamten europäischen Proletariats sein!«

Wie steht nun die Sozialdemokratie da, als Fontane ab 1890 die Romane veröffentlicht, in denen von der Pariser Kommune, von der deutschen Arbeiterbewegung und sogar von einer möglichen sozialen Umwälzung die Rede ist? Aus zwei Splittergruppen der Jahre vor dem siebziger Krieg war 1875 die geeinigte Partei entstanden. Von 1878 bis 1890, unter Bismarcks Ausnahmegesetzen, war sie verboten und wurde verfolgt. Dennoch ist die Sozialdemokratie in jenen Jahren immer stärker geworden. Etwa 200 000 Wähler kurz nach dem deutsch-französischen Krieg, über zwei Millionen Wähler im Jahre 1898! Das waren 37 Prozent aller in Deutschland abgegebenen Stimmen. In Berlin, unter Fontanes Augen, trat die Sozialdemokratie ganz besonders deutlich in Erscheinung: Massenstreiks, Straßenkrawalle, aber auch schießende Polizeitruppen und Zuchthausverurteilungen, sowohl unter Bismarck als auch unter Wilhelm II. »Berlin gehört uns« war das Schlagwort der Arbeiterbewegung; dort hatte die Sozialdemokratie bereits 1890 die absolute Stimmenmehrheit erreicht.

Fontane war gewiß, nach 1848, nicht mehr politisch engagiert, wohl aber politisch lebhaft interessiert. Daher die zahlreichen Anspielungen auf sozialrevolutionäre Bewegungen, auf Wahlkämpfe, auf politische Persönlichkeiten, ganz besonders in dem Kriminalroman *Quitt* (1890), im satirischen Gesellschaftsroman *Frau Jenny Treibel* (1892) und in seinem letzten Werk, *Der Stechlin* (1898). Sozialdemokratisches Gedankengut findet sich in diesen drei Werken an vielen Stellen, und nicht nur in Form von Anspielungen. Es stellt sich nun die Frage, inwieweit die in jenen Romanen geschilderten politischen Gedankengänge mit Fontanes persönlichen Überzeugungen übereinstimmen. 1871 war er, als Reporter in Frankreich, ein scharfer Gegner der Pariser Insurrektion gewesen. Eine Sinnesänderung war seitdem in ihm vorgegangen. Sie hat sich schrittweise vollzogen.

Der erste Schritt, hier nur kurz zu erwähnen, findet im Jahre 1878 statt. In seinem ersten Roman, *Vor dem Sturm,* läßt der Dichter einen preußischen General sprechen, und zwar über die Devise *Freiheit, Gleichheit, Brüderlichkeit* (1871 durch den Reporter Fontane als »Lügentrinität« abqualifiziert). Hier die Worte des Generals in dem 1812 spielenden Roman: »»Mit der Brüderlichkeit wird es nicht viel werden; mit der Freiheit auch nicht. Aber mit dem, was dazwischen steht, hat es etwas auf sich. Denn, was heißt Gleichheit anders als: Mensch ist Mensch.««[7]

Der zweite Schritt zurück zu demokratischen Gesinnungen des Jahres 1848 erfolgt 1890. Im Kriminalroman *Quitt* wird das Thema der Pariser Kommune wieder aufgenommen, diesmal nicht kritisch und ablehnend wie in den Reportagen von 1871, sondern episch eingekleidet und symbolisiert in der Gestalt eines französischen Berufsrevolutionärs der Jahre 1848 und 1871. Fontane schildert zunächst einen banalen Totschlag in seinem schlesischen Ferienort, auf Grund einer wirklichen Begebenheit. Ein Arbeiter, als Wilderer ertappt und verfolgt, erschießt einen Förster, der ihn verhaften will. Der Täter flieht in die Vereinigten Staaten. Dort befreundet er sich mit einem anderen Flüchtling und Schicksalsgenossen: L'Hermite, der Pariser Kommunard. Die politische Dimension des Kriminalromans wird hier deutlich. Beide Romanhelden sind Rebellen gegen die bestehende Ordnung. Fontane hat also gefühlt, daß der Gegensatz (Rebell gegen Gesetz und Ordnung) durch die Darstellung eines gewöhnlichen Kriminalfalls als literarisches Thema nicht erschöpfend behandelt werden kann. Daher die Einführung des französischen Berufsrevolutionärs, eine erfundene Figur, für welche die historische Wirklichkeit wichtige Anhaltspunkte geliefert hat, so zum Beispiel den Schauplatz, auf dem der Kommunard agiert hatte. Es ist der Seinebogen nordwestlich vor den Toren von Paris, wo am 20. April 1871 die französischen Regierungstruppen gegen das Heer der Kommune kämpften. Fontane war Augenzeuge, mit Feldstecher bewaffnet. Eine Stelle aus seinen Frankreich-Reportagen hat er, gekürzt, in den Roman *Quitt* übernommen. Hier der benutzte Text: »Wir blickten in die Arena und sahen, wie die dreifarbige und die rote Republik miteinander rangen. Für den Philanthropen traurig, für den Maler entzückend.«[8] Man bemerke, wie der ästhetisch veranlagte Journalist Fontane das blutige Zeitgeschehen in den Rahmen der schönen Künste einfügt und es später in seinem Roman literarisch verwenden wird!

Noch ein weiterer Schauplatz des französischen Bürgerkrieges kommt im Text des Romans *Quitt* vor. Es ist das Paris der Straßenkämpfe, es ist die Blutwoche Ende Mai 1871 mit der Erschießung der Geiseln durch die Kommunarden. Hier spricht der Kommunarde L'Hermite von sich selbst: »Die letzte Geisel war der Erzbischof von Paris. Ich selbst übernahm das Kommando. Er ist gestorben wie ein Held.«« Dieser Szene liegt ein Pariser Zeitungsartikel zu Grunde.[9] Ein Hauptmann der revolutionären Nationalgarde befehligte das Hinrichtungskommando und wurde drei Tage später beim Fall der Kommune standrechtlich erschossen. Fontane verwendet diesen Artikel, diese Episode, um die Schicksals- und Gesinnungsgemeinschaft des deutschen Arbeiters und des französischen Revolutionärs als Leitmotiv herauszustreichen. Beide sind Rebellen. Beide haben getötet. Aber beide erscheinen im Roman als sympathische Gestalten. Von dem französischen Insurgenten heißt es in bewunderndem Ton: »Ist er nicht der Allerneuesten einer? Ist er nicht ein Communard?«[10]

Die Pariser Kommune, 1871 in Fontanes Reportagen verdammt, wird im Roman *Quitt* mit Ausgewogenheit behandelt. Soweit Fontanes zweiter Schritt in Richtung auf eine positive Behandlung des Themas sozialrevolutionäre Arbeiterbewegung, ein Thema übrigens, welches, fortwährend aktualisiert, den Romancier Fontane bis ans Ende seines Schaffens begleiten wird. Es sei daran erinnert, daß die Sozialdemokratie schon in den siebziger Jahren und bis ins beginnende 20. Jahrhundert hinein in Berlin alljährlich durch Sondernummern ihrer Presse und durch Kundgebungen einen doppelten Gedenktag zu feiern pflegte: Den 18. März 1848, in Erinnerung an die zweihundert Berliner Märzgefallenen, und gleichzeitig den 18. März 1871, zum Gedenken an den Ausbruch der Pariser Kommune-Insurrektion, ganz im Sinne von Marx' und Engels' Motto aus dem Jahre 1848: »Proletarier aller Länder, vereinigt euch!«

Nun zum dritten Schritt auf dem Wege einer Sinnesänderung Fontanes. Beispiel ist der satirische Roman *Frau Jenny Treibel* (1892), jene Beschreibung der Berliner Bourgeoisie, in der fast sämtliche Gestalten karikaturistische Züge tragen, ja sogar der brave Gymnasiallehrer Wilibald Schmidt, in dem der Autor sich selbst porträtiert. Als politischen Hintergrund für die ein wenig banale Handlung (Verlobung, Entlobung, neue Verlobung und Eheschließung der Anti-Heldin Corinna) schildert Fontane einen Wahlkampf in Berlins Umgebung um 1890. Es ist dies die beste Gelegenheit, um den Gatten der Titelfigur, Herrn Kommerzienrat Treibel, einen scheiternden Parlamentskandidaten, bei seinen vergeblichen Bemühungen um ein Reichstagsmandat zu begleiten.[11]

Dieser konservative Industrielle hat sich in den Kopf gesetzt, auf lange Sicht die von Sieg zu Sieg schreitende Sozialdemokratie zurückzudrängen, so daß hiermit der Leser sozusagen »a contrario« mit der Arbeiterbewegung bekannt gemacht wird. Herr Treibel hält sich einen Wahlagenten, der der zu bekämpfenden Sozialdemokratie eine »Royaldemokratie« entgegenstellt. Dieser vom Kommerzienrat besoldete Agitator, ein abgedankter Offizier, ist davon überzeugt, daß mit bürgerlich-liberalen Argumenten die Arbeiterpartei nicht aus dem Felde zu schlagen sei. Daher sein Ideal, Volkstum und Königstum miteinander zu verbinden, und zwar auf der Grundlage des Gottesgnadentums. Kurz, eine komische Figur, ein Leutnant namens Vogelsang, dazu bestimmt, die Leser des Romans zu amüsieren.[12] Der Ehrgeiz seines Auftraggebers, des Kommerzienrates, liegt darin, erst einen Liberalen in der Provinz Brandenburg und später einen Sozialdemokraten in der Hauptstadt Berlin zu schlagen. Das langjährige Haupt der Berliner Sozialdemokratie, der Reichstagsabgeordnete Paul Singer (1844–1911), wird im Romantext als potentieller Gegner ausdrücklich erwähnt.[13] Doch am deutlichsten zeigt sich Fontanes politische Sympathie in der Romanfigur seines Alter Ego, Oberlehrer Wilibald Schmidt, der ausruft: »›Wenn ich nicht Professor wäre, würde ich am Ende Sozialdemokrat!‹«[14] Daraus geht hervor, daß Fontane mit seinem »Wenn …« zwar Sympathie, jedoch keineswegs Mitwirkung in Sachen Arbeiterbewegung bekundet. Im satirisch-humoristischen Roman *Frau Jenny Treibel* geht der Autor so weit, ein Berliner Spottgedicht zum Thema »Royaldemokratie« zu zitieren. Es stammt aus dem Jahr 1844 und betrifft das mißlungene Attentat des Provinzbürgermeisters Tschech auf Friedrich Wilhelm IV. Hier die Strophe, aus der Fontane zitiert:

»Wer war jemals wohl so frech
wie der Bürgermeister Tschech?
Er traf unsere Landesmutter
in das gnäd'ge Unterfutter.
Er erschoß uns auf ein Haar
Unser teures Königspaar!«[15]

Beim vierten und letzten Schritt der politischen Sinnesänderung Fontanes kommen wir von der »Treibel«-Satire zu seinem allerletzten Werk: *Der Stechlin* (1898). Untergangsstimmung herrscht hier. Das alte Regime scheint seinem Ende entgegen zu gehen. Die Hauptgestalt der Erzählung, ein betagter brandenburgischer Junker, ahnt, daß seine halb feudalistische, halb kapitalistische Epoche vor dem Verschwinden steht. Er, der Junker und Schloßherr, wird in seinem eigenen erzkonservativen Wahlkreis (Rheinsberg!) von einem Sozialdemokraten geschlagen. Herrn von Stechlin zur Seite steht ein Landpastor, der »eigentlich« dazu bestimmt sein solle, »›die von Gott gegebenen Ordnungen‹« aufrecht zu erhalten, wie es ein adliger Regierungsassessor vermeint.[16] Statt dessen zeigt dieser Geistliche deutliche Sympathien für die Sozialdemokratie. »Er gehört ja zur Richtung Göhre«,[17] heißt es von ihm. Der Pastor Paul Göhre (1864–1928) wurde bekanntlich 1890 Fabrikarbeiter, dann wieder Geistlicher; er ist 1897 schließlich Politiker geworden, um bald darauf als sozialdemokratischer Reichstagsabgeordneter zu wirken. Damals war Berlin bereits Millionenstadt und ein riesiges Industrie-Produktionszentrum geworden, das sich bis weit in die Mark Brandenburg ausdehnte, bis in die Gegend des Stechlinsees, wo eine chemische Fabrik errichtet wurde, was im Roman erwähnt ist.[18] Mit diesem als sagenhaft dargestellten See hat es eine besondere Bewandtnis. Bei großen Ereignissen, so heißt es, steige ein roter Hahn aus seinen Wassern empor und krähe in die Landschaft.[19] »Roter Hahn« bedeutet soviel wie die Brandfackel, welche bei sozialen Umwälzungen auf Kloster- und Schloßdächer geworfen wird. Diese Bezeichnung taucht bereits in den Kampfliedern des Bauernkrieges von 1525 auf.

Das also ist die Symbolik, von der Titel und Handlung des Romans ihren Sinn erhalten. Die Fabrikarbeiter, die in der Nähe des Stechlinsees beschäftigt sind, werden in diese Symbolik hineingezogen; denn, so der alte Junker, bei der kommenden »Generalweltanbrennung« werden auch sie in Aktion treten.[20] Die Angst *vor,* oder die Hoffnung *auf* den »großen Kladderadatsch«, wie man damals den zu erwartenden Umsturz nannte, tritt mehrfach leitmotivisch im Roman auf. Auch August Bebel (1840–1913), der Arbeiterführer, wird in Gesprächen bald kritisch, bald mit Bewunderung erwähnt.[21] Sogar die Pariser Kommune wird wieder heraufbeschworen! Sie erscheint als eine Art Revolutionsallegorie. Auf Schloß Stechlin, beim Tischgespräch, kommt die Rede auf Paris. Die Weltstadt im Lichte (»La Ville Lumière«) sowohl als die Unterwelt, die Kloaken! Übrigens ein Thema, das schon bei Goethe auftritt: »Unsere politische Welt ist mit unterirdischen Kloaken minieret, wie ein große Stadt zu sein pflegt«, so steht es in seinem Brief an Johann-Kaspar Lavater vom 22. Juni 1781.[22] In Fontanes Roman heißt es von Paris: »Oben drei Millionen Franzosen, unten drei Millionen Ratten.«[23] Also: Die Unterwelt als eine Gegengesellschaft zu der Welt im Lichte. In der Tat: Die Bezeichnung »Ratten« hat eine allegorische Bedeutung. Denn: Was erklärte Bismarck im Reichstage während seines Kampfes gegen die deutsche Arbeiterbewegung? »Die Sozialdemokraten sind die Ratten im Lande!«[24] Die Ratten, im Untergrund, zernagen gewissermassen das Fundament des bestehenden Gesellschaftsgebäudes. Als »Classes laborieuses, classes dangereuses« (»arbeitende Klassen, gefährliche Klassen«) traten die Ratten plötzlich ans Licht! Es war beim Kommune-Aufstand. Im *Stechlin* findet sich Fontanes letzte Anspielung auf dieses Ereignis. Und am Ende des Romans läßt der Autor den sozialdemokratisch gesinnten Pastor sprechen: »»Eine neue Zeit bricht an, eine Zeit mit mehr Sauerstoff in der Luft.««[25] Kurz, eine demokratische Ära wird hier vorausgesagt. Ob diese Schlußfolgerung als Fontanes eindeutige Meinung zu interpretieren ist, *die* Frage bleibt offen. Wie ganz am Anfang, so werden wir auch zum Schluß auf Gerhart Hauptmann treffen. Zwei seiner Berliner Tragikomödien sind hier zu erwähnen: *Der rote Hahn* (1901) und *Die Ratten* (1908).

Also zwei Leitmotive aus Fontanes *Stechlin*! Das dürfte kein Zufall sein.

Anmerkungen

1 *Theodor Fontane und Bernhard von Lepel. Ein Freundschaftsbriefwechsel.*
   Hrsg. v. JULIUS PETERSEN. München 1940. Bd. 2, S. 83.

2 THEODOR FONTANE: *Wanderungen durch die Mark Brandenburg.* Bd. 2. *Das Oderland.*
   In: Nymphenburger Taschenbuch-Ausgabe. München 1971, S. 203.

3 THEODOR FONTANE: *Aus den Tagen der Okkupation.* In: *Wanderungen durch Frankreich.*
   Erlebtes 1870–71. Hrsg. v. GÜNTER SÄCKEL. Berlin 1970, S. 102.

4 Ebd., S. 319f.

5 JOHANN WOLFGANG VON GOETHE: *Hermann und Dorothea.* Sechster Gesang:
   Klio, Vers 1 bis 80.

6 JOHANN-PETER ECKERMANN: *Gespräche mit Goethe.* Frankfurt/M. 1955, S. 83
   (4. Januar 1824).

7 THEODOR FONTANE: *Vor dem Sturm* III/IV. In: AFA *Romane und Erzählungen.*
   Bd. 2. 1969, S. 439.

8 THEODOR FONTANE: *Quitt.* In: AFA *Romane und Erzählungen.* Bd. 5. 1969, S. 423f.,
   sowie FONTANE, wie Anm. 2, S. 279.

9 FONTANE, wie Anm. 7, S. 424, sowie das Wochenblatt *Le Correspondant*
   (Paris, 2. Juni 1871).

10 Ebd., S. 409.

11 THEODOR FONTANE: *Frau Jenny Treibel.* In: AFA *Romane und Erzählungen.*
    Bd. 6. 1969, S. 281.

12 FONTANE, wie Anm. 10, S. 302f.

13 Ebd., S. 295.

14 Ebd., S. 430.

15 Ebd., S. 291.

16 THEODOR FONTANE: *Der Stechlin.* In: AFA *Romane und Erzählungen.* Bd. 8. 1969, S. 55.

17 Ebd., S. 401.

18 Ebd., S. 71.

19 Ebd., S. 7.

20 Ebd., S. 73.

21 Ebd., S. 393.

22 *Goethes Briefe.* Hamburger Ausgabe. Hamburg 1962. Bd.1, S. 363–366.

23 Ebd., S. 36.

24 Zit. nach: HANS-ULRICH WEHLER: *Das deutsche Kaisereich 1871–1918.* Göttingen 1973,
    S. 101.

25 FONTANE, wie Anm. 15, S. 291.

»Wasser auf die Mühlen der Sozialdemokratie«
Zur politischen Bildlichkeit Theodor Fontanes

WULF WÜLFING

T heodor Fontane hat sich vom Anfang bis zum Ende seiner schriftstellerischen Tätigkeit des privilegierten Mediums seines Jahrhunderts bedient: des J o u r n a l s. In ihm präsentiert er seine Texte, indem er – im Laufe seines Lebens – die unterschiedlichsten publizistischen Genres nutzt. Im folgenden interessiert diejenige literarische Strategie, die Fontane anwendet, um in den Journalen, in denen er seine Texte veröffentlicht, bestimmte politische Positionen bildlich zu exponieren.

1. Von der *Eisenbahn* zur *Dresdner Zeitung* oder: Vormärz und Revolutionszeit

Zu Beginn der 40er Jahre veröffentlicht Fontane während seiner Leipziger Zeit in der liberalen *Eisenbahn* Gedichte. Deren literarische Strategie ist die im deutschsprachigen Vormärz übliche: Fontane greift die zentralen Schlagworte der Zeit auf und damit u. a. auch das zumindest bis 1870/71 das Jahrhundert beherrschende Thema: Einigkeit und/oder Freiheit? Seine entschiedene Position – daß nämlich erst einmal »Freiheit herrsch in jedem deutschen Land«[1] – kann Fontane nicht in der *Eisenbahn* publizieren; dazu muß er am selben Ort in die *Zeitung für die elegante Welt* ausweichen, also in ein anderes, länger lebiges Journal des Vormärz.[2]

Diese Reduktion politischer Positionen auf S c h l a g w o r t e [3] bleibt erhalten, wenn Fontane im Umkreis der 48er Revolution für die *Berliner Zeitungshalle* und die *Dresdner Zeitung* Korrespondenzartikel schreibt. Der Verweis auf den Artikel vom 7. 11. 1848 mag genügen: Er trägt die Überschrift *Einheit oder Freiheit?* Dieser Artikel bestätigt und bekräftigt Fontanes kompromißlose Haltung der Leipziger Zeit: »Unsere Einheit ohne das g a n z e M a ß der Freiheit ist ein Unding.«[4]

2. Von der *Deutschen Reform* zur *Preußischen (Adler-)Zeitung* oder: Englandaufenthalte

Angesichts der »Wahrnehmungszumutungen und -skandale«[5] der »Riesenstadt«[6] London ändert Fontane seine literarische Strategie: Der »Zauber Londons«[7] ist nur b i l d l i c h zu vermitteln. Entsprechend versucht Fontane die moderne »Massenhaftigkeit«[8] durch zwei traditionelle M e t a p h o r i k e n literarisch zu erfassen, die den Lesern daheim vertraut sind: durch die T h e a t e r metaphorik[9] und durch die M ä r c h e n metaphorik.[10]

In England prallt im übrigen unübersehbar aufeinander, was Fontane hinfort beschäftigen wird und was in dieser Sektion unter den Kürzeln ›Preußen‹ einerseits und ›Sozialdemokratie‹ andererseits diskutiert wird: das Alte und das Neue. Und an Fontanes Englandtexten wird faßbar, was sich bereits in seinen *Eisenbahn*-Gedichten andeutet: Die für ihn wichtige politische Substanz des Neuen wie des Alten wird von Fontane sinnenfällig gemacht dadurch, daß er sie an S c h a u - p l ä t z e bindet: Für das Alte z. B. stehen der Tower,[11] Hastingsfeld[12] usw., für das

Neue z. B. der Glaspalast,[13] die Dockskeller[14] usw. Damit rückt in den Blick, was Fontane von jetzt ab besonders interessiert: der Schauplatz als Konzentrat von Geschichte und Geschichten, vorzugsweise Anekdoten;[15] der Schauplatz als Denk-Mal eines Bildgedächtnisses, das Fontane auf diese Weise allererst mitkonstituiert.

3. Vom *Soldaten-Freund* zu *Über Land und Meer* oder:
Von den Feldherrnliedern zum *Stechlin*

Die vor Fontanes Englandaufenthalt bereits in den 40er Jahren unter dem Einfluß des Tunnels über der Spree entstandenen[16] Feldherrnlieder gehören insofern in diesen Zusammenhang, als auch sie zuerst im Journal publiziert werden; und zwar gleich doppelt: in dem vom Tunnel-Mitglied Louis Schneider herausgegebenen *Soldaten-Freund* und in Cottas renommiertem *Morgenblatt für gebildete Leser*.[17] Diese Feldherrnlieder unterscheiden sich von den Gedichten der *Eisenbahn* und den Korrespondenzartikeln der Revolutionsjahre – grob gesagt – durch folgende Merkmale:

Erstens fehlen die – globalen und vergleichsweise kosmopolitischen – Schlagworte des Vormärz.

Dies hängt zweitens damit zusammen, daß die politische ›Botschaft‹ regionalisiert wird; und diese ›Botschaft‹ wird drittens narrativiert.

Diese Narrativierung eines regionalen Projekts bedeutet: Eingeführt werden erstens Handlungsträger, die zweitens aus der Geschichte stammen, ›natürlich‹ drittens aus der Geschichte Preußens; und diese Handlungsträger werden viertens mit Requisiten ausgestattet. Diese Requisiten sind Stereotype; d. h. sie sind repräsentativ, stehen also stellvertretend für ein ganzes politisches System und bleiben in Fontanes Texten über ein halbes Jahrhundert hin konstant. Durch diese Requisiten weiß – wie durch die Zipfelmütze beim Kasperl – jeder in Preußen kulturell Sozialisierte sofort Bescheid, mit wem er es zu tun hat, wenn sich der ›Vorhang‹ öffnet. Solche Requisiten sind z. B. »Nadel« und »Scher'«« (*Der alte Derffling*)[18] und »Zopf«, »Dreimaster« und »Knebelbart« (*Der alte Dessauer*)[19].

Eine derartige politische Bildlichkeit ist vergleichsweise emblematisch:[20] Der Rezipient erblickt die Pictura, z. B. einen – ikonisch oder textlich präsentierten – Mann mit Zopf, Dreimaster und Knebelbart, und erfährt durch die – mehr oder weniger deutlich denotierte – Subscriptio die ›Botschaft‹: ›preußische Tapferkeit‹.

Ein solcher Rezeptionsprozeß ist natürlich die Umkehrung des entsprechenden Produktionsprozesses: Für den Autor Fontane ist die – dem Tunnel überaus genehme – Subscriptio ›eher‹ da; zu ihr sucht er die passende Pictura, also die Geschichte, deren Wirkung er dann als Gedicht, erst einmal im Tunnel vortragend, ausprobiert.

So weit eine – mögliche – Beschreibung der S t r u k t u r dieser Art politischer Bildlichkeit. Wie aber steht es – was in diesem Zusammenhang vielleicht wichtiger ist – mit deren F u n k t i o n ?

Es ist Fontane selbst, der auf diese Frage eine präzise Antwort gibt. Und diese Antwort ist um so ernster zu nehmen, als er sie Dubslav von Stechlin in den Mund legt; dazu noch in einem Gespräch mit Lorenzen:

»›Wir haben zwar die R e l i q u i e n abgeschafft, aber wir haben sie doch auf unsre Art, und ganz ohne so was geht es nu mal nicht. Mit dem Alten Fritzen fing es natürlich an. Wir haben seinen K r ü c k s t o c k und den D r e i m a s t e r und das T a s c h e n t u c h (na, das hätten sie vielleicht weglassen können).‹«[21]

Hinsichtlich der S e l e k t i o n der Requisiten bringt Dubslav eine ironische Distanz ins Spiel, von der aber die Ernsthaftigkeit des Gesamtensembles der Requisiten unberührt bleibt. Und dadurch, daß Dubslav die Requisiten »Reliquien« nennt, weist er ihnen in jenem Diskurs, in dem sie in Preußen – t e x t l i c h , vor allem aber auch i k o n i s c h – funktionalisiert werden, den ihnen – seiner Meinung nach – zukommenden Platz an: in dem r e l i g i ö s - p a t r i o t i s c h e n Diskurs der für Preußen signifikanten hegemonialen Verbindung von Thron und Altar.[22]

Das Leitmotiv des »Siebenmühlners«[23]

Um zu zeigen, wieweit es mit diesem Preußen inzwischen gekommen ist, erfindet Fontane im *Stechlin* die Figur von Gundermann. Dieser besitzt nicht nur eine e i n - z i g e Mühle, nein gleich – ›heilige‹[24]– s i e b e n Mühlen.[25] Durch diesen Zugewinn ist er freilich – paradoxer- und ironischerweise – »›noch weniger geworden‹«.[26] Fontane stattet diesen von Gundermann mit einer politischen Metaphorik aus, die viel sagt über alle, die ihn reden lassen und die sich über ihn äußern.

Gundermanns Rede vom »Wasser auf die Mühlen der Sozialdemokratie«[27] ist – s t r u k t u r e l l gesehen – ein L e i t m o t i v. Thomas Mann hat diese Leitmotivtechnik bei Fontane gelernt: An Sesemi Weichbrodts »›Sei glöcklich, du gutes Kend!‹«[28] kann man z. B. studieren, was ein solches Leitmotiv auszeichnet: Es charakterisiert erstens eine der – bei Fontane so wichtigen – Nebenfiguren[29] und dies zweitens dadurch, daß eine Wortfolge, die – in ihrer Substanz – wiedererkennbar bleibt, gleichsam musikalisch variiert wird. Fontane verwendet den Terminus »Leitmotiv« bekanntlich ebenfalls, und zwar just hinsichtlich des Romans *Stechlin*, meint aber – wie auch manche seiner Interpreten – etwas anderes: ein s t o f f l i c h e s oder t h e m a t i s c h e s Motiv, wie zum Beispiel den *See* Stechlin.[30]

Das Leitmotiv in dem eher an die Musik, etwa an die Wagners, angelehnten Sinne hat, drittens, innerhalb eines relativ umfangreichen Romans – vor allem eines Fortsetzungsromans – die Funktion, zur textuellen K o h ä r e n z beizutragen: Für die Leser ist also die stereotype Rede vom »Wasser auf die Mühlen der Sozialdemokratie« so etwas wie eine verbale Zipfelmütze.

Im übrigen sagt dieses Leitmotiv natürlich nichts über die Sozialdemokratie, wohl aber etwas über von Gundermann:[31] Dessen Leitmotiv ist nämlich eine metonymische Metapher trivialster Art. Die geistige Anstrengung, die von Gundermann investieren muß, um von »Siebenmühlen«, seinem realen Besitz, zum Bild von den »Mühlen der Sozialdemokratie« zu gelangen, ist erschreckend minimal. Entsprechend zählt der Redensartenspezialist Czako,[32] der von Gundermanns Metapher »›dreimal‹« (wiederum – ironischerweise – eine ›heilige‹ Zahl)[33] hat hören müssen, zu den »›öden Redensarten [...]. So was sagt kein anständiger Mensch mehr, und jedenfalls setzt er nicht hinzu: ›daß er das Wasser abstellen wolle‹. Das ist ja eine schreckliche Wendung.‹«[34] Durch die Art, in der von Gundermann seine abgeschmackte Metapher dadurch expandierend weiterspinnt, daß er – mit beflissener Dummheit! – auf derselben bildlichen Ebene verharrt, illustriert er, auf welche Weise er die Konservativen, für die er sich zum Sprecher macht, ins politische Abseits manövriert: Er versucht die konservative Position dadurch – wenigstens mental – zu retten, daß er die ›Fluten‹ der Sozialdemokratie meint, bändigen zu können, indem er sie gleichsam zu Leitungswasser erklärt: Jemand müsse nur den Hahn ›zudrehen‹, und der Spuk sei vorbei. Gundermann, der im Minimalistischen hypertrophierende Metaphernproduzent, wird damit zum Symbol[35] nicht nur für die ästhetische Dürftigkeit, sondern auch für den Wirklichkeitsverlust eines solchen konservativen Politikverständnisses.

Auf einer höheren Ebene politischer Bildlichkeit des Romans angesiedelt ist nämlich der Umstand, daß just dieser von Gundermann, der »immer mit dabei sein«[36] muß, in diesem Preußen politische Ambitionen glaubt, entwickeln zu können und damit willkommen zu sein. Diese Ambitionen des »Intriganten«[37] scheitern freilich erst einmal innerhalb des eigenen Lagers; und zwar daran, daß Dubslav von Stechlin im Wahlkreis die Kandidatur für die Konservativen übernimmt.

Vom »Likörkästchen« zum »Wackelsteg«

Daß die Welt für die Rheinsberger Konservativen aus den Fugen ist, können die Leser bereits am Morgen des Wahltages erkennen, wenn Dubslav aus dem Wahllokal tritt, nachdem er seine Stimme abgegeben hat: Die Uhr geht »erst auf elf«, und doch hat sich »eine Anzahl von Herren« bereits »auf einer vor dem Gasthause stehenden Bank niedergelassen und hier dem Likörkasten des ›Prinzregenten‹, der sonst immer erst nach dem Diner auftauchte, vorgreifend zugesprochen«.[38]

Den Lesern, denen die penible Tisch-, Gesprächs-, Speise- und Getränkeordnung auf Schloß Stechlin in lebhafter Erinnerung ist, signalisiert Fontane mit diesem Bild, daß für diese Konservativen die Welt auf dem Kopfe steht: Wo statt eines Aperitifs ›schon‹ ein Digestif getrunken wird, macht offenbar die Verdauung bereits Beschwerden, bevor gegessen wurde: eine verkehrte Welt.

Oder anders und mit Hilfe Pierre Bourdieus formuliert: Diese Rest-Adligen verwischen in ihrer selbstgewissen Ignoranz genau jene »feinen Unterschiede«,[39] die ihre Vorfahren über Jahrhunderte hin mühsam aufgebaut hatten, um sich durch Exklusion die gesellschaftliche Herrschaft zu sichern. Wer Digestif mit Aperitif verwechselte, hatte den Sozialisationstest nicht bestanden und sich selbst ausgeschlossen, also zum Outcast gemacht.[40] Nun aber sitzen die zu nichts mehr nützlichen Nachkommen Altpreußens da und benehmen sich just genauso, wie sie es von jenen ›Proleten‹ vermuten, denen von Gundermann »das Wasser abstellen« will; ausgerechnet von Gundermann, dieser von Dubslav gleich im Ersten Kapitel so genannte »›Klutentreter‹«,[41] dessen »›schreckliche Frau, die gar nicht in unsre Gesellschaft paßt‹«,[42] dieses »›Schlittenpferd‹«,[43] die gegen die auf Schloß Stechlin zu beobachtenden »feinen Unterschiede« auf grotesk-komische Weise – gleichsam mit dem ganzen Elan einer nicht durch Dekadenz geschwächten Bourgeoisie – gröblich verstößt, indem sie z. B. »Ratten« als Gesprächsthema auftischt.[44]

Und wie sie nun so dasitzen, streiten sich diese Altmärker »aus purer Langerweile […] über die Vorzüge von Allasch und Chartreuse«.[45] Da sind sie – ironischerweise – wieder, die »feinen Unterschiede« auf der Ebene des Getränke-Paradigmas. Denn hier geht es z. B. nicht um den Unterschied zwischen dem »Kornus« einerseits, den Briefträger Brose im Ersten Kapitel als Dank für die Zustellung von Woldemars Telegramm erhält,[46] ein Getränk, für das »›das arme Volk‹« alles tue, zumal wenn »›ein Versprechen‹« hinzukomme,[47] und dem »Gilka« andererseits, den Dörr als eine der drei Lebensnotwendigkeiten eines jeden Berliners bezeichnet[48] und den laut Jenny eine kleine Schneiderin »›vielleicht‹« zum »›zweiten Frühstück […] kriegt‹«[49] und mit dem Leo als einzig im ärmlichen Haushalt der Poggenpuhls noch vorrätiger Spirituose vorliebnehmen muß.[50]

Im übrigen handelt es sich bei der Langeweile dieser Altadligen um die spezielle Langeweile der Aristokratie des 19. Jahrhunderts.[51] Entsprechend sind die Kasperlefiguren dieser Rheinsberger Digestif-Runde konzipiert; z. B. dieser »Freiherr von der Nonne, den die Natur mit besonderer Rücksicht auf seinen Namen geformt zu haben schien. Er trug eine hohe schwarze Krawatte, drauf ein kleiner vermikkerter Kopf saß, und wenn er sprach, war es, wie wenn Mäuse pfeifen.«[52] Immerhin erst Mäuse, aber damit doch fast schon Ratten.

Wie soll man nun eine solche Langeweile totschlagen? Dubslav empfiehlt einen Gang in den Park: »›Da hat man doch immer was. An der einen Stelle ruht das Herz des Prinzen, und an der andern Stelle ruht er selbst und hat sogar eine Pyramide zu Häupten.‹«[53]

Doch die – wohl als aristokratischer Erbauungsgang ad fontes gedachte – Wallfahrt zu dieser seltsamen preußischen »Reliquie« plus dazugehörigem Denk-Mal droht jämmerlich zu scheitern; bildlich jedenfalls: Gleichsam blind geht man am See eine »ziemlich wacklige Bretterlage hinunter«;[54] und erst Dubslav, den Fontane u. a. auch zum Diagnostiker bestellt, also mit dem Blick für den möglichen Untergang des eigenen Standes ausgestattet hat,[55] macht den Vorschlag, »›daß wir unsern Ausflug von dem Wackelstege, drauf wir hier stehen (jeden

Augenblick kann einer von uns ins Wasser fallen), endlich aufgeben und uns lieber in einem der hier herumliegenden Kähne über den See setzen lassen. Unterwegs, wenn noch welche da sind, können wir Teichrosen pflücken und drüben am andern Ufer den großen Prinz-Heinrich-Obelisken mit seinen französischen Inschriften durchstudieren.‹«[56]

Am Rande sei bemerkt, daß Fontane hier wiederum – wie im Innstetten-Wüllersdorff-Gespräch in *Effi Briest* – an zentraler Stelle N a t u r (»Teichrosen«) und *patriotisches* D e n k m a l (»Prinz-Heinrich-Obelisk«) zu einer E i n h e i t kontaminiert.[57] Interessanter aber ist in unserem Zusammenhang, daß Fontane den Adel von der »Wackelbrücke« in schwankende »Kähne« verfrachtet. Diejenigen Leser freilich, die jetzt auf eine kleine nautische Melusinen-Katastrophe warten, neckt Fontane dadurch, daß er darauf verzichtet, auch noch die symbolische Dimension dieser Kahnpartie hervorzuheben.

Dubslav verliert dann die Wahl, und die Konservativen gehen – dümmlich erleichtert, ja sogar mit einer »gewissen Fidelitas«[58] – zur Tagesordnung über, d. h. zum »Zu-Tische-Gehen«.[59] Das symbolische Paradigma der Getränke wird wieder aufgenommen, diesmal aber offenbar in der damals richtigen Reihenfolge: erst »Chablis«, dann »Sekt«.[60]

Den Vorsitz beim Mahl, das musikalisch von einem »Unterlehrer« auf einem »auf einer Rheinsberger Schloßauktion erstandenen alten Flügel« patriotisch gestaltet wird,[61] hat der Edle Herr von Alten-Friesack mit »seinem Götzengesicht und seiner Häßlichkeit«. Aber er – »der Stolz der Grafschaft«[62] – kann bezeichnenderweise keine Rede mehr halten: Das alte Preußen ist demnach – wortwörtlich – sprachlos geworden. Dafür legt sich der »Parvenu«,[63] der erst vor kurzem geadelte Gundermann, um so wortreicher ins Zeug. Sein nichtsnutziger Redefluß,[64] bei dem man »Sonderbarkeiten und vielleicht sogar Scheiterungen« bewußt in Kauf nimmt,[65] wird – wiederum bezeichnenderweise – von den märkischen Adligen in dem Moment sofort unterbrochen, da das Stichwort »Sozialdemokraten« fällt:

Gundermann: »›Wovon kommen die Sozialdemokraten?‹«

Zwischenruf: »›Vom Fortschritt. Alte Geschichte, kennen wir. Was Neues!‹«[66]

Mit dem Ausdruck »Fortschritt« kommt eines der wichtigsten Schlagworte des Vormärz ins Spiel.[67] Entsprechend bleibt Gundermanns Umgang mit diesem Wort im Roman nicht unkommentiert: Söderkopp, Drechslergeselle und Freund von Dubslavs sozialdemokratischem, letztlich siegreichem Gegenkandidaten Torgelow, hatte vor dem Wahllokal die Worte gesprochen:

»›Ja, dieser Gundermann, den kenn ich. [...] Sieben Mühlen hat er, aber bloß zwei Redensarten, und der Fortschritt ist abwechselnd die ‚Vorfrucht‘ und dann wieder der ‚Vater‘ der Sozialdemokratie.‹«[68]

Es gehört zu der – partiell lustspielhaften – Struktur des Romans, daß Fontane diese Kritik Söderkopps an Gundermanns Metaphorik, die zu allem Überfluß auch noch k a t a c h r e t i s c h ist, von dem »Fußgendarmen« mit dem sprechenden

Namen »Uncke«,[69] der »von Baum zu Baum immer näher gerückt« war,[70] aufschreiben läßt.

Es versteht sich von selbst, daß »Unckes aufhorchender Diensteifer«[71] *nicht* aufschreibt, was von Gundermann zu sagen hat. Denn dieser ruft beschwörend »die Augen oben« an, die gewiß durch das Wahlergebnis »in einem Kreise, drin das alte Preußen noch lebt«, »helle« gemacht würden;[72] was natürlich wiederum auf ein komisches Bild hinausläuft: Ein Berliner Steppke mag »helle« sein; dadurch, daß der Berliner Gundermann es dem Kaiser wünscht, ignoriert er jene Fallhöhe, von der noch zu reden sein wird.

Wiederum ironischer Nebeneffekt der von Gundermann in den Mund gelegten Redeweise: Die ›Gleichmacherei‹ – Kaiser = Steppke – geht gar nicht – wie immer wieder als Schreckgespenst an die konservative Wand gemalt – von den Sozialdemokraten aus, sondern von dem so geschwind Nobilitierten.[73]

Denn Gundermann ahnt – für einen Moment sei diese Psychologisierung erlaubt – vermutlich nicht, wie ironisch sein Blick nach »oben« von Fontane inszeniert ist: Der Name des nach »oben« schielenden ›Gundermann‹ ist nämlich – wie aufmerksame Leser von *L'Adultera*[74] wissen – die deutsche Bezeichnung für ›Glechoma‹, »eine kriechende Kleinstaude auf Wiesen«,[75] ein »Unkraut an Weg- und Waldrändern«.[76] Der nach »oben« schielende Gundermann hat also noch einen weiten Weg vor sich. Denn seine durch die Ständeklausel festgelegte Fallhöhe ist gleich Null; wie Molchow sofort unmißverständlich deutlich macht, wenn er nach Gundermanns Rede zu dem neben ihm sitzenden Katzler sagt:

»›Weiß der Himmel, dieser Gundermann ist und bleibt ein Esel. Was sollen wir mit solchen Leuten? [...] Es ist doch 'ne Wahrheit, daß sich die Parteien und die Stände jedesmal selbst ruinieren. Das heißt, von ‚Ständen‘ kann hier eigentlich nicht die Rede sein; denn dieser Gundermann gehört nicht mit dazu. Seine Mutter war 'ne Hebamme in Wrietzen. Drum drängt er sich auch immer vor.‹«[77]

Schwarz-weiß und rot

Alle bisher aus dem *Stechlin* angeführten Stellen stehen im Neunzehnten und Zwanzigsten Kapitel und – von der Seitenzahl her – ziemlich genau in der Mitte des Romans. Sie zeigen, daß es zwischen dem Alten (›Preußen‹) und dem Neuen (›Sozialdemokratie‹) keine Vermittlung gibt. Und genau das weiß der aufmerksame Leser des Romans bereits seit dem Ersten Kapitel: Es ist der Tag, da Woldemar sich und seine Freunde bei Dubslav zum Besuch anmeldet, ungeschickterweise mittels eines Telegramms.[78] Der Tag ist der dritte Oktober, also der Jahrestag des preußischen Siegs unter York bei Wartenburg 1813. Der alte Dubslav sitzt auf der bezeichnenderweise »mit weiß und schwarzen Fliesen gedeckten Veranda«[79] auf einer Bank, »die sich an die Hauswand« lehnt, »in Joppe und breitkrempigem Filzhut«, ein Bismarck also, der »aus seinem Meerschaum allerlei Ringe« bläst, kurz: »ein Bild des Behagens«; und zwar sitzt er mit dem Blick auf den »Poetensteig«, »an dessen Ausgang« ein »Aussichtsturm« aufragt:

»Ganz oben eine Plattform mit Fahnenstange, daran die preußische Flagge wehte, schwarz und weiß, alles schon ziemlich verschlissen.

Engelke hatte vor kurzem einen roten Streifen annähen wollen, war aber mit seinem Vorschlag nicht durchgedrungen. ›Laß. Ich bin nicht dafür. Das alte Schwarz und Weiß hält gerade noch; aber wenn du was Rotes drannähst, dann reißt es gewiß.‹« [80]

4. Der »Hochkircher« und die *Poggenpuhls*

Politische Bildlichkeit kann also im *Stechlin* – wie die Figur des Freiherrn von der Nonne zeigt – bis zum Burlesken gehen. Die Leser der *Deutschen Illustrirten Zeitung* mit dem Haupttitel *Über Land und Meer*, die derlei zuerst 1897/98 von Fontane hatten lesen können, waren darauf vielleicht vorbereitet durch das, was Fontane zwei Jahre vorher in dem Journal *Vom Fels zum Meer* u.d.T. *Die Poggenpuhls* zuerst hatte drucken lassen.

Dort begegnet man einem Herrn von Klessentin, der – horribile dictu! – Schauspieler geworden ist und unter dem bürgerlichen Pseudonym ›Herr Manfred‹ auftritt.[81] Die symbolische Seite dieser Auftritte: Herr Manfred, dieser Aristokrat mit der Byron-Konnotation, spielt – was breit diskutiert wird – keineswegs »Pyramidalrollen«[82] wie die des romantischen Haupthelden, sondern immer nur Nebenrollen.[83]

Die Poggenpuhls selbst – die drei Töchter mit ihrer Mutter – können sich in Berlin nur eine Wohnung leisten, die sie haben trockenwohnen müssen. Folglich hat die Mutter Rheumatismus, ist also krank. Der Korb, den die Dienerin Friederike benutzen muß, um das zum lebensnotwendigen Einheizen erforderliche Holz zu holen, hat einen »Boden«, der »jeden Augenblick herauszufallen« droht.[84]

Ist also die Gegenwart trist, so war die Vergangenheit strahlend. Jedenfalls soll das die von Sohn Leo so genannte »›Ahnengalerie des Hauses Poggenpuhl‹« suggerieren:[85] Den ›Poggen‹, also den ›Kaulquappen‹,[86] scheint es gelungen zu sein, aus ihrem Sumpf nach ›oben‹ zu gelangen.

Nach dem Einheizen ist es die »zweite Morgenaufgabe« Friederikes, dort Staub abzuwischen; was allerdings immer lediglich »ziemlich obenhin« geschieht:[87]

»Aber diese ›Ahnengalerie‹ war doch nicht alles, was hier hing. Unmittelbar über ihr präsentierte sich noch ein Ölbild von einigem Umfang, eine Kunstschöpfung dritten oder vierten Ranges, die den historisch bedeutendsten Moment aus dem Leben der Familie darstellte. Das meiste, was man darauf sehen konnte, war freilich nur Pulverqualm, aber inmitten desselben erkannte man doch ziemlich deutlich noch eine Kirche samt Kirchhof, auf welch letzterem ein verzweifelter Nachtkampf zu toben schien.

Es war der Überfall von Hochkirch.«[88]

In diesem »historisch bedeutendsten Moment« sieht man einen älteren

»Offizier in Unterkleid und Weste, von Stiefeln keine Rede, dafür ein Gewehr in der Hand«.[89]

»Dieser Alte war Major Balthasar von Poggenpuhl, der den Kirchhof eine halbe Stunde hielt, bis er mit unter den Toten lag. Eben dieses Bild, wohl in Würdigung seines Familienaffektionswertes, war denn auch in einen breiten und stattlichen Barockrahmen gefaßt, während die bloß unter Glas gebrachten Lichtbilder nichts als eine Goldborte zeigten.«[90]

So weit, so schlimm. Doch damit nicht genug:

»Friederike, sosehr sie den Familienkultus mitmachte, stand mit dem alten, halb angekleideten Helden auf einer Art Kriegsfuß. Es hatte dies einfach darin seinen Grund, daß ihr oblag, mit ihrem alten, wie Spinnweb aussehenden Staublappen doch mindestens jeden dritten Tag einmal über den überall Berg und Tal zeigenden Barockrahmen hinzufahren, bei welcher Gelegenheit dann das Bild, wenn auch nicht geradezu regelmäßig, so doch sehr, sehr oft von der Wand herabglitt und über die Lehne weg auf das Sofa fiel. Es wurde dann jedesmal beiseite gestellt und nach dem Frühstück wieder eingegipst, was alles indessen nicht recht half und auch nicht helfen konnte. Denn die ganze Wandstelle war schon zu schadhaft, und über ein kleines, so brach der eingegipste Nagel wieder aus, und das Bild glitt herab.«[91]

Der preußische »Familienkultus« der fest im preußischen Kirchenjahr verankerten Familie[92] ist zu einem – achtmal im Roman leitmotivisch verwendeten – running gag verkommen.[93]

5. Politische Bilderkomödien oder: Komödien politischer Bildlichkeit

Henry B. Garland hat 1970 im Zusammenhang mit Fontanes Figur Gundermann gesprochen von »the satirical comedy which he embodies«. Es stellt sich die Frage, ob diese Formel von der s a t i r i s c h e n K o m ö d i e nicht – generell – ein Stück weiterhilft, will man jene Bildlichkeit erfassen, mit deren Hilfe Fontane vor allem in seinen späten Romanen bestimmte Repräsentanten Preußens narrativ in Szene setzt;[94] nicht nur z. B. den Freiherrn von der Nonne im *Stechlin*, diese »komische Figur des Kreises«;[95] und es stellt sich weiter die Frage, ob nicht diese Formel anschließbar ist an Ausdrücke, die Fontane selbst verwendet: wie z. B. das »Komische«[96] oder das »Groteske«, einen Ausdruck, den er im Wahlkapitel des *Stechlin* mehrfach verwendet.[97]

Fontane hat durch derlei k o m i s c h e Elemente seiner Romane deren von ihm e r n s t gemeinte Intention offenbar nicht gefährdet gesehen und z. B. ausgerechnet hinsichtlich der *Poggenpuhls* – dieses 1895/96 zuerst im Journal *Vom Fels zum Meer* erschienenen Romans – 1895 notiert, es handle sich um eine – man beachte die entschiedene Wortwahl – »Verherrlichung des Adels«.[98]

Fontane hat aber die R e z e p t i o n dieser komischen Elemente nicht steuern können: Theodor Hermann Pantenius, der Herausgeber der Leipziger Familienzeitschrift *Daheim*, hatte 1894 die Publikation der *Poggenpuhls* für sein Journal abgelehnt, »weil der Adel in dem Ganzen eine kleine Verspottung erblicken könne«.[99]

Man wird für Pantenius durchaus Verständnis aufbringen können; ohne damit allerdings Fontane unbedingt widersprechen zu müssen.

Anmerkungen

1 THEODOR FONTANE: *Einigkeit 1842 (Bei Gelegenheit des Hamburger Brandes)*. In: DERS.: *Gedichte*. Bd. 1. Hrsg. v. JOACHIM KRUEGER und ANITA GOLZ. Berlin und Weimar 1989, S. 388f., 666f., hier: S. 667.

2 Vgl. WULF WÜLFING: *Fontane und die ›Eisenbahn‹. Zu Fontanes ›literarischen Beziehungen‹ im vormärzlichen Leipzig*. In: *Theodor Fontane im literarischen Leben seiner Zeit*. *Beiträge zur Fontane-Konferenz vom 17. bis 20. Juni 1986 in Potsdam*. Mit einem Vorw. v. OTFRIED KEILER. Berlin/DDR 1987 (= Beiträge aus der Deutschen Staatsbibliothek 6), S. 40–66, hier: S. 51.

3 Vgl. WULF WÜLFING: *Schlagworte des Jungen Deutschland. Mit einer Einführung in die Schlagwortforschung*. Berlin 1982 (= Philologische Studien u. Quellen, H. 106).

4 THEODOR FONTANE: *Einheit oder Freiheit?* In: HFA III/1. 1969, S. 13-16, hier: S. 15.

5 HEINZ BRÜGGEMANN: *Der bare Ernst aller Dinge. Heinrich Heine: London*. In: DERS.: *»Aber schickt keinen Poeten nach London!« Großstadt und literarische Wahrnehmung im 18. und 19. Jahrhundert. Texte und Interpretationen*. Reinbek 1985, S. 114–139, hier: S. 119 (= Kulturen und Ideen [rororo 7928]).

6 THEODOR FONTANE: *Ein Sommer in London*. In: HFA III/3, S. 7–178, hier: S. 9.

7 Ebd.

8 Ebd.

9 Vgl. WULF WÜLFING: *»Das Gefühl des Unendlichen«: Zu Fontanes Versuchen, seinen deutschen Leserinnen und Lesern die fremde Semiotik der »Riesenstadt« London zu vermitteln*. In: *Fontane Blätter* 58/1994, S. 29–42, hier: S. 30.

10 Vgl. ebd., S. 31.

11 Vgl. THEODOR FONTANE: *Der Tower*. In: *Ein Sommer in London*, wie Anm. 6, S. 86–93.

12 Vgl. THEODOR FONTANE: *Hastingsfeld*. Ebd., S. 172–178.

13 Vgl. THEODOR FONTANE: *Ein Gang durch den leeren Glaspalast*. Ebd., S. 11–13.

14 Vgl. THEODOR FONTANE: *Die Dockskeller*. Ebd., S. 38–41.

15 Vgl. KLAUS R. SCHERPE: *Die Rettung der Kunst im Widerspruch von bürgerlicher Humanität und bourgeoiser Wirklichkeit: Theodor Fontanes vierfacher Roman »Der Stechlin«*. In: DERS.: *Poesie der Demokratie. Literarische Widersprüche zur deutschen Wirklichkeit vom 18. zum 20. Jahrhundert*. Köln 1980, S. 227–267, hier: S. 237; MARTIN BEUSTER: *Sinnbild – Chiffre – Symbol – Allegorie – Humor? Deutungsansätze in der Forschung zum »Stechlin«*. In: EDA SAGARRA: *Theodor Fontane: »Der Stechlin«*. München 1986, S. 99 (= UTB 1404); KATRIN LANGE: *Merkwürdige Geschichten. Anekdoten in Fontanes Kindheitsautobiographie »Meine Kinderjahre«, Geschichten und Geschichte* (hier, Bd. 3, S.77–86).

16 Vgl. WULF WÜLFING: Art. *Tunnel über der Spree [Berlin].* In: *Handbuch literarisch-kultureller Vereine, Gruppen und Bünde 1825–1933.* Hrsg. v. WULF WÜLFING, KARIN BRUNS und ROLF PARR. Stuttgart und Weimar 1998, S. 430–455, hier: S. 435f. (= Repertorien zur Deutschen Literaturgeschichte 18).

17 Vgl. THEODOR FONTANE: *Gedichte,* wie Anm. 1, S. 204–217 und 574–579.

18 Ebd., S. 205.

19 Ebd., S. 206.

20 Vgl. K. SCHMIDT: Art. *Emblem, Emblematik.* In: *Historisches Wörterbuch der Philosophie.* Bd. 2. Hrsg. v. JOACHIM RITTER und KARLFRIED GRÜNDER. Basel bzw. Darmstadt 1972, Sp. 449–451; S. MÖDERSHEIM: Art. *Emblem, Emblematik.* In: *Historisches Wörterbuch der Rhetorik.* Bd. 2. Hrsg. v. GERT UEDING. Tübingen und Darmstadt 1994, Sp. 1098–1108.

21 THEODOR FONTANE: *Der Stechlin.* In: HFA I/5, S. 224 [Hervorhebungen von mir, W. W.].

22 Fontane verwendet auch in den *Wanderungen* den Ausdruck ›historische Reliquie‹ (vgl. THEODOR FONTANE: *Prinz Friedrich Karl im Schlosse zu Berlin.* In: HFA II/3, S. 352).

23 FONTANE, wie Anm. 21, S. 282.

24 Die frühgriechischen Weisen bezeichnen mit ›Kairos‹ »die durch eine Gunst der Natur (oder Gottheit) ausgezeichnete Stelle im Raum (zunächst) und der Zeit (später), deren Erkenntnis und Nutzung dem menschlichen Handeln Gelingen verspricht«. Von der Schule der Pythagoräer wird der Kairos mit »dem Vollendungsideal der Siebenzahl identifiziert« (M. KERKHOFF: Art. *Kairos.* In: *Historisches Wörterbuch der Philosophie.* Bd. 4, wie Anm. 20, 1976, Sp. 667–669, hier: Sp. 667).

25 Vgl. FONTANE, wie Anm. 21, S. 33. – Das Spiel mit der ›heiligen‹ Zahl s i e b e n wird hinsichtlich von Gundermanns im Roman weitergespielt: »›Der alte Stechlin hat aber mehr Schneid als sieben Gundermanns‹« (ebd., S. 176: Lorenzen zu Koseleger).

26 Ebd., S. 16: Dubslav zu Engelke.

27 Ebd., S. 26, 33, 39.

28 THOMAS MANN: *Buddenbrooks.* In: DERS.: *Die Werke von Thomas Mann.* Frankfurt/ M. 1959, S. 296 (»Sesemi Weichbrodt [...] stellte sich auf die Zehenspitzen, küßte Gerda mit leise knallendem Geräusch auf die Stirn und sagte bewegt: ›Sei glöcklich, du gutes Kend!‹«), 357 (»erhob sich auf die Zehenspitzen, küßte ihren Zögling, die nunmehrige Frau Permaneder, mit leicht knallendem Geräusch auf die Stirn und sagte mit ihren herzlichsten Vokalen: ›Sei glöcklich, du g u t e s Kend!«), 400 (»gibt Sesemi ihm [dem kleinen Justus Johann Kaspar Buddenbrook] z w e i Küsse, die leise knallen und zwischen denen sie sagt: ›Du g u t e s Kend!‹«), 446 (»sprach [bei Erikas Trauung] mit jener übergroßen Festigkeit, welche eine tiefe innere Rührung verbergen soll: ›Sei glöcklich, du g u t e s Kend!‹«) (Stockholmer Gesamtausgabe).

29 Vgl. HEIDE STREITER-BUSCHER: *Die Funktion der Nebenfiguren in Fontanes Romanen unter bes. Berücksichtigung von »Vor dem Sturm« und »Der Stechlin«.* (Masch.) Diss. Bonn 1968, Bonn 1969; DIES.: *Die Konzeption von Nebenfiguren bei Fontane.* In: *Fontane Blätter* 14/1972, S. 407–425; SAGARRA, wie Anm. 15, S. 35ff.

30 »Um diesen See [den Stechlin-See] handelt es sich, trotzdem er nur zu Anfang und zu Ende mit etwa fünf Zeilen vorkommt. Er ist das Leitmotiv.« (HFA IV/4, S. 561 [Fontane am 8.6.1896 aus Karlsbad an Carl Robert Lessing]). – Vgl. SCHERPE, wie Anm. 15, S. 256; SAGARRA, wie Anm. 15, S. 66ff.; HANS OTTO HORCH: *Welt-Sprache. Theodor Fontanes letzter Roman »Der Stechlin«.* In: *Von Augustinus bis Heinrich Mann. Meisterwerke der Weltliteratur.* Bd. III. Ringvorlesung der Philos. Fak. der RWTH Aachen im WS 1987/88. Hrsg. v. HELMUT SIEPMANN und FRANK-RUTGER HAUSMANN. Bonn 1989, S. 271–291, hier: S. 273ff. (= Abhandlungen z. Sprache u. Lit. 16).

31 »Der als Phrase erkennbare Satz Gundermanns [...] setzt den Sprecher sofort ins Unrecht.« (SCHERPE, wie Anm. 15, S. 235).

32 Eine kleine Blütenlese Czakoscher Redensarten bietet HORCH, wie Anm. 30, S. 279.

33 FONTANE, wie Anm. 21, S. 71: Czako zu Rex. – »Ein Mann [Gundermann] von drei Redensarten« (ebd., S. 175: Koseleger zu Lorenzen).

34 Ebd., S. 71: Czako zu Rex.

35 Garland generell über den *Stechlin:* »Fontane seeks to reinforce his political and social novel by symbolical means.« (HENRY B. GARLAND: *The Berlin Novels of Theodor Fontane.* Oxford 1980, S. 242).

36 FONTANE, wie Anm. 21, S. 184: so der auktoriale Erzähler.

37 »»Nun dieser Gundermann, wie immer die Dummen, ist zugleich Intrigant.«« (ebd., S. 175: Lorenzen zu Koseleger).

38 Ebd., S. 185.

39 Vgl. PIERRE BOURDIEU: *Die feinen Unterschiede. Kritik der gesellschaftlichen Urteilskraft.* Übers. v. BERND SCHWIBS und ACHIM RUSSER. Frankfurt/M. 1982 (= suhrkamp taschenbuch wissenschaft 658).

40 Gundermann ›schafft‹ dies auf andere Weise: »Der neuadlige Mühlenbesitzer von Gundermann (›Autodidakten übertreiben immer‹) und seine Frau (›in geblümtem Atlas mit Marabufächer‹) fallen durch die Art ihrer übertriebenen Anpassung an die Adelsgesellschaft sogleich wieder aus dieser heraus.« (SCHERPE, wie Anm. 15, S. 233) – Thomas Mann verfährt in den *Buddenbrooks* ähnlich; vgl. die Männer, die sich um Tony und dann um deren Tochter bemühen.

41 FONTANE, wie Anm. 21, S. 16.

42 Ebd., S. 281: Dubslav zu Lorenzen.

43 Ebd., S. 24: Dubslav zu Woldemar.

44 Vgl. ebd., S. 34f. – Scherpe spricht treffend davon, daß »Frau von Gundermann [...] von ihren falsch plazierten Intimitäten nicht lassen kann« (SCHERPE, wie Anm. 15, S. 234).

45 FONTANE, wie Anm. 21, S. 185.

46 Ebd., S. 16.

47 Ebd., S. 176: Lorenzen zu Koseleger.

48 Vgl. THEODOR FONTANE: *Irrungen, Wirrungen*. In: HFA I/2, S. 324.

49 THEODOR FONTANE: *Frau Jenny Treibel oder »Wo sich Herz zum Herzen find't«*. In: HFA I/4, S. 345.

50 Vgl. THEODOR FONTANE: *Die Poggenpuhls*. In: HFA I/4, S. 505.

51 Von einem dieser »Kreis- und Parteigenossen« Dubslavs (FONTANE, wie Anm. 21, S. 185), von von Gnewkow, heißt es ausdrücklich, er sei »aus Langeweile viel gereist«; und dann liefert von Gnewkow selbst eine – unfreiwillige – Parodie auf deutsche Italienreisende, die durchaus an Heines *Reisebilder* erinnert (vgl. ebd., S. 187). – Was Effi »nicht aushalten kann, ist Langeweile« (THEODOR FONTANE: *Effi Briest*. In: HFA I/2, S. 32; vgl. ebd., S. 40).

52 FONTANE, wie Anm. 21, S. 185f.

53 Ebd., S. 186.

54 Ebd., S. 187.

55 Vgl. SAGARRA, wie Anm. 15, S. 71f.

56 FONTANE, wie Anm. 21, S. 188.

57 Vgl. WULF WÜLFING: *Nationale Denkmäler und Gedenktage bei Theodor Fontane. Zur Beschreibung, Funktion und Problematik der preußisch-deutschen Mythologie in kunstliterarischen Texten*. In: WULF WÜLFING, KARIN BRUNS und ROLF PARR: *Historische Mythologie der Deutschen 1798–1918*. München 1991, S. 210–232, hier: S. 229. – Darüber, wie im *Stechlin* »die Sphäre der Natur zur Sphäre des Gesellschaftlichen« wird, vgl. auch HORCH, wie Anm. 30, S. 275.

58 FONTANE, wie Anm. 21, S. 192f.

59 Ebd., S. 191.

60 Ebd.

61 Ebd., S. 192.

62 Ebd.

63 »»Gundermann ist ein Bourgeois und ein Parvenu, also so ziemlich das Schlechteste, was einer sein kann. Ich bin schon zufrieden, wenn dieser Jämmerling unterliegt'«« (ebd., S. 176: Lorenzen zu Koseleger).

64 Für diesen Mann gilt gewiß, was über seine Frau gesagt wird: Lorenzen »»schweigt doch immer noch besser, als die Gundermannsche red't'«« (ebd., S. 250: Engelke zu Dubslav).

65 Ebd., S. 193: »aber man tröstete sich, je mehr er scheitere, desto besser« (so der auktoriale Erzähler, ebd.).

66 Ebd., S. 194.

67 Vgl. WÜLFING, wie Anm. 3, S. 217–236.

68 FONTANE, wie Anm. 21, S. 189. – Koseleger scheint eine der »zwei Redensarten« Gundermanns weiter zu unterteilen: »»Ein Mann von drei Redensarten, von denen die zwei besten aus der Wassermüllersphäre genommen sind'«« (ebd., S. 175).

69 Vgl. SAGARRA, wie Anm. 15, S. 43.

70 FONTANE, wie Anm. 21, S. 189.

71 Ebd. – Ironischerweise wäre das, was »mehrere ›Staatserhaltende‹« sprachen (ebd.), für einen ums System Besorgten ›aufschreibenswerter‹ gewesen als die Worte des »Sozialdemokraten Söderkopp«.

72 Ebd., S. 194.

73 Zum »verhängnisvollen Prozeß der ›Feudalisierung des Bürgertums‹ im Deutschen Kaiserreich« vgl. SAGARRA, wie Anm. 15, S. 23 und 38.

74 THEODOR FONTANE: *L'Adultera*. In: HFA I/2, S. 124.

75 *Brockhaus Enzyklopädie*. 17., völlig neubearb. Aufl. des *Großen Brockhaus*. Bd. 7. Wiesbaden 1984, S. 784. »Mit einem Kranz von in der Walpurgisnacht gepflückten« Gundermann kann man übrigens »am nächsten Tag Hexen erkennen« (ebd., S. 785). Vgl. dazu, zu »Milchzauber«, »Mundfäule« u. a. ausführlich: MARZALL: Art. *Gundermann*. In: *Handwörterbuch des deutschen Aberglaubens*. Bd. 3. Hrsg. […] v. HANNS BÄCHTOLD-STÄUBLI. Berlin und Leipzig 1930/31, Sp. 1203–1206.

76 *Meyers Enzyklopädisches Lexikon*. Bd. 11. 9., völlig neu bearb. Aufl. Mannheim, Wien und Zürich 1974, S. 189.

77 FONTANE, wie Anm. 21, S. 195. – Frau von Gundermanns unpassendes Tischgespräch über Ratten findet sein Pendant in der Weise, in der ihr Mann in seiner Wahlrede von den Details einer Hinrichtung berichtet (vgl. ebd., S. 193f.): »At the dinner held after the lost election the satirical comedy which he [von Gundermann] embodies turns to the macabre in his grisly, supposedly comic, story of a recent execution« (GARLAND, wie Anm. 35, S. 257).

78 Vgl. WULF WÜLFING: *Fontane, Bismarck und die Telegraphie*. In: *Fontane Blätter* 54/1992, S. 18–31.

79 FONTANE, wie Anm. 21, S. 14.

80 Ebd., S. 14f. – »He [Dubslav] makes clear his stand for the old Prussia rather than the new Germany by refusing to allow his factotum Engelke to turn the black and white Prussian flag into a German one by sewing on a strip of red.« (GARLAND, wie Anm. 35, S. 263f.) »A secondary resonance may be involved. Red being the colour of socialism, Dubslav's sense of humour may enable him to see that the addition of a red strip may turn his respected, if tattered, Prussian flag into a comic symbol of the times. Consider also his remarks on Dr Moscheles' red tie [vgl. FONTANE, wie Anm. 21, S. 332] and the Domina's animadversions on little Agnes's red stockings.« [vgl. ebd., S. 353] (GARLAND, wie Anm. 35, S. 264, Anm. 21). – Vgl. auch SAGARRA, wie Anm. 15, S. 69; SCHERPE, wie Anm. 15, S. 259f.

81 FONTANE, wie Anm. 50, S. 519f.

82 Ebd., S. 520.

83 Garland nennt den zwischen Herrn von Klessentin – »a bodily representation of change in the aristocracy« (GARLAND, wie Anm. 35, S. 220) – und den – z. T. pikierten – Poggenpuhls inszenierten Dialog »a piece of exquisite comedy« (ebd., S. 219).

84 FONTANE, wie Anm. 50, S. 486.

85 Ebd.

86 »This common meaning [›Pogge‹ = ›frog‹] in constant repetition in an aristocratic surname maintains a faint undercurrent of just perceptible comedy«; diese »comedy« steigere sich durch die Todesanzeige in der Zeitung, in der nicht weniger als achtmal der Name »Pogge von Poggenpuhl« erscheint (FONTANE, wie Anm. 50, S. 571), zu »broad humour« (GARLAND, wie Anm. 35, S. 211).

87 FONTANE, wie Anm. 50, S. 486.

88 Ebd., S. 486f.

89 Ebd.

90 Ebd., S. 487.

91 Ebd.

92 »»Nach Kaisers Geburtstag kommt Mamas Geburtstag. Das ist Poggenpuhlscher Katechismus«« (FONTANE, wie Anm. 50, S. 491: Leo in einem Brief an seine Mutter und seine Schwestern).

93 »Heroism is thus portrayed with an unconscious touch of comedy (conscious, however with the author, who gives it an ironic symbolical turn when he indicates that the nail is so inse-cure that the picture falls from the wall every time an attempt is made to dust it).« (GARLAND, wie Anm. 35, S. 213). Die beiden Bilder seien »the household gods« des »»Poggenpuhlism««: »each ›reception room‹ has its presiding painted deity to offset its material disadvantages« (ebd., S. 213f.). Therese sei »a figure of comedy« (ebd., S. 214): »the most comic figure in this delicate and subtle comedy« (ebd., S. 225).

94 »Fontanes Art der künstlerischen Wahrnehmung der gesellschaftlichen Wirklichkeit ist von vornherein auf ihr mögliches szenisches Arrangement im Roman angelegt« (SCHERPE, wie Anm. 15, S. 231).

95 FONTANE, wie Anm. 21, S. 186. – Später heißt es: »»Nonne‹, sagte Molchow, ›machen Sie sich nicht komisch‹« (ebd., S. 188).

96 »Fontane verschweigt nicht, daß die nach ihrem eigenen Reglement zur politischen Handlung untauglichen Altmärker […] als ausgediente Komödianten auf der politischen Szene herumstehen« (SCHERPE, wie Anm. 15, S. 238). – Vgl. dann auch den Umstand, daß Uncke Dubslav über Torgelows Auftreten in Berlin regelmäßig Rapport erstatten muß, eine »Konstellation, die das Komödiantische der Situation mehrfach herausbringt« (ebd.). Für Pyterke, den Wachtmeister – also ebenfalls ein ausführendes Organ der politischen Obrigkeit –, ist sein Kollege, der Fußgendarm Uncke, »der Inbegriff des Komischen«; was der auktoriale Erzähler kurz darauf bestätigt: »Pyterke hatte recht; Uncke war wirklich eine komische Figur« (FONTANE, wie Anm. 21, S. 166).
Aber nicht nur ein einzelner Repräsentant des politischen Systems wie Uncke, sondern der gesamte Vorgang der Wahl wird unter die Perspektive des Komischen gestellt, wenn Dubs-lav »so rasch wie möglich seinen Zettel in die Urne« tun will: »Es traf ihn bei dieser Proze-dur der Blick des alten Zühlen, der ihm in einer Mischung von Feierlichkeit und Ulk sagen zu wollen schien: ›Ja, Stechlin, das hilft nu mal nicht; man muß die Komödie mit durchma-chen‹« (ebd., S. 185).

97 »Hinter der Urne präsidierte der alte Herr von Zühlen, ein guter Siebziger, der die groteske-sten Feudalansichten mit ebenso grotesker Bonhomie zu verbinden wußte« (FONTANE, wie Anm. 21, S. 184).

98 THEODOR FONTANE: *Tagebücher 1866–1882. 1884–1898.* Hrsg. v. GOTTHARD ERLER unter Mitarb. v. THERESE ERLER. In: GBA *Tage- und Reisetagebücher.* 2. Aufl. Berlin 1995, S. 263.

99 Ebd.; vgl. ebd., S. 431.

Die Mission des Nordlandsmenschen
Theodor Fontane in der »Nord-Süd«-Konstellation
Mitte des 19. Jahrhunderts

ROLAND BERBIG

Zu den historischen Diskursen, die bis jetzt im Zusammenhang mit Fontane kaum ansatzweise bedacht worden sind, gehört der durch die Begriffe »Norden« und »Süden« bestimmte. Er korrespondiert mit dem »Ost-West«-Diskurs, muss aber in seinem Eigenwert beurteilt werden. »Ich bin ein Nordlandsmensch«, schrieb Fontane, sich selbst verortend, am 11. Februar 1896 an Ernst Gründler, »und Italien kann, für *mich,* nicht dagegen an.«[1] Hinter dieser Selbstverortung verbergen sich einschneidende Vorgänge sowohl der Individualgeschichte Fontanes als auch der Gewichtung des Jahrhunderts, das ihr Bildungs- und Entfaltungsraum war. Das Jahr 1859 kristallisiert sich hierbei erneut als eine Art Schicksalsjahr für Fontane heraus. Die Entscheidung für Berlin und gegen München, für die Hohenzollern und gegen die Wittelsbacher, für den preußischen und gegen den bayerischen König, für die Wanderungen durch die Mark und nicht in den Alpen – und nicht zuletzt für den preußischen Journalisten und nicht den bayerischen Hofbibliothekar. In diesen Entscheidungen kulminiert, was den literaturgeschichtlichen Rang Fontanes ausmachen sollte. Die Selbstverständlichkeit jedoch, mit der Fontanes Entschluss bis heute hingenommen wird, verliert an Eindeutigkeit, vergegenwärtigt man sich den Bogen, der zwischen »Nord« und »Süd« gespannt und mit ihnen auf den Begriff gebracht war. In der historisch weiträumigen Dimension spiegelte sich Fontanes biographiegeschichtlich begrenzte. Gleiches gilt, sieht man sich unter diesen Vorzeichen noch einmal Fontanes Italien-Reisen, häufig Anlass für mitleidige Herablassung, an, oder wägt noch einmal sein Bemühen im letzten Lebensjahrzehnt ab, sich Süddeutschland literarisch zu erobern. Darauf kann hier nicht eingegangen werden. Eine sich damit befassende Untersuchung erscheint demnächst.

Ich gehe aus von folgenden Arbeitsthesen: 1. Fontanes »Nord-Süd«-Entscheidung, die er 1859 fällte, stand im Kontext der Nord-Süd-Diskussion des 19. Jahrhunderts, aber mehr noch mit der unmittelbaren seines Freundeskreises Rütli. Sie war nicht eine unter anderen, sondern die alles verbindende, die maßgebliche. 2. Fontanes religiös-konfessionelle Bindung war enger als bisher dargestellt mit seiner Schriftsteller-Biographie verbunden und erhielt ein Prägezeichen durch den Entschluss 1859. 3. Fontanes konservativ motivierte Distanzierung vom Preußentum und Wilhelminismus, dem die »Mission«, die »Idee« abhanden gekommen war, ging in seiner späten Lebensphase einher mit der Absicht, sich den süddeutschen literarischen Verhältnissen zu öffnen. Sie hatte auch Einfluss auf seine für einen Parteigänger Preußens untypische Haltung zum Katholizismus.[2] Aus Platzgründen beschränkt sich die vorliegende kleine Studie auf die Erläuterung der ersten beiden Thesen.

II

Grob lassen sich im »Nord-Süd«-Diskurs drei Bedeutungsebenen von einander abheben: 1) das Verhältnis von protestantischem Norden und katholischem Süden,

wobei der Süden mit Rom, dem Sitz des Papstes, als dem Zentrum der katholisch-
christlichen Welt, assoziert wurde, 2), daraus abgeleitet und historisch nachgeord-
net, das Verhältnis Preußens zu Bayern und Württemberg, zu dem sich später weitere Staaten als sogenannte Mittelstaaten konstituierten und ein eigenständiges
nationales Konzept verfochten, und 3) ein auf Ästhetik und Bildungsgeschichte
bezogenes Verhältnis, wobei unter »Süden« das Kulturland Italien und die Antike
als Quelle humanistischen Geistes verstanden wurden. Zur Komplizierung dieses
begrifflichen Feldes hatte die durch Napoleon erfolgte Ernennung Bayerns zum
souveränen Staat beigetragen. Die dabei erworbenen Gebiete und Bevölkerungen
im Fränkischen und Schwäbischen hatten eine Reformierung des altbayerischen
Staatskerns erforderlich gemacht. Für diese angestrebte Modernisierung hatte
man auf Kräfte aus dem protestantischen Norden zurückgegriffen und damit in
dem bis 1800 ausschließlich katholischen Bayern ein Konfliktpotential geschaffen, das durch das ganze Jahrhundert virulent blieb und mehrfach Feuerflammen
schlug. Der Begriff »Nordlicht« für die berufenen norddeutschen Gelehrten war
damals geprägt worden. Diese rationalistische Aufklärungspolitik des neuen
bayerischen Staates hatte 1807 zu einem heftigen sogenannten »Akademiestreit«
geführt, bei dem sich die einheimischen Gelehrten mit den norddeutschen über-
warfen. »Die neuen Ankömmlinge«, schrieb der bayerische Staatsmann Max
Joseph von Montgelas in seinen Erinnerungen, »hielten sich für Missionare, zur
Bekehrung von Wilden berufen, und ihre Anmaßung empörte die Bayern, die sich
als eine bereits zivilisierte Nation ansahen.«[3]

In der nachnapoleonischen Ära und mit Thronbesteigung von Ludwig I. war
das Konzept eines »romantischen Staates« inauguriert worden, das in der Person
des Königs geradezu die »Nord-Südspannung« mit der Vermittlung von Unver-
mittelbarem – nämlich Romantik mit Klassizismus, humanistische mit deutscher
Bildung und Autokratie mit Demokratie – repräsentiert hatte. Joseph Görres war
nun gegen Friedrich Thiersch postiert worden. Der hatte 1810 *Betrachtungen über
die angenommenen Unterschiede zwischen Nord- und Süddeutschland* veröffentlicht, in denen er zwar gegen »zwey Deutschheiten« aufgetreten war, aber gleichzeitig die Überlegenheit des Nordens dank des Lichtes, »das von Wittemberg aus-
ging«,[4] behauptet hatte. Aus dieser folgenreichen Lage heraus, die durch das
Jahrhundert symptomatisch bleiben sollte, hatte Görres ein Begriffspaar von
»Norden« und »Süden« herausgeschält, das sich als wirkungsmächtig erweisen
sollte, obwohl es von der Wirklichkeit, auf die es zielte, abstrahierte. Das alte
Kaiserreich sei in der Mitte zerbrochen, heißt es da:

»Die eine Hälfte, die im protestantischen Norden sich gänzlich von den Andern
abgelöset, hat mit allen Hülfsmitteln, die die Welt und die steigende Civilisation gewährt, mit allem dem Uebergewicht, den ihr die vorherrschend irdische Richtung
der Zeit gegeben, sich mit ihr in entschiedene Opposition gesetzt: gegen ihr über
aber ist die alte Kirche einzig auf den Süden nur beschränkt, und auch hier kämp-
fend mit vielfältigem Widerspruche, der in ihren Umkreis eingedrungen, [...].«[5]

»Kirche« und »die romanische Südwelt« sowie »Staat« und »germanische Nordwelt«,[6] wie Görres dann 1838 in seiner Streitschrift *Athanasius* pointierte, gehörten von nun an als diskursive Paare zum Grundbestand des politischen Schlagwortschatzes des Jahrhunderts.

Das alles war, will man meinen, Vorspiel für Fontane und Vorspiel für seinen Freundeskreis. Für Fontane verband sich mit dem »Süden« kein frühes, nachhaltig wirkendes Bildungserlebnis, und »Norden« war für ihn Swinemünde und das Meer. Druck, sich mit diesem Diskurs genauer zu befassen, bestand nicht. Das politisch-religiöse Klima, von dem er bis Mitte der fünfziger Jahre umgeben war, war protestantisch. In seinem Freund Bernhard von Lepel hatte er das Musterbeispiel eines »Antirömling« vor Augen, dessen uneingeschränkte Liebe dem Land Italien galt. Lepels »stark antipapistischen und namentlich antijesuitischen Gedichte« fanden im Tunnel, wo er sie vorgetragen hatte, viel Beifall, »und auch ich nahm ganz ehrlich an dieser Bewunderung teil«.[7] Er selbst, schreibt Fontane aus der Perspektive der neunziger Jahre, sei »durchaus anders geartet wie er [Lepel]«[8] gewesen und habe ihn weder in Liebe noch in Hass begriffen. Bestätigt wird das, um ein Beispiel aus dem Jahr 1847 herauszugreifen, durch Lepels ironische Bemerkung, Fontane gehöre »zu den Fledermäusen, die zwischen Christen= und Heidenthum herumflattern d. h. Du bist ein Theist u. leitest dies ebenso gut von ϑεος wie von Thee ab!«[9] Diese Fontane bescheinigte Ambivalenz in religiösen Fragen am Vorabend des 48er Märzes ist beredt, alles gesagt ist mit ihr nicht. Eiferei im Theologischen konnte Fontanes Sache nicht sein. Dass das die Zuordnung zu konfessionell verbindlich operierenden Lagern nicht ausschloss, sollte die Zukunft beweisen.

Im Freundeskreis mit seinen literarischen Gruppierungen dominierte das preußisch Norddeutsche. Im Tunnel war man »von jener altpreußischen Art, darin der Konservativismus in erster Reihe mitspricht«,[10] dass es die an antiker Kunst und Kultur geschulte, ästhetisch feinsinnige Gruppe um den preußischen Geheimrat Franz Kugler schwer hatte, ihren beanspruchten Rang zu behaupten. Zu ihr zählte Friedrich Eggers, aber mehr noch der bald von Italien geradezu beseelte Paul Heyse. Dieser Kreis, der sich 1852 zum Rütli formierte, suchte die literarische und künstlerische Öffentlichkeit in Preußen und im deutschsprachigen Raum. Seine publizistischen und personellen Aktivitäten wurden für Fontane zum Brennspiegel eines »Nord-Süd«-Diskurses mit erheblichen biographischen und schriftstellerischen Folgen.

Dreh- und Angelpunkt waren die Publikationsorgane, die man sich geschaffen hatte bzw. über die man mehr oder minder verfügte: das belletristische Jahrbuch *Argo,* das sich auf einen betont norddeutschen, aber nicht rein preußischen Zug einschwor, das *Deutsche Kunstblatt* und – seit 1855 – das dazu gehörende *Literaturblatt.* Über die Grundintention, nämlich den preußischen, besonders den Berliner Autoren ein literarisches Zentrum zu bieten, von dem aus man positiv auf die Entwicklung der poetischen Nationalliteratur der Deutschen wirken könne, ist hinlänglich geschrieben worden.[11] Vernachlässigt worden ist, was für Fontane 1859 zur Schicksalsfrage wurde: die Hinwendung nach Süden, der Brückenschlag von Preußen nach Bayern, von Berlin nach München, das sich »als Wissenschaftszentrum neben Berlin fest etablieren konnte«.[12] Die Entscheidung Emanuel Geibels und wenig später Paul Heyses, in die bayerische Hauptstadt zu gehen und Dienstgänger des bayerischen Königs Maximilian II. zu werden, waren Teil einer Bewegung, die der gesamte kunstreformwillige Kreis im Rütli mitvollzog. Ehe sich Fontane selbst vor die »Nord-Süd«-Frage gestellt sah, war er Augenzeuge, wie die Berliner Freundesgruppe um Kugler, Heyse und Eggers mit den von ihr betreuten Publikationen in die zweite Auflage des bayerischen »Nordlichter«-Unternehmens verwickelt wurde, freiwillig und unter Druck, geschlossen und uneins. Inwiefern?

Friedrich Eggers, Redakteur von *Kunstblatt* und bis 1857 auch vom *Literaturblatt,* ging von einer deutlich antisüddeutschen Programmatik aus. Der Rütli war ihm »ein literarischer Kunstblatt=Klubb«, der ein Modell abgeben sollte für vergleichbare Gründungen in Norddeutschland. Es sei die Mission, schrieb er am 4. Januar 1854 an seinen Bruder Karl Eggers, »dem protestantischen Norden das Kunstgebiet wenigstens rein zu halten von den katholischen Übergriffen des Süden«.[13] Während Eggers noch abwägte, wie eine solche »Vereinigung von Künstlern, Poeten und Kritikern« gegen München und Wien, gegen Halle und Dresden und vor allem gegen die »ungesunden ultramontanen Bestrebungen«[14] abzudichten und stark zu machen sei, hatte Kugler, Schwiegervater des schon nach München berufenen Paul Heyse, bereits angesichts der ersten Krise von *Kunst- und Literaturblatt* die Fühler in eben die von Eggers gefürchtete Richtung ausgestreckt: nach Stuttgart zu dem Kunstverlag von Emil Ebner. Falls die Verbindung zustande käme, so heißt es im Brief an seine Frau Clara vom 6. September 1855, sei es zugleich möglich, »daß der Hauptsitz der Redaction – München würde, also auch das Literaturblatt ein Münchnerisches«.[15] Kein Zweifel: Kugler und Heyse beabsichtigten, die auf die Berliner und preußischen Literatur- und Kunstverhältnisse konzipierten Publikationen, an denen Fontane ja beteiligt und im Fall des *Literaturblattes* Mitbegründer war, dem bayerischen König anzutragen. Beide Blätter sollten in dessen kulturpolitisches Konzept integriert werden.

Diesem Konzept lag eine im November 1855 mitgeteilte Denkschrift zugrunde, die den programmatischen Titel *Bayerns Politik* trug und Handlungsgrundlage für die komplette Regierungszeit war. Auf ihre Programmatik ließ sich ein, wer sich auf Maximilian II. einließ. Bayern solle, so hieß es dort, »als Crystallisationspunkt« in allem »Guten, Schönen, Zeitgemässen«[16] Deutschland voranleuchten. Es solle »Metropole deutscher Kunst, Centralpunkt deutscher Wissenschaft im Süden«[17] werden und »überhaupt in Süddeutschland eine ähnliche Rolle« übernehmen, »wie Preussen in Norddeutschland«.[18] Eigentliches Herzstück des Programms war aber der erste, der Hauptpunkt:

»Einnehmen und Behaupten der Stellung eines geachteten, einflußreichen Gliedes im deutschen Gesammt-Vaterlande. An der Spitze von Süddeutschland und der Staaten zweiten und dritten Ranges zu stehen, und das Gleichgewicht zu halten zwischen Deutschlands Südosten und Norden, zwischen Österreich und Preussen; neben denselben eine leitende Stellung in Deutschland zu übernehmen in allen inneren und äußeren Fragen des deutschen Bundes.«[19]

Um die Selbständigkeit zu sichern, wurde von Maximilian II. eine schlagkräftige Armee geplant. Die aus der Revolution 1848/49 resultierende konstitutionelle Monarchie wollte er wieder »zugunsten einer straffen persönlichen Herrschaft«[20] zurückdrängen, die sich auf konservative Politik gründe.[21] Im letzten Punkt versprach der Verfasser der Schrift, ein »gutes Verhältniß zwischen Katholiken und Protestanten zu erhalten«.[22] Das wurde als Signal gegen den Ausschließlichkeitsanspruch des politischen Katholizismus gewertet. Gleichzeitig durften die Wunschpartner im protestantischen Norden darin die ausgestreckte Hand sehen, mit der sie der bayerische Monarch zur Mitarbeit nach München einlud.

Im Kern ging es Maximilian II. um »Machtkonsolidierung und Machterweiterung«,[23] darüber sind sich die Historiker einig. Die Akademisierung des Herrscherberufs bedeutete nicht dessen Liberalisierung. Die Wirkung und Anziehungskraft Maximilians II. kam daher, dass er diese Politik nicht einfach proklamierte, sondern sie lebte und ihr ein persönliches Profil gab. Das königliche Beratersystem und die Symposien, in denen sich Maximilian II. über die Entwicklung in den Wissenschaften unterrichten ließ, faszinierten und blendeten die ausländischen Intellektuellen. Sie sahen den aufgeklärten, modernen Monarchen, wo ihnen in der selben Person ein Mann begegnete, der das Wissen für die Stabilisierung herkömmlicher Herrschaftsstrukturen in der Gesellschaft verwertete.

Franz Kugler, der in Berlin gerade erlebt hatte, wie seine *Denkschrift über eine Gesammt-Organisation der Kunstangelegenheiten,* die das Wohl und Weh der Künste zur Chefsache erhob, von seinem zuständigen Minister unter einem Berg verstaubter Akten begraben wurde, musste aufmerken. In Bayern schien möglich, was ihm Preußen verwehrte. Er, der Kopf im Rütli, auf dessen Protektionsmodell auch Fontane gesetzt hatte, durfte nicht die Chance ignorieren, die sich bot. Für Eggers, den aus Rostock stammenden Norddeutschen, war der Weg nach Bayern weiter. Wenige Monate, nachdem Kugler seiner Frau die vertrauliche Mitteilung gemacht hatte, schrieb er – am 5. Dezember 1855 – seinem Bruder in die Heimatstadt: Nun komme

»ein Lieblingsunternehmen des Königs Max vollends zur Reife. Der will nämlich – es ist eine fixe Idee bei ihm – ein Literaturblatt haben. Nun steht das Unsrige schon so in Ansehen, daß er, der früher auf das Morgenblatt spekulirte, dann sogar auf die Europa seinen Blick geworfen hat, plötzlich das Literaturblatt des Kunstblatts haben zu müssen meint, das erste Blatt, das seit ›Schlegels Athenäum‹ wieder mit Charakter aufgetreten ist und eine geistige Macht entfaltet hat‹, wie irgendwo von uns gesagt worden ist. Nun habe ich also in dieser

Angelegenheit plötzlich Kugler und Paul Heyse gegen mich, in deren Interesse es liegt, mir die wichtige Stütze des Literaturblattes zu entreißen und nach München zu verpflanzen. Sie läugnen nicht, wie unangenehm und gefährlich ihnen der Fortbestand eines Blattes ist, wenn sie ein neues gründen müßten. Sie wünschen daher, daß meines ganz und gar das ihrige werde oder todtbleibe. Jenes wünsche ich nicht, da das Kunstblatt dann als ein unbedeutender Appendix zu ihrem Literaturblatt würde und ich so ziemlich überflüssig.«[24]

Der im Rütli eingetretene Interessenkonflikt kann hier nicht weiter im Detail beschrieben werden. Nur soviel also, wie für die Einschätzung der Situation Fontanes 1859 unerlässlich ist: Der Verleger in Stuttgart, Emil Ebner, wurde gewonnen und zeitweilig die Neuinstallierung eines Kunstblattes bewerkstelligt, bei dem dann die Wappen von Berlin und Stuttgart in die Titelvignette eingezeichnet werden sollten. Das *Literaturblatt* kam 1857 tatsächlich in die Hand eines »Nordlichtes«, nämlich in die Paul Heyses, dem »München ein besserer *Ort* scheint«[25] als Berlin. Heyse, unter Diensteid bei Maximilian II., sah das Redakteursamt als »Berufssache«[26] an. Sonst bleibe das Ganze ewig ohne nachhaltig wirkende Macht im Kampf der Geister.

»Warum ist denn Süddeutschland spröde gegen das Blatt gewesen? Aus keinem andern Grunde, als weil nicht das volle Herzblut einer ganzen und starken Begeisterung darin pulsirte, die auch wohl einmal über den Strang schlägt, aber jedenfalls immer den *ganzen Menschen,* nicht bloß diese und jene seiner guten Eigenschaften einsetzt.«[27]

Damit war ein neues Band zwischen Berlin und München geknüpft. Aber Heyse war keineswegs der preußische Gewährsmann, den die Berliner in ihm vermuteten. Deren Berlinischer Kunstgeschmack unterstellte er »das Vorwiegen der *Mache* gegen den *Kern,* der *Virtuosität* gegen die *Natur*«, er wollte »die besten Kräfte in Deutschland zusammenbringen« und bekannte sich »für einen guten Süddeutschen«[28] in dem Punkt. Damit war alles gesagt.

III

Als Fontane aus London 1859 in eine Ungewissheit zurückkehrte, war schlechterdings *alles* im Umbruch: die Regierung und damit die preußische Innen- und Außenpolitik, das Rütli und damit die literarischen und kunstpolitischen Einbindungen in der preußischen Hauptstadt, seine soziale Situation und damit die Grundlagen seiner Existenz. Im Umbruch war auch seine literarische Arbeit und damit sein Schriftstellertum. Dass Fontane kurzzeitig sogar ohne eigene Wohnung war, also unbehaust, verwandelt seine tatsächliche Lage in die passende Metaphorik. Unter diesen Umständen musste ihn Heyses Schreiben vom 11. Februar 1859 merkwürdig berühren. Es sei recht schade, hatte ihm der ehemalige Tunnelgefährte Heyse schon im August 1858 noch nach London geschrieben, dass Bayerns Aussichten,

»eine Großmacht zu werden, noch immer so gering sind. Sonst schickte man Dich zur Veränderung vielleicht einmal nach München, und Deine dortigen Verhältnisse würden Dir den Schlüssel zu den Staatsgeheimnissen bequemer in die Hand spielen als in dem verwünschten London.«[29]

Wie politisch doppeldeutig und vor allem wie ernst das von Heyse gemeint war, sei dahingestellt. Heyse jedenfalls hatte an der Überlegung festgehalten und, unterrichtet über die Schwierigkeiten des ehemaligen Manteuffelianers Fontane im Berlin der Neuen Ära, hatte mit seinen Freunden beraten, »wie man Dich gewinnen könnte«.[30] Der Kreis, das waren die »Nordlichter«, die aus dem Norden nach Bayern Berufenen, die Heyse als »›wir Wilden‹ in Bayerns neuer Welt« bezeichnet. Er, Fontane, sei der rechte Mann, den »Lieblingswunsch« Maximilians zu erfüllen, »eine stattliche Reihe bayrische Balladen« zu dichten. Heyse bedauerte, dass Fontane schon so lange nicht mehr gedichtet habe, sah aber als eigentliches Problem, Fontane durch Maximilian nach München berufen zu lassen, das gegnerische Lager, »die Schwarzen«, an. Deshalb schlug er vor, »daß man die Sache wohl bei einem unscheinbaren Zipfel anfassen könnte«,[31] nämlich über die vakant werdende königliche Privatbibliothekarsstelle. Damit stand Fontane unversehens im Zentrum des Nord-Süd-Diskurses, gezwungen, Stellung zu beziehen, eine Stellungnahme, die in jedem Fall im Verbund mit den anderen Entschlüssen dieser Monate eine Lebensentscheidung war. Daran ändern auch alle Versuche von ihm nichts, diesen Teil seiner Biographie ins Episodische herunterzuspielen.[32]

Die Einbeziehung künstlerischer und wissenschaftlicher Persönlichkeiten in die bayerische Politik und Kultur ist in die Geschichte eingegangen durch die Kontroversen, von denen sie begleitet war. Im Zentrum der Kontroversen standen immer die Berufungspolitik und das Kräfteverhältnis der politischen und konfessionellen Lager, die sie austrugen. 1859 weist die Chronologie des »Nordlichterstreits«, der sich in Phasen beschreiben lässt, eine Zäsur auf, für die die Historiker gewandelte politische Rahmenbedingungen verantwortlich machten. Die kleindeutschen Interessenvertreter nutzten auf der einen Seite den Verlauf der militärischen Auseinandersetzung zwischen Österreich und der piemontisch-französischen Allianz, um antiösterreichische Ressentiments zu schüren und ihre Attacken auf den Katholizismus in seiner Ganzheit auszuweiten. Auf der anderen Seite und im gleichen Zug erstarkte der bayerisch-katholische Einfluss innerhalb Bayerns. Das habe eine »Distanzierung Maximilians II. von den Berufenen« bewirkt, wie Achim Sing schreibt, »die von diesem Zeitpunkt an eine wichtige Rückendeckung verloren«.[33] Das Klima für weitere Neuberufungen aus dem Norden verschlechterte sich rapid.

Die dominierende Gestalt unter den Nordlichtern war der Historiker Heinrich von Sybel, dem es immerhin gelungen war, München als ein Zentrum der Historiographie zu etablieren. Sybel, den »Ultramontanen« ein quälender Dorn im Auge, löste eine Presselawine aus, als er während der Italienkrise empfahl, sich auf die Seite Frankreichs gegen Österreich zu stellen. Nicht nur unter vorgehaltener Hand vermutete man in Sybel, der wie kein anderer der Berufenen für die kleindeutsche Lösung focht, einen Agenten Preußens, womit man im übrigen richtig lag. Sing fasst die Situation 1859 mit den Sätzen zusammen:

»Die Angriffe auf die Berufenen erreichten eine bislang nicht gekannte Schärfe. Den häufigen Klagen über die ›Nordlichter‹ trug Maximilian II. Rechnung, indem er den Umgang mit ihnen reduzierte. Zu den Symposien, die bis 1859 mehrmals pro Woche stattgefunden hatten, wurde seit diesem Zeitpunkt nur noch selten und unregelmäßig geladen. Der Monarch nahm Rücksicht auf die Volksstimmung durch eine deutliche Drosselung der Sympathiebekundungen für die auswärtigen Gelehrten.«[34]

Eine zweite wichtige Person unter den Berufenen war der Dichter und Gelehrte Friedrich Bodenstedt, seit 1854 in München. Dessen erfolgreiche *Lieder des Mirza Schaffy* (1851) und seine wissenschaftlichen Bücher haben dazu geführt, dass ein anderer, nicht unwesentlicher Teil seiner Aktivitäten übersehen wurde. Bodenstedt war nämlich nach 1849 für die in Berlin erscheinende konservative Zeitung *Deutsche Reform* tätig gewesen, die sich für die im November 1848 berufene Regierung eingesetzt hatte und von Fontanes späterem Verleger Decker verlegt worden war. Für Maximilian II. übte er neben den sonstigen Verpflichtungen eine Tätigkeit aus, die Fontane höchst vertraut war: Er betrieb als Leiter des Pressebüros aktiv Preßpolitik für die bayerische Regierung. Zu diesem Zweck verfasste er Gutachten über Zeitungen und Zeitschriften und sorgte dafür, dass dem König genehme Artikel in den bayerischen und überregionalen Blättern unterkamen. Kurz bevor Bodenstedt Fontane traf, hatte er dem König im Kabinett einen Artikel vom 2. März 1859 aus der *Österreichischen Zeitung* überreicht, »in dem konstatiert wurde, München habe, dank der Kulturförderung des bayerischen Königs, die geistige und politische Führerschaft in Süddeutschland übernommen«.[35] Fontane, den Paul Heyse schon 1855 für die offiziöse *Neue Münchener Zeitung* hatte gewinnen wollen,[36] konnte sich von Bodenstedt über deren Stand in der Presselandschaft unterrichten lassen. Möglicherweise war Bodenstedt an dem auf den 17. Mai 1859 datierten »Verzeichniß der in Bayern erscheinenden vorzüglichen Zeitschriften« beteiligt, in dem der *Neuen Münchener Zeitung* allerdings rundum schlechte Noten erteilt wurden. Sie sei »ohne Einfluß, weil die Offiziosität seiner Artikel«[37] sehr hervortrete. Das Bemühen, diese Zeitung »zu einer vollständigen Chronik aller wissenschaftlichen und künstlerischen Unternehmungen zu erweitern«,[38] blieb erfolglos. Anders lag es mit der *Allgemeinen Zeitung,* die Bodenstedt als »wahre Großmacht« einschätzte. Seine guten Verbindungen zu dessen Redakteur Hermann Orges konnten allerdings nicht verhindern, dass eben zu der Zeit, als Fontane sich in München zu orientieren begann, die *Allgemeine Zeitung* in Distanz zu den Berufenen ging und sich zu einem antipreußischen Vorgehen und damit für eine großdeutsche Politik entschied.

Fontane sollte, darüber können ernstlich keine Zweifel bestehen, in die Reihe der Berufenen lanciert, er sollte ein »Nordlicht« werden. Der Plauderton, in dem er über seinen Münchner Aufenthalt im März 1859 korrespondierte, legte eine Fährte, die zu dem heimatliebenden, sich nach Berlin, Preußen und seiner Familie sehnenden Schriftsteller führte. Durch ihn wurde der Eindruck erweckt, als habe Fontane nicht einmal mitbekommen, wie aufgeladen das politische Klima im Zentrum Bayerns war. Über all diesen von ihm beiläufig erwähnten Pflichtvisiten, geselligen Zusammenkünften und scheinbaren Zufallsbegegnungen wird leicht Entscheidendes übersehen: Fontane bewegte sich auf der »Nord-Süd«-Linie, und diese Linie glich einer Front. Anzahl und Personen der zuerstattenden Visiten wurden strategisch festgelegt: nicht mehr als ein halbes Dutzend. Die Namen, auf die man sich einigte: Geibel, von Sybel, von Schack, Bodenstedt, Riehl, Löher, Carrière, von Kobell und Windscheid.[39] Es ging bei Fontane ganz offensichtlich nicht einfach um eine Anstellung, es ging um das Beziehen einer Frontstellung. Wo man vordergründig den preußischen Balladendichter das Umsatteln auf bayerische Geschichte zu erwägen bat, wurde tatsächlich sein möglicher Platz im Münchner norddeutschen Lager erwogen. Fontanes Klagen über seine fehlende Bekanntheit in München und darüber, dass dort nichts für ihn vorbereitet sei, treffen so nicht zu. Sie verstellen den Blick auf das schwierige Manöver, das seine Person umgab, in das er verwickelt wurde und an dem er sich beteiligte. Aber wo und wie?

Fast wahllos lassen sich Umstände aus dem Münchner Aufenthalt herausgreifen, die dieses Manövrieren belegen: Am 1. März 1859 gab Fontane seine Karte bei dem von den Ultramontanen am heftigsten befehdeten »Nordlicht« ab, bei Heinrich von Sybel also. Er besuchte dessen Kolleg, das Aufsehen erregte.[40] Am 6. März war Sybel bei ihm im Hotel zu einer Unterredung, weitere Begegnungen dürfen angenommen werden. Die vertraulichen Berichte, die Sybel nach Berlin schickte (z. T. unter Decknamen versandt oder ununterzeichnet[41]), gingen übrigens an Max Duncker, seit 1859 neuer Leiter der preußischen Zentralpreßstelle, dessen engerem Beraterkreis der Rütlione Friedrich Eggers angehörte und der bald (für kurze Zeit) Fontanes Vorgesetzter wurde! In Sybels Gesellschaft am 6. März: Friedrich Bodenstedt.[42] Bodenstedt – fast unnötig zu betonen – musste für Fontane besonders interessant sein. Fontane hoffte nach wie vor, entgegen anderen Annahmen, »innerhalb der politischen Sphäre« wieder seine Verwendung zu finden. Das sei ihm, bemerkte er gegenüber seiner Frau, doch *»bei weitem das liebste«*.[43] Und Arbeit in der politischen Sphäre konnte nichts anderes als Arbeit im Pressebereich bedeuten – mit dem Ziel, um die Wendung Heyses aufzunehmen, »den Schlüssel zu den Staatsgeheimnissen«[44] zu finden.

Gegenstand des Manövrierens war auch die Stelle, die man für Fontane wünschte: der Posten des königlichen Privatbibliothekars. Die Fontane-Biographik ist Fontane und sie ist auch Heyse darin gefolgt, der diesen Posten als »unscheinbaren Zipfel«[45] umschrieben hatte. Das Tuch, zu dem der »Zipfel«

gehörte, sollte die höher dotierte Berufung sein. 1856, immerhin, war für diese so unscheinbare Stelle u. a. Gustav Freytag, Herausgeber der liberalen *Grenzboten*[46] und Verfasser des Erfolgsromanes *Soll und Haben,* im Gespräch gewesen. Vorgeschlagen hatte ihn Sybel mit der Begründung, Freytag würde »ganz den hohen Intentionen Sr. Majestät entsprechen, München zu einem Brenn- und Sammelpunkte des Bedeutendsten in unserer Literatur zu machen«.[47] Sybel war übrigens auch an den Bemühungen um Fontanes Einstellung unmittelbar beteiligt.[48]

Das Tätigkeitsprofil dieser Stelle sah ein Aufgabenfeld vor, das mit gewöhnlichen bibliothekarischen Arbeiten nur sehr bedingt zu tun hatte: allmonatliche Erstattung von Literaturberichten, Bearbeitung der Auszüge aus der Lektüre des Königs, das Schreiben von Gutachten zu vom König gestellten Fragen und schließlich die »Erledigung der Geschäfte, welche der persönliche literarische und wissenschaftliche Dienst Seiner Majestät namentlich auf staatsrechtliche und nationalökonomische Gegenstände erheischt«.[49] Das war auf den Amtsinhaber, den Juristen Franz Löher, zugeschnitten gewesen. Es ist aufschlussreich, sich dessen tatsächliches Auftragsspektrum anzusehen. Löher hatte Übersichten über mögliche Projekte für die Wissenschaftsförderung anzufertigen und Listen aufzustellen, in denen mögliche Kandidaten aus Wissenschaft und Kunst zusammengetragen wurden, die für eine Berufung nach München in Frage kämen.[50] Sie war nicht auf Preußen beschränkt, sondern visierte den kompletten deutschsprachigen Raum an. Wie hoch der Anspruch war, der sich mit dem Amt verband, zeigen weiterhin die von Löher verfassten »Tabellen der berühmtesten Deutschen im Jahre 1858 nach ihren Wohnorten«, eine in drei Rangklassen gegliederte Zusammenstellung berühmter Männer«.[51] Ständiges Beurteilen und Bewerten der zeitgenössischen Leistungen in Kunst und Wissenschaft als Tagesgeschäft und -pflicht und die hinzukommende Pressearbeit[52] bedeuteten eine anspruchsvolle Herausforderung, die in jedem Fall eher lukrativ als minderwertig war. Mit ihr verband sich die Möglichkeit, bei gewichtigen politischen und kulturstrategischen Entscheidungen ein Wort – vielleicht das ausschlaggebende – mitzusprechen. Was veranlasste Fontane, eine so profilierte Stelle gegenüber seiner Frau mit folgenden, geradezu verräterisch herabmindernden Sätzen zu charakterisieren?

»[...]; wir haben in der Ferne die ganze Stelle um die es sich handelt mit einem Glorienschein umgeben, den sie mir doch eigentlich nicht zu haben scheint. Es ist ein ›Stellechen‹ wie's deren hunderte und tausende in der Welt giebt; durchaus nichts besondres, aber viele Opfer erheischend.«[53]

Ein letzter aufschlussreicher Umstand für das strategische Vorgehen in München: die königliche Audienz. War es Zufall, dass der Poet Fontane vom *Journalisten* Fontane gänzlich ausgestochen wurde? Dass die Balladen mit ihren englisch-schottischen Themen nur das Stichwort abgaben, um über Politisches zu reden? »[I]mmer durch meine Antworten« geleitet, sei der König

»von den Balladen zu Schottland, England, Aristokratie und Manchester-Parthei (John Bright), orientalische Frage, meine publizistische Thätigkeit in

London, Manteuffel, altes Cabinet neues Cabinet, italienische Frage, Krieg oder Frieden, die wahrscheinliche Haltung Preußens, die Beziehungen Preußens zu England, die Chancen des gegenwärtigen Ministeriums, die Gefahren für den Fortbestand eines ungeschwächten Königthums in Preußen, die Intentionen des Regenten, des Herrn v. Auerswald u.s.w.«[54]

Fontane dirigierte den König in sein Fahrwasser. Hier fühlte er sich sicher. Das Bild, das er von diesem Standort aus abgab, konnte befriedigen: ihn selbst und den König. Und doch liest sich die Schlusswendung im Bericht wie ein grund-sätzlicher Kommentar: man sei »nach entgegengesetzten Himmelsgegenden«[55] verschwunden. Waren die entgegengesetzten Himmelsgegenden »Nord« und »Süd«?

Ich komme zu einem ersten Resümee. In München absolvierte Fontane mehr ein Test- als ein »Zwischenspiel«.[56] Seine Fragen, mit denen er dort hinreiste, waren handfest gewesen: Ließ sich mit der »Nord-Süd«-Konstellation, die ihn in München erwartete, das Spannungsverhältnis, das durch die Neue Ära verursacht worden war, neutralisieren? Konnte es unter den Münchner »Nordlicht«-Bedin-gungen entschärft und in einen lebbaren Kompromiss überführt werden? War der »Nord-Süd«-Diskurs geeignet, ein Schriftstellerprofil, das Fontanes unterschied-liches Schreiben in sich vereinte, auszubilden? Kein Zweifel: Fontane spürte, dass er in München den Zwiespalt nicht los wurde, in dem er seit seinem Weggang aus England steckte. Die politische Frontlage, in die er sich verwickelt sah, beschränk-te sich nicht auf hier Preußen – dort Bayern. So umstritten Maximilians II. Posi-tion während seines Aufenthaltes zu werden begann, so differenziert war das Lager der preußischen Bekannten in München. Die Fraktion, die mit Friedrich Eggers' Beteiligung am Kurs der Neuen Ära am klarsten bestimmt ist, dominierte auch diesen Kreis.

Guten Gewissens konnte sich Fontane nicht in die Gesellschaft des bayerischen Monarchen ziehen lassen, so groß die Versuchung, so groß die Verführungskraft war. Dessen Intention, eine politische Sammlung »des Dritten Deutschland um Bayern durch Sammlung der deutschen Intelligenz«[57] in München zu betreiben, stand in grundsätzlichem Widerspruch zum politischen Verständnis Fontanes. Eben dieses Verständnis war das Konfliktzentrum zwischen ihm und seinen natio-nalliberalen Berliner Freunden wie auch zwischen ihm und seinen gewese-nen und amtierenden Dienstherren in Berlin.[58] Er wollte und konnte sich nicht darüber täuschen, dass alle Kultur- und Wissenschaftsgesonnenheit des bayeri-schen Königs jenem Zweck unterstellt war, dessen Ziel nicht sein Ziel war, weder politisch, noch ästhetisch. Ihm fehlte das Missionarische, um gleichsam vor Ort in einer Position, die sich mit seiner, bei allem Einvernehmen im Grundsätzlichen, nicht deckte, zu kämpfen. Fontane war mithin nicht »Nordlandsmensch« genug, um »Nordlicht« zu werden. Dem die Mission der »preußischen Idee«[59] zweifel-los war, der zweifelte an ihrer Wirkung unter fremder Zwecksetzung. Eine Rolle für sich im angebotenenen politischen Spektrum konnte er nicht entdecken.

Damit ist schon ein Ausblick gegeben, eigentlich vor der Zeit. Mit dem Jahr 1859, das in den Mittelpunkt zu rücken die Sache zwang, ist Fontanes »Nord-Süd«-Linie nur markiert. Die kritische Fortschreibung dieser Linie in Biografie und Werk[60] fehlt. Seine literarische Ära als Erzähler stand am Anfang, wo die preußisch-nordische »Mission« scheinbar am Ziel angelangt war: 1870/71 mit der Reichsgründung. Das waren die Erfahrungen, mit denen Fontane seine literarische Laufbahn fortzusetzen hatte, jenseits der »Nord-Süd«-Linie, sie aber unablässig und in wachsendem Maße im Visier. Die Preußenkritik des Romanciers intendierte dann mehr oder minder vornehmlich auf ein nicht-preußisches, ja süddeutsches Publikum. Am Ende, so möchte man meinen, war der antipreußische »Süden« umworbenes Ziel, tatsächlich oder polemisch. Es konnte Sachsen heißen oder Bayern. Es definierte sich über seine Stellung zu Preußen, das für ein Deutsches Reich stand, von dem man noch nicht wusste, ob es ein Kulturreich würde. »Daß sie hier [Dresden – d. Verf.] gegen alles Preußische gereizt sind«, schrieb Fontane an Friedlaender kurz vor seinem Tod, »kann ich ihnen nicht verdenken; die Preußen gerierten sich als die Ueberlegenen und sind es doch vielfach nicht.«[61] Für Fontane hatte sich gegen Lebensende herausgestellt: das norddeutsche Preußen mit dem Monster Berlin war kein Garant für ein Kulturreich, das anstand – eher für das Gegenteil. Der »Norden« hatte gesiegt, das öffnete den Blick auf den »Süden«, frei, ohne Mission.

Anmerkungen

Für freundliche Beratung danke ich Herrn Dr. Wulf Wülfing.

1 In: HFA IV/4, S. 531.

2 Vgl. hierzu EDA SAGARRA: *»Und die Katholischen seien, bei Licht besehen, auch Christen«. Katholiken und Katholischsein bei Fontane: Zur Funktion eines Erzählmotivs.* In: *Fontane Blätter* 59/1995, S. 38–58.

3 Zit. nach: *Von der Aufklärung zur Romantik. Geistige Strömungen in München*. Ausstellung Katalog. Hrsg. v. SIGRID V. MOISY. Regensburg 1984, S. 126.

4 Zit. nach: Ebd., S. 131–132.

5 JOSEPH GÖRRES: *Der Kurfürst Maximilian der Erste an den König Ludwig von Baiern bei seiner Thronbesteigung.* In: *Der Katholik* 18 (1825), S. 240.

6 Eigentlicher Impuls Görres' war gewesen, mit diesem Argumentationspaar eine rheinisch-westfälische Allianz gegen Preußen zu schmieden, wozu er in der Tat beitrug. Vgl. im übrigen auch seinen 1805 verfassten Artikel »Nord- und Süddeutschland« aus der von Christoph von Aretin herausgegebenen Zeitschrift *Aurora*. Wiederabgedruckt in: *Charakteristiken und Kritiken von Joseph Görres aus den Jahren 1804 und 1805*. Eingeleitet und hrsg. v. FRANZ SCHULTZ. Köln 1900, S. 43–44.

7 THEODOR FONTANE: *Von Zwanzig bis Dreißig.* Hrsg. v. GOTTHARD ERLER, PETER GOLDAMMER und JOACHIM KRUEGER. Berlin und Weimar 1982, S. 289. »Er, der gütigste Mann von der Welt, war in dieser Frage ganz rabiat«, heißt es weiter unten, »und die vielzi-

tierte, gegen Rom und Papsttum sich richtende Herweghsche Zeile: ›Noch einen Fluch schlepp ich herbei‹, war ihm ganz aus der Seele gesprochen« (S. 307). Dazu habe auch sein aktives Freimaurertum gezählt.

8 Ebd., S. 307.

9 Bernhard von Lepel an Theodor Fontane, 7. Juni 1847. In: *Theodor Fontane und Bernhard von Lepel. Ein Freundschaftsbriefwechsel*. Hrsg. v. JULIUS PETERSEN. 2 Bde. München 1940. Bd. 1, S. 68.

10 FONTANE, wie Anm. 7, S. 184.

11 Vgl. hierzu: Einleitung zu: *Theodor Fontane und Friedrich Eggers. Der Briefwechsel. Mit Fontanes Briefen an Karl Eggers und der Korrespondenz von Friedrich Eggers mit Emilie Fontane*. Hrsg. v. ROLAND BERBIG. Berlin und New York 1997, bes. S. 29–38.

12 ACHIM SING: *Die Wissenschaftspolitik Maximilians II. von Bayern (1848–1864). Nordlichterstreit und gelehrtes Leben in München*. Berlin 1996, S. 177.

13 Rostocker Stadtarchiv [RSA], NL Eggers, 1.4.7.65.

14 Friedrich Eggers an Karl Eggers, 9. Februar 1854. RSA, NL Eggers, 1.4.7.65.

15 Franz Kugler an Clara Kugler, 6. September 1855. Bayerische Staatsbibliothek München [BSTB], NL Kugler, Ana 549, No. 137 (321). In diesem Brief warnte Kugler seine Frau, die sich gerade in München aufhielt, darüber schon mit anderen zu reden, besonders nicht gegenüber Emanuel Geibel, »von wegen doch leiser Antipathie gegen Anakreon [Friedrich Eggers' Name im Tunnel und Rütli – d.Verf.]«. Bei den Beratungen mit Maximilian II. um weitere Berufungen war Kugler selbst im Gespräch, wie aus seinem Briefwechsel mit Paul Heyse hervorgeht. Besonders aktiv in diesen Beratungen war Emanuel Geibel, der mit Kugler in einem freundschaftlichen Verhältnis stand. Vgl. hierzu KARL-HEINZ FALL-BACHER: *Literarische Kultur in München zur Zeit Ludwig I. und Maximilians II*. München 1992 (= Schriftenreihe zur Bayerischen Landesgeschichte 98), S. 93.

16 Zit. nach: SING, wie Anm. 12, S. 79.

17 Zit. nach: Ebd., S. 79-80.

18 Zit. nach: Ebd., S. 80.

19 Zit. nach: Ebd., S. 79.

20 Ebd., S. 80.

21 Vgl. hierzu den diesbezüglichen Punkt 5 der Denkschrift.

22 Zit. nach: SING, wie Anm. 12, S. 80.

23 Ebd., S. 22.

24 Friedrich Eggers an Karl Eggers, 5. Dezember 1855. RSA, NL Eggers, 1.4.7.65.

25 Paul Heyse an Friedrich Eggers, 30. Oktober 1857. Landesbibliothek Kiel [LBK], TNL Eggers, Cb 60.56:213.

26 Paul Heyse an Friedrich Eggers, 30. Oktober 1857, wie Anm. 25.

27 Paul Heyse an Friedrich Eggers, 30. Oktober 1857, wie Anm. 25.

28 Paul Heyse an Franz Kugler, 3. März 1858. BSTB München, Heyse-Archiv. Briefe Paul Heyse an Franz Kugler. Sig.: I 33.

29 Paul Heyse an Theodor Fontane, 27. August 1858. In: *Der Briefwechsel zwischen Theodor Fontane und Paul Heyse*. Hrsg. v. GOTTHARD ERLER. Berlin und Weimar 1972, S. 39.

30 Paul Heyse an Theodor Fontane, 11. Februar 1859. Ebd., S. 40.

31 Ebd.

32 Darin sind ihm seine Biographen und jene, die diesem Teil seiner Lebensgeschichte nachgegangen sind, weitestgehend gefolgt.

33 SING, wie Anm. 12, S. 232.

34 Vgl. ebd., S. 337.

35 FALLBACHER, wie Anm. 15, S. 101.

36 Vgl. BSTB München, Heyse-Archiv I.39, Heyse Tagebuch 3, 29.4.1855. Ein weiterer Anlauf Heyses erfolgte ein Jahr später. Fontane notierte am 26. September 1856 in seinem Tagebuch: »Anfrage von Seiten Paul's wegen Uebernahme einer Redaktion, vielleicht der N: Münchner Zeitung (bei der übrigens nach Metzel's Meinung, nur Katholicken das große Wort führen.)« In: THEODOR FONTANE: *Tagebücher 1852/1855–1858*. Hrsg. v. CHARLOTTE JOLLES unter Mitarbeit v. RUDOLF MUHS. Berlin 1994, S. 172.

37 Zit. nach: SING, wie Anm. 12, S. 220.

38 Ebd.

39 Theodor Fontane an Emilie Fontane, 2. März 1859. In: EMILIE und THEODOR FONTANE: *Der Ehebriefwechsel 1857–1871*. Hrsg. v. GOTTHARD ERLER unter Mitarbeit v. THERESE ERLER. Berlin 1998, S. 133.

40 »Vorgestern hab ich bei Bodenstedt und Löher Visite gemacht«, berichtete Fontane am 5. März 1859 seiner Frau, »am Nachmittag hospitirte ich in v. Sybels Kolleg und begleitete ihn bis an sein Haus, […].« Ebd., S. 138.

41 Vgl. SING, wie Anm. 12, S. 299.

42 Vgl. Fontanes Brief an Emilie Fontane vom 6. März 1859. In: EMILIE und THEODOR FONTANE, wie Anm. 39, S. 140.

43 Theodor Fontane an Emilie Fontane, 3. März 1859. Ebd., S. 136. Das war auf die mögliche Rückkehr nach Preußen bezogen, traf aber offenbar seine grundsätzlichen Intentionen.

44 Paul Heyse an Theodor Fontane, 27. August 1858. In: *Der Briefwechsel zwischen Theodor Fontane und Paul Heyse*, wie Anm. 29, S. 39.

45 Paul Heyse an Theodor Fontane, 11. Februar 1859. Ebd., S. 40.

46 In Nr. 34 vom 23. August 1859 der *Grenzboten* gab Freytag – um ein Beispiel zu nennen – in seinem Artikel *Die Zukunft Preußens* seine Stimme für den baldigen preußischen König Wilhelm ab, dem es gelingen werde, »Preußen nach außen allmählich zu einer Bedeutung zu erheben, die der inneren Tüchtigkeit des Volkes entspricht«. Zit. nach: GUSTAV FREYTAG: *Gesammelte Werke. Fünfzehnter Band: Politische Aufsätze*. Leipzig 1887, S. 235.

47 Heinrich von Sybel an Maximilian II., 12. Dezember 1856. Zit. nach: FALLBACHER, wie Anm. 15, S. 94.

48 Vgl. WALTER HETTCHE: *Theodor Fontane zu Gast bei den Münchner »Krokodilen«*. In: *Literatur in Bayern*. Hrsg. v. INSTITUT FÜR BAYERISCHE LITERATURGESCHICHTE AN DER UNIVERSITÄT MÜNCHEN. Nr. 20. Juni 1990, S. 6. Heyse sprach gegenüber Fontane von einem »mächtigen Rückhalt«, den er in Sybel haben werde. Paul Heyse an Theodor Fontane, 11. Februar 1859. In: *Der Briefwechsel zwischen Theodor Fontane und Paul Heyse*, wie Anm. 29, S. 42.

49 Zit. nach: FALLBACHER, wie Anm. 15, S. 88.

50 Emanuel Geibel entwarf z. B. um 1855/56 eine ähnliche Liste für die zeitgenössischen Dichter.

51 FALLBACHER, wie Anm. 15, S. 88.

52 Die Berufenen sollten neben ihren Spezialaufgaben gleichzeitig im Dienst einer aktiven Pressepolitik der Regierung tätig werden. Vgl. auch hierzu genauere Informationen bei SING, D. I. *Aspekte zu Pressepolitik und öffentlicher Meinung während der Regierungszeit Maximilians II.*, wie Anm. 12, S. 213–227. Erwähnung verdient in diesem Zusammenhang vielleicht auch die von FRANZ DINGELSTEDT verfasste *Geheime Denkschrift über die bayerische Presse in und für Bayern* (Februar 1852). Dingelstedts eigentliches Metier war das Theater.

53 Theodor Fontane an Emilie Fontane, 5. März 1859. In: EMILIE und THEODOR FONTANE, wie Anm. 39, S. 139.

54 Theodor Fontane an Emilie Fontane, 19. März 1859. Ebd., S. 160.

55 Ebd.

56 HELMUTH NÜRNBERGER: *Fontanes Welt*. Berlin 1997, S. 179.

57 FALLBACHER, wie Anm. 15, S. 144.

58 Man könnte beispielsweise fragen, ob es nicht denkbar gewesen wäre, dass Fontane bei einer Berufung oder einer ihm anvertrauten Stellung geheimdienstlich für Preußen tätig hätte werden können? Oder dass er über eine solche Stellung in preußischem Auftrage Beeinflussung hätte anstreben können? Hier stand ihm aber das Misstrauen im Wege, mit dem man ihm in Berlin begegnet war. Es war nicht anzunehmen, dass ihm gleichsam auf feindlichem Boden ein solches Vertrauen entgegengebracht würde und er Handhabe bekommen hätte, um positiv im Sinne der preußischen Regierung zu wirken.

59 Vgl. PETER WRUCK: *Fontanes Entwurf »Die preußische Idee«*. In: *Fontane Blätter* 34/1982, S. 169–190.

60 Auf die Analyse dieses Diskurses im literarischen Werk Fontanes muss an dieser Stelle verzichtet werden. Die vorliegende Arbeit ist Teil einer größeren Studie, die diesem vielverzweigten Pfad nachgeht und das Verhältnis von »Norden« und »Süden« in Fontanes Werk darstellt.

61 Theodor Fontane an Georg Friedlaender, 2. Juni 1898. In: THEODOR FONTANE. *Briefe an Georg Friedlaender*. Aufgrund der Edition von KURT SCHREINERT und der Handschriften neu herausgegeben und mit einem Nachwort versehen von WALTER HETTCHE. Mit einem Essay von Thomas Mann. Frankfurt/M. und Leipzig 1994, S. 432.

»… unterm chinesischen Drachen …

Da schlägt man sich jetzt herum«

Fontane, der Ferne Osten und die Anfänge der

deutschen Weltpolitik

Dietmar Storch

S ie sagen ›Christus‹ und meinen Kattun«. Dieser vielzitierte Satz aus dem *Stechlin* hatte – Thema con variatione – bereits einen Vorläufer im März 1857, als Fontane von London aus in einem Beitrag für die *Kreuzzeitung* herbe Kritik an Englands Vorgehen gegen China im »Zweiten Opiumkrieg« übte: Während es »in der linken Hand die aufgewickelte Fahne der Zivilisation, ein Stück Kalico«, trage, habe es in der rechten »eine seltsame Waffe, halb Opiumpfeife, halb Flintenlauf, so fällt John Bull über den Sohn der Mitte her und ruft ihm zu: Kattun oder Tod«.[1] Partei zu ergreifen für das bedrängte Reich der Mitte, wie Fontane dies tat, konnte damals keineswegs als selbstverständlich gelten, hatte sich doch in der Einschätzung des fernöstlichen Landes seit längerem ein nahezu völliger Paradigmenwechsel vollzogen. Im 18. Jahrhundert wegen seiner hohen Kultur und seines vermeintlich vernunft- und moralbestimmten Staatswesens in Europa stark idealisiert, galt es nunmehr als rückständig, unbeweglich, ja entwicklungsunfähig.

Fontane vermochte – insbesondere wenn es um die Menschen ging – ein derart negativ besetztes Chinabild nicht zu teilen.[2] Weder billigte er die gewaltsame Öffnung des Landes zugunsten vor allem englischer Wirtschaftsinteressen noch den gleichzeitig dem Mandschureich aufgezwungenen westlichen Kulturimperialismus, dessen Normen und Wertvorstellungen zunehmend Druck auf die konservativen Strukturen der indigenen chinesischen Gesellschaft ausübten.[3] Entschieden bestritt er den Briten das Recht, der »verwerflichen Selbstsucht« des chinesischen Sperrsystems, das die Einführung europäischer Wissenschaften, Sitten und Gebräuche hintertreibe, so die *Times*, endlich ein Ende zu machen.[4] Ebensowenig verstand er sich dazu, in den Chinesen »semi-barbarians«[5] zu sehen. Besonders mißfiel ihm ein Artikel in der *Times*, dessen Absicht für ihn vor allem darin bestand, den in Kanton gefangengenommenen Generalgouverneur Yeh, einen der angesehensten und höchsten Würdenträger des Mandschureiches, geistig und moralisch zu diskreditieren. Auf der Schiffsreise nach Kalkutta, seinem Verbannungsort, war Yeh von den begleitenden Briten in seinen Äußerungen und Verhaltensweisen systematisch ausgespäht und, so Fontane, »abwechselnd zum Gegenstand des Ekels und des Gelächters«[6] gemacht worden. Seiner auszugsweisen Übersetzung des Artikels für die Berliner *Zeit* fügte Fontane eine persönliche Stellungnahme hinzu, in der er sich nicht nur gegen alle Versuche verwahrte, Yeh mit »karikaturartigen und monströsen Zügen« zu versehen, sondern auch seiner Überzeugung Ausdruck verlieh, es sei von diesem »immer noch ein Charakterkopf übriggeblieben«. Bestärkt in der Auffassung, »daß es mit jenem Rätselstaat und seinen Dienern« – trotz alledem – »etwas sein müsse«,[7] suchte er seinen Kenntnisstand über China anhand von Herders *Ideen zur Philosophie der Geschichte der Menschheit* zu vertiefen.[8]

Natürlich entging ihm nicht, wie sehr in einer Zeit, die immer stärker auf Wirtschaftswachstum und Welthandel setzte, China als Gegenpol zur überlegenen Modernität Europas erscheinen mußte.[9] Dennoch mißfiel ihm, daß die sog. ›Hohe

Politik‹ offenbar darin bestehe, vor anderer Leute Tür zu fegen und sich dabei vornehmlich um »Gußstahl, Baumwollen-Pflanzungen …, cochinchinesische Hühner und Tee-Konsumation« zu kümmern.[10]

Inzwischen aber waren keineswegs nur Engländer, Franzosen und Amerikaner in Ostasien auf wirtschaftlichen Gewinn aus; mit ca. 200 Schiffen stellten die Deutschen um 1860 vorübergehend sogar das größte Kontingent im chinesischen Küstenhandel. Diese Position geriet in Gefahr, als mit dem Ende des »Zweiten Opiumkrieges« im Vertrag von Tianjin (1858) eine Benachteiligung deutscher Kaufleute drohte.[11] Um dies zu verhindern, ja vielleicht sogar einen Handelsstützpunkt in Fernost zu gründen, schickte das Preußen der ›Neuen Ära‹ 1860 unter Leitung Graf Friedrichs zu Eulenburg einen kleinen Flottenverband ins Chinesische Meer, dessen 62 Kanonen für den Fall mitgeführt wurden, daß sich China und Japan weigern sollten, Preußen den anderen Großmächten gleichzustellen.[12] Sie weigerten sich nicht.

Indessen zeitigte bei Fontane weder die preußische Ostasienexpedition einen Reflex[13] noch Bismarcks vergeblicher Sondierungsversuch, in Abstimmung mit den USA mit der chinesischen Regierung zu einer Vereinbarung über die Errichtung einer preußischen Marinestation am Gelben Meer zu gelangen.

Im wesentlichen kommt er erst wieder in *Effi Briest* auf China zurück, genauer gesagt: auf *den*, aber auch auf *die* Chinesen. Dabei zeigt sich, daß der Chinese an sich, der, wie man weiß, auch für Effi »immer was Gruseliges«[14] hat, inzwischen zu einem Spuk von europäischer Reichweite geworden ist[15] und einen Rudyard Kipling von den »yellow faces« sprechen läßt, »that glare at you, so that you will be afraid«.[16]

Aber wie der Berliner Sinologe Wilhelm v. der Gabelentz, der – damals eher die Ausnahme im Kreise seiner Fachkollegen – hinter den »glatten, gelben, schlitzäugigen Chinesengesichtern« warm fühlende Menschen wahrnahm,[17] so auch Fontane. Durch Roswitha, für die Chinesen »auch Menschen« sind, mit denen es ebenso sein werde »wie mit uns«[18] und durch Innstetten, der über den außerhalb des Kessiner Friedhofs begrabenen Chinesen gehört hat, daß er »ein sehr guter Mensch gewesen« sei, »geradesogut wie die anderen«,[19] relativiert Fontane gleich zweimal das weithin herrschende Vorurteil. Auch einen Rundgang auf dem Gelände der chinesischen Gesandtschaft in der Berliner Heydstraße verbindet er durchweg mit positiven Konnotationen über dieses »Innenvolk«.[20] Er spricht von feinen, selbstbewußten Menschen, »die jede Schaustellung verschmähn« und »höchste Kultur mit höchster Natürlichkeit« zu verbinden wüßten. Ja, er hat seine Freude am fremdländischen Aussehen der beiden chinesischen Diplomaten in ihren hellblauen Seidengewändern, die ihn bei Josty so »schelmisch freundlich« ansehen, »wie nur Chinesen einen ansehen können«.[21] Mehr noch: Dem forcierten materiellen Gewinnstreben im eigenen Lande hält er die geistige Kultur Chinas entgegen: »Wir erheben uns so über die Chinesen, aber darin sind diese doch das feinste Volk«, daß das Wissen bei ihm »am höchsten gestellt wird«.[22]

Dennoch zählte Fontane sich keineswegs zu den »modischen China-Enthusiasten«.[23] Wie vor ihm etwa Hegel, Ranke oder Marx, die, überzeugt vom Fortschrittsgedanken in der Weltgeschichte, Bewegungsunfähigkeit und Abschottung des Mandschureiches beklagt hatten,[24] sah auch er die Stagnationserscheinungen in Staat und Gesellschaft kritisch. Vor allem der ungeachtet aller Demütigungen durch den Westen nach wie vor am hochkonservativen Mandschuhof propagierte Sinozentrismus mit seinem absolut gesetzten kulturellen und moralischen Superioritätsanspruch ließ ihn von »kolossalem Dünkel«, ja von »Größenwahn« sprechen.[25]

Das mauerumgebene Kloster Wutz – »Inkarnation eines unhaltbar gewordenen Weltzustandes«[26] – mit seiner in vielem so petrefakt anmutenden Domina erscheint denn auch wie ein Abbild des im Niedergang, ja Verfall begriffenen Mandschureiches unter seiner Regentin, der Kaiserinwitwe Cixi, die unverrückbar am Mythos der prinzipiellen Unüberwindlichkeit ihres Landes festhielt. Nicht von ungefähr formulierte Fontane in seinen ersten Entwürfen zum *Stechlin*: »Was bei den chinesischen Mauern herauskommt, das sehen wir da, wo diese Mauer steht. Sich abschließen heißt sich einmauern, und sich einmauern ist der Tod. Es dreht sich alles um diese Frage.«[27]

Er benutzte die Mauer als Metapher und wandte sie ins Politische, wo sie für Stillstand, Abgrenzung, Beharrung, Festhalten an überholten gesellschaftlichen Strukturen und längst obsolet gewordenen Privilegien steht, und zwar nicht nur im Reich der Mitte. Dem Wunsch der Domina nach »Untersichbleiben« und »bestimmt gezogenen Grenzen« setzen Woldemar und Armgard angesichts des in ständiger Veränderung befindlichen Vesuvs ihre Überzeugung entgegen: »»Die chinesische Mauer fällt überall, in China selbst. Und sie sollte *nicht* fallen am Stechlin?«[28]

Noch während er an seinem letzten Roman arbeitete, ließ der Ausgang des chinesisch-japanischen Krieges von 1894/95 die verheerende Schwäche des Mandschureiches vor aller Welt offenbar werden.[29] Im Streit um Korea, jahrhundertelang ein Vasall Pekings, unterlag China den als »Zwerg-Barbaren« geschmähten Söhnen Nippons,[30] die noch bis 1871 ihre Tributgesandtschaften an den Mandschuhof geschickt hatten.

»»…dieser elektrische Strom, tipp, tipp, tipp‹«, bestaunte der alte Dubslav die moderne Telegraphie.[31] Sie machte es möglich, daß bereits einen Tag nach der Vernichtung der chinesischen Flotte bei Ping-Yang Fontane an Karl Zöllner schreiben konnte: »Der Japanersieg hat mich entzückt, trotzdem ich sagen kann: ›ich kenne ihm nich, ich kenne ihr nich‹«.[32] Daß »das Wachsende, gut oder nicht gut … an die Stelle des Fallenden« treten würde, galt ihm längst als ausgemacht.[33] Mochte auch, was den überraschenden Sieger anging, vieles noch im Ungewissen liegen, Fontane, der in diesem Zusammenhang bekannte, einen »Haß gegen alles Alte« zu haben, »das sich einbildet, ein Ewiges zu sein«,[34] war »für Experimente«[35] und wollte es hier mit dem Neuen wagen, zumal sich das Alte in diesem Falle als völliger Anachronismus erwies. Das war zunächst auf die rückwärts gewandte

Unbeweglichkeit des Mandschureiches gemünzt, der er ebensowenig Sympathie entgegenbrachte wie seinerzeit der Stillstandsperiode im vormärzlichen Preußen. Darüber hinaus aber zielte Fontane damit auf die innen- und gesellschaftspolitische Stagnation im wilhelminischen Deutschland, wo ungeachtet aller wissenschaftlich-technischen Modernität und wirtschaftlichen Erfolgsbilanz – gleichsam wie hinter einer chinesischen Mauer – unverändert »›weitergelten‹« sollte, »›was mal galt‹«, wie er seinen Pastor Lorenzen sagen ließ.[36] »Daß Staaten an einer kühnen Umformung, die die Zeit forderte, zu Grunde gegangen wären«, schrieb er im April 1897, »– *dieser* Fall ist sehr selten. Ich wüßte keinen zu nennen. Aber das Umgekehrte zeigt sich hundertfältig.«[37] Boten nicht Japan und China in ihrem Gegensatz von Modernität und Kraftbewußtsein auf der einen sowie Beharrung und Zukunftsangst auf der anderen Seite hierfür überzeugende Beispiele?

Zwar hatten sich seit den sechziger Jahren im Reich der Mitte, das von innen zusätzlich bedroht wurde durch die Taiping-Revolution, eine der größten Aufstandsbewegungen in seiner Geschichte, vorsichtige Reformbestrebungen zu regen begonnen, bekannt als »Versuche zur Selbststärkung«.[38] Obwohl sie von einem der mächtigsten Männer Chinas, dem Vizekönig Li Hung Tschang, den man in Berlin gern den »chinesischen Bismarck« nannte, gefördert wurden, blieben sie letztlich in Ansätzen stecken.[39] Um so mehr leitete die 1895 im Frieden von Shimonoseki besiegelte Niederlage Chinas die beschleunigte Transformation des Landes in eine Halbkolonie ein.[40]

Anders lagen die Dinge in Japan. Seitdem 1854 US-Admiral Perry vor dessen Küsten erschienen war, um auch dieses fernöstliche Land nach westlichen Vorstellungen zu »öffnen«, hatte sich hier im Zuge der sog. Meiji-Restauration ein beispielloser Wandel vollzogen. Gewohnt, fremde Einflüsse zu rezipieren und dennoch »kulturell mit sich identisch« zu bleiben,[41] prüfte und entschied Japans Führungselite, welche modernen Errungenschaften in Europa und den USA dem Aufbau ihres Landes nützlich sein könnten (Iwakura-Mission). Danach war der Westen entzaubert, und das Land der aufgehenden Sonne präsentierte sich »als eine mit allen praktischen Errungenschaften der westlichen Zivilisation ausgerüstete östliche Nation«.[42] »Wenn das Nachahmung ist«, so der Brite John Atkinson Hobson, einer der frühesten und vehementesten Kritiker des Kolonialimperialismus, »so ist es eine hochintelligente … «.[43] Am Ende des Jahrhunderts verband Japan beides miteinander: »Offenheit« und »Geschlossenheit«,[44] Modernität und Traditionsbewußtsein oder, um den Vorgang aus der Perspektive Fontanes zu sehen: Das Beispiel Japan mußte ihm als gelungene Synthese von ›Alt‹ und ›Neu‹ erscheinen.[45] Das komplementäre japanische Modell des Sowohl-als-auch entsprach seiner Denkweise weit mehr als das noch immer vornehmlich alternativ geprägte Entweder-oder des Mandschureiches am Ende des Jahrhunderts.

Damals wandte der 76jährige Fontane sein weltpolitisches Interesse den Ereignissen »… in Japan und da herum«[46] mit erneuter Aufmerksamkeit zu und reimte:

»Liu-Tang und Liu-Tschang,
Christengemetzel am Yang-tse-Kiang«.[47]
Bezog er sich mit Liu-Tang auf die von Japan vergeblich angestrebte Annexion der
Halbinsel Liaotung und mit Liu-Tschang auf Li Hung Tschang, der auf chinesischer
Seite die Friedensverhandlungen in Shimonoseki geleitet hatte, so rückte der zweite Vers die Ausschreitungen gegen die immer zahlreicher ins Land strömenden
christlichen Missionare ins Bild, deren häufig antikonfuzianische Einstellung als
sozialrevolutionäres Ferment wirkte, das die bestehende Ordnung in China bis in
die Familienstruktur hinein mehr und mehr gefährdete.[48] Auch wenn sie keineswegs grundsätzlich als »Vorläufer und Jagdhund« des kolonialen Imperialismus
auftraten, sahen sich die Missionare bei der damals gegebenen historischen Konstellation doch oft genug in einer kaum vermeidbaren »Verflechtung mit dem Vor-
dringen der Kolonialmächte«[49] und bildeten eine »Enklave fremder Loyalität«.[50]
Fontane fand es bereits »vom Prinzip wegen … anmaßlich, wenn ein Schusterssohn
aus Herrenhut 400 Millionen Chinesen bekehren will«.[51] Und wenn mal wieder
»zehne gemordet« würden, so täten ihm »die armen Kerle furchtbar leid«.[52]

Im Herbst 1897 waren es zwar nur zwei, aber diesmal handelte es sich um deutsche Missionare. Was seinen Einfluß in China betraf, bisher eher ein Nachzügler,
nahm Deutschland den Vorfall sofort zum Anlaß, um die Bucht von Kiautschou
militärisch zu besetzen und leitete damit den »Beginn« der aktiven deutschen
›Weltpolitik‹ der wilhelminischen Ära ein, die sich mehr und mehr von der traditionell eurozentrischen Gleichgewichtspolitik Bismarcks entfernte.[53] Sarkastisch
bemerkte die Shanghaier Presse, die beiden Missionare hätten gut daran getan,
sich massakrieren zu lassen, denn selten hätten zwei Menschenleben dem ›Vaterland‹ so viele Vorteile gebracht.[54] Tatsächlich mußte das geschwächte Mandschureich hinnehmen, daß der deutsche Kaiser ihm »mit brutalster Rücksichtslosig-
keit«[55] in Gestalt des Flottenstützpunkts Tsingtau einen »Platz an der Sonne«
abzwang,[56] wie Außenstaatssekretär v. Bülow das nannte, der ein deutsches Faust-
pfand in China für unerläßlich hielt, »wenn wir nicht dort eine Macht zweiten oder
gar dritten Ranges bleiben wollen«.[57] Die Aufforderung Wilhelms II. an seinen
Bruder, Prinz Heinrich, sich nach Tsingtau zu begeben und »mit gepanzerter
Faust«[58] dreinzufahren, sollte jemand die Deutschen in ihrem »guten Recht« kränken wollen, ließ es Fontane ebenso »himmelangst«[59] werden, wie die Versiche-
rung des Prinzen, »das Evangelium Eurer Majestät geheiligter Person im Auslande« überall verkünden zu wollen.

Die Gründung des deutschen Kolonialreiches in Afrika und im Pazifik, von
Bismarck, obwohl dem Ganzen eher abgeneigt, 1883/84 gegen englischen Widerstand durchgesetzt, lag inzwischen nahezu eineinhalb Jahrzehnte zurück. Sie war,
auf Fontanes Roman bezogen, etwa in der Mitte des Handlungszeitraumes von *Effi
Briest* erfolgt,[60] ohne hier jedoch deutlichere Spuren zu hinterlassen. Stattdessen
finden sich versteckte Hinweise auf den von Bismarck gleichzeitig unternommenen Versuch, sich mittels einer gemeinsamen kolonialen Entente Frankreich poli-

tisch anzunähern. Damit wird der »Schwefelgelbe« einmal mehr zur ›Chiffre‹ für die Probleme seiner Epoche.[61] Wie hatte doch Innstetten gesagt: »»Es ist merkwürdig, was alles zum Zeichen wird und Geschichten ausplaudert …‹« Indem Bismarck die Ausdehnung der französischen Kolonialherrschaft über die damals noch unter chinesischer Oberhoheit stehenden indochinesischen Provinzen Annam und Tongking nachdrücklich förderte, hoffte er, Paris vom Elsaß an die südostasiatische Peripherie ablenken zu können, wo das französische Vorgehen alsbald zu einem Waffengang mit China führte.[62] Hier ist auf die sog. ›Schwarzflaggen‹ zu verweisen, im Roman eine Variante der historischen Kontextualisierung des Chinesenmotivs.[63] Hervorgegangen aus ehemaligen chinesischen Taiping-Rebellen, störten die ›Schwarzflaggen‹, »[…] Leute weit dahinten in Tonkin‹«, um mit Innstetten zu sprechen,[64] im Zusammenwirken mit regulären chinesischen Truppen durch hartnäckigen Widerstand gegen die Franzosen Bismarcks Kreise. Der mußte sich außerdem noch die Handelsgeschäfte deutscher Kapitäne angelegen sein lassen, die, wie der sog. »Chinafahrer« Thomsen etwa, »mit Reisfracht zwischen Schanghai und Singapur«[65] unterwegs waren oder sich am gewinnträchtigen deutschen Waffenhandel mit Frankreichs Gegenspielern in Asien beteiligten.[66] Indem Innstetten dem Landwehrmajor Crampas, falls er denn unbedingt einen ehrlichen Soldatentod suche, »»unterm chinesischen Drachen Dienste zu nehmen‹« empfiehlt, wo man sich jetzt herumschlage,[67] wird der – formell übrigens unerklärt gebliebene – chinesisch-französische Krieg erneut in Erinnerung gerufen. Der Kommentar der Hanser-Ausgabe hebt hier übrigens irrtümlich auf den chinesisch-japanischen Krieg ab.[68] Obwohl Bismarck auf Bitten des französischen Ministerpräsidenten Ferry aktiven deutschen Offizieren verbot, in der chinesischen Armee Dienst zu nehmen, entfaltete, deutscherseits recht ungehindert, die chinesische Gesandtschaft in Berlin eine rege Werbetätigkeit,[69] die sich an verabschiedete Offiziere wandte und ihnen beträchtliche materielle Anreize bot. In dem mit *Effi Briest* teilweise zeitgleich konzipierten Manuskript zu *Mathilde Möhring* ließ Fontane Frankreichs Vorgehen »in Annam und Tonkin«, dessen Bedeutung er bereits 1882 in einem Brief an Friedrich Stephany hervorgehoben hatte, noch einmal anklingen.[70] Die »Nemesis von 1871«[71] holte jedoch das Reich schnell wieder ein, als in Paris Ferry, ›le Tonkinois‹, unter dem Vorwurf gestürzt wurde, er habe sich von Bismarck für das Elsaß mit Tongking abspeisen lassen wollen.[72] Nachdem so die Grenzen einer deutsch-französischen Annäherung sichtbar geworden waren, beendete Bismarck, der sich seinen außenpolitischen Handlungsspielraum keinesfalls eingrenzen lassen wollte,[73] seine kolonialpolitischen Aktivitäten, um sich im Interesse seiner eurozentrischen Sicherheitspolitik England wieder anzunähern, dessen politisches Establishment der deutschen Politik inzwischen jedoch mit deutlicher Reserve begegnete.[74]

Wenn es Fontane auch vermeidet, »Weltgeschehen … als ›Handlung‹« in sein Romanwerk mit einzubeziehen,[75] so macht er gleichwohl darin »Welt« verfügbar, allerdings eher beiläufig und ohne sich auf das Geschäft der Tagespolitik im einzelnen einzulassen. Zu einer Zeit, als sich das Reich unter Wilhelm II. anschickt, die europäische Gleichgewichtspolitik Bismarckscher Prägung zugunsten einer Politik der »freien Hand« endgültig hinter sich zu lassen,[76] ruft Fontane durch Innstettens Hinweis auf ›Schwarzflaggen‹ und Krieg im Zeichen des chinesischen Drachen gleichsam »absichtsvoll-absichtslos«[77] nicht nur die komplexe Problematik des europäischen Kolonialimperialismus in Erinnerung, sondern auch die veränderte außenpolitische Situation des Reiches nach dem gescheiterten Versuch einer deutsch-französischen Annäherung und der nur wenige Jahre nach Bismarcks Sturz geschlossenen französisch-russischen Allianz von 1892.

Wer damals geglaubt hatte, England würde als natürliche Reaktion hierauf nun näher an Deutschland heranrücken, sah sich bald eines anderen belehrt. Stattdessen »wuchsen die deutsch-englischen Dissonanzen«[78] – am gefährlichsten im südlichen Afrika (›Jameson-Raid‹). Was Fontane betraf, so stand er der Kolonialfrage eher ablehnend gegenüber. Am liebsten würde er wohl die Kolonialgebiete von ihren Kolonialherren freigekauft haben.[79] Nicht die »neueste Väterweisheit«[80] –

»Vorwärts auf der schlechtsten Kragge,
Wenn nur unter großer Flagge«

war seine Devise, sondern sich zu Hause bewähren, »nicht in einem fremden Nest«.[81] Allzu fragwürdig erschienen ihm die »Herolde falscher Gesittung«,[82] wie sie nicht nur in den »deutschen Afrikaprovinzen« unterwegs waren. Mehr noch aber verdankte sich Fontanes überwiegende kolonialpolitische Abstinenz dem Wunsch der Konfliktvermeidung mit England. Die »relative Wertlosigkeit«[83] der afrikanischen und ozeanischen Besitzungen des Reiches schien ihm dafür gute Voraussetzungen zu bieten. Weit entfernt von der Parole des vortragenden Rates im Auswärtigen Amt, Holstein, »... mitzugrapschen, wenns zum Grapschen kommt«,[84] wollte er etwa für den Erwerb Samoas auch nicht fünf Füsiliere totgeschossen wissen[85] und lehnte den gefährlichen Konfrontationskurs des Reiches gegenüber den beiden angelsächsischen Großmächten entschieden ab. Dies um so mehr, als jeder nationale Prestigegewinn zunehmend von unwägbaren außenpolitischen Risiken und Spannungen begleitet war. Anders als die junge Generation verstand er Bismarcks Kolonialpolitik niemals als Schrittmacher der neuen deutschen Weltpolitik.[86]

Welche Schwierigkeiten und Belastungen Kolonien mit sich bringen konnten, beobachtete er an Krisensymptomen des britischen Empires, das sich gegen Ende des Jahrhunderts mit einem latenten Machtverfall konfrontiert sah und dessen »relativer Niedergang« nicht verborgen blieb.[87] Er verwies dabei auf den ebenso prestigemindernden wie kostspieligen Konflikt in Transvaal, auf den Aufstieg der USA und Japans[88] im Pazifik und auf die Festigung der Stellung Rußlands »im Norden von China«, wo der Eisenbahnbau »neue Weltlagen geschaffen« habe, und zwar »alle zu Ungunsten Englands«.[89] Mußten die »Streitereien« mit Deutschland angesichts dessen nicht eher als »Nullität«[90] erscheinen, zumal das flottenpolitische Duell mit England zu diesem Zeitpunkt noch gar nicht recht begonnen hatte?[91] Zwar wandte sich Fontane in seinen Briefen an Morris durchaus selbstbewußt gegen die, wie er meinte, »immer bedrücklicher und immer kränkender werdenden Weltherrschaftsaspirationen Englands«,[92] warb aber gleichzeitig im Sinne einer appeasement-policy um Verständigung.

Und doch, so spürte er, dämpfte das alles nicht den wachsenden Argwohn der öffentlichen Meinung des Inselreiches gegenüber dem deutschen »Newcomer« auf der weltpolitischen Bühne. Der wollte in der Tat mehr sein als nur Juniorpartner der Briten. Dafür war er bereit, die Fesseln der Bismarckschen Gleichgewichtspolitik abzustreifen.[93] Mehr und mehr begann der Gedanke einer »redivision of the globe« Politik und Öffentlichkeit des sich ökonomisch und demographisch stürmisch aufwärts entwickelnden Reiches zu beschäftigen. Erschien nicht sogar vielen Briten selbst der Aufstieg Deutschlands und der USA als »decline« der eigenen Weltstellung, so daß man in Berlin vielleicht sogar hoffen durfte, draußen in der Welt das Erbe Englands anzutreten?[94] Und mußte nicht am Ende die Verschiebung der wirtschaftlichen Macht auch die politischen und militärischen Machtverhältnisse verändern?[95]

Mehrfach in seinem letzten Lebensjahr und in Anspielung auf Gibbons *Decline and Fall of the Roman Empire* sprach Fontane davon, daß Völker, »wenn die Gefahren sich mehren, ja, wenn ›decay‹ and ›fall‹ als Möglichkeiten am Horizont« sichtbar würden, sich noch einmal »zu größten Leistungen« aufrafften wie derzeit England, das »… seine Existenz an die Fortdauer seiner gegenwärtigen Machtstellung« setze.[96] In diesem Zusammenhang lobte er ausdrücklich den um Verständigung mit Deutschland bemühten britischen Premier Lord Salisbury.[97] Der allerdings hatte nur wenige Monate zuvor von den ›living‹ and ›dying nations‹ gesprochen, wobei er von der Existenz dreier Weltreiche ausgegangen war. Deutschland war nicht darunter.[98] Sein Kolonialminister Joseph Chamberlain, der für sein Land »supremacy, predominance, preponderance, [and] paramountcy – call it what you will« beanspruchte,[99] erklärte unumwunden, es sei an der Zeit, die Macht in den Händen der größeren Reiche zu konzentrieren; nur wer expandiere, werde künftig zu den Weltmächten gehören.[100] Der preußische Generalstäbler Friedrich v. Bernhardi brachte dies später auf die griffige Formel »Weltmacht oder Niedergang«.[101] Fontane, hierin ganz auf Bismarcks Linie, blieb solche Denkweise fremd. Er nannte es unsinnig, daß »der ›Selbsterhaltungstrieb eine Politik der Reichsausdehnung‹ gebiete«,[102] wie sie übrigens auch von Max Weber gefordert wurde, für den die Reichsgründung nicht den Abschluß, sondern den »Ausgangspunkt einer deutschen Weltmachtpolitik« bildete.[103] Nicht weniger abwegig erschien Fontane eine Politik der »Reichseinheit«, der eine zweite Reichsgründung in Übersee vorschwebte[104] und die, wie Wilhelm II. gefordert hatte (Jan. 1896), dieses »größere Deutsche Reich … fest an unser heimisches« anschließen wollte.[105]

Lange bevor John Atkinson Hobson 1902 seine harsche Kritik am Wettlauf der imperialistischen Mächte nach Asien veröffentlichte, die vorgäben, diesen Erdteil zivilisieren und auf ein höheres Niveau des geistigen Lebens heben zu wollen,[106] hatte Fontane Hohlheit und Heuchelei der vorgeschobenen altruistischen Argumente getadelt und »das Verbrechen und die Stupidität«, deren sich die Großmächte schuldig machten, nicht zuletzt darin gesehen, »dem *Universum Gesetze* vorschreiben«[107] zu wollen – ihre Gesetze.

Wenn der bedeutende chinesische Gelehrte und Schriftsteller Hu Shih den geistigen und materiellen Militarismus des Westens im Verhältnis zu China beklagte,[108] so hatte der Europäer Fontane solche Kritik auf seine Weise bereits vorweggenommen, indem er in Ostasien, wo sich am Ende seines Jahrhunderts »eine der letzten Szenen jenes Dramas der Welteroberung durch die westeuropäische Zivilisation«[109] abspielte, den ersten erfolgreichen Widerstand dagegen so nachhaltig begrüßte.

Das von Wilhelm II. nach 1895 zuerst im Hinblick auf Japan beschworene Gespenst der »Gelben Gefahr«,[110] dessen sinnfälliger Ausdruck seine durch den Kunstprofessor Knackfuß ausgeführte allegorische Zeichnung zum Thema »Völker wahret Eure heiligsten Güter«[111] war, kannte Fontane offenbar noch nicht. Es begann seine Wirkung erst allmählich zu entfalten. Wie 1883 im Gespräch mit dem Diplomaten und Ostasienkenner Rudolf Lindau, gab Fontane – auch gut zehn Jahre später – unverändert »den Japanern vor den Chinesen den Vorzug«[112] und ließ noch Mathilde Möhring resümieren: »Die Japaner seien den Chinesen doch weit voraus …« Dies um so mehr, als ein Volk, »das solche Naturbeobachtung habe und solche Blumen und Vögel machen könne«, eine »allerhöchste Kultur« repräsentiere.[113] Daß Japan, inzwischen selber zur Kolonialmacht aufgestiegen, die latente Sprungbereitschaft und den Willen zur gewaltsamen Expansion von seinen Lehrmeistern gleich mit übernahm, erkannte er offenbar nicht.

Ein Jahrhundert, nachdem Graf Barby sich die Frage gestellt hatte, »»ob China mit seinen vierhundert Millionen aus dem Schlaf aufwacht […] und der Welt zuruft: ,Hier bin ich'««,[114] hat sich das Riesenreich nach Kriegen und Katastrophen in eine Weltmacht verwandelt, während Japan nach der totalen Niederlage von 1945 zwar kein »England im Stillen Ozean«,[115] wohl aber die zweitgrößte Wirtschaftsmacht unserer Erde geworden ist.

Anmerkungen

1 THEODOR FONTANE: *Opiumhandel und ›Times‹-Logik.* In: NFA *Unterwegs und wieder daheim.* Bd. XVIIIa. 1972, S. 727. Vgl. auch JAMES MORRIS: *Heaven's Command. An Imperial Progress.* London 1973, S. 320.

2 THEODOR FONTANE: *Ehen werden im Himmel geschlossen.* In: HFA 1/7. 2. Aufl. 1984, S. 498. In dem Entwurf für einen Briefroman (wahrscheinlich um 1894) stellte Fontane, was »China und sein Volk« betrifft, »das Schön-Menschliche in den Vordergrund«.

3 Wolfgang J. Mommsen: *Kolonialherrschaft und Imperialismus. Ein Blick zurück.* In: *Tsingtau. Ein Kapitel deutscher Kolonialgeschichte in China 1897–1914.* Hrsg. v. Hans-Martin Hinz und Christoph Lind. Berlin 1998, S. 210.

4 Theodor Fontane: *Yeh, eine Studie (Nach der ›Times‹).* In: NFA *Unterwegs und wieder daheim.* Bd. XIIIa. 1972, S. 806. Fontane betonte ausdrücklich, »keiner von den Bausch- und Bogen Verurteilern der englischen Politik« zu sein. Auch in England gab es sehr kritische Stimmen, die das britische Vorgehen verurteilten, ohne aber geschichtswirksam zu werden. Vgl. Wilfried Daim: *Die Chinesen in Europa.* Wien und München 1973.

5 Theodor Fontane: Tagebucheintrag v. Sonntag, den 26. April 1857. In: GBA *Tagebücher 1852, 1855–1858.* Berlin 1994, S. 242.

6 Fontane, wie Anm. 4, S. 806.

7 Ebd., S. 806.

8 Fontane, wie Anm. 5, Einträge v. 5. und 6. Dezember 1857, S. 292f.

9 *Berlin und China. Dreihundert Jahre wechselvolle Beziehungen.* Hrsg. v. Kuo Heng-Yü. Berlin 1987, S. 33.

10 Theodor Fontane. *Unechte Korrespondenzen.* Bd. 1. 1. Hrsg. v. Heide Streiter-Buscher. Berlin und New York, S. 215.

11 Frank Suffa-Friedel: *Die Preußische Expedition nach Ostasien.* In: Kuo Heng-Yü, wie Anm. 9, S. 58.

12 Ebd., S. 59.

13 Theodor Fontane: *Waffen und Kuriosa (Liebenberg).* In: HFA II/3 *Wanderungen durch die Mark Brandenburg. Fünf Schlösser.* 1987, S. 310f. Fontane erwähnt japanische Kunstwerke, die Graf Friedrich Eulenburg »von seiner ostasiatischen Gesandtschaftsreise mit heimbrachte«, und läßt ein besonderes Interesse an den Landschaftszeichnungen erkennen.

14 Theodor Fontane: *Effi Briest.* In: HFA I/4. 2. Aufl. 1974, S. 46.

15 Peter Utz: *Effi Briest, der Chinese und der Imperialismus: Eine »Geschichte« im geschichtlichen Kontext.* In: *Zeitschrift für Deutsche Philologie* 103 (1984). Berlin 1984, S. 217.

16 Zit. in: Utz, wie Anm. 15, S. 217.

17 Die USA verhängten 1882 sogar einen Einwanderungsstop für Chinesen, nachdem sie zuvor in großer Zahl als Arbeitskräfte für Bahnbau und Bergwerke ins Land geholt worden waren. US-Präsident Cleveland bezeichnete sie als »unfähig zu einer Assimilation mit unsrem Volk« und nannte sie »eine Gefahr für unseren Frieden und Wohlstand« (1888). Rassistische Parolen gegenüber Chinesen, die als verdorbene und zügellose Opiumraucher galten, waren damals in den USA häufiger anzutreffen. Vgl. Patricia Buckley Ebrey: *China. Eine illustrierte Geschichte (Cambridge Illustrated History).* Übers. aus dem Englischen v. Udo Rennert. Frankfurt/M. 1996, S. 251ff. Anders dagegen Wilhelm Schott, der eine Wiedergeburt Chinas nur von außen her für möglich hielt, und zwar unter dem Einfluß Europas (S. 34). Oder Wilhelm Grube, der im chinesischen »Aberglauben und Gelehrtendünkel« die Legitimation für das zivilisatorische und missionarische Eingreifen Europas sah (S. 37). Vgl. hierzu und im folgenden: Mechthild Leutner:

Sinologie in Berlin. In: Kuo Heng-Yü, wie Anm. 9. Eduard Sachau, erster Direktor des Seminars für Orientalische Sprachen (SOS) in Berlin, wollte »deutsche Männer für den Kampf ums Dasein unter fremdartigen Menschen und Einrichtungen« (S. 38) vorbereiten.

18 Fontane, wie Anm. 14, S. 174.

19 Ebd., S. 86.

20 Theodor Fontane: *Auf der Suche*. In: HFA I/7, S. 87.

21 Ebd., S. 89.

22 Theodor Fontane an Martha Fontane, 25. August 1891. In: HFA IV/4, S. 148. Demgegenüber galt ihm, was Preußen betraf, »alles, was mit Grammatik und Examen zusammenhängt«, nie als »das Höhere«. Vgl. Theodor Fontane: *Der Stechlin*. In: HFA I/5. 2. Aufl. 1980, S. 206.

23 Theodor Fontane: *Lord Palmerstons Adresse an die Wähler von Tiverton*, wie Anm. 1, S. 730.

24 Hegel bezeichnete es als »das notwendige Schicksal der asiatischen Reiche, den Europäern unterworfen zu sein«. Für Marx war China der »Hort der Erzreaktion und des Erzkonservatismus«. Vgl. Wolfgang Bauer: *China und die Fremden*. München 1980. Außerdem: Ursula Ballin: *Vorurteile und Illusionen: Europäische Chinabilder und Fremdbilder in China*. In: *Tsingtau*, wie Anm. 3, S. 188. Ranke siedelte China, als zu den »Völkern des ewigen Stillstands gehörend«, außerhalb der Weltgeschichte an.

25 Theodor Fontane an Martha Fontane, 16. Februar 1894. In: HFA IV/4, S. 334.

26 Klaus R. Scherpe: *Der Romancier. Die Rettung der Kunst im Widerspruch von bürgerlicher Humanität und bourgeoiser Wirklichkeit: Theodor Fontanes vierfacher Roman ›Der Stechlin‹*. In: *Theodor Fontane, Dichtung und Wirklichkeit*. Hrsg. v. Verein zur Erforschung und Darstellung der Geschichte Kreuzbergs e.V. Berlin 1981, S. 167.

27 Theodor Fontane: *Der Stechlin* (Erste Niederschriften). In: AFA *Romane und Erzählungen* 8. 3. Aufl. 1984, S. 443. Die autokratisch herrschende Kaiserinwitwe Cixi (1835–1908), die im Verlaufe ihrer Regentschaft nahezu alle Macht in ihren Händen zu vereinigen wußte, war nicht bereit, einen wirklichen Wandel in Staat und Gesellschaft zuzulassen. Sie suchte so weit als möglich an der Unbeweglichkeit und Isolation Chinas festzuhalten und trug damit wesentlich zum Zusammenbruch der Mandschuherrschaft im Jahre 1911 bei.

28 Fontane, wie Anm. 22, S. 451. Dazu auch Karla Müller: *Schloßgeschichten. Eine Studie zum Romanwerk Theodor Fontanes*. München 1986, S. 108ff.

29 Der chinesisch-japanische Krieg machte Japan von einem »halbkolonialen« Staat zu einer imperialistischen Macht. Der erzwungene Verzicht auf die Halbinsel Liaotung weckte in Japan Ressentiments gegen die europäischen Großmächte, v. a. gegen Deutschland.

30 Sterlin Seagrave: *Die Konkubine auf dem Drachenthron. Leben und Legende der letzten Kaiserin von China 1835–1908*. München 1993, S. 252.

31 Fontane, wie Anm. 28, S. 27.

32 Theodor Fontane an Karl Zöllner, 18. September 1894. In: HFA IV/4, S. 385f.

33 Theodor Fontane: *Gentzerode von 1881 bis jetzt*. In: HFA II/1. *Wanderungen durch die Mark Brandenburg. Die Grafschaft Ruppin*, S. 544.

34 FONTANE, wie Anm. 32, S. 386.

35 FONTANE, wie Anm. 28, S. 308.

36 Ebd., S. 272.

37 Theodor Fontane an Georg Friedlaender, 5. April 1897. In: HFA IV/4, S. 643.

38 JÜRGEN OSTERHAMMEL: *China und die Weltgesellschaft. Vom 18. Jahrhundert bis in unsere Zeit.* München 1989, S. 189ff.

39 Soweit die Reformen von Konservativen getragen wurden, hielten diese an den traditionellen Vorrechten der einflußreichen konfuzianisch geprägten und mehrheitlich technik- und wissenschaftsfeindlichen Beamtenschaft fest. JOHN K. FAIRBANK: *Geschichte des modernen China 1800–1985.* München 1989, S. 108ff. und JOHN MERSON: *Straßen nach Xanadu. China und Europa und die Entstehung der modernen Welt.* Hamburg 1989, S. 197ff.

40 BODO WIETHOFF: *Grundzüge der neueren chinesischen Geschichte.* Darmstadt 1977, S. 109.

41 WOLFGANG REINHARD: *Geschichte der europäischen Expansion. Bd. 3. Die Alte Welt seit 1818.* Stuttgart 1988, S. 91. Außerdem KIYOSHI INOUE: *Geschichte Japans.* Frankfurt und New York 1993.

42 JOHN A. HOBSON: *Der Imperialismus.* Köln und Berlin 1970, S. 268.

43 Ebd., S. 268.

44 REINHARD, wie Anm. 41, S. 91.

45 HELMUTH NÜRNBERGER: *Fontanes Welt.* Berlin 1997, S. 403. Dort heißt es im Hinblick auf den ›Stechlin‹: »…zwischen ›Region‹ und ›Welt‹ ist wie zwischen Alt und Neu ein Gleichgewicht der Erörterung erreicht«.

46 Theodor Fontane an Moritz Necker, 3. November 1895. In: HFA IV/4, S. 500.

47 THEODOR FONTANE: *Zeitung.* In: HFA I/6, S. 333.

48 ERLING VON MENDE: *Für Gott und Vaterland? Die christlichen Missionen.* In: *Tsingtau,* wie Anm. 3, S. 66.

49 THEODOR LEUENBERGER: *Chinas Durchbruch in das zwanzigste Jahrhundert.* Zürich 1971, S. 51.

50 HORST GRÜNDER: *Geschichte der deutschen Kolonien.* Paderborn u. a. 1985, S. 193.

51 Theodor Fontane an Maximilian Harden, 8. August 1895. In: HFA IV/4, S. 465.

52 Ebd., S. 465.

53 MOMMSEN, wie Anm. 3, S. 208.

54 Zit. bei KARL J. RIVINIUS: *Imperialistische Welt- und Missionspolitik: der Fall Kiautschou.* In: *Beiträge zur Kolonial- und Überseegeschichte.* Hrsg. v. RUDOLF VON ALBERTINI und HEINZ GOLLWITZER. Wiesbaden 1982, S. 279.

55 Zit. bei FRANZ HERRE: *Wilhelm II. Monarch zwischen den Zeiten.* Köln 1993, S. 192.

56 Erklärung von Staatssekretär von Bülow am 6. Dezember 1897 vor dem Deutschen Reichstag. In: MICHAEL FRÖHLICH: *Imperialismus. Deutsche Kolonial- und Weltpolitik 1880–1914.* München 1994, S. 75.

57 Zit. in: ›*Musterkolonie Kiautschou‹: Die Expansion des Deutschen Reiches in China.* Hrsg. v. MECHTHILD LEUTNER. Berlin 1997, S. 157.

58 *Reden des Kaisers. Ansprachen, Predigten und Trinksprüche Wilhelms II.* Hrsg. v. ERNST JOHANN. München 1966, S. 75.

59 Theodor Fontane an James Morris, 5. Februar 1898. In: HFA IV/4, S. 697.

60 Handlungszeitraum von *Effi Briest:* Sommer 1878 (bzw. 1877) bis Ende September 1890 (bzw. 1889). Vgl. HUGO AUST: *Theodor Fontane.* Tübingen und Basel 1998, S. 157. Bismarck lag jeder kulturmissionarische und sozialdarwinistische Sendungseifer fern. Über die Motive seiner Kolonialpolitik gibt es noch kein abschließendes Urteil der Forschung. Aber obwohl sie für ihn nur eine Episode und nicht auf nationalen Prestigegewinn ausgerichtet war, verwies sie bereits auf die spätere wilhelminische ›Weltpolitik‹.

61 EDA SAGARRA: *Theodor Fontane: ›Der Stechlin‹.* München 1986, S. 65.

62 England mißbilligte die Festsetzung der Franzosen in Tongking. Weder wünschte es einen Zusammenbruch der Mandschu-Herrschaft, noch wollte es seinen wirtschaftlichen Einfluß in China geschmälert sehen. Auch die russische Regierung bedauerte das französische Vorgehen in Indochina. Vgl. HELMUTH STOECKER: *Deutschland und China im 19. Jahrhundert. Das Eindringen des deutschen Kapitalismus.* Berlin 1958, S. 144f.

63 Vgl. UTZ, wie Anm. 15.

64 FONTANE, wie Anm. 14, S. 47

65 Ebd., S. 84.

66 STOECKER, wie Anm. 62, S. 169.

67 FONTANE, wie Anm. 14, S. 124. In der Anmerkung hierzu heißt es (S. 740): »1875 und erneut 1882–85 focht China unglücklich gegen Japan …«.

68 Ebd., S. 740.

69 Vgl. STOECKER, wie Anm. 62, S. 164 und 168.

70 THEODOR FONTANE: *Mathilde Möhring.* In: HFA I/4. 2. Aufl. 1974, S. 635. Außerdem Theodor Fontane an Friedrich Stephany, 6. Dezember 1883. In: HFA IV/3, S. 292.

71 THOMAS NIPPERDEY: *Deutsche Geschichte 1866–1918.* Bd. 2: *Machtstaat vor der Demokratie.* München 1992, S. 452.

72 Vgl. STOECKER, wie Anm. 62, S. 172.

73 LOTHAR GALL: *Bismarck. Der weiße Revolutionär.* Frankfurt/M. u. a. 1980, S. 623ff.

74 Mit seiner Kolonialpolitik hatte Bismarck seiner Außenpolitik vorübergehend eine betont »antienglische Stoßrichtung« gegeben. Schon sehr bald aber suchte er die Spannungen mit Großbritannien wieder abzubauen. 1888 erklärte er: »Hier liegt Rußland, und hier liegt Frankreich, und wir sind in der Mitte, das ist meine Karte von Afrika.« (OTTO V. BISMARCK: *Die gesammelten Werke.* Friedrichsruher Ausgabe. Bd. 8. *Berlin 1924–1935,* S. 646)

75 Vgl. SCHERPE, wie Anm. 26, S. 151.

76 Dazu FRÖHLICH, wie Anm. 56.

77 Vgl. SCHERPE, wie Anm. 26, S. 165.

78 KLAUS HILDEBRAND: *Das vergangene Reich. Deutsche Außenpolitik von Bismarck bis Hitler.* Stuttgart 1995, S. 196.

79 AUST, wie Anm. 60, S. 206ff.

80 THEODOR FONTANE: *Neueste Väterweisheit.* In: HFA I/6, S. 388.

81 Theodor Fontane an James Morris, 26. Oktober 1897. In: HFA IV/4, S. 671.

82 FONTANE, wie Anm. 28, S. 325.

83 Theodor Fontane an James Morris, 13. Mai 1898. In: HFA IV/4, S. 717. Robert K. Massie nennt das deutsche Kolonialreich in wirtschaftlicher Hinsicht eine Enttäuschung. Den hohen Kosten, die es verursacht habe, habe ein nur geringer wirtschaftlicher Nutzen gegenübergestanden. Vgl. ROBERT K. MASSIE: *Die Schalen des Zorns. Großbritannien, Deutschland und das Heraufziehen des Ersten Weltkriegs.* Frankfurt/M. 1993.

84 *Das deutsche Kaiserreich.* Hrsg. v. DIETER LANGEWIESCHE. Würzburg 1984, S. 57.

85 Theodor Fontane an James Morris, 13. Mai 1898. In: HFA IV/4, S. 717.

86 HILDEBRAND, wie Anm. 78, S. 178.

87 NIPPERDEY, wie Anm. 71, S. 657.

88 Theodor Fontane an James Morris, 19. August 1897. In: HFA IV/4, S. 663.

89 Theodor Fontane an James Morris, 14. März 1898. Ebd., S. 704. Der von Fontane besonders geschätzte Philosoph Eduard v. Hartmann sprach vom machtpolitischen Gegensatz zwischen England und Rußland und der russischen Expansion bis zur chinesischen Grenze.

90 Ebd., S. 704.

91 Das erste Flottengesetz wurde im März 1898 im Reichstag angenommen. Zunächst sollten 19 Linienschiffe gebaut werden. Reichskanzler von Hohenlohe-Schillingsfürst erklärte dazu, daß Deutschland nicht daran denke, »mit den großen Seemächten zu rivalisieren«. Erst das zweite Flottengesetz vom Juni 1899, das eine rasche Vergrößerung der deutschen Schlachtflotte vorsah, »löste in der britischen Admiralität ernste Besorgnis aus«. Dazu MASSIE, wie Anm. 83, S. 188ff.

92 FONTANE, wie Anm. 88, S. 663.

93 P. KENNEDY: *The Rise and Fall of the Great Powers. Economic Change and Military Conflict from 1500 to 2000.* New York 1987, S. 213.

94 GOTTFRIED NIEDHART: *Geschichte Englands im 19. und 20. Jahrhundert.* Bd. 3. München 1987, S. 117f.

95 ERIC J. HOBSBAWN: *Das imperiale Zeitalter 1875–1914.* Frankfurt/M. 1995, S. 397.

96 Theodor Fontane an James Morris, 6. Januar 1898. In: HFA IV/4, S. 687.

97 Theodor Fontane an James Morris, 30. August 1898. Ebd., S. 744.

98 Vgl. HILDEBRAND, wie Anm. 78.

99 NIEDHART, wie Anm. 94, S. 123. Man sprach in England recht unbefangen davon, »daß wir die erste Rasse in der Welt sind und daß es für die Menschheit um so besser ist, je größere Teile der Welt wir bewohnen«.

100 Ebd., S. 120.

101 Dazu FRIEDRICH VON BERNHARDI: *Deutschland und der nächste Krieg.* Stuttgart und Berlin 1912.

102 Theodor Fontane an James Morris, 11. November 1897. In: HFA IV/4, S. 674.

103 MAX WEBER: *Schriften und Reden.* Bd. I/4, 2. Hrsg. v. WOLFGANG J. MOMMSEN. Tübingen 1993, S. 571.

104 Vgl. FONTANE, wie Anm. 102, S. 674.

105 Zit. bei FRÖHLICH, wie Anm. 56, S. 73.

106 Hobson, wie Anm. 42, S. 277. So sah das auch US-Admiral Mahan, der »Clausewitz der modernen Seestrategie«, der ebenfalls von der Gelben Gefahr sprach. Vgl. auch Anm. 109.

107 Theodor Fontane an James Morris, 16. April 1897. In: HFA IV/4, S. 646. Fontane lehnte »das Weltregierenwollen im Jeremiasstil, das Politikmachenwollen nach Sittlichkeitsgesetzen« ab, da es in der Natur des Menschen liege, daß sich auch das »Lauterste und Reinste beständig verzerrt«, unecht werde und daher mehr Elend stifte und tiefer durch Blut wate, »als die naive, von allen Hoheitsbestrebungen unangekränkelte Sündhaftigkeit«.

108 Hu Shih (1891–1962) lehrte in Peking Philosophie, forschte u. a. auch zur Geschichte der chinesischen Literatur und trat mit belletristischen Beiträgen hervor. 1942–45 vertrat er sein Land als Botschafter in den USA.

109 Vgl. Leuenberger, wie Anm. 49, S. 43.

110 Heinz Gollwitzer: Die Gelbe Gefahr. Geschichte eines Schlagworts. Göttingen 1965.

111 Der letzte Kaiser Wilhelm II. im Exil. Hrsg. v. Hans Wilderotter und Klaus D. Pohl. Berlin 1991, S. 321. Umgeben von Frauengestalten, die symbolisch für die großen Mächte stehen, weist der Erzengel Michael als Patron der Deutschen von einer Anhöhe aus auf eine weite Landschaft, in der man u. a. Burgen, Kirchen und Schlösser erkennt. Im Hintergrund brennt eine Stadt, deren Rauchwolken sich zu einem chinesischen Drachen formen und innerhalb deren man – offenbar als Aggressionssymbol gedacht – einen Buddha erkennt. »Die Idee zu dem Bilde«, so der jüngere Moltke (1906 Chef des Generalstabes), sei Wilhelm II. beim Abschluß des Friedensvertrages von Shimonoseki gekommen, als »die Gefahr vorlag, daß die ungeheure Masse des chinesischen Reiches, auf dessen Entwicklung Japan einen entscheidenden Einfluß zu gewinnen suchte, durch dieses tätige, nach expansionistischer Entwicklung strebende Land organisiert und in Gärung gebracht werden könnte und daß dann die Wogen der gelben Rasse sich Verderben bringend über Europa ergießen würden«. Zit. bei Gollwitzer, wie Anm. 110, S. 112f.

112 Theodor Fontane: Rudolf Lindau. Ein Besuch. In: NFA Literarische Essays und Studien XXI/I. 1963, S. 321.

113 Fontane, wie Anm. 70, S. 635.

114 Fontane, wie Anm. 27, S. 142.

115 Ebd., S. 142. Der britische Unterstaatssekretär im Foreign Office, George Curzon, verglich Japans militärische Tüchtigkeit, seine kolonisatorische Fähigkeit und seine industrielle Leistungskraft mit England und sprach vom »Britain of the Far East«.

Was der Erzähler verschweigt

Zur politischen Konzeption von *Der Stechlin*

HANS DIETER ZIMMERMANN

Im Winter habe ich einen politischen Roman geschrieben (Gegenüberstellung von Adel, wie er bei uns sein *sollte* und wie er ist). Dieser Roman heißt *Der Stechlin*«, so die bekannte Stelle im Brief Theodor Fontanes an Carl Robert Lessing vom 8. Juni 1896.[1] In einem Brief an Ernst Heilborn vom 12. Mai 1897 bestätigt er den politischen Charakter des Romans:»Ich stecke so drin im Abschluß eines großen, noch dazu politischen (!!) und natürlich märkischen Romans ...«[2]

Was versteht Fontane unter einem »politischen« Roman? Im ersten Brief gibt er einen Hinweis durch die Klammer: Er will Adlige, wie sie sein sollten, mit Adligen konfrontieren, wie sie sind, er will also dem Adel ein Vorbild vor Augen halten – in der Gestalt von Adligen, wie es sie geben mag, wie sie aber selten sind: das sind wohl zunächst die beiden alten Herren, der alte Stechlin natürlich, aber auch der alte Barby und wohl auch die jungen Leute, also der junge Stechlin und die beiden Töchter Barbys. Dem Adel ein Vorbild vor Augen halten, heißt aber auch, den Adel für vorbildlich halten, d. h. der Adel sollte vorbildlich sein, jedenfalls sollte er eine Rolle in der Gesellschaft spielen.

In den Vorarbeiten zum Roman, der Ende 1895 begonnen wurde, 1896 zu einem ersten Entwurf ausgearbeitet und im Juli 1897 abgeschlossen wurde, findet sich eine Charakteristik des Pastor Lorenzen, dort noch Lorenz genannt, also eines Nicht-Adligen. Dieser Pastor ist der wichtigste politische Sprecher im Roman. Über ihn heißt es dort:»Pastor Lorenz ist in einer Beziehung eine Hauptfigur: die Geschichte mit dem Stechlin-See, die den gedanklichen Kern des Ganzen bildet, wird durch ihn vertreten; was an der Stechlin-Geschichte Symbol und Zeichen ist, wird durch ihn beständig gedeutet.«[3] Dies geschieht im Roman in den verschiedenen Gesprächen, die Lorenzen mit dem alten Stechlin führt, dem er mitunter auch sanft widerspricht, mit dem jungen Woldemar Stechlin und dessen Freunden Rex und Czako, sowie vor allem mit Melusine Barby. Hier fallen die bekannten Sätze:»Lieber mit dem Alten, soweit es irgend geht, und mit dem Neuen nur, soweit es muß.«[4] Und dies bestätigt ihm später Melusine, eine verwandte Seele: »Ich respektiere das Gegebene. Daneben aber freilich auch das Werdende, denn eben dies Werdende wird über kurz oder lang abermals ein Gegebenes sein. Alles Alte, soweit es Anspruch darauf hat, sollen wir lieben, aber für das Neue sollen wir recht eigentlich leben«« (S. 251). Allerdings setzt Melusine, was gerne übersehen wird, einen anderen Akzent als Lorenzen. Sie kehrt dessen Satz nahezu um: Mit dem Neuen, soweit es irgend geht, mit dem Alten nur, soweit es muß, könnte man ihre Aussage zusammenfassen.

Diese Sentenz, sei es die Lorenzens, sei es die Melusines, wird nicht selten auch als die Meinung Fontanes genommen, die er im Roman ausdrücken wolle, eine schöne Sentenz, der in ihrer Allgemeinheit zuzustimmen wohl nur wenigen schwer fallen wird. Der Dissens träte erst auf, wenn genauer zu sagen wäre, was denn nun am Alten bewahrenswert ist und was denn am Neuen erstrebenswert. In seiner Antwort auf Melusines Rede spezifiziert Lorenzen denn auch; zum Neuen: »Ob ein solches Neues sein soll – weil es sein muß – oder ob es nicht sein soll, um diese Frage dreht sich alles.«« (ebd.). Lorenzen wird ein wenig konkreter, er fügt hinzu: heute könne jeder seine Fähigkeiten nach allen Seiten hin entwickeln; es geht also nach Leistung und nicht nach Herkunft, wenn er dies auch nicht ausdrücklich sagt. Deshalb ist die spätere Frage der Gräfin berechtigt: ob er denn gegen die »alten Familien« sei, also gegen den Adel? Er verneint, doch sieht er den Adel nicht mehr als Stütze in einer Zeit, die »im Zeichen der demokratischen Weltanschauung« steht.

Fontanes »politischer Roman« zeigt also den Adel, wie er sein sollte und wie er ist; dies vor allem im gegensätzlichen Geschwisterpaar Dubslav und Adelheid, hier der aufgeräumte tolerante Junker, dort die rigide beschränkte Domina, ein »Petrefakt«, wie Dusblav sagt, doch nach der Meinung des wichtigsten politischen Sprachrohrs im Roman ist der Adel nicht viel mehr als ein liebenswertes Relikt aus der alten Zeit. Die neue Zeit allerdings tritt in den Hauptfiguren des Romans nicht auf, weder die Sozialdemokratie, noch die Liberalen, die Fortschrittspartei. Sie werden zwar erwähnt, spielen aber keine Rolle auf der Bühne des Romans, sie bleiben im Hintergrund. Die Figuren, die im Vordergrund stehen, haben alle eine Nähe zum Konservativen bzw. sind Konservative, wenn sie auch wie Dubslav – im Roman ein Mittelpunkt, in der Zeit eine Ausnahme – großzügig sind: Thron und Altar, König und Armee, das alte Preußen, daran rührt keiner der Hauptfiguren, wenn sie auch unterschiedliche Akzente setzen. Auch die Einsicht Dubslavs »›Etwas ganz Richtiges gibt es nicht‹« (S. 283) ist aus der Haltung des Konservativen erwachsen und insofern eine schöne Frucht alter Gelassenheit. Die Jungen, die partout die Welt verändern wollen, können von einer solchen Maxime nicht ausgehen, sie müssen von der absoluten Richtigkeit dessen, was sie tun, überzeugt sein.

Das ist Dubslav nicht und das ist sein Erzähler nicht und deshalb fehlt diesem politischen Roman, was sonst politische Romane belastet: die Ideologie. Gerade das, was Kritiker von Rechts wie Fritz Martini und von Links wie Georg Lukács[5] dem Roman ankreiden, macht seine Größe aus, die ihn seine Entstehungszeit bis heute überdauern ließ.

Fontane begann den Roman 1895; die Handlung des Romans spielt in eben diesem Jahr, denn einmal heißt es, die Witwe Schickedanz habe ihre schöne Wohnung am Kronprinzenufer an die Barbys 1885 vermietet und nun wohnten sie schon fast zehn Jahre dort. Fontane schrieb also diesen »politischen Roman« als einen aktuellen Roman, der einen Aspekt der gesellschaftlichen Situation darstellt, in der er geschrieben wurde. Wie kommt es aber dann, das uns heute der Roman noch anspricht, auch wenn wir fast nichts über die Situation der damaligen Zeit wissen? Der Roman ist gesättigt von den Lebensumständen seiner Zeit und doch ist er viel mehr als diese Lebensumstände, so daß auch der ihn versteht, der von diesen Umständen fast nichts weiß. Was der Leser über diese Zeit wissen muß, sagt ihm der Roman selbst. Er gibt ein Bild seiner Zeit und doch mehr als das. Wie geschieht das? Es geht hier, auch wenn von der politischen Konzeption des Romans die Rede ist, um das Geheimnis der Erzählkunst Fontanes, um sein poetisches Verfahren.

Dieses Verfahren ist durch Verschweigen und Andeuten gekennzeichnet. Das soziale Elend der Zeit wird ausgeblendet, Proletarier kommen nicht vor. Für die unterste Klasse stehen hier die Neu-Globsower, deren bescheidener Lebenswandel zwar angedeutet, aber nie ausgemalt wird. Nun gab es ja tatsächlich die Glasbläser in Neu-Globsow, die Fontane auch in seinem Bericht in den *Wanderungen (Die Grafschaft Ruppin: Die Menzer Forst und der Große Stechlin)*[6] nur kurz erwähnt. Zur Zeit des Romans waren die Glashütten schon geschlossen, die industrielle Herstellung von Glas hatte der Manufaktur im Jahre 1882 ein Ende bereitet. Aus einem Bericht: »Bei Tag und Nacht rauchten die Schornsteine der Glashütten, die jährlich für 8000 bis 9000 Taler grünes Glas produzierten: Tafelglas, Flaschenglas, zuletzt schließlich größere Ballons für chemische Säuren (was im Roman moniert wird). Viele Hände wurden für die Herstellung gebraucht, auch die der Kinder. Die meisten verließen bereits mit zehn Jahren die Schule, um gänzlich in der Glashütte zu arbeiten.«[7] Darüber erfahren wir bei Fontane nichts. Agnes, deren freundliches Gesicht dem alten Stechlin die letzten Tage verschönt, hätte also in einer Glashütte arbeiten müssen. Daß freilich der Erzähler am Schluß den sterbenden Adligen mit dem jungen Arbeitermädchen zusammenbringt, läßt sich auch wieder als ein Hinweis auf die neue Zeit deuten.

In Neu-Globsow böte sich im übrigen ein Betätigungsfeld für die gut gesinnten Christen, Pastor Lorenzen und die beiden Damen Barby. Lediglich ein »Rettungshaus« für gefallene oder verwaiste Mädchen wird am Schluß des Romans in Aussicht gestellt. Daß diese, doch im Roman durchweg Tonangebenden viel von christlichem Handeln sprechen, aber nichts tun, mag auch hier eine Begründung haben: ihre Tätigkeit müßte durch ein soziales Elend begründet werden, das der Roman ausspart. Es mag auch mit einer spezifisch protestantischen Frömmigkeit zu tun haben, die sich durch fromme Reden mehr äußert als durch fromme Taten; es gibt selbstredend Ausnahmen wie die tätigen Diakonissen. Merkwürdig immerhin, daß die vorbildlichen Christen, die von diesen Protestanten genannt werden, alle katholische sind: angefangen von der Heiligen Elisabeth, in deren Gefolge Armgard im Salon sich sieht – die Heilige Elisabeth gab all ihren Reichtum dahin und pflegte nur noch die Kranken – über jenen Pfarrer von Wörrishofen, den Lorenzen eher als Vorbild ansieht denn den Hofprediger Stoecker, bis hin zu jenem portugiesischen Dichter und Mystiker Joao de Deus, in dessen Namen Melusine, Armgard, Woldemar und Lorenzen einen Bund schließen, der im Roman folgenlos bleibt.

Auch mag man sich fragen, was denn nun mit dem liberalen Woldemar auf Stechlin sich ändern wird, wenn er am Schluß des Romans mit seiner Armgard dort einzieht. Er ging denselben Weg wie sein Vater und die Landadligen bisher: Militärdienst, reiche Heirat, um die Schulden zu tilgen, und schließlich Privatisieren auf dem Landgut, das so wenig erwirtschaftet, daß die Kinder wiederum auf reiche Heirat angewiesen sind, um standesgemäß leben zu können. Nichts Neues unter der Sonne?

Doch. Der alte Stechlin, der sein Ende nahen fühlt, entwirft Lorenzen ein Szenario der neuen Verhältnisse, die sich nirgendwo anders als bei den Einladungen zum Essen zeigen: da werde etwa ein »Kathedersozialist« eingeladen, von dem niemand wisse, ob er die Gesellschaft einrenken oder aus den Fugen bringen wolle, und eine Adlige mit kurz geschnittenen Haaren, am Ende werde gar ein Stück aufgeführt, in dem eine Advokatenfrau ihren Ehemann »über den Haufen« schieße und dafür gefeiert werde, und schließlich würden nicht nur Bismarck und Moltke in einem Album mit Berühmtheiten bewundert, sondern auch noch Marx und Lassalle, die »wenigstens tot sind«, daneben aber auch Bebel und Liebknecht, die noch lebten (S. 382). So schrecklich soll diese neue Welt sein? Die Ironie des Erzählers ist nicht zu übersehen. Und doch ist auch eine Veränderung in dieser Prognose zu erkennen, eine Veränderung im gewohnten Leben der adelsstolzen Landjunker. Daß Andersdenkende zu Tisch geladen werden, heißt doch, daß sie mit an den Tisch gezogen werden, also nicht mehr ausgeschlossen sind aus der tonangebenden Gesellschaft. Und Probleme, die bisher ignoriert wurden, können zu Themen am »runden Tisch« werden, an dem alle versammelt sind. Insofern ist in diesem Schreckensbild des alten Stechlin, das uns heute so harmlos erscheint, bei aller Ironie des Erzählers doch auch eine Hoffnung zu erkennen.

Und die Liberalen und die Sozialdemokraten: wie erscheinen die im Roman? Letztere verdanken ihr Auftreten und ihren Sieg im Wahlkreis Rheinsberg-Wutz nicht dem Erzähler, der ursprünglich Katzenstein, den Kandidaten der Fortschrittspartei gegen den Konservativen siegen lassen wollte. Doch kam ihm Gotthold Lessing, der Sohn des Eigentümers der *Vossischen Zeitung* Carl Robert Lessing, für den Fontane schrieb, in die Quere: Gotthold Lessing hatte bei der Reichstagsersatzwahl 1896 im Wahlkreis Ruppin-Templin als Kandidat der Freisinnigen Volkspartei über den Adelsvertreter gesiegt. Um nicht zu Mißverständnissen Anlaß zu geben, ließ Fontane nun den Sozialdemokraten Torgelow in seinem Wahlkreis Rheinsberg-Wutz gegen den alten Stechlin gewinnen. Die Wahl wird vom alten Stechlin und seinen adligen Freunden nicht so ernst genommen. Das schöne Festessen in Rheinsberg lassen sie sich von der Niederlage nicht trüben; in dieser Szene, vom Erzähler mit liebevoller Ironie gezeichnet, ist wieder seine künstlerische Arbeit zu entdecken, die zugleich eine menschliche ist. Das wird besonders deutlich, als der alte Stechlin auf seiner Rückkehr von Rheinsberg einen siegestrunkenen Neu-Globsower Sozialdemokraten mit in seine Kutsche nimmt. Aus den politischen Gefechten erwächst keine Zwietracht, die Streitigkeiten hält der moderate Erzähler im Hintergrund. Sie können das alle Menschen Verbindende, das er mitsamt seinen tonangebenden Figuren hochhält, nicht zerstören; eine ideologische Haltung täte dies, teilte sie doch die Menschen in Freund- und Feindgruppen, in Standesgenossen und -gegner. Bei Fontane ist der Einzelne immer Mensch, bevor er Standesangehöriger ist, und je mehr er sich von den Eigentümlichkeiten seines Standes entfernt, um so mehr ist er Mensch. Wie heißt es von den Barbys: »... die waren doch anders, die suchten nicht Fühlung nach oben und nicht nach unten, die marchandierten nicht mit links und nicht mit rechts, die waren nur Menschen, und daß sie nur das sein wollten, das war ihr Glück und zugleich ihr Hochgefühl« (S. 229 f.). Kein Zweifel, daß hier der Erzähler mit dem jungen Stechlin spricht.

Deshalb auch die Abneigung gegen das Gerede von Heldentum und Übermenschen. Der alte Stechlin im Gespräch mit dem Hofprediger Frommel: »»Sie waren ja mit unserem guten Kaiser Wilhelm, dem letzten Monarchen, der noch ein wirklicher Mensch war, immer in Gastein zusammen und viel an seiner Seite. Jetzt hat man statt des wirklichen Menschen den sogenannten Übermenschen etabliert; eigentlich gibt es bloß noch Untermenschen, und mitunter sind es gerade die, die man durchaus zu seinem ‚Über' machen will‹« (S. 272). Hier ist von einem die Rede, der nicht genannt wird, im gesamten Roman nicht und doch anwesend ist. Es ist nicht der viel berufene Bismarck, der schon erwähnt wird, es ist der junge Kaiser Wilhelm II., gegen den so manche Bemerkung sich richtet, ohne daß sein Name fällt. Nicht selten geschieht es nach der Nennung des »guten« alten Kaisers, also Wilhelm I., so im Gespräch des alten Stechlin mit dem alten Barby, in der Stechlin auch Kaiser Friedrich erwähnt, der nur 99 Tage regierte und an den sich manche Hoffnungen klammerten, offensichtlich auch die der beiden alten. Aber Stechlin glaubt, Kaiser Friedrich wäre gescheitert, auch wenn er länger gelebt hätte: an den Freunden vielleicht, an den Feinden gewiß, nämlich an den Junkern. Es folgt die wenig freundliche Rede eines preußischen Junkers über das preußische Junkertum. Sogar einen Staatsstreich dieser Junker, ja der Armee scheint der alte Stechlin für möglich zu halten. Das wird zunächst nur angedeutet, versteht sich, aber dann doch ausgesprochen: »»Es heißt immer: unmöglich. Ah bah, was ist unmöglich? Nichts ist unmöglich. Wer hätte vor dem 18. März den 18. März für möglich gehalten, für möglich in diesem echten und rechten Philisternest Berlin!‹« (S. 285) Hier ist die einzige Stelle, an der eine wirkliche Bedrohung erscheint, die im Gespräch über die Liberalen oder die Sozialdemokraten, vor denen Stechlin natürlich auch warnt, nicht erschien. Hier wird die Gefahr eines Umsturzes genannt.

Es ist die einzige Stelle, an der die trotz aller Umwälzungen relativ freundliche Welt des Romans eine in ihr vorhandene Explosionskraft zu erkennen gibt. Der heutige Leser fragt sich natürlich, ob denn in diesem letzten großen Werk Fontanes, das 1898 im Jahre seines Todes und dem Bismarcks veröffentlicht wurde, etwas von der Sprengkraft zu erahnen ist, die diese preußische Welt nur 16 Jahre später in den Großen Krieg und damit in den Abgrund stürzte, in dem sie unterging. In der Möglichkeit eines Putsches von rechts und in der offensichtlichen Aussparung Wilhelms II. wird dies vielleicht angedeutet. Denn nachdem im Gespräch zwischen dem alten Stechlin und dem alten Barby Kaiser Wilhelm I. und Kaiser Friedrich abgehandelt wurden, hätte ja nun Wilhelm II. kommen müssen.

Die Gelegenheit wäre da: »»Ich habe mit meinem Woldemar, der einen stark liberalen Zug hat – ich kann es nicht loben und mag's nicht tadeln – oft über diese Sache gesprochen. Er war natürlich für Neuzeit, also für Experimente ...‹« (S. 285). Hier müßte nun die Rede auf den jungen Kaiser kommen, aber der alte Stechlin biegt ab: er kommt auf die Hochzeitsreise des jungen Paares zu sprechen.

Den regierenden Kaiser konnte der loyale Erzähler nicht offen kritisieren, er tadelt ihn, indem er ihn nicht erwähnt, was immerhin ungewöhnlich ist: ein politischer Roman, der den regierenden Monarchen nicht nennt, dafür aber falsches Heldentum und Großsprecherei zurückweist. Wilhelm II. ist die vielleicht wichtigste politische Figur im Roman, wichtiger jedenfalls als der am Rande erwähnte Bismarck, und diese politische Figur hält der Erzähler durch Verschweigen und Andeuten präsent. So verletzt er jedenfalls seine konservativen Leser nicht und mit diesen vor allem rechnet er. Denn eine gewisse Portion Opportunismus läßt sich nicht leugnen. Die Gefühle der Konservativen werden nicht verletzt, Kritik an Konservativen wird immer nur von Konservativen geäußert, die keinen Hehl daraus machen, daß sie alle anderen politischen Kräfte, Sozialdemokraten und Liberale zumal, rundweg ablehnen. Warum muß etwa der alte Stechlin einen Bismarck-Kopf tragen und schließlich der alte Barby auch noch? Gibt es keine anderen Charakterköpfe in der Mark? Wollte der Erzähler es sich leicht machen, es enthob ihn einer Schilderung? Oder hat er nicht doch in einer Zeit der maßlosen Bismarck-Schwärmerei mit leichter Hand das Publikum bedient, ohne Zugeständnisse in der Sache zu machen? Oder war ihm dies eine Gelegenheit, den jungen Kaiser, der mit dem greisen Bismarck verkracht war, zurückzuweisen?

Eine andere politische Figur, die mitten in den Auseinandersetzungen der Zeit stand, wird immerhin mit Namen erwähnt: der weiland Hofprediger Adolf Stöcker. Rex zu Pastor Lorenzen: »»Sie stehen in der christlich-sozialen Bewegung. Aber nehmen Sie deren Schöpfer, der ihnen persönlich vielleicht nahesteht ...‹« (S. 26). Dieser Schöpfer der christlich-sozialen Bewegung wird dann auch genannt: Stöcker. Lorenzen, so der Erzähler, sei es gewöhnt, mit dem »viel gefeierten und befehdeten Hofprediger in Parallele gestellt zu werden« und »empfand dies jedesmal als eine Huldigung«, zugleich aber mache er auch auf den »tiefen Unterschied« aufmerksam, der zwischen dem »großen Agitator und seiner stillen Weise« liege. Was dann Lorenzen über Stöcker sagt, der damals schon nicht mehr Hofprediger war, er verlor sein Amt 1889, ist diplomatisch ausgedrückt, aber doch eine Zurückweisung des Agitators, der als ein selbstgefälliger, umstrittener Mann bezeichnet wird. Lorenzen setzt ihm einen anderen Geistlichen entgegen, der ihm wohl Vorbild ist: den »Wörishofener Pfarrer«, also jenen Pfarrer Kneipp, der die Wasserkur fand, so daß viele Menschen zu ihm nach Wörishofen pilgerten. »Er sucht nicht die Menschen, die Menschen suchen ihn.« Lorenzens Ideal ist also das stille Wirken in kleinem Kreise, ansonsten ist er schon mit der christlich-sozialen Bewegung in Parallele zu sehen, d. h. deren politische Vorstellungen sind wohl auch die Seinen. Zumindest dies hat er jedoch mit Stöcker gemeinsam: auch er spricht eher über das Gesellschaftliche als über das Religiöse.

Welch umstrittene Gestalt dieser Stöcker ist, mit dem Lorenzen Ähnlichkeiten hat und auch wieder nicht, wird im Roman nicht ausgeführt. Das kann Fontane bei seinen zeitgenössischen Lesern als bekannt voraussetzen, freilich enthebt ihn eine genauere Charakterisierung auch der Stellungnahme. Adolf Stöcker, 1835 geboren, war von 1874 bis 1889 Hofprediger in Berlin, sein Amt verlor er wegen seiner scharfen antisemitischen Hetze. 1878 hatte er die christlich-soziale Arbeiterpartei gegründet, gegen deren Ziele nichts einzuwenden wäre, hätte Stöcker seine Agitation, die zunächst ziemlich erfolglos war, nicht mit antisemitischen Hetz-Tiraden geführt, was ihm endlich einigen Erfolg brachte. Dieser Hofprediger hat den Antisemitismus, der sich in Deutschland seit 1873 ausbreitete, erst hoffähig gemacht. Sein Wirken als Judenfeind war äußerst verhängnisvoll; davon ist in *Der Stechlin* nicht die Rede.

Die sozialpolitischen Vorstellungen Stöckers, die ebenfalls im Roman nicht erwähnt werden, sahen eine Unterstützung der Arbeiter vor, bessere Löhne, weniger Arbeitszeit, bessere Kranken- und Altersversorgung, dies immer in Einklang mit Thron und Altar. Was Stöcker den Sozialdemokraten vorwarf, denen er die Arbeiter abspenstig machen wollte, war deren materialistische, antichristliche Haltung. Seine Gegner waren die atheistischen Sozialdemokraten, mehr aber noch die zügellosen Kapitalisten, die er in den Liberalen angriff. In ihnen sah er den eigentlichen Grund für die Unruhe, erst durch diese seien die Sozialdemokraten hervorgerufen worden. Die Konservativen dagegen nahm er von seiner Kritik aus, sie an ihre Fürsorgepflichten erinnernd. Stöcker sah also durchaus das soziale Elend der Arbeiter, er versuchte ihm abzuhelfen, und die Arbeiter für die Kirche, für die Monarchie und das Vaterland zu retten. So kam er auch in die Nähe der Konservativen, wenn sein heftiger Ton auch vielen von diesen unangenehm war. Bei den Arbeitern hatte Stöcker wenig Erfolg, so daß er sich an die Kleinbürger und Bürger wandte, die er gezielt mit seinem Antisemitismus ansprach, nicht ohne Erfolg. 1879 bis 1898 war er Mitglied des preußischen Abgeordnetenhauses, 1881 bis 1893 und 1898 bis 1908 Mitglied des Reichstages, auf dem äußersten rechten Flügel der Deutschkonservativen. Er starb 1909.

In einer Rede vor dem Reichstag sagte Stöcker: »Der Zusammenhang aber von Sozialdemokratie und Judentum offenbarte sich nicht nur in den Personen, welche diese für unser Volk besonders verhängnisvolle Partei begründet hatten und leiteten, sondern in dem gerade damals überhand nehmenden Kapitalismus, der an den von den Juden beherrschten Börsen seinen Mittelpunkt hatte. Man wird zur Erklärung der Umsturzpartei immer darauf zurückkommen müssen, daß bei uns wie überall das kapitalistische System die Arbeiterbewegung mit hervorgerufen hat. Plutokratie geht zeitlich überall der Sozialdemokratie voran, und sie ist im Grunde schlimmer als diese. Nun haben wir in Deutschland den merkwürdigen Zustand, daß einerseits die übelsten Vertreter des mammonistischen Geistes Juden

waren und demnach auch die Unzufriedenheit der arbeitenden Klassen hervorrie-
fen und daß andererseits die übelsten Vertreter des Umsturzes gleichfalls Juden
waren, die aus der Aufregung und Verhetzung des Volkes ein Geschäft machten.
Also an beiden Polen, wo die elektrischen Entladungen des sozialen und wirtschaftlichen Ungewitters stattfanden, waren jüdische Elemente am stärksten vorhanden. Es ist wohl ohne Beispiel in der Weltgeschichte, daß ein großes Volk
einem Haufen von Fremdlingen gestattete, eine solche Rolle zu spielen, und daß
kein Staatsmann, kein Fürst Hand anlegte, das Volk vor den Schauspielern dieser
Tragödie zu hüten.«[8]

Hier ist die Behauptung des gleichermaßen jüdischen Sozialismus und Kapitalismus, die später so verhängnisvoll wirkte. Hinter beiden einander bekämpfenden
Bewegungen sollen dieselben Leute stecken: die Juden. Und daß sie Fremde sind,
die nichts in Deutschland zu suchen haben, auch das hat der fromme Mann mit
dem ganzen Pathos seiner Beredsamkeit schon herausgestellt. Das Zitat zeigt den
verderblichen Zeitgeist, den Fontane aus seinem »politischen Roman« ausgespart
hat. Der Name Stöcker fällt, die christlich-soziale Bewegung wird als eher menschenfreundliche bezeichnet, die verhängnisvolle Judenhetze wird nicht erwähnt.
Oder doch? Ist in den Andeutungen des Romans nicht etwas von der Frontstellung
Stöckers enthalten, auch wenn der alte Stechlin mit dem alten Hirschfeld befreundet ist und dessen geschäftliches Gebaren mit dessen Beruf und nicht mit dessen
Judentum erklärt? Der Anführer der Liberalen, also der Fortschrittspartei, die am
entschiedensten gegen den Antisemitismus damals auftrat, aber eben auch die
Interessen der Kapitalisten vertrat, der jüdischen wie der christlichen, ist ein
Katzenstein, dem Namen nach ein Jude. Und Anhänger der Sozialdemokraten sind
ebenfalls Juden, der junge Hirschfeld und der junge Arzt Moscheles, dessen Behandlung daraufhin der alte Stechlin zu seinem eigenen Schaden ablehnt. Auch im
Roman sind also, ließe sich sagen, die Vertreter der beiden Richtungen, die Stök-
ker angreift, als Juden markiert. Ein Zufall?

So dezent dies geschieht, so dezent geschieht auch die Zurückweisung Stöckers
an später Stelle im Roman. Wer die politische Situation der Zeit nicht kennt, wird
es kaum merken. Vor der Beerdigung des alten Stechlin sprechen zwei Landjunker
miteinander, von Blechernhahn und von Molchow, beide schon im Namen ironi-
siert. Blechernhahn: »›Bin doch neugierig, was der Lorenzen heute loslassen wird.
Er gehört ja zur Richtung Göhre.‹« »›Ja, Göhre‹«, sagte von Molchow, »›Merkwürdig, wie der Zufall spielt. Das Leben macht doch immer die besten Witze.‹«
Der Witz ist so dürftig, wie der Geist dieser Junker: Göhre wie Göre, junger
Mensch, aber wer ist Göhre und seine Richtung? Paul Göhre, 1864 bis 1928, war
evangelischer Geistlicher und ab 1891 Generalsekretär des *Evangelisch-sozialen
Kongresses*, den Adolf Stöcker mit Friedrich Naumann gegründet hatte. Göhre
war einer der Anführer der Jungen, also der »Gören« in diesem Kongress; diese
empörten sich gegen Stöcker, dessen wilde Agitation sie ablehnten, und brachten
es schließlich dazu, daß Stöcker 1896 diesen *Evangelisch-sozialen Kongress* ver-

ließ. Göhre gründete später einen national-sozialen Verein mit Friedrich Naumann, 1901 trat er der Sozialdemokratie bei, also drei Jahre nach Fontanes Tod und sechs Jahre nach der Zeit, in welcher die Handlung des Romans spielt. 1906 trat er sogar aus der Kirche aus; er machte später noch Karriere als Politiker der SPD.

Wenn Lorenzen also der Richtung Göhres angehörte, heißt dies, daß er zwar die sozialpolitischen Forderungen Stöckers teilte, nicht aber dessen wilden Antisemitismus. Die Distanzierung von Stöcker ist deutlich, aber so zart, daß sie auch Stöcker-Anhänger nicht verletzen muß. Eine doch erbitterte und vom eigentlichen Geschehen des Romans ablenkende Auseinandersetzung wird dem Leser erspart. Sie würde auf ein anderes Feld führen, als das Feld, auf dem die Handlung des Romans spielt. So hat das Verstecken und Andeuten des Erzählers nicht so sehr politische, als vielmehr ästhetische Gründe. Die Politik ist präsent, denn sie bestimmt das Leben der Menschen, um die es hier geht, aber sie wird so weit zurückgenommen, daß sie das ästhetische Gebilde nicht beeinträchtigt.

Dies ist auch die Erklärung dafür, warum Fontanes Meinungen in seinen Briefen, besonders in den späten an Georg Friedlaender, in manchen Punkten abweichen von den Meinungen, die er als Erzähler in seinen Romanen ausführt, sei es in den Reden seiner Figuren, sei es in den Andeutungen des Erzählers. Der Briefschreiber schreibt anders als der Romancier, nicht nur, weil der Briefschreiber sich nicht an die Öffentlichkeit wendet, also auf die Meinung seiner Leser keine Rücksicht nehmen muß. Es sind zwei unterschiedliche Rollen: hier der Zeitgenosse und Zeitungsleser, ein politischer Kopf durchaus, der pointiert, mitunter auch polemisch seine Meinung sagt. Dort der Romancier, der über den Figuren steht, die er geschaffen hat und denen er Gerechtigkeit widerfahren läßt, ob er nun mit ihnen übereinstimmt oder nicht.

Diese »poetische Gerechtigkeit« hat Fontane sehr früh in seiner Rezension des Romans *Soll und Haben* von Gustav Freytag geäußert.[9] Und am Beispiel dieses Romanciers wird uns deutlich, was Fontane nicht ist. Freytag illustriert seine nationalliberale Ideologie, er verherrlicht das deutsche Bürgertum im Kaufmannsstande, er setzt es gegen die bösen Juden im Innern des Landes und gegen die bösen Polen jenseits der Grenzen des Landes. Fontane wandte sich in seiner Rezension gegen die einseitige Darstellung von Juden und Adligen, die der Polen schien ihn weniger zu stören. Allerdings hat er in seinem ersten Roman *Vor dem Sturm* die Polen derart positiv dargestellt, daß er wie eine späte Antwort auf Freytag erscheint.

Die Mängel von Freytags Roman führen den Rezensenten Fontane zu seiner Forderung nach »poetischer Gerechtigkeit, ja Gerechtigkeit überhaupt«. Für Freytag ist der Einzelne mehr oder weniger identisch mit seinem Stand oder seinem Volk: Juden sind schmutzig und hinterhältig, alle mehr oder weniger, Adlige sind faul und unfähig, so gut wie alle, und die Polen sind aufrührerische Barbaren.[10] Dieser bürgerliche Realismus Freytags ist parteiisch wie der spätere sozialistische Realismus, nur ist bei ihm die kommende Klasse nicht das Proletariat, sondern das Bürgertum, aber auch bei ihm wird jeder durch seine Standes- oder Klassenzugehörigkeit definiert. Bei Fontane nicht: dort ist jeder eine Individualität, zunächst und vor allem, bevor er Mitglied eines Standes ist. Der Erzähler wird dem Einzelnen als solchem gerecht, er verherrlicht oder diffamiert ihn nicht mit seinem Stand.

Als Briefschreiber kann er das tun; da macht er aus seinem Herzen keine Mördergrube, wie man so sagt, siehe seine vernichtenden Urteile über den Adel in den Briefen an Friedlaender. Wenigstens zwei der bekannten Beispiele: »Ich kann es aber nicht beklagen, daß noch in meinen alten Tagen solche Wandlung über mich gekommen ist. Alles, was jetzt bei uns obenauf ist, entweder heute schon oder es doch vom *Morgen* erwartet, ist mir grenzenlos zuwider: dieser beschränkte, selbstsüchtige, rappschige Adel, diese verlogene oder borniere Kirchlichkeit, dieser ewige Reserve-Offizier, dieser greuliche Byzantinismus. Ein bestimmtes Maß von Genugtuung verschafft einem nur Bismarck und die Sozialdemokratie, die beide auch nichts taugen, aber wenigstens nicht kriechen.« Das schreibt er am 2. November 1896,[11] also während der Arbeit an *Der Stechlin*, der doch ein erfreulicheres Bild Preußens gibt. Andere Briefe aus dieser Zeit bestätigen sein vernichtendes Urteil über die Oberschicht Preußens, ein Urteil, das von der weiteren Entwicklung vollauf bestätigt wurde. Fontane am 6. Mai 1895 an Friedlaender: »Was tut davon Ihr Neuhofer Prinz? Er stimmt jeder reaktionären Maßregel zu, glaubt an den beschränkten Untertanenverstand und hat keine Ahnung davon, daß Frohme, Grillenbecher oder gar Bebel ihn zehnmal in die Tasche stecken. Es ist ganz vorbei mit dem Alten, auf jedem Gebiet, und Ihr Schmiedeberger Pastor, dessen Großtaten mir nur noch so dunkel vorschweben, wird mit seinem Gesäure weder das Apostolicum noch irgend einen unverständlichen Satz der Apokalypse bei Leben erhalten können. Mein Haß gegen alles, was die neue Zeit aufhält, ist in einem beständigen Wachsen und die Möglichkeit, ja die Wahrscheinlichkeit, daß dem Sieg des Neuen eine furchtbare Schlacht voraufgehen muß, kann mich nicht abhalten, diesen Sieg des Neuen zu wünschen. Unsinn und Lüge drücken zu schwer, viel schwerer als die leibliche Not.«[12]

Hier ist deutlicher als in den Sätzen Lorenzens und Melusines im Roman das Verhältnis von Altem und Neuem ausgesprochen: vom Alten will Fontane gar nichts erhalten, das Neue will er mit Macht, auch wenn es ohne eine furchtbare Schlacht nicht abgeht. Hier sieht er die Sprengkraft, die in dieser wilhelminischen Gesellschaft steckte, hier spricht er sie aus, im Roman versteckte er sie. Wie kommt es, daß er in derselben Zeit, in der er solch abfällige Urteile über den preußischen Adel aussprach, diesem Adel noch einmal ein so bewegendes Denkmal setzte? Die negativ gezeichneten Adligen sind ja auch vorhanden, weniger in der harmlosen Adelheid, mehr in den kurz auftretenden Landjunkern aus Rheinsberg-Wutz, durchweg dümmliche, borniere Gestalten. Die alten Herren Stechlin und Barby und die jungen Stechlin und Barby ließen sich als positives Gegenbild verstehen, das negative wird nicht angegriffen, so wenig wie der junge Kaiser, es wird ihm ein positives Spiegelbild entgegengehalten? Mag sein.

Mehr aber noch ist der Grund für diese Differenz der Darstellung des Adels in Briefen und Roman in der unterschiedlichen Rolle von Briefschreiber und Romancier zu sehen. Sicher, da spricht dieselbe Person und nicht zuletzt am Stil ist das zu erkennen, an diesem leichten wunderbaren Plauderton, den Thomas Mann mit Recht so lobte.[13] Dieser Ton ist ja auch ein Gesellschaftston, der durch stetige Konversation kultiviert wurde, aber auch durch Lektüre, vor allem der englischen Gesellschaftsromane, worauf Peter Demetz aufmerksam machte.[14] Dieser Ton macht eine verbissene, gar polemische Darstellung fast unmöglich. Er begnügt sich eben mit Anspielungen und Andeutungen und rechnet mit einem geistreichen Zuhörer und Leser. Dieser Ton ist den Briefen und dem Roman gemeinsam, kein Zweifel, und in manchem Urteil des Romans ist das Urteil des Briefschreibers wiederzuerkennen. Und doch ist die Differenz wesentlich: im Roman ist der Adel eben immer noch, was er einmal früher für Fontane war: »Wer den Adel abschaffen wollte, schaffte den letzten Rest von Poësie aus der Welt«, schreibt er in einem Brief vom 28. Mai 1860.[15] Der Adel trägt eine Aura mit sich, gerade als untergehender Stand, die ihn zum poetischen Gegenstand prädestiniert erscheinen läßt. Insofern war dieser Adel, unter dem der späte Fontane als Briefschreiber litt, für den Romancier Fontane ein Glücksfall: der Romancier konnte an ihm noch einmal eine Welt darstellen, die der Briefschreiber gerne hingegeben hätte. Der Glanz der untergehenden Sonne leuchtete noch einmal kräftig.

Fontane ist in seinen Romanen kein Gesellschaftskritiker, ein Irrtum, der in vielen Untersuchungen zu den Standeskonflikten in *Irrungen, Wirrungen* und *Stine* steht. Er will nicht die Gesellschaft kritisieren, sondern Menschen zeigen in ihrem gesellschaftlichen Umfeld, denn anders sind sie gar nicht denkbar. Die gesellschaftlichen Verhältnisse prägen sie, erleichtern oder erschweren ihren Weg. Wäre Botho mit Lene viel glücklicher geworden als mit Käthe? In unserer Zeit, in der es keine Standeskonflikte mehr gibt, sind die Menschen auch nicht glücklicher als damals. Fontane zeigt ihr Glücksstreben in seiner Zeit, ihre beschränkten Möglichkeiten, ihr vergebliches Streben und die Momente des Glücks, die immer nur kurz sind. Keine Gesellschaft kann alle Menschen glücklich machen; diejenigen, die es versprachen, haben sie unglücklich gemacht.

Fontane gehörte nicht zu den Schriftstellern, die ihre Gesinnung zu Markte tragen, wie das in Deutschland seit dem Vormärz so verbreitet ist. Er hatte eine Gesinnung, auch eine politische, das kann man in seinen Briefen an Georg Friedlaender nachlesen, aber in seinen Romanen hielt er damit zurück. Große Ideen, kompakte Ideologien hat er nicht zu bieten, nur menschenfreundliche Gesten, nur das »Miteinanderreden«. Das ist manchen Volkserziehern zu wenig, siehe Fritz Martini und Georg Lukács, die hier nur stellvertretend genannt werden. Martini vermißt bei Fontane »die Kraft der Gestaltung einer sie überwindenden, überhöhenden oder zerstörenden Idee, einer sie bezwingenden Entscheidung«.[16]

Lukács wirft ihm »Rückzug ins Private«[17] vor und meint, er sei »nicht imstande …, rebellierende Menschen zu gestalten«.[18] Was hier getadelt wird, wäre vielleicht ein Mangel im politischen Essay, im Roman ist es ein Gewinn.

Das Kunstwerk will nicht das Leben darstellen, wie es ist. Es hat sein eigenes Leben. Das Kunstwerk stellt sich zwischen uns und das Leben; es läßt uns das Leben eine Weile vergessen. Das Leben ist meist grausam und banal. Das Kunstwerk hat seine eigene Wahrheit, die ein eigenartiges Licht auf das Leben wirft. Der Alltag bietet nur den Stoff, von dem der Schriftsteller nimmt, was er gebrauchen kann, um etwas Neues zu bilden.

So dachte jedenfalls Fontane. Was uns an seinen Romanen berührt, ist nicht die Politik, nicht die Gesellschaft, es ist das »allgemein Menschliche«, das Schicksal des Einzelnen, das Ergebnis einer literarischen Stilisierung. Wovon handelt *Der Stechlin* laut Fontane: ein Alter stirbt und zwei Junge heiraten. Das ist es, was uns bewegt, nicht der Adel, der ist nur Dekor.

Anmerkungen

1 In: HFA IV/4, S. 562.

2 Ebd., S. 649.

3 JULIUS PETERSEN: *Fontanes Altersroman.* In: *Euphorion* 29 (1928), S. 47.

4 THEODOR FONTANE: *Der Stechlin.* In: NFA VIII. 1959, S. 27. Im folgenden zitiert im laufenden Text unter Angabe der Seitenzahl.

5 FRITZ MARTINI: *Theodor Fontanes Romane.* In: *Zeitschrift f. Deutschkunde.* 1935, S. 513–530. GEORG LUKÁCS: *Der alte Fontane.* In: DERS.: *Ausgewählte Schriften.* Bd. 1. Reinbek 1967, S. 120–159.

6 THEODOR FONTANE: *Die Grafschaft Ruppin. Die Menzer Forst und der Große Stechlin.* In: HFA II/1. *Wanderungen durch die Mark Brandenburg.* S. 338.

7 *Neuglobsow, Stechlinsee und die Menzer Heide. Ein Wanderführer.* Text: HANNS KRAUSE. Hrsg. v. RAT DER GEMEINDE NEUGLOBSOW. 2. Aufl. 1987, S. 10.

8 GÜNTER BRAKELMANN/MARTIN GRESCHAT und WERNER JOCHMANN: *Protestantismus und Politik. Werk und Wirkung Adolf Stöckers.* Hamburg 1982, S. 105.

9 THEODOR FONTANE: *Gustav Freytag. Soll und Haben.* In: HFA III/1, S. 293–308.

10 GUSTAV FREYTAG: *Soll und Haben* (1855). München 1978.

11 In: THEODOR FONTANE: *Fontanes Briefe in zwei Bänden.* Ausgewählt und erläutert v. GOTTHARD ERLER. Berlin und Weimar 1989. Bd. II, S. 399–401, hier: S. 401.

12 In: HFA IV/4, S. 451.

13 THOMAS MANN: *Der alte Fontane.* In: DERS.: *Das essayistische Werk.* Bd. 1. Frankfurt/M. 1968, S. 36–55.

14 PETER DEMETZ: *Später Glanz: »Der Stechlin«.* In: DERS.: *Formen des Realismus: Theodor Fontane.* Frankfurt/M. 1973, S. 157–167.

15 Theodor Fontane an seine Mutter Emilie Fontane. In: HFA IV/1, S. 706.

16 FRITZ MARTINI: *Theodor Fontanes Romane*. In: *Zeitschrift für Deutschkunde*. 1935,
    S. 513–530, hier: S. 522.
17 LUKÁCS, wie Anm. 5, S. 32.
18 Ebd., S. 73.

Ein preußisches Wintermärchen

Theodor Fontanes erster Roman *Vor dem Sturm*

BERND WITTE

Theodor Fontanes erster Roman *Vor dem Sturm* ist das unbekannteste und doch zugleich das poetischste und in gewisser Weise aktuellste Buch des 19. Jahrhunderts über Preußen-Deutschland. 1975 mußte Walter Müller-Seidel in seiner Studie *Theodor Fontane. Soziale Romankunst in Deutschland* feststellen, daß es »eine […] auf das Werk konzentrierte Analyse bis zum heutigen Tag nicht« gebe.[1] Daran hat sich auch fünfundzwanzig Jahre später grundlegend noch nichts geändert. In seiner 1991 publizierten Studie über den Roman wertet Otfried Keiler ihn gegenüber Tolstois *Krieg und Frieden* ab. Nur »für Fontaneliebhaber« bleibe seine Kenntnis »ganz unverzichtbar«.[2] Gordon A. Craig nennt den Roman zwar »eine beeindruckende Leistung«, aber die Gründe, die er für diese Bewertung anführt, sind wenig überzeugend. Der Roman sei »genau das, was ein historischer Roman sein sollte. Er läßt eine glaubhafte Welt entstehen, in der glaubhafte Persönlichkeiten leben.«[3] Hier hat die Orientierung an dem angeblichen Vorbild Walter Scott den Blick auf die Eigenständigkeit des Romans verstellt. Schließlich charakterisiert auch Hugo Aust das Werk in seiner letzten zusammenfassenden Studie über Fontane eher mit negativen Attributen: »*Vor dem Sturm* ist Spät- und Frühwerk in einem, weil Konfliktgestaltung und Lösungshorizont nicht in die Zeit passen, in der die Arbeit endlich zum Abschluß gelangt. […] Fontanes Roman ist wahrscheinlich weder ein Werk der beginnenden Moderne noch ein historischer Roman über die gefeierte Erhebung Preußens.«[4]

Die Ursachen für die Mißachtung des Romans sowohl durch das lesende Publikum wie durch die Literaturwissenschaft sind vielfältiger Art. Da ist zunächst der schiere Umfang, über siebenhundert eng bedruckte Seiten, eingeteilt in vier Bände mit insgesamt zweiundachtzig Kapiteln, in denen es außer Besuchen, Gesprächen und am Ende dem mißlingenden Überfall auf die französische Besatzung der Festung Frankfurt a. d. Oder und einer Hochzeit keine eigentliche Handlung gibt. Mit der ihm eigenen Selbstironie überschreibt Fontane das vierzehnte Kapitel des Zweiten Bandes mit »Es geschieht etwas«,[5] und in der Tat wird hier – nach immerhin 220 Seiten – ein Einbruch in das Schloß des Berndt von Vitzewitz erzählt, der dann als Anlaß und Auslöser für die politische Handlung herhalten muß.

Der Hauptgrund für die Negativurteile über den Roman ist jedoch darin zu suchen, daß *Vor dem Sturm* der deutschen Tradition widerspricht. Er ist kein Erziehungs- und erst recht kein Bildungsroman. Es finden sich keine essayistischen Exkurse und keine philosophischen Traktate in diesem Roman. Ja, er hat nicht einmal einen richtigen Helden. Statt dessen eine unüberschaubare Vielzahl von Figuren von dörflichen Außenseitern bis zu den königlichen Prinzen des Berliner Hofes und eine mit historischer Detailtreue geschilderte Vielzahl von Schauplätzen, die von märkischen Dörfern und herrschaftlichen Gütern bis zu Berliner Mietshäusern und Palais reicht. Also ein vielschichtiger episodenreicher Gesellschafts- und Geschichtsroman, ein »Vielheits-Roman«, wie Fontane ihn selbst, einen Begriff Karl Gutzkows aufnehmend, in einem Brief an Paul Heyse vom 9. Dezember 1878 bezeichnet hat.[6] In demselben Brief verficht er das Recht des Romans, »statt des Individuums einen vielgestaltigen Zeitabschnitt unter die Loupe [zu] nehmen«, womit er auf den ursprünglich geplanten Untertitel *Zeitbilder aus dem Winter 1812 auf 13* anspielt. Fontane ist sich demnach durchaus bewußt, daß *Vor dem Sturm* in der Geschichte des deutschen Romans im 19. Jahrhundert einzigartig dasteht. In seinem eigenen Werk hat er nur in seinem zwanzig Jahre später geschriebenen letzten Roman *Der Stechlin* ein dem Erstling an epischer Breite und politischer Aktualität ebenbürtiges Gegenstück geschaffen.

Ausgehend von diesem Selbstverständnis des Autors wäre eine andere Lektüre des Romans zu versuchen, die Fontanes ästhetischen und politischen Konservatismus als Ursprung der poetischen Gerechtigkeit versteht, mit der er die Rettung des Individuums und seiner Rechte vor dem Zugriff der großen nivellierenden Welterklärungssysteme ins Werk setzt. Seine Verklärung des Alten, seine Rückwärtsgewandtheit wirkt – das wäre die These – bis in die poetische Faktur des Romantextes hinein und immunisiert ihn gegen den grassierenden Nationalismus, gegen die ideologische Anfälligkeit, deren Opfer »realistisches« Erzählen vom programmatischen Realismus eines Gustav Freytag bis zum sozialistischen Realismus immer wieder geworden ist.

Anders gewendet könnte diese These auch lauten: Was man bei Fontane liest, hängt in hohem Maße von dem Medium, von der Textgattung ab, in der er schreibt. Die altpreußisch hugenottische Liberalität Fontanes, seine radikal-demokratische Gesinnung – wenn man unter gesellschaftlicher Demokratie die Anerkennung der gleichen Rechte jedes Individuums verstehen will – ist nur in seinen Romanen zu finden, und nur als Romancier ist er zu einem noch heute aktuellen Autor geworden. Ohne seine Romane wäre er ein märkischer Heimatschriftsteller geblieben.

Als Prüfstein für diese Behauptungen bietet sich Fontanes frühester Roman an, der, obwohl erst 1878 erschienen, in seiner Konzeption in die Phase des »bürgerlichen Realismus« zurückreicht und zugleich den journalistischen Arbeiten und den *Wanderungen durch die Mark Brandenburg* noch besonders nahesteht. Die Geschichte der Niederschrift des umfangreichen Textes, zu dem es schon in den fünfziger Jahren erste Pläne gab, dessen erste Kapitel im Winter 1863/64, also zum fünfzigjährigen Jubiläum der Erhebung gegen Napoleon geschrieben wurden, und der erst 1876 bis 1878 zum Abschluß gebracht wurde, mag auch einen biographischen Hinweis darauf enthalten, woher Fontanes Distanz zu dem großspurigen Preußen-Deutschland seiner Zeit stammt. Persönliche Gekränktheit über die mangelnde Aufmerksamkeit für seine Kriegsbücher an höchster Stelle, sein Austritt aus dem Akademie-Amt, das der unmittelbare Auslöser für seine Wiederaufnahme der Arbeit am Roman wurde, sind die äußeren Symptome für die Erfahrung der Nichtzugehörigkeit, die er in dieser Zeit macht. »Ein Schmerzenskind« demnach, wie Fontane bei Wiederaufnahme der Arbeit im November 1876 an Mathilde Rohr schreibt,[7] zugleich aber auch die Summe und radikale Transformierung seiner bisherigen schriftstellerischen Arbeit.

1855 hatte Fontane in einer hymnischen Rezension von Gustav Freytags eben erschienenem Roman *Soll und Haben* festgestellt: »Da wird im ersten Bande kein Nagel eingeschlagen, an dem im dritten Bande nicht irgend etwas, sei es ein Rock oder ein Mensch aufgehängt würde«.[8] Mit dem ihm eigenen skurrilen Humor weist Fontane damit auf das gestalterische Prinzip des poetischen Realismus hin, nicht ohne zugleich unterschwellig den aggressiven, menschenverachtenden Nationalismus Freytags zu kritisieren. Die literarische Technik der Realisten, auch noch das geringfügigste Detail bedeutend zu machen und es damit der Idee des Ganzen einzufügen, wird auch von Fontane virtuos gehandhabt. Dafür mag der Beginn des Riesenwerks als Beispiel stehen.

Unter der Überschrift *Heiligabend* heißt es da: »Es war Weihnachten 1812. Heiliger Abend. Einzelne Schneeflocken fielen und legten sich auf die weiße Decke, die schon seit Tagen in den Straßen der Hauptstadt lag. Die Laternen, die an langausgespannten Ketten hingen, gaben nur spärliches Licht; in den Häusern aber wurde es von Minute zu Minute heller, und der ›Heilige Christ‹, der hier und dort schon einzuziehen begann, warf seinen Glanz auch in das draußen liegende Dunkel.«[9] In dieser anheimelnden, scheinbar objektiven Beschreibung ist die Tendenz des ganzen Romans schon eingefangen: die Dunkelheit der äußeren Situation, die Niederlage Preußens und das Leiden unter der napoleonischen Fremdherrschaft nach 1806, eine Dunkelheit, die von innen her, von den einzelnen Menschen und ihrem Glauben an Volk und Vaterland, auch von ihrer christlichen Überzeugung her – so ist es wohl bei Fontane gemeint – überwunden wird.

Der Weihnachtstag, an dem die Nachricht von Napoleons Niederlage vor Moskau bekannt wird, markiert für die Figuren des Romans den Zeitpunkt, an dem die Hoffnung auf neues Licht sich erfüllt. An diesem Tag wird Lewin von Vitzewitz mit einem Schlitten aus Berlin abgeholt und fährt nach Hause, nach Schloß Hohen-Vietz zu Vater und Schwester. Natürlich heißt der Kutscher an diesem Abend »Krist«. Um seine Pfeife hervorzukramen, »legte [er] ohne weiteres die Leinen in die Hand seines jungen Herrn«,[10] eine Geste des Einverständnisses und der sozialen Harmonie, in der die Selbstverständlichkeit präfiguriert wird, mit der später die Dörfler beim Aufruhr gegen die Franzosen ihr Geschick in die Hände ihrer adeligen Herren legen. »Draußen umfing sie Nacht und Stille; der Himmel klärte sich, und die ersten Sterne traten hervor. Ein leiser, aber scharfer Ostwind fuhr über das Schneefeld«.[11] Weiße Weihnachten also, aber nicht nur aus sentimentalen Gründen, sondern wie der dezente Hinweis auf den Ostwind und das von ihm bewirkte Aufklaren andeuten, weil die Rettung aus dem Osten, von den Russen her kommt.

Mit den hier zuerst genannten Sternen hat es seine ganz besondere Bewandtnis. Sie sind nicht nur Himmelskörper und Attribute der Nacht, eher schon erinnern sie an die Kantische Formel vom »gestirnten Himmel über mir und dem moralischen

Gesetz in mir«. Denn kaum sind Lewin und Krist einige Meilen über Land, als der Erzähler mit Nachdruck betont: »Die Sterne traten immer zahlreicher hervor. Lewin lupfte die Kappe, um sich die Stirn von der frischen Winterluft anwehen zu lassen, und sah staunend und andächtig in den funkelnden Himmel hinauf. Es war ihm als fielen alle dunklen Geschicke, das Erbteil dieses Hauses, von ihm ab und als zöge es lichter und heller von oben her in seine Seele«.[12]

Recht eigentlich werden die Sterne – und das deutet sich für den eingeweihten Leser hier schon an – zum Leitmotiv für eine der weiblichen Hauptfiguren, für Marie, der Tochter des Hohen-Vietzer Dorfschulzen Kniehase. Als Krist und Lewin auf ihrer nächtlichen Schlittenfahrt Station machen, sieht Lewin im Bohls-dorfer Krug nicht nur das junge Wirtspaar mit seinem kleinen Kind auf dem Arm als glückverheißendes säkulares Krippenbild erscheinen, sondern gleich darauf liest er in der Bohlsdorfer Kirche den Spruch, der sich für ihn mehr und mehr mit Marie verbinden wird: »Sie schwingt die Siegesfahne / Auf güldenem Himmels-plane / Und kann auf Sternen gehn.«[13] Marie, die als Kind eines fahrenden Arti-sten ins Dorf gekommen ist und nach dem Tod ihres Vaters vom Schulzen-Ehepaar adoptiert und mit Lewins Schwester Renate im Hohen-Vietzer Schloß erzogen wurde, trägt schon bei ihrem ersten Auftreten als tanzendes Wunderkind ein mit goldenen Sternen übersätes Gazekleid, und im Laufe der Geschichte wächst sie immer mehr in die Rolle der wundersamen Prinzessin hinein, von der Lewin träumt, daß sie auf Sternen gehen kann. Schon der Beginn des Romans verweist so zeichenhaft auf das glückliche Ende, an dem durch die Heirat zwischen Marie und Lewin der schicksalhafte Fluch vom Hause Vitzewitz genommen wird.

Die konventionelle literarische Technik der Vorausdeutung und Bedeutungs-aufladung, für die sich Hunderte von Beispielen finden ließen und die Fontane ins Karikaturhafte steigert, strukturiert den ganzen Roman und bewirkt das, was Fon-tane in seinen poetologischen Äußerungen als »Verklärung« gefaßt hat, die Integration jedes einzelnen realistischen Details, auch des Häßlichen und des Bö-sen, in ein großes, in sich kohärentes Ganzes. Damit ist bei ihm jedoch keineswegs eine gesellschaftliche Harmonisierung intendiert. Das zeigt sich schon daran, daß dem Wunderkind Marie eine andere Gestalt gleichen Namens gegenübergestellt wird, das Hoppemarieken, eine kleine Zwergin, ein Kräuterweiblein, das sich auf allerhand Zauberkünste versteht und das als Postbotin und fliegende Händlerin weit über Land kommt. Auch sie steht in einem besonderen Verhältnis zu Lewin, der – wie es im Roman heißt – »ihr mit einer gewissen poetischen Zuneigung zur Seite« steht[14] und zu dessen Rettung aus französischer Kriegsgefangenschaft sie am Ende beiträgt. Im Gegensatz zum Wunderkind Marie, als deren Vorbild Goethes Mignon-Gestalt nur allzu deutlich durchscheint, ist Hoppemarieken einer realen Figur nachgebildet, einer Küstriner Botenfrau von zwergenhaftem Wuchs, die Fontane schon im November 1847 in einem Brief an den Freund Wilhelm Wolfsohn erwähnt.[15] Wie so viele andere historisch nachweisbare Gestalten geht diese Außenseiterin verwandelt in den Roman ein, wo sie die Nichtzugehörigen, die Fremden repräsentiert, die Leute vom »Forstacker«, die gleichwohl aus dem poetischen Ganzen des Romans nicht ausgeschlossen werden. Wie sich an diesen beiden Frauenfiguren zeigt, geht es Fontane in seinem Roman darum, den menschlichen Kosmos des alten Preußen nachzuzeichnen, der vom Hohen Adel des Berliner Hofes bis zu den »Verkommenen und Ausgestoßenen«[16] eines kleinen märkischen Dorfes reicht. Jeder dieser Figuren seines »Vielheitsromans« läßt der Erzähler ihr eigenes Recht.

Das aber wird dadurch ermöglicht, daß er nicht mehr als der allwissende Autor auftritt, dessen Perspektive gleichsam die realen Strukturen der Welt abbildet, sondern sich auf die Rolle des Plauderers beschränkt, der den Leser in eine mondäne Konversation verwickelt: »In der Halle schwelen noch einige Brände; schütten wir Tannäpfel auf und plaudern wir, ein paar Sessel an den Kamin rückend, von Hohen-Vietz«, lautet eine typische Erzählereinmischung gleich im Zweiten Kapitel.[17] In ihr zeigt sich, daß das große Ganze, in das alle realistischen Details integriert sind, die subjektive Sicht des Erzählers repräsentiert. Die »Synthese von Objektivem und Subjektivem«, die nach einer Formel Friedrich Theodor Vischers den realistischen Roman ausmacht, ist in Fontanes »verklärender« Erzählweise geleistet. Jedoch erweist sich in ihr nicht, wie die Theoretiker des Realismus wollten und wie deren literaturwissenschaftliche Nachbeter noch immer behaupten, das große Ganze als das Objektive. Das wird vielmehr als die subjektive Weltsicht des plaudernden Erzählers relativiert, wohingegen die realistischen Details der physischen und gesellschaftlichen Welt, mithin das Partikulare, sich als das Objektive erweisen.

Die verklärte Welt eines agrarisch geprägten, altadeligen Preußen in Fontanes Roman ist so von vornherein als rückwärtsgewandte Utopie gekennzeichnet, als die subjektiv gefärbte Evokation einer vergangenen, besseren Welt, durch die der Erzähler dem industrialisierten Machtstaat, der Preußen-Deutschland nach 1871 geworden war, den Spiegel vorhält. *Vor dem Sturm* weist demnach auf Grund seiner Erzählstruktur als Auflösung der heilen Welt des bürgerlichen Realismus auf eine polyzentrische Weltsicht hin, wie sie den Roman der Moderne auszeichnet.

Für eine Theorie der Kultur

Programmatisch hatten die Theoretiker des poetischen Realismus die Literatur auf dem Boden des Nationalen ansiedeln wollen. So beschwört etwa Hermann Hettner in seinem Buch *Die romantische Schule* schon 1850 die Tradition von 1813/15 und mit ihr das Erwachen des Nationalgeistes im Kampf gegen Napoleon als eigentlichen Gehalt realistischer Dichtung: »Das ist das tiefe Sehnen nach religiöser und politischer Befreiung, das seit den napoleonischen Weltkriegen das Ferment der europäischen Bildung ausmacht [...]. Kein Mensch kann sich dieser Atmosphäre entziehen, am allerwenigsten die Kunst; sie taucht in das vollste

Herzblut des Völkerlebens und ringt nach einem eigenen nationalen Stile«.[18] Fünf Jahre später hat Gustav Freytag in seinem Roman *Soll und Haben*, der zu dem Erfolgsbuch des 19. und beginnenden 20. Jahrhunderts wurde, diesen nationalen Stil realisiert, indem er seinen Helden als Vorkämpfer einer kolonisatorischen Mission zeichnet, die den ›minderwertigen Rassen‹, den Franzosen, den Juden und vor allem den Polen die Kultur zu bringen habe. Sein Held Anton Wohlfahrt rechtfertigt den Kampf gegen die Polen, die gewaltsame Besitznahme eines ihrer Güter mit den Worten: »›Ich stehe jetzt hier als einer von den Eroberern, welche für freie Arbeit und menschliche Kultur einer schwächeren Rasse die Herrschaft über diesen Boden abgenommen haben. Wir und die Slawen, es ist ein alter Kampf. Und mit Stolz empfinden wir, auf unserer Seite ist die Bildung, die Arbeitslust, der Kredit.‹«[19] Das sind markige und ganz und gar unironische Worte, die bis in die deutsche Ideologie des 20. Jahrhunderts ihren Nachhall gefunden haben. Freytag verbindet sie mit einer unverhohlenen Huldigung an die Großmachtpolitik der Hohenzollerndynastie: Sie »haben sich ein Geschlecht gezogen, hart, arbeitsam, begehrlich, wie sie selbst waren. Sie haben einen Staat gebildet aus verkommenen oder zertrümmerten Stämmen.«[20]

Wie anders liest sich das zwanzig Jahre später bei Fontane. Schon in der ersten Entstehungsphase seines Romans, im Juni 1866, hatte er an seinen Verleger Wilhelm Hertz geschrieben: »Ohne Mord und Brand und große Leidenschaftsgeschichten hab ich mir einfach vorgesetzt, eine große Anzahl märkischer (d. h. *deutsch-wendischer,* denn hierin liegt ihre Eigenthümlichkeit) Figuren aus dem Winter 12 auf 13 vorzuführen, Figuren, wie sie sich damals fanden und im Wesentlichen auch noch jetzt finden.«[21] In dieser Weise zeichnet Fontane die Bewohner der Mark und des Oderbruchs und ihre Kultur als eine Mischung aus deutschen und wendischen, aus germanischen und slawischen Elementen, wie er auch die Figuren polnischen Ursprungs in seinem Roman, die Familie Ladalinski etwa und den Geliebten Kathinkas, den Grafen Bninski, mit dem gleichen Wohlwollen zeichnet wie die Deutschen. Der alte Geheimrat besitzt mehr preußische Tugenden als die Preußen, seine Tochter Kathinka wird vom Erzähler ganz offen als impulsive, leidenschaftliche Liebhaberin bewundert. Am positivsten aber erscheint sein Sohn Tubal. Ihm wird Treue – die der deutsche Berndt von Vitzewitz seinem König gegenüber bricht – in so hohem Maße zugeschrieben, daß er beinahe als Karikatur erscheint: Bei dem Überfall auf die französische Garnison wird er selbst tödlich getroffen, weil er einen verletzten Hund retten will.

Aber auch den Franzosen, gegen die sich ja eigentlich der Kampf von 1813 richtet, wird poetische Gerechtigkeit zuteil, so daß mit *Vor dem Sturm* das Paradox eines franzosenfreundlichen Romans über den Beginn der Freiheitskriege vorliegt. Die französischen Soldaten werden als ritterlich und heldenhaft geschildert. Der Kreis um die Gräfin Amalie von Pudagla und den Prince Henri befleißigt sich ausdrücklich französischer Kultur. Esprit und Rationalität gelten ihm als höchste Werte. Das geht so weit, daß – wie der Erzähler ironisch feststellt – die Gräfin trotz ihrer Bewunderung für das ancien régime sich auch mit der Französischen Revolution identifizieren kann.

In dieser Tendenz des Romans ist eine prinzipielle Entscheidung des Erzählers Fontane gegen alle nationale Borniertheit, gegen Überlegenheitsdünkel und Rassenwahn angelegt. Seine Märker sind, wie schon ihre Namen und Lebensgewohnheiten ausweisen, eine Mischung aus deutschen und wendischen, aus germanischen und slawischen Elementen. Menschliche Kultur, soll das heißen, ist nie das Vorrecht einer einzigen Rasse, eines einzigen Volkes. Sie entspringt vielmehr der Vermischung des Heimischen mit dem Fremden, des Althergebrachten mit dem Neuhinzugekommenen.

Gustav Freytag hatte seinem Roman als Motto den schönen Satz von Julian Schmidt vorangestellt: »Der Roman soll das deutsche Volk da suchen, wo es in seiner Tüchtigkeit zu finden ist, nämlich bei seiner Arbeit.«[22] Davon hält der Erzähler Fontane gar nichts. In den ersten beiden Büchern seines Romans, mehr als 300 Seiten lang, sucht er das deutsche Volk bei seinen Festen. Mit einer Ausführlichkeit, in der Erzählzeit und erzählte Zeit fast identisch werden, beschreibt er die Tage von Heiligabend bis Silvester, die mit Einladungen, Essen, Gesprächen und Plaudereien vergehen, durch die aber jede einzelne der zahllosen Figuren des Vielheitsromans sich in ihrer Identität aufs schönste enthüllt.

In diesem Zusammenhang hat Fontane den Ursprung der Kultur aus dem Geiste des Fremden in einem humoristischen Kabinettstück vorgeführt. Am Zweiten Weihnachtsfeiertag machen die Hohen-Vietzer Honoratioren einen Besuch bei Pastor Seidentopf. Er ist seit seiner Studienzeit in Göttingen und seiner Teilnahme an den Bardenspielen des Hainbundes ein überzeugter Anhänger einer »germanisch-sittlichen Mission«.[23] Für ihn ist die Mark Brandenburg »von Uranfang ein deutsches Land gewesen« und er behauptet, »alles, was zugleich Kultur und Kultus ausdrücke, sei so gewiß germanisch, wie Teut selber ein Deutscher gewesen sei«.[24] So ist er es denn auch, der mit seiner zum Krieg gegen die Franzosen aufhetzenden Predigt am ersten Weihnachtstag den Anstoß zu dem unseligen Unternehmen des Überfalls auf die französische Garnison gibt.

Am zweiten Weihnachtstag bringt ihm, dem Sammler germanischer Altertümer, sein alter Freund und Widersacher, Justizrat Turgany, ein bronzenes Wägelchen als Gastgeschenk mit, das bei archäologischen Ausgrabungen gefunden wurde. Auch in diesem Falle existiert der fragliche Gegenstand wirklich – schon im März 1866 hatte Fontane ihn im Museum von Neuruppin gesehen. Er ist das Objektive, an dem sich die subjektiven Meinungen brechen. Die an ihm sich entspinnende ideologische Diskussion zwischen den beiden Freunden ist in höchstem Maße komisch. Seidentopf deutet das Objekt als »Symbol des altgermanischen Kultus« und damit als »Streitwagen Odins«, während Turgany dagegen hält: »»Dieser Wagen ist einfach das Kinderspielzeug eines Lutizischen oder Obotritischen Fürstensohnes, irgendeines jugendlichen Pribislaw oder Mistiwoi««.[25] Das Streitgepräch bleibt letztlich unentschieden, aber die Wertungen sind im Verweis auf das Ganze eindeutig verteilt. Durch die Interpretation des archäologischen Fundes erweist sich das Germanisch-Preußische als kriegerisch, das Wendisch-Polnische in dem »Bild heiteren Familienlebens«, das Turgany zeichnet, als ritterlich und spielerisch.

Turgany bricht die Diskussion schließlich ab, indem er den Wagen ironisch zu einem »Isis- und Osiriswagen« oder einem »Jupiterwagen« erklärt. Was so in der intellektuellen Debatte in der Schwebe bleibt, wird – und hier zeigt sich das ganze Raffinement des Erzählers Fontane – im nächsten Kapitel auf der kulinarischen Ebene versöhnt. Turgany hat für das Weihnachtsessen noch ein zweites Geschenk mitgebracht, eine Schüssel mit Kaviar, die er mit den Worten herumreicht: »»Hier ist das Salz der Erde […] Diese schwarzen Körner, was sind sie anders als ein Vortrab aus dem Osten, als eine Avantgarde der großen slawischen Welt.‹« Aber diesmal ist ihm der Gastgeber gewachsen. Seidentopf läßt seinen besten Rheinwein zum Kaviar kredenzen mit dem Trinkspruch: »»Zu dem Herben geselle sich das Feuer, zu der Kraft die Begeisterung. So vermähle sich die slawische und germanische Welt.‹«[26]

Beiläufig und in spielerischer Weise wird hier der Ursprung aller Kultur aus der Vermählung zweier Welten gefeiert – und daß dies im Bild und Medium des Kulinarischen, dieses Urgrundes aller Kultur, geschieht, macht die Episode umso tiefsinniger. Wenn man genau hinschaut, hat sich hier die erwünschte Vermählung sogar schon vollzogen. Denn dem deutschen Wein werden die Tugenden zugeschrieben, die im Roman Kennzeichen der Polen sind: Feuer und Begeisterung, während die Eigenschaften des deutschen Volkscharakters, das Herbe und die Kraft, dem slawischen Kaviar anhaften. Man ist an Hölderlins Brief an Boehlendorff von 1801 mit seiner Dialektik von Eigenem, »Nationellem« und Fremdem erinnert, nur daß Fontane nicht feierlich die Symbiose von Deutschtum und Griechentum beschwört wie der Schwabe, sondern als preußischer Hugenotte uns spielerisch die Vermählung von Deutschtum und Slawentum vor Augen zaubert.

Der Romanschreiber als Anti-Treitschke

Gegenüber den Lesern, die seinen Roman auf eine geistvolle und liebenswürdige Schilderung untergegangener Zeiten festlegen wollten, hat Fontane mehrfach mit großer Insistenz auf dessen politische Aktualität hingewiesen. So schreibt er an seinen Verlag mit Bezug auf eine Kritik des schon zitierten Julian Schmidt: »Das Buch ist der Ausdruck einer bestimmten Welt- und Lebens-Anschauung; es tritt ein für Religion, Sitte, Vaterland, aber es ist voll Haß gegen die ›blaue Kornblume‹ und gegen ›Mit Gott für König und Vaterland‹, will sagen, gegen die Phrasenhaftigkeit und die Carikatur jener Dreiheit. Ich darf sagen – und ich fühle das so bestimmt, wie daß ich lebe –, daß ich etwas in diesem Buche niedergelegt habe, das sich weit über das herkömmliche Romanblech, und nicht blos in Deutschland, erhebt«.[27] Was Fontane hier so emphatisch behauptet, ist die Tatsache, daß sein

Roman Widerstand leistet gegen den Geist der Zeit, gegen den aggressiven Nationalismus, dem sich das neugegründete preußisch-deutsche Reich seit 1871 verschrieben hatte.

In dessen Sicht erscheint die Volkserhebung von 1812/13 gegen Napoleon und das mit ihr verbundene Erwachen eines nationalen Bewußtseins als Gründungsmythos des neuen Reiches. Die preußisch-deutsche Historiographie, als deren Vertreter hier Heinrich von Treitschke zitiert sei, hat ihn als solchen kanonisiert. Treitschke schreibt in seiner *Deutschen Geschichte im 19. Jahrhundert* über »Preußens Erhebung«, also über das Jahr 1812/13: »Jetzt erst wurde Preußen in Wahrheit der deutsche Staat, die Besten und Kühnsten aus allen Stämmen des Vaterlands, die letzten Deutschen sammelten sich unter den schwarzundweißen Fahnen. Der schwungvolle Idealismus einer lauteren Bildung wies der alten preußischen Tapferkeit und Treue neue Pflichten und Ziele, erstarkte selber in der Zucht des politischen Lebens zu opferfreudiger Tatkraft. Der Staat gab die heimliche Vorliebe für das handgreiflich Nützliche auf; die Wissenschaft erkannte, daß sie des Vaterlandes bedurfte, um menschlich wahr zu sein. Das alte harte kriegerische Preußentum und die Gedankenfülle der modernen deutschen Bildung fanden sich endlich zusammen, um nicht wieder voneinander zu lassen. Diese Versöhnung zwischen den beiden schöpferischen Mächten unserer neuen Geschichte gibt den schweren Jahren, welche dem Tilsiter Frieden folgten, ihre historische Größe [...].«[28] Für Treitschke bewirken die Napoelonischen Kriege das Erwachen des deutschen Volkes zu sich selbst: »Stürmisch, wie nie mehr seit den Zeiten der Religionskriege, war die Seele des Volkes bewegt von den großen Leidenschaften des öffentlichen Lebens.«[29]

Wie anders stellt sich das Bild der Ereignisse, die von Treitschke mit so großem Pathos als Urgrund des neuen deutschen Staates beschworen werden, in Fontanes Roman dar. Berndt von Vitzewitz' Plan, einen Landsturm aufzustellen und die zurückflutende Große Armee Napoleons anzugreifen, mündet schließlich in dem abenteuerlichen Angriff auf die französische Garnison in Frankfurt a.d.Oder, die kläglich und unter Verlusten von Menschenleben scheitert.

Am deutlichsten wird die kritische Haltung des Erzählers Fontane gegenüber dem, was Treitschke »Preußens Erhebung« nennt, durch die negative Charakterisierung der Helden und Anführer des Aufstandes gegen die Franzosen. Alle drei Hauptgestalten des Zuges werden durch ihre persönlichen Motive in ihrer Integrität relativiert: Berndt von Vitzewitz ist eine gebrochene Gestalt. Der von den französischen Besatzern verursachte frühe Tod seiner Frau hat ihn zum finsteren Charakter gemacht. Seine Vorstellung, an allem seien die Franzosen schuld, wird durch die Episode mit den beiden Marodeuren ausdrücklich als Wahnidee hingestellt. Sein Aufstand gegen den König, den er als Widerstandstat aus Treue gegen das Land rechtfertigt, wird durch Schulze Kniehase verurteilt. Sein Sohn Lewin widerlegt durch seine Haltung und seine Worte den vom Vater befürworteten Terrorismus gegen die zurückkehrenden Soldaten der geschlagenen Großen Armee.

Ähnlich werden die Nebengestalten des Aufstands gezeichnet. Rektor Othegraven, der ideologische Vorkämpfer gegen die Franzosen, hat den Sinn seines Lebens verloren, weil seine Liebe von Marie zurückgewiesen wurde. Als Verzweifelter stirbt er den Heldentod. Und Oberst Bamme, der militärische Führer der Unternehmung, ist als irrationaler Draufgänger und Sonderling charakterisiert. So erscheint der Beginn der Befreiungskriege bei Fontane als der schlecht geplante, aus persönlichen Motiven unternommene und unprofessionell durchgeführte Privatkrieg einiger märkischer Adliger. Deutlicher konnte der fiktionale Geschichtsroman die offiziöse preußisch-deutsche Geschichtsschreibung nicht dementieren, in der die Volkserhebung gegen Napoleon zum nationalen Mythos und damit zur Gründungslegende des Deutschen Reichs von 1871 geworden war.

Dabei weist Fontane mehrfach auf die andere mögliche Tradition hin, die der bürgerlichen Revolution von 1789; dies sogar im Aufstandsgeschehen selbst, indem er deutlich macht, daß eine »antiautoritäre« Argumentation wie die des Berndt von Vitzewitz nur nach 1789 möglich ist. Aber auch die Gefährdung dieser die Freiheit des neuzeitlichen Individuums für sich in Anspruch nehmenden Position wird überdeutlich, wenn Vitzewitz, der gegen den Willen des Königs losschlagen will, sich für diesen Treuebruch auf seine »Liebe zu Land und Heimat« beruft, und das bedeutet für ihn konkret »unsere Erde, die Erde, aus der wir selber wurden«.[30] In seinem wahnhaften Haß auf die Franzosen steigert er sich dabei in Worte hinein, die der unseligen Blut- und Bodenideologie schon sehr nahe kommen: »»Da hab ich [...] erfahren, was Erde ist, Heimaterde. Es muß Blut drin sein. Und überall hier herum ist mit Blut gedüngt worden.««[31] In dem Disput, in dem Vitzewitz mit diesen Argumenten den zögernden, auf die Treue zum König sich berufenden Kniehase zum Aufstand zu überreden sucht, wird das Problem von Legitimität und Widerstand, von eigenverantwortetem zivilem Ungehorsam und Treue gegenüber der Obrigkeit bis in seine extremen Konsequenzen hinein diskutiert. Aber auch dieses blutrünstige Gerede wird schließlich durch den Ausgang der Expedition auf das entschiedenste widerlegt.

Schließlich erweist so der Roman gerade auf Grund seines rückwärtsgewandten Gesellschaftsbildes, seiner verklärenden Tendenzen seine Widerstandskraft gegen die herrschende Ideologie der Zeit, zu deren Entstehung Professoren-Schriftsteller wie Julian Schmidt, Gustav Freytag und Heinrich von Treitschke nicht unwesentlich beigetragen haben. Fontane schreibt schon in seinem ersten Roman als Anti-Treitschke[32] – der Verklärer des märkischen Adels als Kritiker des sich industrialisierenden und machthungrigen Großstaats Preußen. Expressis verbis hat er diese Kritik einem Polen, seinem jugendlichen Helden und Liebhaber, dem Grafen Bninski, in den Mund gelegt: »»Denn alles was hier in Blüte steht, ist Rubrik und Formelwesen, ist Zahl und Schablone, und dazu jene häßliche Armut, die nicht Einfachheit, sondern nur Verschlagenheit und Kümmerlichkeit gebiert. [...] Angenähtes Wesen, Schein und List, und dabei die tiefeingewurzelte Vorstellung, etwas Besonderes zu sein. Und woraufhin? Weil sie jene Rauf- und

Raublust haben, die immer bei der Armut ist.«‹[33] Schärfer als dieser polnische Edelmann hat auch der Hölderlinsche Grieche Hyperion, hat auch der deutsche Jude im Pariser Exil Heinrich Heine seine Deutschen nicht kritisiert.

Anmerkungen

1 WALTER MÜLLER-SEIDEL: *Theodor Fontane. Soziale Romankunst in Deutschland.* Stuttgart 1975, S. 111.

2 OTFRIED KEILER: *Vor dem Sturm.* In: *Fontanes Novellen und Romane.* Hrsg. v. CHRISTIAN GRAWE. Stuttgart 1991, S. 42.

3 GORDON A. CRAIG: *Über Fontane.* München 1997, S. 207f.

4 HUGO AUST: *Theodor Fontane.* Tübingen und Basel 1998, S. 40.

5 THEODOR FONTANE: *Vor dem Sturm.* In: HFA I/3. 2. Aufl. 1984, S. 222.

6 In: HFA IV/2. 1979, S. 639.

7 Ebd., S. 547.

8 In: HFA III/1. 1969, S. 298.

9 FONTANE, wie Anm. 5, S. 7.

10 Ebd., S. 9.

11 Ebd., S. 8.

12 Ebd., S. 10.

13 Ebd., S. 13.

14 Ebd., S. 64.

15 An Wilhelm Wolfsohn, 10.11.1847. In: HFA IV/1. 1976, S. 35f.

16 FONTANE, wie Anm. 5, S. 62.

17 Ebd., S. 14.

18 HERMANN HETTNER: *Die romantische Schule* (1850). In: *Realismus und Gründerzeit. Manifeste und Dokumente zur deutschen Literatur 1845–1880.* Bd. 2. Hrsg. v. MAX BUCHER. Stuttgart 1975, S. 65.

19 GUSTAV FREYTAG: *Soll und Haben* (1855). München 1978, S. 624.

20 Ebd., S. 625.

21 In: HFA IV/2. 1979, S. 163.

22 FREYTAG, wie Anm. 19, [S. 7].

23 FONTANE, wie Anm. 5, S. 88.

24 Ebd., S. 86.

25 Ebd., S. 99.

26 Ebd., S. 103.

27 An Wilhelm Hertz, 24.11.1878. In: HFA IV/2. 1979, S. 637.

28 HEINRICH VON TREITSCHKE: *Deutsche Geschichte im neunzehnten Jahrhundert.* 5. Aufl. Leipzig 1894, S. 269f.

29 Ebd., S. 431.

30 FONTANE, wie Anm. 5, S. 216f.

31 Ebd., S. 218.

32 Obwohl er über Treitschkes Lob über den Roman sich erfreut zeigt. Vgl. den Brief an
    Emilie Fontane, 28.5.1879. In: EMILIE und THEODOR FONTANE: *Der Ehebriefwechsel.*
    Bd. 3. In: GBA. Hrsg. v. GOTTHARD ERLER unter Mitarbeit v. THERESE ERLER.
    Berlin 1998.
33 FONTANE, wie Anm. 5, S. 474.

Antisemitismus als Zeitströmung am Ende des Jahrhunderts

WOLFGANG BENZ

Antisemitismus, Judenfeindschaft ist eine anti-aufklärerische, anti-emanzipatorische, anti-egalitäre Haltung, ist Ausdruck von Intoleranz und Illiberalität, und deshalb haben wir als Rezipienten weniger Mühe mit dem Phänomen, wenn es in den Niederungen auftritt, als pöbelhafter Radau in Pamphleten nachrangiger Publizisten, in Zoten und Schmähreden verächtlicher – und als solcher leicht erkennbarer – Provenienz wie einst dem *Stürmer* oder heute der *Nationalzeitung*, wie im Kaiserreich in den Schriften obskurer Berufsantisemiten, vom Schlage Glagau, Marr, Dühring, Fritsch, Ahlwahrdt usw.

Peinlich und peinigend ist dagegen die Auseinandersetzung mit der Judenfeindschaft geachteter Schriftsteller, die regelmäßig in die Erörterung des Problems mündet, ob der Urheber der antisemitischen Sentenzen tatsächlich Antisemit gewesen sei und wie die betreffende Äußerung oder Passage wirklich gemeint war. Über Richard Wagners Haltung zu den Juden fand kürzlich in Bayreuth der einschlägige Kongreß statt, ob Rainer Werner Faßbinder ein Antisemit war, beschäftigt uns gerade wieder nach der Ankündigung, das umstrittene Stück über den Müll, die Stadt und den Tod müsse aus »dem Giftschrank« geholt und auf die Bühne gebracht werden, damit man sich einen Eindruck von der literarischen Qualität verschaffen und den Streit des Jahres 1985 wiederholen kann.

Ruth Klüger hat *Jüdische Gestalten aus der deutschen Literatur des neunzehnten Jahrhunderts*[1] als Spiegel benutzt, um das Verhältnis ihrer Autoren – von Büchner über die Gebrüder Grimm, Wilhelm Hauff, Clemens Brentano, Wilhelm Raabe zu Theodor Fontane – zum Antisemitismus zu beleuchten. Das Ergebnis ist, bei aller differenzierten Betrachtung, eindeutig: Judenbilder transportieren stereotype Ressentiments, affirmieren Feindbilder, und dies in besonderem Maße, wenn die negativen Judenbilder Bestandteil erstklassiger Literatur, die Autoren renommiert sind.

Drei unterschiedliche Problemlagen sind grundsätzlich unterscheidbar. Die erste existiert, wenn das Werk eindeutig antisemitische Stellen aufweist, wenn Charaktere wie in Gustav Freytags *Soll und Haben* judenfeindlich gezeichnet sind, ohne daß der Autor ohne weiteres und generell als antisemitischer Ideologe festzulegen wäre.[2] Die zweite Kategorie, zu der Theodor Fontane ohne Zweifel gerechnet werden muß, enthält die Tatbestände, daß die literarischen Texte jedenfalls keine groben judenfeindlichen Bilder enthalten oder zu entsprechenden Konnotationen einladen, daß sich aber private Äußerungen in Briefen, in Tagebüchern oder in anderer Form außerhalb des Werkes in solcher Fülle finden, daß sie Rückschlüsse auf einschlägig konsistente Überzeugungen und auf manifeste Abneigung gegen »die Juden« erlauben.

Bei Fontane sind es beispielsweise die häufig zitierten Sätze im Brief an Friedrich Paulsen, geschrieben am 12. Mai 1898, ein halbes Jahr vor seinem Tod, der die radikale Absage an Emanzipation und Zustimmung zum Rassenantisemitismus formuliert. Bis 1848 oder gar bis 1870 sei man unter den Anschauungen des vorigen Jahrhunderts gestanden, schreibt Fontane, wir »hatten uns in etwas

Menschenrechtliches verliebt und schwelgten in Emanzipationsideen, auf die wir noch nicht Zeit und Gelegenheit gehabt hatten, die Probe zu machen.« Schließlich sei der Emanzipationsversuch zu Ungunsten der Juden verlaufen: »Überall stören sie (viel mehr als früher), alles vermanschen sie, hindern die Betrachtung jeder Frage als solcher. Auch der Hoffnungsreichste hat sich von der Unausreichendheit des Taufwassers überzeugen müssen. Es ist, trotz all seiner Begabungen, ein schreckliches Volk, nicht ein Kraft und Frische gebender ›Sauerteig‹, sondern ein Ferment, in dem die häßlicheren Formen der Gärung lebendig sind – ein Volk, dem von Uranfang an etwas dünkelhaft Niedriges anhaftet, mit dem sich die arische Welt nun mal nicht vertragen kann. Welch Unterschied zwischen der christlichen und jüdischen Verbrecherwelt. Und das alles unausrottbar.«[3]

Die dritte Problemlage ist noch zu erwähnen. Es ist der Tatbestand, daß das etablierte Bild des Schriftstellers durch die Entdeckung negativer Umstände aus seiner Frühzeit getrübt ist – ein Tatbestand, der Literaturwissenschaftler und Historiker gleichermaßen so irritiert, daß er in der Regel in der Forschung keinen oder erst sehr spät adäquaten Niederschlag findet.[4] Ein Beispiel bietet Heinrich Mann, der Ende des 19. Jahrhunderts nicht nur als Autor judenfeindlicher – aus Stereotypen gespeister – Essays in Erscheinung trat, sondern von April 1895 bis März 1896 auch als Herausgeber der Zeitschrift *Das Zwanzigste Jahrhundert* wirkte. Das Blatt erschien im Umkreis der »Deutschen Sozialen Antisemitischen Partei« und agitierte aus mittelständischer Perspektive gegen die Gefährdung der deutschen Gesellschaft sowohl durch das jüdische Kapital als auch durch das vermeintlich ebenfalls von »den Juden« instrumentalisierte Potential der revolutionären Arbeiterbewegung.[5]

Biographische Annäherung und philologisch-kritische Exegese sind Methoden, antisemitische Phänomene *en detail*, im Leben und Werk eines Literaten, Gelehrten, Künstlers zu analysieren, wie dies unlängst in einer glänzenden Studie zum Thema Fontane und die »Judenfrage« geschehen ist, die als Titel die Schlußzeile des berühmten Gedichts zur Danksagung anläßlich des 75. Geburtstags trägt.[6] Diese Arbeit kommt zu dem Ergebnis, daß Fontane ein Vertreter des bürgerlichen Antisemitismus des 19. Jahrhunderts gewesen ist.

Die folgenden Überlegungen sind diesem Phänomen gewidmet, wollen das Allgemeine, die zeittypische Einstellung gegenüber Juden in den Blick nehmen. Der Antisemitismus der Wilhelminischen Zeit ist, das zeigen beliebige Beispiele, weder als ausschließliche Erscheinung der Hochkultur, des Bildungsbürgertums, der höfischen Gesellschaft, noch als spezielles Phänomen im kleinbürgerlichen, von sozialen Bedrohungen geängstigten Milieu zu erklären; die Ressentiments gegen Juden mit ihrer ausgrenzenden Funktion oszillieren zwischen trivialem Alltagsdiskurs, vordergründiger politischer Publizistik und Kolportageromanen einerseits und den Gefilden ernsthafter Literatur und anderen Ausdrucksformen des gebildeten Bürgertums andererseits. Die Wahrnehmung des Judentums, das zeigte sich im Berliner Antisemitismusstreit, war in beiden Lagern, bei den deutschnational patriotisch gesinnten Anhängern Treitschkes ebenso wie bei seinem liberalen Kontrahenten Mommsen und denen, die diesem als dem Vorkämpfer gegen reaktionären Antisemitismus Beifall spendeten, weithin von den gleichen Bildern und Denkfiguren bestimmt.[7]

Die Bilder bestanden aus tradierten stereotypen Vorstellungen, die Denkfiguren waren von den politischen und sozialen Interessen, Erwartungen, Hoffnungen der jeweiligen Gesellschaftsschicht determiniert. Das läßt sich exemplifizieren.

Herrmann Ottomar Friedrich Goedsche, 1815 geboren, preußischer Postsekretär außer Diensten und 1848–1874 Redakteur der ultrakonservativen preußischen *Kreuzzeitung*, hat in der Literaturgeschichte nur einen Platz in den niederen Rängen. Viele seiner anonym und unter wechselnden Pseudonymen publizierten Werke sind verschollen und vergessen; zwischen 1855 und 1880 erschienen, damals als Monumente der Trivialliteratur, die 35 Bände *Historisch-politische Romane aus der Gegenwart*. Goedsches Markenzeichen für diese, vom Publikum goutierte und ebenso umfangreiche wie literarisch anspruchslose Produktion lautete Sir John Retcliffe. Die Romane waren ein wirkungsvoller Versuch, einer breiten Leserschaft antiaufklärerische, antiliberale Überzeugungen als geschlossenes Weltbild zu vermitteln. Es handelte sich dabei um die Fortsetzung reaktionärer Agitation mit gefälligerem Instrumentarium als jener platten »Frivolität und Gemeinheit«, den bevorzugten Stilmitteln des Journalisten Goedsche, gegen die auch die konservativen Leser der *Kreuzzeitung* immer wieder aufbegehrt hatten.[8] Fontane, der ihn als Kollegen aus der Redaktion der *Kreuzzeitung* kannte, beschreibt Goedsche als exaltierten Hysteriker, in dessen Leben sich Literatur und Wirklichkeit durch Selbststilisierung mischten. Symptomatisch war Goedsche als deutscher Trivialliterat des 19. Jahrhunderts durch sein publizistisches Talent, Gefühle und Fiktionen mit scheinbarer historischer und politischer Realität zu verquicken und dadurch Welt-Erklärungen zu bieten. Das machte den grobschlächtigen Antisemiten als Autor so gefährlich.

Goedsche alias Retcliffe, der 1878 in seiner Heimat Schlesien starb, ist, nachdem der buchhändlerische Erfolg 90 Jahre angehalten hatte, zu Recht mit seinem Werk untergegangen, aber ein Kapitel daraus hat als Plagiat überdauert. Es ist die nächtliche Szene auf dem Prager Judenfriedhof, eine Inkunabel des Konstrukts der »jüdischen Weltverschwörung«. Die Verbindung von Verschwörungsmystik und erklärungsbedürftigen aktuellen Problemen der Zeit ist so wirkungsvoll, daß die fiktive Szene Eigenleben gewinnt, als Realität genommen und in Sonderausgaben kolportiert wird. Sie wird schließlich das Herzstück der international immer noch verbreiteten antisemitischen Kampfschrift *Die Protokolle der Weisen von Zion*.[9]

Die *Protokolle* entstanden nicht im luftleeren Raum. Judenfeindschaft war ein in ganz Europa verbreitetes Phänomen, das im 19. Jahrhundert eine neue Dimension in Gestalt des rassistisch und sozialdarwinistisch argumentierenden modernen Antisemitismus erhielt, der sich als Resultat wissenschaftlicher Erkenntnis produzierte. Der Übergang vom traditionellen religiösen Haß zum neuen Antisemitismus war nicht abrupt, der religiöse Antijudaismus mit seinen Stereotypen blieb wirkungsmächtig und verstärkte die neuen pseudo-rationalen Argumente des Rassenantisemitismus. Judenfeindschaft war am Ende des 19. Jahrhunderts ein Verständigungsmittel für sozialen Protest ebenso wie für reaktionäre Bestrebungen. Die Agitation gegen Juden wurde lautstark und öffentlich von drittrangigen Publizisten und eifernden Kleingeistern betrieben. Parallel dazu lief ein Diskurs über »die Judenfrage«, der seriöser anmutete, weil die Wortführer, wie etwa Richard Wagner, wegen ihrer Leistungen auf anderen Gebieten in hohem Ansehen standen. Die Gelehrten, Künstler und Schriftsteller, die sich zur »Judenfrage« äußerten, machten das Thema gesellschaftsfähig. Schließlich bildete, am Ende des vorigen Jahrhunderts, Judenfeindschaft einen »kulturellen Code« (Shulamit Volkov), über den sich die konservative Gesellschaft des Wilhelminischen Kaiserreichs verständigte.

Im Februar 1879 war Wilhelm Marrs politisches Pamphlet *Der Sieg des Judenthums über das Germanenthum* erschienen, im Herbst 1879 wurde es schon in der 12. Auflage verkauft. Den Weg bereitet hatten Autoren wie Otto Glagau, der im weit verbreiteten Wochenblatt *Die Gartenlaube* die Juden als Verursacher der Wirtschaftskrise des Gründerkrachs von 1873 denunzierte und in polemischen Artikeln die Juden zu Sündenböcken für alles mögliche aktuelle Ungemach stempelte. Die Pressekampagnen in der konservativen *Kreuzzeitung*, aber auch in katholischen Blättern – gemeinsamer Feind war der politische Liberalismus – vertieften seit 1874/75, zur Zeit des Gründerkrachs, die judenfeindlichen Ressentiments.[10]

Die Geschichte des politisch organisierten Antisemitismus, die 1879 in Deutschland mit Wilhelm Marrs Antisemiten-Liga und Stoeckers Christlich-Sozialer Partei beginnt, ist die Geschichte von Sekten und Spaltungen, ein programmatischer Mischmasch konservativer, antikapitalistischer, sozialdemagogischer Ideologiefragmente, propagiert von antiliberalen und antidemokratischen untereinander konkurrierenden Demagogen. Im September 1882 waren bei einem »Ersten Internationalen Antijüdischen Kongress« in Dresden 300–400 Antisemiten versammelt, die sich zwar auf kein gemeinsames Programm verständigen konnten, aber öffentliche Wirkung hatten. Auf dem Antisemitentag in Bochum einigten sich Anfang Juni 1889 die verschiedenen judenfeindlichen Strömungen (mit Ausnahme Adolf Stoeckers) auf gemeinsame Grundsätze und Forderungen, aber schon über der Bezeichnung des Zusammenschlusses entzweiten sich die Antisemiten wieder. Insgesamt hatte der organisierte Antisemitismus im Kaiserreich zwar keinen politischen Einfluß erringen können; zum kulturellen Klima der Zeit leistete die neue Strömung aber einen schwer zu unterschätzenden Beitrag, und ihre Agitation und Publizistik, die in die öffentliche Diskussion eingeführten Schlagworte und Postulate bildeten Keime, die nur auf günstige Bedingungen zu ihrer Entfaltung warteten.[11] Vor dem Hintergrund der spät erfolgten Emanzipation und der Erwartung der Mehrheitsgesellschaft, die vollkommene Assimilation als

Bedingung der Integration forderte, spielte der Diskurs über »die Judenfrage« und ihre »Lösung«.[12]

Intellektueller Höhepunkt dieser Auseinandersetzung war der Berliner Antisemitismusstreit, ausgelöst durch einen Artikel Heinrich von Treitschkes in den *Preußischen Jahrbüchern* im November 1879. Der angesehene Historiker hatte sich gegen die von ihm befürchtete Masseneinwanderung osteuropäischer Juden ausgesprochen und den deutschen Juden warf er mangelnden Assimilationswillen vor. »Was wir von unseren israelitischen Mitbürgern zu fordern haben, ist einfach: sie sollen Deutsche werden, sich schlicht und recht als Deutsche fühlen – unbeschadet ihres Glaubens und ihrer alten heiligen Erinnerungen, die uns Allen ehrwürdig sind; denn wir wollen nicht, daß auf die Jahrtausende germanischer Gesittung ein Zeitalter deutsch-jüdischer Mischcultur folge ... Es bleibt aber ebenso unleugbar, daß zahlreiche und mächtige Kreise unseres Judenthums den guten Willen schlechtweg Deutsche zu werden durchaus nicht hegen. Peinlich genug, über diese Dinge zu reden; selbst das versöhnliche Wort wird hier leicht mißverstanden. Ich glaube jedoch, mancher meiner jüdischen Freunde wird mir mit tiefem Bedauern Recht geben, wenn ich behaupte, daß in neuester Zeit ein gefährlicher Geist der Ueberhebung in jüdischen Kreisen erwacht ist, daß die Einwirkung des Judenthums auf unser nationales Leben, die in früheren Tagen manches Gute schuf, sich neuerdings vielfach schädlich zeigt.«[13]

Obwohl er nicht ausdrücklich für die Rücknahme der Emanzipation plädierte, war Treitschke in der Argumentation und durch die Verwendung ausgrenzender judenfeindlicher Stereotypen (er gebrauchte einmal den Ausdruck »deutschredende Orientalen«) ins Lager der Antisemiten geraten. Auch angesichts der Wirkung, die Treitschkes kulturpessimistische Ausführungen hatten, ist die Diskussion, ob er selbst ein Antisemit war, ziemlich müßig, denn er machte zumindest die grassierende antisemitische Agitation, wie sie auf trivialer Ebene entfacht war, gesellschafts- und diskussionsfähig.

Die Reaktionen aus dem Publikum waren eindeutig. Treitschke erhielt zahlreiche zustimmende Briefe, deren Absender überwiegend um die Wahrung ihrer Anonymität baten. Ein Gymnasiallehrer aus Worms erhoffte sich vom Prestige des Historikers und Reichstagsabgeordneten Treitschke die Eindämmung des vermeintlich übermächtigen Einflusses der Juden im Deutschen Reich: »Es muß ihnen viel daran liegen zu erfahren, welchen Eindruck Ihre verschiedenen Artikel, die Judenfrage betreff., gemacht haben und wie die Auffassung (Über dieselbe) sich gestaltet. [...] Ich bin der Meinung, daß ihre Auseinandersetzungen sehr fruchtbar gewesen sind, daß man Ihnen den Vorwurf der Schroffheit durchaus nicht machen kann und daß sich der wirklich gebildete Jude, der Deutscher durch und durch ist, nicht konnte getroffen fühlen ... Thatsache, wenn man das Treiben der Juden in der Schule sieht, wenn man beobachtet, wie der ganze Religionsunterricht, den sie von den Rabbinern gehalten bekommen eben darauf hinausgeht, das Bewußtsein, ein besonders bevorzugter Stamm zu sein, zu stärken; lernen ja doch die 6jährigen Kinder schon hebräisch!!! [...] Wir feiern jedes Jahr ein herrliches Sedanfest ... [...] Die Lehrer besorgen alles, was nöthig ist; erst wird Kaffee getrunken und (Back)werk gegessen, dann werden Würstchen vertheilt und ... so muß ... vorher festgestellt werden, wie viel Würstchen, da man weiß, daß ein Theil der Juden keine ißt. Wir Kollegen verabreden uns also, zu fragen in den Klassen: Wer von den Israeliten ißt kein Würstchen? Ohne Anstand ging die Sache vor sich; da hörten wir zu unserem Erstaunen nächsten Morgen, daß ein freidenkender Jude, der ideal beanlagt war (sic!), politisch zur demokratischen Partei gehörte und dem es nicht einfiel den isr. Eßvorschriften nachzukommen in größter Aufregung bei unserem Direktor war, um sich über die Beleidigung und Kränkung der religiösen Gefühle der Juden zu beschweren. Der Direktor schickte ihn ab, und er mußte sich beruhigen.«[14]

Ein junger Mann aus Greifswald, Student bei Treitschke und ihm als glühender Patriot zu Füßen liegend, schrieb an den Berliner Professor: »Ich hasse die Juden nicht, aber ich hasse das Judenthum. Das Wesen der Juden widersteht mir, und in diesem Gefühl fühle ich wie ein Germane. Niemals wird der Deutsche das französische Wesen so widerwärtig finden, so hassen können, als das jüdische. Deshalb ist auch ›Antisemit‹ viel richtiger gesagt als ›Antijud‹. Und daß gerade diese Leute mit diesem nicht blos den Germanen, sondern allen Europäern, die Türken ausgenommen, widerwärtigen und unsympathischen Wesen, daß sie gerade bei uns solche Herrschaft genommen haben – wir können getrost Herrschaft sagen – im Geld, in der Presse, in Vereinen, in Radsversammlungen (sic!) etc., das ist's was den deutschen Mann, wenn er nicht allzusehr hier Idealen nachhängend, mit dem Thatsächlichen rechnet, kränken und erzürnen muß.«[15]

Mit Treitschkes Parteinahme in der »Judenfrage« im November 1879 entbrannte eine Diskussion, die große Öffentlichkeit hatte. In Berliner Tageszeitungen erschien im November 1880 eine von 75 Persönlichkeiten des öffentlichen Lebens unterzeichnete Erklärung, die antisemitische Bestrebungen verurteilte und sich insbesondere gegen die »Antisemitenpetition« richtete, die ein Leipziger Professor zusammen mit Nietzsches Schwager Bernhard Förster, einem bekannten antisemitischen Agitator, angeregt und zustande gebracht hatte, um den Reichskanzler mit 250 000 Unterschriften in einer Art Plebiszit zu bewegen, die Einwanderung von Juden zu verbieten und Juden von öffentlichen Ämtern auszuschließen. Zwei Tage lang war diese Petition im Preußischen Parlament Gegenstand des Streits zwischen der Fortschrittspartei einerseits und Konservativen und dem Zentrum andererseits. In der »Erklärung« hieß es, »in unerwarteter und tief beschämender Weise wird jetzt an verschiedenen Orten, zumal den größten Städten des Reichs, der Racenhaß und der Fanatismus des Mittelalters wieder ins Leben gerufen und gegen unsere jüdischen Mitbürger gerichtet«.[16]

Treitschke, mit dessen Vorstoß der Antisemitismus die Berliner Universität zu erobern drohte, traten zunächst Juden bzw. getaufte ehemalige Juden entgegen, bekannte Rabbiner und die national-liberalen Politiker Ludwig Bamberger und

Heinrich Bernhard Oppenheim, vor allem aber die Historiker Harry Breslau aus Berlin und Heinrich Graetz aus Breslau. Die Erregung war allgemein und der Höhepunkt des Antisemitismusstreits war erreicht, als Theodor Mommsen in den Streit eingriff und Ende 1880 seine Schrift *Auch ein Wort über unser Judenthum* veröffentlichte, in der er scharf gegen Treitschke Stellung nahm, und sich dagegen verwahrte, daß Juden als »Mitbürger zweiter Klasse betrachtet, gleichsam als besserungsfähige Strafcompagnie« rechtlich gestellt sein dürften.

Die entschiedene Zurückweisung der Positionen Treitschkes schloß Mommsen mit einem Appell zur nationalen Integration. »Selbstverständlich ist unsere Nation durch Recht und Ehre verpflichtet sie [die Juden] in ihrer Rechtsgleichheit zu schützen, sowohl vor offenem Rechtsbruch wie vor administrativer Prellerei; und diese unsere Pflicht, die wir vor allem uns selbst schulden, hängt keineswegs ab von dem Wohlverhalten der Juden. Aber wovor nicht wir sie schützen können, das ist das Gefühl der Fremdheit und Ungleichheit, mit welchem auch heute noch der christliche Deutsche dem jüdischen vielfach gegenüber steht und das, wie der gegenwärtige Augenblick einmal wieder zeigt, allerdings eine Gefahr in sich trägt für sie wie für uns – der Bürgerkrieg einer Majorität gegen eine Minorität, auch nur als Möglichkeit, ist eine nationale Calamität.«[17] Die liberale *Vossische Zeitung* machte sich am gleichen Tag, an dem Mommsens Flugschrift erschien, am 12. Dezember 1880, in allen Einzelheiten dessen Standpunkt zu eigen, einschließlich der Ambivalenz gegenüber dem deutschen Judentum: »Mommsen führt dem Juden vor Augen, daß in mancher Beziehung auch sie (sic!) selbst eine Schuld trifft, wenn der christliche Deutsche ihm vielfach noch mit einem Gefühl der Fremdheit und Ungleichheit gegenüber steht. Die Gründe, aus welchen diese Stellung entstanden ist, sind genugsam betont: wenn sie sich nicht ändert, so haben es sich unsere jüdischen Mitbürger selbst durch ihre freiwillige Abgeschlossenheit, wenigstens zum großen Theile, zuzuschreiben.«[18]

Diese Einschränkung wurde auf jüdischer Seite durchaus bemerkt. In der *Allgemeinen Zeitung des Judentums* schrieb Ludwig Philippson: »Es drängt sich die Frage auf, welcher Unterschied zwischen den Schlußfolgerungen Treitschke's und Mommsen's sei. Treitschke sagt: Die Juden können Juden bleiben, müssen aber Deutsche werden. Mommsen sagt: Die Juden sind Deutsche, aber um des Deutschthums willen müssen sie Christen werden …Was aber ist das für eine Gemeinsamkeit, die nur dadurch bestehen können soll, daß der Einzelne Alles, was ihm eigenthümlich ist, aufopfere und zu einer bloßen Schablone werde!«[19]

An den Kunst- und Literaturhistoriker Hermann Grimm, der sowohl mit Treitschke als auch mit Mommsen befreundet war, im Berliner Antisemitismusstreit aber die Anschauungen Treitschkes teilte, schrieb Mommsen im Dezember 1880: »Daß eine Anzahl feiger Seelen, die gegen jüdisches Uebergewicht sich nicht selbst zu helfen wagten, das Hep-Hep von dieser Seite sehr gelegen kam, ist mir wohl bekannt, aber das steigert meine Achtung weder vor dem jüdischen Uebermuth noch vor dem christlichen Hep-Hep. Wenn Treitschke sich diesen oder jenen markanten jüdischen Litteraten herausgesucht und ihn zermalmt hätte, nicht bloß in seiner Individualität, sondern auch in seinen durch seine Herkunft bedingten Eigenschaften, so wäre ich sehr zufrieden gewesen.«[20] Die Bemerkung ist ein wenig beachteter Schlüssel-Beleg zur Einstellung des wilhelminischen Bildungsbürgertums, insbesondere zur Tatsache, wie wenig sich in der »Judenfrage« die liberalen und die konservativen Positionen unterschieden.

Es darf ja nicht übersehen werden, daß es eher einen nationalen Konsens gab, den man als »innere Reichsgründung« bezeichnen könnte, als divergierende Konzeptionen zur Gestaltung der Gesellschaft des Kaiserreichs, in denen Raum für kulturelle Minderheiten existiert hätte. Daß »die Judenfrage« durch vollkommene Assimilation, durch Aufgabe jeder jüdischen Eigenart zu lösen sei, galt als eine Selbstverständlichkeit. Mit solcher Forderung war man kein Antisemit im damaligen Verständnis des Begriffs. Auch nicht, wenn man die Juden als Fremde verstand. Als Antisemiten galten nur die fanatischen Scribenten, die Propagandisten der Vertreibung, die organisierten Parteigänger vordergründiger judenfeindlicher Interessen.

Der nichtjüdischen Mehrheit war die Vorstellung gemeinsam, es gebe einen Gegensatz zwischen »jüdisch« und »deutsch«; die Meinungen gingen nur darüber auseinander, ob dieser Gegensatz zu überwinden sei (und wenn ja, auf welche Weise) oder, das war das Dogma der Rassenantisemiten, daß die vermeintliche Dichotomie »jüdisch« *versus* »deutsch« überhaupt nicht auflösbar sei. Daß man »jüdische Freunde« hatte, mit »Ausnahmejuden« gesellschaftlichen Verkehr über die Geschäftsbeziehungen hinaus pflegte, mußte kein Hindernis für die Forderung nach grundsätzlicher Ausgrenzung (bei Assimilationsverweigerung oder gar trotz Assimilation) bilden, ja, es war eher die Regel, daß das bürgerliche Vorurteil die Gesamtheit der Juden als Feinde stigmatisierte und ablehnte, den Einzelnen aber als Individuum vom Gruppenverdikt ausnahm und – Nützlichkeitserwägungen spielten dabei immer eine Rolle – als Arzt und Rechtsanwalt, als Kaufmann, Verleger und Bankier oder in anderen Funktionen den Juden bis hin zur Vertrautheit akzeptierte.

Treitschke, der sich unschuldig verfolgt glaubte, war an der Berliner Universität bald moralisch isoliert, aber es gab noch andere Foren, auf denen Antisemitismus bzw. die Forderung, die Emanzipation rückgängig zu machen, als Antwort auf Probleme der Zeit propagiert wurde. Der Berliner Hofprediger Adolf Stoecker (1835–1909), der sich seit 1878 als Gründer einer »Christlich-Sozialen Arbeiterpartei« um die Heranführung von Arbeitern und Handwerkern an die bestehende Staatsordnung bemühte und hoffte, sie der Sozialdemokratie zu entfremden, instrumentalisierte »die Judenfrage« und hielt unter dem Druck seiner mittelständischen Anhänger am 19. September 1879 die erste von mehreren judenfeindlichen Reden, in denen er die antisemitischen Erwartungen seiner Zuhörer bediente, die ökonomischen und sozialen Wünsche und Ängste der von existentiellen Sorgen geplagten Kleinbürger aufgriff und mit Schuldzuweisungen an »die

Juden« Erklärungen und Lösungen für aktuelle Probleme anbot. Die Stoecker-Partei hatte, trotz des volkstribunenhaften Prestiges des Hofpredigers, wenig Erfolg und wurde schließlich Bestandteil der Konservativen Partei. Das Konzept, die Arbeitermassen mit Thron und Altar durch klerikal-judenfeindliche Agitation zu versöhnen, erwies sich unmittelbar als wenig tragfähig, wohl aber hinterließ die Politisierung des Christentums mit antisemitischen Parolen durch Stoecker deutliche Spuren in der evangelischen Kirche bis weit in das 20. Jahrhundert hinein.[21]

Ingrid Belkes Frage, die Äußerungen Fontanes in seinen Briefen zum Hintergrund hat, bleibt auch dann aktuell, wenn man konstatiert, daß Fontane nicht mehr, aber gewiß auch nicht weniger Antisemit war als die im stillschweigenden Einverständnis der Ausgrenzung der Minderheit lebende Mehrheit des gebildeten Bürgertums im Zeitalter des Wilhelminismus. Fontanes bekannte Bemerkung gegenüber Georg Friedlaender enthielt nichts als verbreitete Stereotypen. Die Juden brächten es fertig, »im höchsten Maße feingeistig, auch wirklich ehrlich mit idealen Dingen beschäftigt zu sein, allerlei Gutes zu thun, zu geben und zu helfen und dabei ständig zu mogeln oder auch direkt zu betrügen, immer mit einem herrnverklärten oder rabbinerhaft feierlichen Gesicht und immer durchdrungen von dem Gefühl, was ganz Besonderes und ein Liebling Jehovas zu sein«.[22] Das war ein Exempel für den Antisemitismus, der als »kultureller Code«[23] der Verständigung funktionierte. Das judenfeindliche Ressentiment unseres Schriftstellers war keine Ausnahmeerscheinung, und es geht nicht darum, ihn zu desavouieren. »Nur ist zu fragen«, schreibt Ingrid Belke, »ob der bitterböse Antisemitismus eines Fontane nicht letztlich eine breitere und länger werdende Resonanz erlebte als die der Tagespublizisten Glagau und Stoecker«.[24]

Fontanes Briefstelle ist ein Indiz dafür, daß der antisemitische Verständigungscode funktionierte. Sie beweist uns auch, daß Judenfeindschaft keine Randerscheinung in der Gesellschaft des Kaiserreichs war, sie ist aber auch – und das in erster Linie – einer von vielen Belegen für die Ambivalenz der Eliten in ihrer Haltung zu den deutschen Juden. Die Oberfläche der öffentlichen Wirksamkeit blieb glatt; dort artikulierte man keine antijüdischen Vorurteile, darunter existierte aber ein latenter Antisemitismus, dessen Botschaften allezeit präsent, für dessen Signale überall Antennen aufnahmebereit waren, mit dem sich die kulturellen und die politischen Eliten unter der Chiffre »die Judenfrage« verständigten; und zwar dahin, daß Abgrenzung gegen die Minderheit selbstverständlich und notwendig und richtig war.

Antisemitismus war als soziales Vorurteil, als öffentliche Chiffre der Selbstverständigung der Mehrheitsgesellschaft durch Ausgrenzung der jüdischen Minderheit, als Reflex auf die Emanzipation der Juden und als politisches Instrument zur Abwehr bedrohlicher Strömungen wie Sozialismus und Liberalismus im öffentlichen Leben alltäglich präsent. Fontane ist für die literarische und publizistische Spiegelung des Zeitgeistes exemplarisch: als politikabstinenter Schriftsteller, der die verbreiteten Feindbilder und Vorurteile teilt und transportiert, ohne

als engagierter Antisemit in Erscheinung zu treten. Als Prototyp des Bildungsbürgertums »hatte er jüdische Freunde«, teilte er die Vorbehalte gegen die Minderheit, artikulierte sie aber nur privat, zeigte weder antisemitischen Fanatismus noch
missionarischen Eifer und ist mit Leben und Werk symptomatisch für das
Phänomen des modernen Antisemitismus, dessen destruktive Kräfte sich erst nach
dem Ersten Weltkrieg entfesseln ließen.

Anmerkungen

1 RUTH KLÜGER: *Katastrophen. Über deutsche Literatur.* Göttingen 1994, S. 83ff.

2 Vgl. MARTIN GUBSER: *Literarischer Antisemitismus. Untersuchungen zu Gustav Freytag
und anderen bürgerlichen Schriftstellern des 19. Jahrhunderts.* Göttingen 1998.

3 WOLFGANG PAULSEN: *Theodor Fontane. The Philosemitic Antisemite.* In: *Year Book Leo
Baeck Institute* 26 (1981), S. 303–322, zit. S. 310; Vgl. auch PETER GOLDAMMER:
*Nietzsche-Kult – Antisemitismus – und eine späte Rezension des Romans »Vor dem Sturm«.
Zu Fontanes Briefen an Friedrich Paulsen.* In: *Fontane Blätter* 56/1993, S. 54f.

4 Vgl. dazu die zurückhaltend-vage Einschätzung des Sachverhalts durch den Fontane-
Biographen GORDON A. CRAIG (*Über Fontane.* München 1997) im Interview: *Spiegel*
43/1997, S. 278. Eindeutig dagegen PETER GAY, der konstatiert, Fontane habe »eine
beträchtliche Portion Judenhaß« besessen, dessen Entdeckung die deutschen Juden in
Schrecken versetzt hätte. PETER GAY: *Freud, Juden und andere Deutsche.* Hamburg 1986,
S. 132.

5 Vgl. ROLF THIEDE: *Stereotypen vom Juden. Die frühen Schriften von Heinrich und Thomas
Mann. Zum antisemitischen Diskurs der Moderne und dem Versuch seiner Überwindung.*
Berlin 1998, S. 57f.

6 MICHAEL FLEISCHER: *»Kommen Sie, Cohn.« Fontane und die »Judenfrage«.* Berlin 1998.
Norbert Mecklenburg erkannte im *Kölner Stadtanzeiger* (30.7.1998) dem Buch den Rang
»der wohl brisantesten Neuerscheinung im Fontanejahr« zu.

7 Paradigmatisch: HANS-JOACHIM NEUBAUER: *Judenfiguren. Drama und Theater im frühen
19. Jahrhundert.* Frankfurt/M. und New York 1994; MICHAEL LANGER: *Zwischen Vorurteil
und Aggression. Zum Judenbild in der deutschsprachigen katholischen Volksbildung des 19.
Jahrhunderts.* Freiburg 1994; MICHAELA HAIBL: *Zerrbild als Stereotyp. Visuelle
Darstellungen von Juden zwischen 1850 und 1900.* Berlin 1999.

8 VOLKER NEUHAUS: *Der zeitgeschichtliche Sensationsroman in Deutschland 1855–1878.
»Sir John Retcliffe« und seine Schule.* Berlin 1980, S. 24.

9 Vgl. NORMAN COHN: *Die Protokolle der Weisen von Zion. Der Mythos von der jüdischen
Weltverschwörung.* Köln 1969.

10 Vgl. WERNER JOCHMANN: *Antisemitismus im Deutschen Kaiserreich 1871–1914.* In:
DERS.: *Gesellschaftskrise und Judenfeindschaft in Deutschland 1870–1945.* Hamburg
1988, S. 30–98.

11 Zu den Wirkungen antisemitischer Agitation im Kaiserreich bis zum Pogrom vgl.
CHRISTHARD HOFFMANN: *Politische Kultur und Gewalt gegen Minderheiten. Die antisemi-*

tischen Ausschreitungen in Pommern und Westpreußen 1881. In: *Jahrbuch für Antisemitismusforschung 3* (1994), S. 93–120.

12 WOLFGANG BENZ: *Von der »Judenfrage« zur »Endlösung«. Zur Geschichte mörderischer Begriffe.* In: DERS.: *Feindbild und Vorurteil. Beiträge über Ausgrenzung und Verfolgung.* München 1996, S. 89–114.

13 HEINRICH VON TREITSCHKE: *Unsere Aussichten.* In: *Preußische Jahrbücher* 44 (1879), H. 5, S. 559–576, zit. nach: WALTER BOEHLICH: *Der Berliner Antisemitismusstreit.* Frankfurt/M. 1965 (2. Aufl. 1988), S. 10.

14 Dr. Th. Goldmann, 29.3.1880, Nachlaß Treitschke, Kasten 6, lfd. Nr. 44, Staatsbibliothek Berlin. Die Kenntnis dieser Dokumente danke ich Herrn KARSTEN KRIEGER; vgl. dessen Magisterarbeit *Geschichtswissenschaft, Antisemitismus und öffentliche Meinung im preußisch-deutschen Kaiserreich. Eine Studie über die Positionen Heinrich von Treitschkes zum Antisemitismus sowie über deren gesellschaftliche Rezeption.* TU Berlin 1998.

15 Rudolf Boksch 19.11.1880, Nachlaß Treitschke, Kasten 5, lfd. Nr. 68.

16 Vgl. die beiden Artikel »Gegen die Judenhetze in Berlin«. In: *Allgemeine Zeitung des Judentums,* Nr. 47 (23.11.1880) und Nr. 48 (30.11.1880).

17 THEODOR MOMMSEN: *Auch ein Wort über unser Judenthum.* Berlin 1880, zit. nach: BOEHLICH, wie Anm. 13, S. 212–227.

18 *Vossische Zeitung,* Nr. 345, 12. Dez. 1880 (Morgenausgabe).

19 LUDWIG PHILIPPSON: *Rezension der Broschüre Mommsens.* In: *Allgemeine Zeitung des Judentums,* Nr. 52, 28. Dez. 1880, S. 821.

20 Theodor Mommsen an Hermann Grimm, 12. Dezember 1880. In: ALEXANDER DEMANDT: *Mommsen in Berlin.* In: *Berlinische Lebensbilder.* Bd. 3: *Wissenschaftspolitik in Berlin.* Hrsg. v. WOLFGANG RIBBE. Berlin 1987, S. 159ff.

21 Vgl. WERNER JOCHMANN: *Akademische Führungsschichten und Judenfeindschaft in Deutschland 1866–1918.* In: DERS.: *Gesellschaftskrise und Judenfeindschaft: 1870–1945.* Hamburg 1988, S. 13–29.

22 *Moritz Lazarus und Heymann Steinthal. Die Begründer der Völkerpsychologie in ihren Briefen.* Hrsg. v. INGRID BELKE. Tübingen 1983, Bd. II/1, S. LIIf.; Vgl. auch INGRID BELKE: *»Der Mensch ist eine Bestie …«. Ein unveröffentlichter Brief Theodor Fontanes an den Begründer der Völkerpsychologie, Moritz Lazarus.* In: *Bulletin des Leo Baeck Instituts* 13 (1974) Nr. 50, S. 32–50.

23 SHULAMIT VOLKOV: *Antisemitismus als kultureller Code.* In: DERS.: *Jüdisches Leben und Antisemitismus im 19. und 20. Jahrhundert.* München 1990, S. 13–36.

24 BELKE, wie Anm. 22, S. LIII.

Von Cohn zu Isidor. Jüdische Namen und antijüdische Namenspolemik bei Theodor Fontane

Hans Otto Horch

D ie Namengebung in Fontanes Erzählwerk verdankt sich, wie zuletzt Renate Böschenstein eindrucksvoll gezeigt hat,[1] sorgfältiger Überlegung. Dokumentiert wird das onomastische Kalkül – in der Tat eine ›onomastiké téchne‹ – auf drei Ebenen: in brieflichen und autobiographischen wie journalistischen Äußerungen, in zahlreichen Kommentaren der Erzählfiguren sowie in Vorarbeiten und Fragmenten zum Erzählwerk, wo die erwogene Namengebung neben »Zitaten, rekurrenten Motiven und sprechenden Leerstellen« (Böschenstein, S. 33) nicht selten auf Subtexte verweist, die wesentlich die Lektüre der Texte in ihrer vollen poetischen Multivalenz bestimmen. Ein besonderes Problem für heutige Leser besteht freilich darin, »den Stellenwert der Namen in der jeweiligen [zeitgenössischen] Bezugswelt zu rekonstruieren« (ebd., S. 34) – um so mehr, wenn man berücksichtigt, daß sich in Fontanes Namengebung eine »Tendenz zur Ablösung der Person als Zeichenträgerin von der Person als Charakter« widerspiegelt (ebd., S. 39). Die Namen sind keine Spielerei, sie haben eine Bedeutung, – und dies in einem unvergleichlich tieferen und weiteren Sinn, als es Gordon gegenüber Cécile wahrhaben kann.[2] Sie gehören zur Sphäre des ›disguised symbolism‹, der nicht zuletzt von Paul Irving Anderson als fruchtbares neueres Paradigma der Fontane-Deutung empfohlen worden ist.[3]

Das Kalkül der versteckend-symbolischen Namengebung gilt selbstverständlich auch für jüdische Namen. Seit seiner Jugend war Fontane mit der ›Judenfrage‹ konfrontiert, in welchem Maß und mit welchen Konsequenzen für ein – diesbezüglich vor allem nach 1945 allzu harmonisiertes – Bild, wurde gerade in jüngster Zeit noch einmal ausführlich dokumentiert.[4] In der Wahrnehmung des ›Jüdischen‹ sowie zu seiner (häufig negativen) Markierung kommt jüdischen Namen eine wichtige Funktion zu: der Name verweist – oft in Ermangelung anderer Kennzeichen – auf die jüdische Herkunft einer Person oder Figur, von ihm kann ein Subtext aufgerufen werden, der den in der ›Judenfrage‹ mehrheitlich ähnlich denkenden Zeitgenossen unmittelbar verständlich ist.

Daß Fontane sich der Besonderheit jüdischer Namenbildung bewußt war, erhellt aus dem bekannten Gedicht *An meinem Fünfundsiebzigsten*. Das Gedicht enthält zwei Namensreihen: die des preußischen Adels und der Junker einerseits, die ihren poetischen Anwalt Fontane bei seiner Jubelfeier schmählich im Stich gelassen haben, und die Namen »fast schon von prähistorischem Adel«:

»Die auf ›berg‹ und auf ›heim‹ sind gar nicht zu fassen,
Sie stürmen ein in ganzen Massen,
 Meyers kommen in Bataillonen,
Auch Pollacks und die noch östlicher wohnen;
Abram, Isack, Israel,
Alle Patriarchen sind zur Stell',
Stellen mich freundlich an ihre Spitze,
Was sollen mir da noch die Itzenplitze!
Jedem bin ich was gewesen,

Alle haben sie mich gelesen,
Alle kannten mich lange schon,
Und das ist die Hauptsache ...,
›kommen Sie, Cohn‹.«[5]

Alttestamentarische Namen werden ebenso erwähnt wie Herkunftsnamen oder spezifische Namenbildungen auf -berg oder -heim, die sich bereits dem Prozeß der Assimilation verdanken. In einem Brief an Georg Friedlaender vom 9. April 1886 vermerkt Fontane, in Breslau gebe es »Itzige aber nicht Itzenplitze«[6] – deutlicher läßt sich auf die gruppenspezifische Namenstypologie nicht hinweisen, die das spätere Gedicht strukturell bestimmt.

Dabei erlangt im Gedicht ein Name besondere Brisanz: der Name Cohn. Die Schlußwendung »kommen Sie, Cohn«, formuliert als ein etwas barsch anmutendes Zitat, kann als eine Art Kondensierung dessen gedeutet werden, was Intention dieses Gedichts ist, nämlich die resignative Feststellung, daß gerade die Juden, denen gegenüber Fontane seit früher Zeit Vorbehalte hatte, welche sich in den achtziger Jahren im Gefolge des sich formierenden christlich-sozialen und rassistischen Antisemitismus zu veritablen antisemitischen Vorurteilen radikalisierten, die einzigen wirklichen Verbündeten waren, wenn es um die Sache der Kunst und ihrer Förderung ging. Der Name Cohn ist keineswegs zufällig gewählt. Zum einen kannte Fontane eine ganze Reihe verschiedener Cohns persönlich oder über Berichte. So wird – bezeichnenderweise in einem Brief an seine Schwester Elise[7] – ein Cohn-Meyer, der in stilisiertem ›Literaturjiddisch‹ mit seiner Anwesenheit an einem Diner prahlt, bei dem ein Dove »unten, ganz unten an der Tafel« gesessen habe, als Beispiel für die Selbstpersiflage von neureichen Juden angeführt. Gegenüber Mathilde von Rohr[8] empört sich Fontane über die Chuzpe eines Benno Cohn, der nach einem Bericht der *Kreuzzeitung* seinen Hund »Stöcker« genannt habe und nach Zurechtweisung durch zwei noble Herren ausfallend geworden sei. In deren Vorhaltung – was würden die Juden sagen, wenn einer von uns seinen Hund Abraham nennen wollte – sieht Fontane nicht etwa eine Ungezogenheit. Insofern Stoecker und Abraham auf einem völlig unterschiedlichen Niveau rangieren, bringt ihn gerade dieser Vorfall zu einer antijüdischen Äußerung:

»Es verräth dies ein Maaß von Frechheit, das sich nur in Folge deutscher Langmuth und Schwäche, so hat anhäufen können.«

Einige Jahre später berichtet Fontane seiner Frau, er habe sich in Thale mit einem Bankier Cohn »einigermaßen angefreundet«;[9] eine Woche später fügt er hinzu, ›Herr Cohn‹, »ein interessanter alter Jude (natürlich sehr reich) einer von unsrer Tafelrunde«, verlasse Thale.[10] Fontane schreibt den Namen Cohn hier in Anführungszeichen – ein Indiz dafür, daß er damit mehr meint als nur die individuelle Person – nämlich sozusagen den ›Fall Cohn‹. An Mete berichtet Fontane am 9. Juni 1890,[11] er habe bei einer Wasserpartie nach Wannsee u. a. mit einer »reichen und hübschen Frau Meyer-Cohn« [vermutlich der Gattin des Bankiers Alexander Meyer-Cohn] geplaudert, die aus Lemberg gebürtig sei; die »nette feine

Dame« sei »wahrscheinlich nicht allzuglücklich an der Seite ihres Meyer-Cohn«. Als persönlicher Bekannter läßt sich noch Fritz Theodor Cohn nennen, stiller Teilhaber im Verlag Friedrich Fontanes, ein Mann, der übrigens 1896 Clara Viebig geheiratet hat, die um dieser Ehe willen im Dritten Reich Verfolgungen unterworfen war.

In welchem Maß Fontane sich der Kollektiv-Bedeutung des Namens Cohn bewußt war, zeigen weitere Briefstellen. Interessant ist ein Brief an Friedlaender vom 10. April 1893,[12] in dem es zunächst um den liberalen Arnsdorfer Kaufmann Silberstein geht, mit dem sich, so Fontane, im Gegensatz zum Adel auch bei gegensätzlichen Auffassungen Fragen durchsprechen ließen. Vom Einzelfall kommt Fontane dann auf das Problem der jüdisch-adligen Blutsmischung, das eine Realisierung antisemitischer Forderungen von vornherein als unmöglich erscheinen lasse:

»Denn existiren erst 100 adlige Familien mit diesem Zusatz, so ist die Sache in der dritten Generation schon ganz unberechenbar; ich heirathe eine Reichsgräfin und meiner Frau Großvater war ein Cohn.«

Ähnlich – hier sogar noch angereichert mit einer körperlichen Nuance, die dem Fundus der antisemitischen Witzblatt-Karikaturen entnommen sein könnte – ist eine Briefstelle an Friedlaender vom 14. Mai 1894[13] zu bewerten, in der es mit Bezug auf eine äußerst scharfe Kritik an den Junkern heißt:

»Der x beinige Cohn, der sich ein Rittergut kauft, fängt an, mir lieber zu werden als irgend ein Lüderitz oder Itzenplitz, weil Cohn die Zeit begreift und alles thut, was die Zeit verlangt, während Lüderitz an der Lokomotive zoppt und ›brr‹ sagt und sich einbildet, sie werde still stehn wie sein Ackergaul.«

Wenn Fontane in der Schlußwendung seines Geburtstagsgedichts bewußt auf den Namen Cohn zurückgreift, dann tut er dies also wohl weniger vor dem Hintergrund persönlicher Bekanntschaften als vor allem im Bewußtsein der kollektiven Aussagekraft dieses Namens. In diesem Zusammenhang läßt sich nicht nur auf viele Judenwitze oder Judenkarikaturen hinweisen oder auch die allerdings erst nach der Jahrhundertwende in Schwang kommenden Bänkellieder vom ›Kleinen Cohn‹, sondern auch auf die Tatsache, daß Cohn von manchen Trägern dieses Namens als äußerst belastend empfunden wurde, weil er zu antisemitischen Rempeleien geradezu einlud. Dietz Bering hat in seiner wichtigen Studie *Der Name als Stigma* zahlreiche Namensänderungsanträge von Juden untersucht und auf dieser Grundlage die Bedeutung der Namenspolemik im Alltags-Antisemitismus nachgewiesen. Übrigens hat Fontane brieflich zur Erheiterung seiner entsprechend sensibilisierten Partner auf dieses Phänomen immer wieder hingewiesen. Cohn (Kohn) als der dritthäufigste unter den jüdischen Familiennamen ist, so die Feststellung Berings, bei entsprechenden Anträgen der häufigste Fluchtname, weil er der Name mit der »stärksten antisemitischen Ladung« überhaupt ist.[14] Vor diesem Hintergrund interpretiert Bering, allerdings ohne den größeren Kontext zu berücksichtigen, das Fontane-Gedicht eindeutig positiv:

»Ganze Kultursphären und dazu ihre heikle Beziehung werden hier nicht nur beschrieben, sondern fühlbar gemacht. Dabei wußte der Hugenottenabkömmling, warum er sich ausgerechnet einem ›Cohn‹ mit jener feinsinnig-freundschaftlichen Geste zuwandte. Dieser Name war ihm geeigneter Eckpfeiler für jene Brücke, die Zeiten von Fremdheit und Distanz gänzlich hinter sich lassen sollte.«

Daß es mit dieser Positivität allerdings nicht so einfach ist, zeigt nicht nur das Gedicht selbst, in dem nicht ohne eine Anspielung auf Treitschkes bekannte Slogans auf die ›Invasion‹ von Juden aus dem Osten angespielt wird,[15] sondern auch dessen Wirkung auf jüdische Bekannte Fontanes. Mitglieder des Vereins zur Abwehr des Antisemitismus – darunter Paul Heyse und Gustav Karpeles – ebenso wie der Fontane befreundete Justizrat und Nachlaßverwalter Paul Meyer (dessen Name im Gedicht selbst präsent ist) rieten davon ab, den Text in der geplanten neuen Sammlung der Gedichte (die dann 1898 erschien) zu veröffentlichen. In einem Brief an Karpeles[16] gestand Fontane dies auch zu. In der Tat erschien das Gedicht erst postum 1899 in der Zeitschrift *Pan;* ein für die antijüdische Namenspolemik noch bezeichnenderes und wohl gleichzeitig entstandenes Gedicht wie *Entschuldigung,* in dem die »Meyerheims« bzw. sogar »der ›Meyerheim‹« als Inbegriff jüdischer Geld- und Weltherrschaft denunziert werden, wurde sogar erst 1964 veröffentlicht.[17] Fontane selbst erinnert sich in einem Brief an Mete an den Gehalt des Cohn-Gedichts, als er beim Goldschmidtschen Diner im Karlsbader Hotel Bristol auf vornehme jüdische Familien wie die Friedebergs, Liebermanns und Magnus trifft: »Alle schwer reich, alle sehr liebenswürdig und sehr versirt. Das heißt, sie kannten ›alles‹.«[18] Und wenige Tage vor seinem Tod berichtet Fontane seiner Frau,[19] er habe bei der Verlobung Metes mit dem Architekten Fritsch unter Anwesenheit Paul Schlenthers und Erich Schmidts auch das noch nicht veröffentlichte Gedicht darbieten müssen:

»Ich mußte ›Kommen Sie, Cohn‹, vorlesen und weil es mir wieder ganz fremd geworden war, so daß ich ein paarmal festsaß, so wirkte die Sache ganz wie neu, weil mich ein paar Stellen beim Lesen selbst erheiterten.«

Gegenüber der Häufigkeit des Namens Cohn in den persönlichen Äußerungen steht der Umstand in auffälligem Gegensatz, daß Cohn im veröffentlichten Werk nur an einer einzigen, noch dazu völlig nebensächlichen Stelle vorkommt, nämlich in *L'Adultera,* wo der alte Gärtner Kagelmann in vorausweisender Funktion die Geschichte der Heirat eines Gärtners des großen Ledergeschäfts Cohn und Flatow mit einer viel jüngeren Frau erzählt, »die dann mit einem jungen Gelbschnabel wegging«.[20] Möglicherweise sollte mit dem Doppelnamen der Firma auf die sich anbahnende jüdisch-christliche Liaison angespielt werden.[21] Fontane hielt den Namen Cohn offenbar ganz bewußt aus seinem dichterischen Werk heraus, weil er sich seiner negativen Assoziationen wohl bewußt war und die Empfindlichkeiten seiner zahlreichen jüdischen Leser schonen wollte. Dies paßt zu dem Umstand, daß sich Fontanes wachsende Irritation über die ›Judenfrage‹, die sich in zahlreichen zum Teil drastischen privaten Äußerungen niederschlug, im Erzählwerk nicht entsprechend deutlich manifestiert. Der erste der Gesellschaftsromane, *L'Adultera*, der noch vor der endgültigen Verdüsterung von Fontanes Judenbild durch die antisemitische Bewegung vollendet wird und einen vielberedeten Skandalfall um die Familie Ravené aufgreift, ist – wie der Aufsatzentwurf *Adel und Judenthum in der Berliner Gesellschaft* von 1878/79 – weitgehend frei von prinzipiellen judenkritischen Tönen.[22] Fontane scheint – nach anfänglicher Ausblendung des jüdischen Zusammenhangs in den Vorstudien zum Roman – bewußt die Herkunft der beiden sich auseinanderlebenden Ehepartner vertauscht zu haben, wenn er mit größtem Raffinement den aus einer Hugenottenfamilie stammenden Louis Ravené durch den sich selbst als jüdisch eher offenbarenden als verbergenden ›Emporkömmling‹ Ezechiel van der Straaten verkörpert, der nicht nur durch seinen Namen auf eine Hauptfigur in Gutzkows ›jüdischem‹ Drama *Uriel Acosta* verweist, sondern in Person und Funktion einige Verwandtschaft mit dem einflußreichen Bankier und Bismarck-Vertrauten Gerson von Bleichröder hat, den Emilie seit ihrer Kindheit kannte und mit dem die Familie Kontakt hielt. Ravenés von einer ursprünglich jüdischen Mutter stammende Ehefrau Therese von Kusserow wird im Roman zu Melanie de Caparoux, einer Hugenottin von französisch-schweizerischem Adel. Der Liebhaber ist in der Realität wie in der Fiktion Jude: nämlich der Königsberger Bankier Gustav Simon resp. Ebenezer Rubehn, »»Volontär, ältester Sohn eines mir befreundeten Frankfurter Hauses««.[23] Wollte der Autor nicht von vornherein antisemitischen Affekten Vorschub leisten, mußte er beide Kontrahenten als (getaufte) Juden darstellen. Melanies deutlich artikulierte antisemitische Vorurteile in der Szene von Rubehns Ankunft haben sie offenbar nicht an der Heirat mit van der Straaten gehindert, zu dessen Eigenheiten ein frivol-humoristischer Umgang mit seiner jüdischen Herkunft gehört; noch weniger scheint ihr die Liaison mit Rubehn problematisch, dessen Judentum schon vom Namen her offener zutageliegt als das Ezechiel van der Straatens. Rubehns als ›unjüdisch‹ hingestellte distinguierte und zugleich gefühlvolle, mitleidige und hochherzige Art, aber auch sein Wagner-Enthusiasmus, der der Heine-Verehrung van der Straatens bewußt entgegengesetzt wird, repräsentieren gleichsam das Gelingen der Assimilation, und in dem Moment, als Rubehn durch den Bankrott der väterlichen Bank der als ›jüdisch‹ imaginierten Geldsphäre entrissen wird, steht dem glücklichen Ende nichts mehr im Wege. Beider Kind bezeugt die Zukunftshaltigkeit einer Ehe ›gemischter‹ Partner, die gesellschaftlich allerdings trotz des Ehebruchs nur als christliche Ehe funktionieren kann – eine Versöhnung wie die am Schluß des Romans angedeutete jedenfalls wäre auf der Basis bloßer Zivilehe nicht möglich.

Es ist nun aufschlußreich, daß gerade in diesem den Zeitgenossen anstößigen Roman nicht nur von den Hauptfiguren ausdrücklich die Namen reflektiert werden, sondern Fontane auch durch die Namengebung auf Subtexte zu verweisen scheint, die eine tiefere Sinnschicht des Textes zugänglich werden lassen. Ezechiel van der Straaten ist offensichtlich nicht als Kind, sondern erst in höherem Alter getauft worden – von Wilhelm Johann Gottfried Roß (1772–1854), der seit 1828 Oberkonsistorialrat und Probst an der Berliner Nikolai-Kirche war und 1836 zum Bischof ernannt wurde und dem Fontane als einer »Nathan-Figur« einen Essay widmen wollte.[24] Mit Gutzkows Erzähl- bzw. Dramenfigur Manasse Vanderstraaten hat Fontanes Kommerzienrat oberflächlich gesehen mehr gemein, als ihm lieb ist: er ist ebenso reich wie dieser und als Emporkömmling nicht immer geschmacksicher. Im Punkt der Toleranz allerdings ist ein größerer Gegensatz nicht denkbar: während Gutzkows Figur durch seinen Fanatismus den Tod nicht nur Uriel Acostas, sondern auch den der eigenen Tochter Judith mit verschuldet, erweist sich Ezechiel van der Straaten als großzügig und versöhnlich gegenüber seiner untreuen Ehefrau und ihrem Liebhaber. Sein Vorname Ezechiel verweist nicht nur auf Fontanes Schriftstellerkollegen George Hesekiel,[25] sondern auch auf den Propheten Jecheskel bzw. Hesekiel, der am Ende des nach ihm benannten Buchs der Bibel eine Vision der kommenden Gottesstadt entwirft, deren Tore nach den Stämmen Israels benannt werden. Das erste der drei nördlichen Tore soll nach Ruben benannt werden – ein verdeckter Hinweis auf das glückliche Ende der Liebesgeschichte zwischen Melanie und Rubehn, die in Rom besiegelt wird, einer Stadt, aus der Melanie zufolge jedes Heil und jeder Trost komme: »»Es ist ein seliges Wandeln an diesem Ort, ein Sehen und Hören als wie im Traum.‹«[26] Rom tritt also im Sinn der katholischen Kirche für Jerusalem ein. Melanie unterstellt zunächst ganz im Sinn des geläufigen Antisemitismus angesichts des Namens Rubehn die Absicht, die jüdische Herkunft zu verschleiern.[27] Als Rubehn sich allerdings vom Äußeren wie von seinem Verhalten her keineswegs als Jude im Sinn des rassischen Stereotyps erweist und sich noch dazu als glühender Wagnerianer bekennt, fühlt sich Melanie stark zu ihm hingezogen; der Akt der Umbenennung seines Vornamens von Ebenezer zu Ruben unter Wiederherstellung des ursprünglichen jüdischen Namens wird zum Zeichen der Versöhnung mit der (sozusagen assimilatorisch bereinigten) jüdischen Sphäre. Ebenezer klinge nach Hohepriester, nicht besser als Aaron; dagegen verbindet sich für Melanie mit Ruben die Hochherzigkeit des ältesten Lea-Sohnes, der seinem Bruder Joseph das Leben retten will:

»»Denn er war gefühlvoll und mitleidig und hochherzig. Und was Schwäche war, darüber sag' ich nichts. Er hatte die Fehler seiner Tugenden, wie wir alle. Das war es und weiter nichts. Und deshalb Ruben und immer wieder Ruben. Und kein Appell und kein Refus.‹«

Der Name Ebenezer bezieht sich auf den »Stein der Hilfe«, den Samuel zur Erinnerung an den Sieg gegen die Philister aufrichtete, nachdem die Bundeslade von diesen nach Aschdod verschleppt worden war – er ist also ein Denk-Mal für die Hilfe Gottes in höchster Not. Ruben dagegen, dessen menschliche Schwäche ihn Melanie sympathisch macht, verliert das Erstgeburtsrecht, weil er sich gewaltsam an der Nebenfrau seines Vaters Bilha vergangen hat – ein besonders gravierender Bruch des Ehegesetzes also. In Rubehns Name klingt also, von Melanie unerkannt, die Doppelung von Gottes Beistand und Verfehlung gegenüber dem

Vater an, die freilich Ruben selbst wie seinem Stamm letztlich verziehen wird, während in Melanie, wie Renate Böschenstein gezeigt hat, mit dem Herkunftsort Genf zugleich die im Roman selbst erörterte Prädestinationslehre verbunden ist.[28]

Ebba von Rosenberg, die zweifellos wichtigste Figur des Romans *Unwiederbringlich* neben Holk und Christine, bleibt ambivalent, läßt sich aber sicher nicht ohne weiteres als intentional antisemitisch deuten.[29] Ebba wird nicht nur als ›Eva‹ par excellence vorgeführt, sondern zugleich als äußerst hellsichtige Person, der Christine nicht das Wasser reichen kann und der auch Holk hoffnungslos unterlegen ist. Geradezu vernichtend verläuft für ihn eines der ersten Gespräche mit Ebba, das sich um den Namen Rosenberg dreht. Ebba zieht den Adels- und Abstammungsdünkel Holks ins Lächerliche, indem sie im Stil einer Hofdame die Geschichte ihrer Familie, der Meyer-Rosenbergs erzählt und sich als Enkelin des »Lieblings- und Leibjuden Gustavs III.« bekennt. Die sich davon ableitende Nobilitierung als Baron Rosenberg von Filehne[30] kann aus der Sicht Holks richtigen Adel selbstverständlich nicht ersetzen; andererseits ist er fasziniert von der gleichsam illegitimen Geburt und der freibeuterischen Sexualität Ebbas und akzeptiert für die Dauer seines Abenteuers derlei außenseiterische Qualitäten. Der Wahlspruch der Prinzessin ist, zumindest in seiner zweiten Hälfte, auch der Ebbas: »›Zufluchtsstätte sein und andere beglücken und über Vorurteile lachen‹«.[31] Wichtiger aber ist Ebba ein zweiter, der sich freilich scheinbar nur auf eine ›pikante‹ Geschichte bezieht: »›[...] die Historie verlangt Wahrheit und nicht Verschleierungen.‹«[32] Dieser Satz könnte eine Maxime Fontanes sein; er legt sie aber bewußt einer Jüdin in den Mund, deren Geburtstag – der Tag der französischen Juli-Revolution – zugleich einen versteckten Hinweis auf die eigene Lebensgeschichte darstellt. Übrigens läßt sich die Episode mit dem konvertierten Juden Lissauer zu Beginn des Romans als eine Art Präludium zur Holk-Ebba-Handlung lesen. Dieses »Wunder von Tierarzt«, dieser »tierärztliche Pfiffikus« wird von Holks Schwager Arne als »Mann der Aufklärung«[33] vorgeführt, der weniger mit seiner Homöopathie als mit strikter Reinlichkeit in den Ställen Erfolge erzielt. Seine ironisierende Freigeistigkeit äußert sich – darin van der Straaten nicht unähnlich – in nicht unbedingt taktvollen Vergleichen wie dem, daß die Tröge für das Vieh so blank sein müßten »wie ein Taufbecken«[34] – was zu einem bedeutungsvollen Blickwechsel zwischen Christine und ihrem geistlichen Vertrauten, dem Seminardirektor Schwarzkoppen führt, die einem jüdischen Konvertiten selbstverständlich nicht über den Weg trauen. Holk hingegen, schon aus Trotz gegen seine Frau, gesteht zwar zu, den Tierarzt allenfalls in der Inspektorwohnung zum Lunch zu bitten, rechnet es diesem aber an, »›daß er selbständige Gedanken hat und den Mut der Aussprache‹« und nimmt ihm deshalb auch den törichten »orientalische[n] Vergleich« nicht weiter übel.[35] Lissauer wie Ebba, die Außenseiter in einer christlich dominierten Gesellschaft, stehen für eine Aufklärung ohne Scheuklappen, die sich in mangelnder Dezenz präsentieren mag, aber nie unehrlich ist; daß Christine zumindest nach Holks Gefühl den genauen Gegensatz zu dieser freien Haltung verkörpert, trägt nicht wenig zum tragischen Ausgang des Romans bei.

Im kleinen Roman *Die Poggenpuhls* werden zwei jüdische Sphären einander gegenübergestellt: die reiche Berliner Bankierfamilie Bartenstein, deren Tochter Flora mit Manon befreundet ist und als mögliche Frau ihres Bruders Leo zur Retterin aus den finanziellen Nöten einer verarmten Adelsfamilie werden könnte, und die ostjüdische Familie Blumenthal aus Thorn, mit deren sinnlich anziehender Tochter Esther – einer jungen »pomposissima« – Leo ein Verhältnis angefangen hat. Flora und Esther, Bartenstein und Blumenthal: bereits in der Namengebung deutet sich der Graben zwischen voll assimiliertem Berliner und halbassimiliertem Ostjudentum an, wobei sich freilich in der Verwandtschaft der Bartensteins – wie später in Georg Hermanns Familienromanen *Jettchen Gebert* und *Henriette Jacoby* – noch beide Sphären zusammenfinden. Im Namen Blumenthal mag auch eine Spitze gegen den Berliner Lustspieldichter und Begründer des Lessingtheaters Oskar Blumenthal liegen, der Fontane einer Bitte um wohlwollende Rezension wegen als typisches Exemplar der »Dummpfiffigkeit seines Stammes« galt.[36] Das Ende des Fontaneschen Romans zeigt freilich, daß wirkliches Glück für den alten Adel offenbar nicht in der Verbindung mit einem – kulturell noch so hochstehenden – Haus wie dem der Bartensteins besteht, sondern in gegenseitiger innerfamiliärer Unterstützung – anders als in *L'Adultera* ist Fontane nun zu einem Anwalt der strikten Trennung von Judentum und christlichem Preußentum geworden.

Daß Hans-Heinrich Reuter in seiner Analyse von *Mathilde Möhring* von der im westpreußischen Woldenstein ansässigen Firma »Silberstein & Ehrenthal« (statt Isenthal) spricht,[37] geht auf einen Lesefehler des Ersteditors Josef Ettlinger zurück, der erst in den neueren Ausgaben korrigiert wurde. Offensichtlich identifizierte Ettlinger die Firma mit der etwas zwielichtigen jüdischen Firma Ehrenthal in Freytags Roman *Soll und Haben*. Es ist durchaus denkbar, daß Fontane, der 1855 gerade an den jüdischen Figuren dieses Romans zu Recht Anstoß genommen hatte, dieser Zusammenhang ebenfalls bewußt war und er deshalb, nun durchaus konform mit Freytags Roman, einen immerhin ähnlich klingenden Namen gewählt hat. In der karikierenden Zeichnung Isenthals und insbesondere Silbersteins bündelt Fontane alle Vorurteile gegenüber dem aufstrebenden Judentum. Wenn Silberstein Hugo Großmann mit Nathan vergleicht, dem Mann, »»der die drei Ringe hat««,[38] und Mathilde von der »Dreieinigkeit« von Papst, Luther und Moses spricht, dann zeigt dies nur, daß der jüdische Geschäftsmann wie die Titelheldin die für Fontane längst obsolete Humanitätsphraseologie nutzen, um Vorteile für sich herauszuholen. Die Bewertung Isenthals, Mathilde habe etwas »»von unsre Leut««,[39] ist gleichbedeutend mit einer moralischen Verurteilung der ehrgeizigen Bürgermeistersfrau. Diese übernimmt folgerichtig zusammen mit Rebecca Silberstein die Leitung einer Weihnachtsbescherung für arme Kinder aller Konfessionen;[40] beide Damen verraten denselben schlechten Geschmack für teure Ausstattung. Es ist eine kaum auflösbare Zwiespältigkeit in der Figur Mathildes, daß sie nach dem Tod ihres Mannes zu einer guten Lehrerin wird: offenbar auch hier ehrgeizig und zugleich realistisch in bezug auf ihre Zukunftschancen. Auch dieser Zug verbindet sie mit den jüdischen Bourgois, deren Chancen eben im Ausnutzen aller sich bietenden Gelegenheiten zum Aufstieg besteht.

Hans Blumenberg hat in seinen souveränen nachgelassenen *Glossen zu Fontane* mit Blick auf den *Stechlin* empfohlen, den Roman auch und vor allem als »Exploration über Namen« zu lesen.[41] Der Autor durchbreche, was das Motivpotential der Namen anlange, den Erwartungshorizont des zeitgenössischen ›impliziten‹ Lesers.[42] Die Frage ist, ob dies auch für die jüdischen Namen gilt, die Blumenberg nicht untersucht. Paul Irving Anderson hat in einer quellenkritischen Untersuchung plausibel gemacht, daß – unter Wiederaufnahme zentraler Themen des Fragments *Storch von Adebar* – das »Grundthema« des *Stechlin* ursprünglich eine Auseinandersetzung mit dem Antisemitismus gewesen sei.[43] Deutliche Spuren des ursprünglichen Konzepts seien noch Ende 1895 in der Handschrift des ›Ur-Stechlin‹ zu finden gewesen – gedacht war u. a. daran, daß analog zu *Storch von Adebar* der alte Stechlin mittels einer Schwiegertochter aus halb jüdischem Haus mit dem Judentum versöhnt und die Wahl nicht von einem Sozialdemokraten, sondern vom Fortschrittler Katzenstein gewonnen werden sollte. In der endgültigen Fassung freilich wurden die eher positiven jüdischen Aspekte getilgt und nur die negativen beibehalten – die Animosität gegenüber Moscheles und vor allem der Bruch der alten Freundschaft mit dem alten Baruch, der zuerst sogar Abram heißen und damit durch seinen Namen eine repräsentative Funktion erhalten sollte. Anderson geht nicht auf Baruchs Sohn Isidor ein, dessen onomastischer Subtext ähnlich verräterisch ist wie derjenige des Cohn im Geburtstagsgedicht. Was nämlich für die antisemitische Markierung des Nachnamens Cohn zutrifft, gilt in gleicher Weise für den Vornamen Isidor. Dietz Bering hat diesen Namen nicht nur in seinem erwähnten Buch *Der Name als Stigma* analysiert, sondern ihm auch eine eigene umfangreiche Studie gewidmet.[44] In den von Bering erstellten Tabellen von Fluchtnamen nimmt Isidor unter den Vornamen Rang 1 ein, hat also die stärkste antisemitische Ladung und treibt ihre Träger mehr als andere Vornamen dazu, ihn zugunsten eines weniger verdächtigen abzulegen. Dies ist ein kurioser Befund, insofern es sich bei Isidor ja gar nicht um einen hebräischen, sondern um einen griechischen Namen handelt. Um 1800 war dieser Name in Deutschland nicht nur bei Juden sehr selten; bereits 1815 jedoch heißt eine der jüdischen Negativfiguren in Sessas Posse *Unser Verkehr* Isidorus Morgenländer – der Name war mittlerweile besonders von östlichen Juden auch in Berlin heimisch gemacht worden. Selbstverständlich ist Isidor bereits ein Assimilationsname, etwa aus biblischen Namen wie Isaac, Israel oder Itzig; gerade dies aber machte ihn seit der Mitte des 19. Jahrhunderts zunehmend verdächtig. 1875 gibt es zum ersten Mal einen Antrag auf eine entsprechende Namensänderung, weil die grassierenden Namenswitze den Träger einem zunehmenden Druck aussetzten. Wenn Fontane im *Stechlin* also dem Sohn Baruch Hirschfelds den Vornamen Isidor zuteilt, ist damit für den zeitgenössischen Leser das Urteil bereits gefällt: kommt für Dubslav bereits bei Baruch am Schluß der ›Pferdefuß‹ heraus, dann kann es bei dessen ›modernem‹ Sohn nur noch schlimmer kommen.

Die Verbindung von humanen sozial- wie ästhetikgeschichtlich modernen Ideen und zeittypischen Vorurteilen gehört zu den irritierenden Merkwürdigkeiten der geistigen Signatur vieler großer Schriftsteller. Auch wenn Fontane sich im Erzählwerk weitgehend mit antijüdischen Invektiven zurückhielt, gehört die Symbolik der jüdischen Namen zu den Instrumenten entsprechender subtextueller Suggestionen. Sie ist Teil der erzählten Welt, die nicht zuletzt durch ihre Diskurse auf die Mentalität der Zeitgenossen verweist und darin ihre eigentümliche und auch anstößige Wahrheit hat.[45] Fontane selbst gleicht im Punkt der ›Judenfrage‹ dem fernen Urbild seines Stechlin, dem »Confusionarius« Storch,[46] und er gleicht Dubslav, indem er seine eigenen Vorurteile dargestellt hat. Eine im Punkt der ›Judenfrage‹ besonders sensibilisierte Leserschaft mag es mit Pastor Lorenzen halten, dessen humanes Gesellschaftsmodell sich gegenüber dem Stoeckerschen Antisemitismus abgrenzt. Eben dieser Lorenzen aber ist in der Lage, Dubslav die angemessene Gedenkrede zu halten.

Anmerkungen

1   RENATE BÖSCHENSTEIN: *Caecilia Hexel und Adam Krippenstapel. Beobachtungen zu Fontanes Namengebung*. In: *Fontane Blätter* 62/1996, S. 31–57. Vgl. zur Namengebung bei Fontane auch das Kapitel »Zur Rhetorik Fontanes: Die Kunst der Namen« in: PETER DEMETZ: *Formen des Realismus: Theodor Fontane. Kritische Untersuchungen*. Frankfurt/M. u. a. 1973, S. 169–178 (= Ullstein Buch Nr. 2983) [zuerst München 1964]; WOLFGANG ERTL: *Die Personennamen in den Romanen Theodor Fontanes*. In: *Fontane Blätter* 34/1982, S. 204–213.

2   Vgl. THEODOR FONTANE: *Cécile*. In: HFA I/2, S. 216.

3   Vgl. zuletzt PAUL IRVING ANDERSON: *Von ›Selbstgesprächen‹ zu ›Text-Paradigma‹. Über den Status von Fontanes Versteckspielen*. In: *Fontane Blätter* 65–66/1998, S. 300–317.

4   Vgl. MICHAEL FLEISCHER: *»Kommen Sie, Cohn.« Fontane und die »Judenfrage«*. Berlin [Selbstverlag] 1998.

5   THEODOR FONTANE: *An meinem Fünfundsiebzigsten*. In: HFA I/6, S. 341.

6   In: HFA IV/3, S. 463.

7   29. Januar 1873; In: HFA IV/2, S. 427.

8   1. Dezember 1880; In: HFA IV/3, S. 113.

9   16. Juni 1884, ebd., S. 328.

10   23. Juni 1884, ebd., S. 336.

11   In: HFA IV/4, S. 49.

12   Ebd., S. 250f.

13   Ebd., S. 352.

14 DIETZ BERING: *Der Name als Stigma. Antisemitismus im deutschen Alltag 1812–1933.* Stuttgart 1987, S. 206ff., hier: S. 22.

15 Marcel Reich-Ranicki sieht im militärischen Wortschatz »bare Ironie«, insofern die nun statt des Adels als Gratulanten begrüßten Juden nicht marschierten, sondern läsen. Die kurze Interpretation des Gedichts im Rahmen der Frankfurter Anthologie ist ein Beleg für die Generosität, die Juden mit Blick auf das ›kolossale‹ Werk Fontanes über dessen Schwächen und Irrtümer – darunter auch die Ambivalenz in der ›Judenfrage‹ – hinwegsehen läßt. Vgl. MARCEL REICH-RANICKI: *Abram, Isack, Israel.* In: *Frankfurter Allgemeine Zeitung* Nr. 218, 19. September 1998, *Ereignisse und Gestalten.* S. IV.

16 19. Juni 1892; In: HFA IV/4, S. 202.

17 THEODOR FONTANE: *Entschuldigung.* In: HFA I/6, S. 818.

18 29. August 1895 an Martha Fontane aus Karlsbad; In: HFA IV/4, S. 475.

19 17. September 1898, ebd., S. 754.

20 THEODOR FONTANE: *L'Adultera.* In: HFA I/2, S. 78.

21 Andererseits wird ein Siegmund Flatow brieflich als ein freilich gar nicht jüdisch aussehender »Reklame-Dichter« apostrophiert (Brief an Mete, 1. September 1889; In: Prop II, S. 150).

22 Vgl. JOST SCHILLEMEIT: *Berlin und die Berliner. Neuaufgefundene Fontane-Manuskripte.* In: *Jahrbuch der deutschen Schillergesellschaft* 30 (1986), S. 34–82, insbes. S. 34–39 und 59–66.

23 FONTANE, wie Anm. 20, S.18.

24 Vgl. ELISABETH HOFFMANN: *›L'Adultera‹ und die ›Judenfrage‹.* Düsseldorf 1995 [unveröff. Vortragsmanuskript].

25 Freundlicher Hinweis von Gabriele Radecke-Hettche; vgl. ihren Kommentar in THEODOR FONTANE: *L'Adultera.* In: GBA *Das erzählerische Werk.* Bd. 4. 1998. Hrsg. v. DERS., S. 208.

26 FONTANE, wie Anm. 20, S. 109.

27 Ebd., S.19f.

28 BÖSCHENSTEIN, wie Anm. 1.

29 Vgl. zur Figur Ebbas und zu weiteren ›schönen Jüdinnen‹ in Fontanes Erzählwerk: FLORIAN KROBB: *Die schöne Jüdin. Jüdische Frauengestalten in der deutschsprachigen Erzählliteratur vom 17. Jahrhundert bis zum Ersten Weltkrieg.* Tübingen 1993, S. 171–186 (= Conditio Judaica 4), hier: S.182–185. Es ist Ruth Klüger zuzustimmen, wenn sie zum Roman *Unwiederbringlich* feststellt, er hinterlasse »beunruhigende und ungelöste Fragen über das Verhältnis von Liberalismus und Unsittlichkeit sowie über Wert und Unwert von Skepsis und Judentum in der Auflösung alter Traditionen«. RUTH KLÜGER: *Die Leiche unterm Tisch. Jüdische Gestalten aus der deutschen Literatur des neunzehnten Jahrhunderts.* In: DIES.: *Katastrophen. Über deutsche Literatur.* Göttingen 1994, S. 83–105, hier: S. 103.

30 Der Name Filehne verweist, worauf mich Karl Eh freundlicherweise aufmerksam gemacht hat, auf den Geburtsort von Moritz Lazarus; zur Zeit der Entstehung des Romans *Unwiederbringlich* war das Verhältnis zwischen Fontane und dem jüdischen Freund noch weitgehend ungetrübt.

31 THEODOR FONTANE: *Unwiederbringlich.* In: HFA I/2, S. 666.

32 Ebd., S. 729.

33 Ebd., S. 576f.

34 Ebd., S. 577.

35 Ebd., S. 578.

36 Brief an Friedrich Stephany, 13. April 1887; In: HFA IV/3, S. 533.

37 HANS-HEINRICH REUTER: *Fontane.* 2 Bde. Neu hrsg. und mit einem Nachwort sowie einer Ergänzungsbibliographie versehen v. PETER GÖRLICH. Berlin u. a. 1995. Bd. 2, S. 750 [zuerst 1968].

38 THEODOR FONTANE: *Mathilde Möhring.* In: HFA I/4, S. 650f.

39 Ebd., S. 655.

40 Ebd., S. 656.

41 HANS BLUMENBERG: *Gerade noch Klassiker. Glossen zu Fontane.* München und Wien 1998, S. 7.

42 Ebd., S. 9.

43 Vgl. PAUL IRVING ANDERSON: *Der Stechlin. Eine Quellenanalyse.* In: *Fontanes Novellen und Romane. Interpretationen.* Hrsg. v. CHRISTIAN GRAWE. Stuttgart 1991, S. 243–274 (= RUB 8416), hier: S. 248f.

44 DIETZ BERING: *Kampf um Namen. Bernhard Weiß gegen Joseph Goebbels.* Stuttgart 1991.

45 Vgl. dazu die entsprechenden Bemerkungen bei NORBERT MECKLENBURG: *Einsichten und Blindheiten. Fragmente einer nichtkanonischen Fontane-Lektüre.* In: *Text + Kritik. Sonderband Fontane.* Hrsg. v. HEINZ LUDWIG ARNOLD. München 1989, S. 148–162, insbes. S.152–156.

46 THEODOR FONTANE: *Storch von Adebar.* In: HFA I/7, S. 402; vgl. auch S. 425f.

Fontane und der jüdische Kultureinfluß in Deutschland: Symbiose und Kontrabiose

HENRY H. H. REMAK

George Mosse zum Andenken

Heute sehe ich meine Aufgabe nicht darin, Fontanes weit verstreute, oft aphoristische Bemerkungen über Juden zusammenzustellen und im einzelnen zu kommentieren. Diese selbstlose Arbeit haben uns Michael Fleischer in seinem mutigen Buch *Kommen Sie, Cohn. Fontane und die Judenfrage*[1] und seine von ihm zitierten Vorgänger abgenommen. Ich möchte, für meinen Teil, die grundlegenden historischen und psychologischen Ambivalenzen erst des jüdischen, dann des deutschen Selbstverständnisses umreißen, wie sie Fontane vorfand, dann fragen, welchen Fontane diese Verhältnisse antrafen, und schließlich, was die Konsequenzen daraus für Fontanes Einstellungen und Werk gewesen sind.

Ich bin als jüdischer Deutscher während des Ersten Weltkrieges in Berlin geboren. Außer meiner Liebe zu Fontane seit meiner Berliner Gymnasialzeit und der darauf folgenden lebenslangen Beschäftigung mit ihm beziehe ich meine Berechtigung, vor Ihnen zu sprechen, vor allem aus dem Umstand, daß ich der Welt, der Zeit Fontanes und seiner unmittelbaren Nachwelt näherstehe als die meisten von Ihnen. Ich habe sie innerlich/persönlich, wenn auch indirekt, gekannt und gefühlt: in der Mark und in Berlin; durch meinen Vater, der dem alten Herrn öfters im Tiergarten begegnet ist; durch meine Berliner Großeltern, etwa eine Generation nach Fontane geboren (Max Liebermann hat, mit Abstand, auch meinen Großvater Wilhelm Remak porträtiert); durch meine/meines Vaters Begegnung oder Korrespondenz mit Menschen, die Fontane oder seinen Umkreis persönlich/brieflich gekannt haben: sein Sohn Friedrich; Clara Viebig, die Frau Friedrich Theodor Cohns (»Kommen Sie, Cohn.«), des Mitverlegers Friedrich Fontanes und damit seines Vaters Max Lesser von den »Zwanglosen«, denen auch der Vater meines Onkels Fritz Schiff, Emil Schiff (Korrespondent der *Wiener Neuen Freien Presse*) angehörte; Otto Meyer, Sohn Paul Meyers (Fontanes Rechtsanwalt); die Friedrich Stephany- und Hermann Löwinson-Familien. Ich habe sogar, in meiner jugendlichen Begeisterung, die briefliche Kühnheit besessen, Gerhart Hauptmann, dem ich selbst noch im Tiergarten begegnet bin, um seine Erinnerungen an Fontane, und – halten Sie den Atem an – Ex-Kaiser Wilhelm II., der leider nie im Tiergarten lustwandelte, um seine und seines Hauses Stellung zu Fontane zu bitten. (Schließlich hatte er, als König von Preußen, mich mit einem von ihm gestifteten Sparkonto von 10 Reichsmark in die Welt geschickt!) Und ich habe, *mirabile dictu,* sogar von beiden Antwort bekommen: interessanterweise eine ausführlichere von seiner kaiserlichen Majestät (allerdings durch einen seiner Adjutanten), bzw. von Hauptmanns Privatsekretär. Wie mir einer meiner Studenten kürzlich versichert hat, stehe ich »unter historischem Denkmalsschutz«. Ich bin also ein von meinem Thema selbst Betroffener, aber gleichzeitig Unbeschwerter, da meine Nuancierungen des heiklen Themas kaum den Verdacht erregen können, daß im tiefsten Winkel meines Herzens Vertuschungsmanöver der Vergangenheit rege sind. Überdies liegt es mir nicht, Geschichte auf Grund von verständlichen Opferressentiments zu schreiben.

In unserer Untersuchung werden wir manches Unerfreuliche finden, das einen Schatten auf Fontane wirft. Das ist für uns, die Fontane lieben, eine peinliche aber notwendige Erfahrung. Als Historiker haben wir aber auch die Pflicht, sehr vorsichtig mit Begriffen wie »Antisemit« umzugehen, was auch der politische und, schwerwiegender, moralische Druck ist, in Anbetracht der Judenvernichtung in der ersten Hälfte unseres Jahrhunderts den Antisemitismus nicht zu relativieren. (Was den Philosemitismus der damaligen Zeit anbetrifft, so ist er, gestehen wir es, selten: er ist eher Anti-Antisemitismus, Gerechtigkeitssinn). Wir sollten uns besonders davor hüten, »konservativ« mit »antisemitisch« und »fortschrittlich« oder »sozialistisch« mit »philosemitisch« gleichzustellen. Wilhelm I. und Bismarck waren konservativ, aber im großen und ganzen standen die Juden, trotz gewisser Behinderungen (de facto eher als de jure) unter ihrem Schutz, gerade *weil* es der Regierung um die Dauerhaftigkeit ihrer Staatsform ging und die Juden erheblich zur wirtschaftlichen Blüte des Reiches beitrugen. Andererseits konnte die sozialistisch-kommunistische Bewegung, obschon überwiegend von religiös-rassischen Vorurteilen frei und mit jüdischen Intellektuellen als Bahnbrecher und Dirigenten von Börne und Marx an nicht umhin, im Kapitalismus, der für viele Juden nicht nur den wirtschaftlichen, sondern den bürgerlichen Aufstieg bedeutete, den Feind zu sehen. Der Antisemitismus hatte – und hat – viele Schattierungen: religiös, wirtschaftlich, politisch, rassisch, ästhetisch – nicht zuletzt psychologisch/allzu menschlich. Eher als »prosemitisch« angesehene, äußerst ehrenwerte Historiker wie Mommsen und später Meinecke hatten dennoch kritische Bedenken. All dem müssen wir, selbst in diesem konzentrierten Rahmen, versuchen, einigermaßen gerecht zu werden. Und es sind ja gerade die umstrittenen Seiten Fontanes, darunter seine Haltung zum Jüdischen, eigentlich erst seit den letzten zwanzig Jahren unerschrocken belichtet, die ihn in den Vordergrund der wissenschaftlichen und öffentlichen Debatte erhoben haben.

Zum Thema. Was waren die Juden zu Fontanes Zeit? *Eine Religion?* Ja, aber viele Juden, besonders im Westen Europas, waren schon damals religiös locker, betrachteten sich dennoch, in unterschiedlichem Umfang, historisch oder ethisch als Juden und waren es auch für Christen. Und getaufte Juden wurden in Fontanes Deutschland und von ihm selbst, noch ein, zwei, drei Generationen *nach* ihrer Bekehrung, was ihr Grund und Erfolg auch gewesen sein mag, in das »jüdische« eingeschlossen. *Ein Volk?* Das hing von ihrer weltverstreuten, differenzierten Bewußtseinslage und mehr noch von derjenigen ihrer nichtjüdischen Mitbürger ab. Ihre persönlichen und gemeinsamen Merkmale zeigten teils Überreste ihrer fernen Herkunft aus dem Nahen Osten und ihrer durch den Ausschluß von der herrschenden Gesellschaft bedingten intrakonfessionellen Heiraten, teils ethnische Anpassung an das Wirtsvolk. Dazu kam, zu Fontanes Zeit, die steigende Anzahl von Mischehen. Andererseits hatte für viele Deutsche ihr eigener Volksbegriff einen Juden ausschließenden historischen Gemütsinhalt. *Eine Nation?* Ihre Diaspora machte das unmöglich, und durch die späte deutsche Nationsbildung, etwa gleichlaufend mit der Befreiung der Juden aus dem Getto, schien ihre Mitgliedschaft in der neuen Nation erreichbar. *Eine Rasse?* Dieser, in der ersten Hälfte des 19. Jahrhunderts eher neblig-romantische Begriff, entwickelte sich in der zweiten zu einer Erbüberlegenheit oder unkorrigierbaren Erbsünde, beide beeinflußt durch die frühere, als solche allmählich abflauende aber sich im Volksbewußtsein zäh erhaltende Erbsünde der Juden als der Christtöter. Der als Person ausgesprochen nicht-praktizierende Fontane zeigt deutliche Spuren dieser sekulären Halbverschiebung. *Eine Traditions- und Schicksalsgemeinschaft* mit einem teils durch Ethos, teils durch Widrigkeiten und Verfolgung gezimmerten Identitätsinhalt? Sicherlich. *Eine kulturelle Verbundenheit?* Gewiß auch, aber zusehend ergänzt und schließlich mehr oder weniger ersetzt durch ihr neues, deutsches Kulturbewußtsein.

Das war (und zum Teil ist) die jüdische Ambivalenz. Nun zur deutschen. Die deutsche Vergangenheit zu Fontanes Zeit war einerseits die Geschichte einer auf gemeinsame Landschaft, Schriftsprache, Kultur und Gefühl beruhenden Einheitssehnsucht, besonders mit Blick auf andere Länder Europas mit einem festeren historischen Nationalwerdegang, andererseits einer tiefverwurzelten Wesenseinheit mit Landschaft, gesprochener Sprache und Kultur ihrer besonderen, eigentlichen Heimat. Deutschland war eine Kontinentalmacht mit einer relativ engen direkten Meeresverbindung mit dem Westen, der Nordseeküste, verglichen mit seiner weiten Ostseeküste, dem Tor nach Norden und Osten. Das steht im Gegensatz zu den weltoffenen Niederlanden, Frankreich, Spanien, Portugal und Großbritannien, alte Kolonialmächte, während Deutschlands späte und früh abgeschnittene Kolonialphase nie wirklich ins Zentrum seiner Orientierung vorstieß. Mit einigen Ausnahmen stimmen die politischen Grenzen dieser atlantischen Länder weit mehr mit ihren sprachlich/ethnisch/kulturellen Grenzen überein als die deutschen, deren Inkongruenz ins Auge fällt: Nord- und Südschleswig, Eupen und Malmédy, Elsaß, Schweiz, Österreich, die frühere Tschechoslowakei, Polen, das Baltikum, plus bedeutende deutschsprechende Enklaven in Ungarn, Jugoslawien, Rumänien und Rußland. In fast allen Fällen ist das Problem nicht die Existenz von sprachlichen Minderheiten in Deutschland (damit käme eine gewisse einheimische Vertrautheit mit dem Fremden), sondern die Präsenz deutschsprachiger Gebiete in politischen Fremdstaaten. Das *mußte* für beide Seiten stetige Unruhe schaffen. Das 19. Jahrhundert ist die Geburtszeit des modernen Nationalismus.

Dazu kommt die damalige politisch-kulturelle Unsicherheit innerhalb Deutschlands. Bis zum deutsch-französischen Krieg von 1870/71 befanden sich Deutsche oft auf entgegengesetzten Kriegsseiten und beherbergten, besonders im Westen und Süden, politische, religiöse, kulturelle und familiäre Sympathien für benachbarte Länder: Elsaß-Lothringen, Rheinland und Baden für Frankreich, Bayern/Schlesien für Österreich. Der Kulturkampf verschärfte die inneren religiös-politischen Spaltungen. Dazu das Mißtrauen der Mecklenburger, Sachsen, Schwaben, Rheinländer usw. gegenüber der preußischen Machtstellung, von den Bayern gar nicht zu sprechen. Die Geschichte Deutschlands in den letzten 130 Jahren ist die Geschichte eines Landes, das zu unvorbereitet, zu forciert, auf Grund dreier unheimlich schnell und einschüchternd gewonnenen, preußischen oder von Preußen dominierten Kriege (1864 gegen Dänemark, 1866 gegen Bayern/Österreich, 1870/71 gegen Frankreich, alle von Fontane genauestens dargestellt) die jahrhundertelange Einheitsgeschichte seiner Hauptrivalen: Frankreich, Großbritannien, Rußland, nachvollziehen mußte und wollte.

Eine dritte Komplikation waren die wachsenden Spannungen zwischen dem deutschen Bürgertum, das die Rechnungen zahlte, und drei konservativen Übermächten: dem deutschen Adel; dem mit ihm eng verbundenen Militär, das riesige Kosten verursachte, aber auf seine entscheidende Rolle in den Kriegssiegen pochte; und dem traditionellen, politischen und Mentalitätsübergewicht des Landes (historisch mit dem Adel identisch) über die Stadt, die nach der Mitte des Jahrhunderts und dem Aufstieg der Geschäfts- und Industriewirtschaft zunehmend die wirkliche Dynamik Deutschlands ankurbelte. Wilhelm Heinrich Riehl, in seinem jahrzehntelang hochwirksamen Buch, *Die bürgerliche Gesellschaft* (1851), sieht den Bauern als den Inbegriff des Deutschen und den Adel als einen höheren Typus des Bauernstandes.

Meine Damen und Herren, trotz militärischer Triumphe, wirtschaftlicher Blüte, ausgezeichneter Organisation und Leistungen auf allen Gebieten ist ein solches Land in keiner günstigen Lage, das Selbstvertrauen zu der geduldigen Assimilierung eines jahrhundertelang verpönten, isolierten, in unwürdigen Zuständen gehaltenen, wenn nicht verfolgten Fremdkörpers aufzubringen. Hier sind die Juden, ein ausgesprochen wissensdurstiges, intellektuelles Volk, »auserwählt« weniger im Sinne von »überlegen« als »zu höheren Anforderungen an sich selbst« als andere Völker bestimmt, zu einem kompromißlosen Monotheismus, ohne den es sein Schicksal nicht hätte meistern können, ein ungemein zähes und somit schärferen Haß einladendes Volk. Die aufgezwungene Einsperrung im Getto verschärft seine Religiösität, seine hochgezüchtete Bibel- und Talmudkenntnis, seine Dialektik. Mit der Aufklärung kommt endlich, von außen und innen, die Möglichkeit des Ausbruchs aus dem räumlichen und geistigen Getto. Und die deutsche Kultur, in ihrer zentralen Vermittlungslage zwischen dem Osten und Südosten Europas, wo die meisten Juden lebten, und dem fortschrittlichen Westen war das gegebene Ziel, es war die kulturelle, bürgerliche und wirtschaftliche Freiheit. Aber die ersehnte deutsche Zielscheibe saß ihrerseits nicht fest.

Die Juden in Deutschland waren selbst in einer Zwickmühle. Um in der deutschen bürgerlichen Kultur und Nationalität unterzukommen, um nicht Anstoß zu erregen, sollten sie ihr jahrtausende Jahre altes, für ihr Überleben verantwortliches Gemeinschaftsbewußtsein lockern oder ganz aufgeben, sollten vom Wirtsvolk als fremd und unangenehm empfundene Redeweisen und Gesten, ja ihr ganzes Aussehen so schnell wie möglich abstreifen. Das führte auch ihrerseits zu

Identitätsproblemen. Denn da es in der eingesessenen Bevölkerung dauernd Widerstände gegen die jüdische Integrierung und Rückschläge gab, saßen sie leicht zwischen zwei Stühlen. Wenn sie aber an ihrem Erbteil, gleich welcher Art, festhielten, stießen sie nicht nur auf die Angriffe ihrer Feinde, sondern auch auf die Enttäuschung, den Unwillen und den Meinungsumschlag ihrer ursprünglichen deutschen Freunde. Und zu ihnen gehörte Fontane. Umsonst stellte Fontanes Freund, der Völkerpsychologe Moritz Lazarus, die Frage: »Warum müssen alle Deutschen Germanen sein?«

Dazu kam der bekannte Umstand, daß maßgebende Schichten der Gesellschaft sich selbst eher als einmalige Persönlichkeiten sehen, aber Minderheiten, Fremdes als geschlossenes Profil. Die vielfältigen Unterschiede innerhalb des »Anderen« werden abgestrichen, denn sie könnten die bequeme Kategorisierung in Frage stellen. Bei Fontane finden wir eine Variante davon, das bekannte: »Meine besten Freunde sind Juden, aber …«. Für zahlreiche Juden und Jüdinnen entwickelt er eine Skala von quasi uneingeschränktem Beifall zu scharfer Kritik, was sein gutes Recht ist, aber das hält ihn nicht davon ab, besonders in den letzten zwanzig Jahren seines Lebens pauschale Urteile und zunehmend Verurteilungen eines schreckgespenstartigen, machtsüchtigen Judentums abzugeben.

Wie kam Fontane zu dieser Einstellung? Er hat versichert, daß er in der ersten Hälfte seines Lebens eher Philosemit war, und wir dürfen ihn beim Wort nehmen. Und er hat immer wieder betont, daß ihm selbst von Juden nur Gutes zugefügt worden ist, was sowohl beruflich wie persönlich sicherlich der Fall war, und das nicht nur zu seiner Lebenszeit. Seine dauerhaften Freundschaften mit Deutschen jüdischer Abstammung, von Wilhelm Wolfsohn und Moritz Lazarus zu Georg Friedlaender, den Sternheims und seinem Rechtsanwalt Paul Meyer sind Tatsachen. Das macht seine antisemitische Anfälligkeit umso ernster. Eine konservative Wendung bahnt sich seit seiner Anstellung bei der preußischen Zentralpressestelle in den 1850er und der *Kreuzzeitung* in den 1860er Jahren an. Sein mehrjähriger Aufenthalt in England kam seinem angelsächsischen Kosmopolitismus aber auch seinem aufgestachelten Heimatspatriotismus zugute. Für ihn war es hohe Zeit, daß Preußen und Deutschland endlich England und Frankreich einholten.

Fontane hatte, wie sein Vater, eine wahre Leidenschaft für das Drama, mitunter das Theater der Geschichte. Er war ein scharfsinniger und im ganzen unabhängiger Beobachter der preußischen und deutschen Stärken und Schwächen, des Adels, des Militärs, der Regierung, des Bürgertums, aber zu ihrer gründlichen kulturhistorischen Verflechtung ist er, trotz verheißungsvoller Ansätze, nach *Vor dem Sturm* (1878) nicht gekommen. Er war Anekdotiker wie sein Vater, nicht Systematiker. Umso weniger finden wir bei ihm eine verständnisvolle Kenntnis der jüdischen Geschichte, die schließlich einen der beiden Hauptschlüssel zur Frage: Judentum/Deutschtum liefert. Persönliche, immer wieder wechselnde Eindrücke bestimmen sein Denken. Er war viel zu klug, um absolute Werte zu befördern, aber konnte, wie sein aphoristischer Vater, dem verlockenden Aplomb geschliffener und notwendigerweise einseitiger Aper us nicht widerstehen, die uns heute noch entzücken – und manchmal entsetzen.

Dazu kommt ein tieferer Charakterzug. Fontane hatte etwas im Grunde Zurückhaltendes in seiner Persönlichkeit, ein in seiner Intelligenz verankertes Zögerndes, sich ganz hinzugeben. Das gilt nicht nur von seinem Verhalten zu seinen Freunden (z. B. Friedrich Eggers), sondern auch zu seiner eigenen Familie, seiner Frau, seinen Kindern, selbst – wenn auch am geringsten – zu Mete. Er war ein hochempfindlicher, feinnerviger, aber kein leidenschaftlicher Mensch. Seine balladesken Passionen sind wirkungsvoll, aber kommen nicht aus seinem Inneren. Er hielt immer eine Reserve von kritischem Abstand, in die er sich zurückziehen konnte, um dann wieder spontan aus ihr herauszubrechen. Dieses Spiel ist ein echtes Spiel: es entspricht durchaus seinem natürlichen Charakter.

Seine Haltung zum deutsch/jüdischen Problemkreis ist im Grunde eine zugespitzte Variante dieses Grundzugs. Ein Beispiel für das Ineinandergreifen dieser Ambivalenzen: Land gegen Stadt.

Fontane lebte seit seinem 15. Lebensjahr hauptsächlich in Berlin, der wohl neuzeitlichsten Großstadt Deutschlands. Von Tradition und Geschichte eher unbeschwert, bis heute entschieden unternehmungslustig und aufgeschlossen, und nahe an der östlichen Sprachgrenze Deutschlands gelegen, war sie das gegebene Ziel für die aus dem räumlichen, aber noch nicht kulturellen Getto entlassenen Juden. Der jüdische Anteil am wirtschaftlichen und geistigen Berliner Leben war demgemäß unverhältnismäßig groß und in dauerndem Steigen: er war besonders auffallend in der Fontane direkt angehenden Vermittlerschicht seines Berufs: Zeitungs- und Zeitschriftenredakteure, Buchverleger und deren Finanzierer, die für den Vorabdruck bzw. die schließliche Veröffentlichung seiner Romane und Erzählungen entscheidend waren. Und dazu kam noch der überaus hohe jüdische Anteil an seinem Leserkreis, seinen Bewunderern. Er war ihnen dafür dankbar, aber man kann auch verstehen, daß es ein gewisses Abhängigkeitsressentiment, eine schwer zu verhehlende Enttäuschung in ihm hervorrief (*An meinem Fünfundsiebzigsten:* »Kommen Sie, Cohn«.). Es ist sehr zu bedauern, daß Fontane seine vielversprechenden Entwürfe, *Adel und Judentum in der Berliner Gesellschaft* (1878) und *Die Juden in unserer Gesellschaft* (wohl frühe 1890er Jahre) nicht ausgeführt hat. Man möchte hoffen, er hätte sich dort Rechnung darüber abgelegt, daß die Gettoeinsperrung, die auferlegte Begrenzung auf Handel und Geldverleih in der Gesellschaft, die Jahrhunderte von internen, intensiven Auslegungen der Bibel und des Talmuds die endlich befreiten Juden für Stadt, Intellekt und Geschäft prädestinierte, ebenfalls für Jura und Medizin, wofür die Juden im Getto selbst verantwortlich waren. Die Sichtbarkeit ihrer Erfolge in diesen hauptsächlich städtischen Berufen wurde ihnen letzthin zum Verhängnis, besonders in einem Land, dessen Kultur und Literatur bis tief ins 20. Jahrhundert hinein von einer lutherisch-innerlichen Erdhaftigkeit, von anti-materialistischen Werten durchtränkt war. In der Abwesenheit eines nicht organisch, mit der Zeit gewachsenen und erworbenen, in diesem Sinn »natürlichen« politischen Nationalbewußtseins lieferte der Kult von »Bauer«, »Boden«, »Land«, »Natur«, zunehmend »Blut« und endlich »Rasse« einen schließlich fatalen Ersatz. Von diesem wirklichen oder metaphorischen ›Landedelstand‹ waren die Juden von vornherein ausgeschlossen.

Wie wirken sich diese kulturgeschichtlichen Zusammenhänge in Fontanes Werk aus? Aber – was ist sein »Werk«? Besteht es nur aus seinen von ihm veröffentlichten, somit von ihm legitimierten belletristischen und darstellenden Wanderungs- und Reisewerken, historischen und kritischen Schriften? Wie steht es mit seinen im Nachlaß vorgefundenen Arbeiten und Gelegenheitsgedichten? Aus welchen Gründen hat er oder haben seine Nachlaßverwalter sie zurückgestellt? Besteht selbst in unserer eigenen Einschätzung ein Unterschied zwischen seinen von ihm selbst veröffentlichten autobiographischen und seinen schöngeistigen Werken? Und wo gehören die Briefe und Tagebücher hin?

Die Verwischung dieser Differenzen in der Forschung ist zu bedauern. In diesem Rahmen können wir sie auch nicht abklären. Die neugierige Gegenwart macht weit weniger Unterschied zwischen ›privat‹ und ›öffentlich‹ als Fontanes Zeit. Gerade für die Bewertung seiner Äußerungen über die Juden ist dieses Problem unübersehbar, weil seine Briefe und Nachlaßverse in dieser Beziehung aggressiver sind als seine Romane, Erzählungen und Dichtungen und deswegen öfter zitiert werden. Unser Verfahren für heute ist, sachbezogene Texte aller Art heranzuziehen, ohne ihren unterschiedlichen Ursprung zu berücksichtigen.

Als Vergleich mit der jüdischen Präsenz in Fontanes Schaffen nehmen wir Gustav Freytags *Soll und Haben* (1854), Wilhelm Raabes *Der Hungerpastor* (1864) und Wilhelm von Polenz' *Der Büttnerbauer* (1895), alle drei von nachhaltigster Wirkung auf das deutsche Lesepublikum, alle drei Schriftsteller von Format. Freytag und Raabe waren umso überzeugender, als sie des Lesers anfängliches Mitleid mit dem fatalen Erbe und der Gedrücktheit der jüdischen Verhältnisse Veitel Itzigs (Freytag) und Moses Freudensteins (Raabe) erwecken. Hirsch Ehrenthal in *Soll und Haben*, Samuel Harrassowitz und Isidor Schönberger im *Büttnerbauer* treten dagegen schon als Bösewichte auf. Das Resultat in allen drei Romanen ist dasselbe: lüsterne Machtgier, gerissene Schlauheit, der schnöde Mammon beherrschen die Juden, während die christliche Umwelt unterschiedlich behandelt wird. Den Idealtyp kennzeichnet feste, ehrliche, tüchtige, bescheidene, aus dem Inneren kommende ›deutsche‹ Pflichterfüllung, »rauhe Schale, weicher Kern« (nomen est omen: Freytags Anton Wohlfahrt, Raabes Hans Unwirsch, Polenz' Leberecht und Traugott Büttner, Hauptmann Schroff). Das sind grundsätzlich elementar/christliche, naturhaft/bodenständige, lutherische Werte, vom Lande kommend aber auch für die Stadt, die sie bedroht, als gültig erklärt.

Es ist mit Recht eingewandt worden, daß den negativ gezeichneten jüdischen Figuren in Romanen der Zeit, einschließlich Fontanes, und antisemitischen Bemerkungen zeitgenössischer Autoren außerhalb ihrer Werke eine beträchtliche

Anzahl von ebenso kritischen Urteilen ihrerseits über das Bürgertum, Adel und Ausländerei (Franzosen bei Raabe, ›Romanismus‹ bei Polenz, Polen und Amerika bei Freytag), daneben auch positive Porträts von Juden gegenüberstehen, und daß die kultiviertesten ›Antisemiten‹ der Zeit (Freytag, Raabe, Treitschke, Ernst von Wolzogen, Paulsen, Polenz, Fontane selbst) sich vom Vulgärantisemitismus (Stöcker, Ahlwardt) distanzieren. Aber das erhebt gerade *ihren* »feinen« Antisemitismus zu breiterer und tieferer Wirkung, zu größerer und gefährlicherer Glaubwürdigkeit. Es läßt außer Acht, daß der Feldzug gegen das »Fremde« in der eigenen Gesellschaft – und nun ganz besonders die seit bald zweitausend Jahren verpönten Juden – auf einen empfänglicheren Boden des Vorurteils stößt als Kritik an einheimischen Bestandteilen der Gesellschaft (Bürger, Bauern, Adel), die ihre fest integrierten, einflußreichen Interessenvertreter, ein kräftiges, selbstsicheres Hinterland haben. Und die Ausländer sind im allgemeinen weit weg.

Wie reagiert Fontane als Autor auf diese Grundzüge der zeitgenössischen Literatursituation? Ganz zuerst muß festgestellt werden, daß Fontane seinen Ruf als einer der ersten Großstadterzähler seiner Zeit nur relativ und innerhalb des ländlichen Wertrahmens der deutschen Literatur verdient. Seine Romane und Erzählungen spielen zwar zunehmend in Berlin, aber sind weit mehr Bezirks- als City-orientiert, ein Kompromiß zwischen Kleinstadt und Großstadt. Das Moderne liegt bei ihm mehr innen als außen. Nach 1871 verlegte sich die jüdische Tätigkeit rapide auf den materiell/industriellen Kern der City, der in Fontanes Werk keine zentrale Rolle spielt. Das ist wohl *ein* Grund, warum der Schriftsteller Fontane, mit geringen Ausnahmen, jüdische Figuren nur am Rande seiner belletristischen Arbeiten auftreten läßt. Aber es gibt zu denken, daß Freytag, Raabe, Dahn, Polenz, u. a. der Großstadt mehr polemisch als empathisch gegenüberstanden und trotzdem – oder gerade deshalb – scharf profilierte jüdische Typen oder Stereotypen geschaffen haben. Und daß Fontane sich oft explosiv und beharrlich in seinen Briefen und in zwischen Werk und Person stehenden, meist erst lange nach seinem Tode veröffentlichten Altersversen über die Juden äußert und daß er auf die Ausführung seiner beiden konzipierten Schriften über Juden und Adel in der Berliner Gesellschaft verzichtet hat. Warum diese öffentliche Zurückhaltung über ein Thema, das Fontane besonders im letzten Viertel seines Lebens brennend interessiert hat? Vermutlich hat sein Verantwortungsgefühl für den Kern seiner literarischen Lebensaufgabe eine Rolle gespielt, aber wohl auch die Rücksichtsnahme auf Verleger, Redakteure und sein unverhältnismäßig zahlreiches jüdisches Lesepublikum. Fontane hat äußere Konflikte zeit seines Lebens vermieden. Damit steht er in schlagendem Gegensatz etwa zu Gustav Freytag, der gerade umgekehrt, je älter er wurde, desto mehr gegen den Wagnerschen Rassenantisemitismus Stellung nahm und 1890 dem Verein zur Abwehr des Antisemitismus beitrat. Fontane provoziert, aber engagiert sich nicht.

Fontanes Romane sind karg an dramatischer Spannung. Dafür müssen Fontanes berühmte profilierte Nebenfiguren zum Teil entschädigen. Aparte Silhouetten lagen Fontane sowieso: Ausländer (für Fontane z. B. Polen), zigeunerartiges, fahrendes Volk (z. B. Marie in *Vor dem Sturm*, Grete und Valtin in *Grete Minde*, Ursel Hradschecks Vorleben in *Unterm Birnbaum*) und »Hexen« (Hoppenmarieken in *Vor dem Sturm*, die alte Jeschke in *Unterm Birnbaum*, »die Buschen« im *Stechlin*), die meisten mit offensichtlicher Zuneigung, ja Liebe, gezeichnet. So ist es *literarisch* zu erklären, daß Fontane seinen manchmal lapidaren, aber oft sehr fein schattierten jüdischen Nebenfiguren (Blumenthal, Friedeberg, Baruch und Isidor Hirschfeld, Isenthal, Katzenstein, Lissauer, Löwe, Moscheles, Silberstein, Singer) nicht nur jüdische Namen, sondern öfters auch eine Art von Judendeutsch mitgegeben hat. *Ideologisch* ist es jedoch bedenklich, daß charakterliche und sprachliche Stereotypen gerade in seiner reifsten Schaffensperiode auftauchen – also zu einem Zeitpunkt, als die Assimilierung der jüdischen Deutschen schon weit fortgeschritten war –, und diese Beobachtung stimmt auch mit Fontanes persönlicher Entwicklung in der »Judenfrage« im Spätstadium seines Lebens überein.

Die wichtigsten jüdischen Rollenträger in Fontanes Romanen erscheinen dagegen getarnt. Es sind, in *L'Adultera* (1880–1882), der getaufte, jovial-tolerante, trotz seines Mangels an Takt durchaus sympathische Kommerzienrat Ezekiel Van der Straaten, literarisch eine der saftigsten Figuren Fontanes, und sein Rivale, Ebenezer Rubehn, Verführer seiner Frau, dessen religiöser Status, ob noch Jude, ob schon Christ, so blaß ist wie seine ganze unverführerisch schemenhafte Gestalt, und in *Unwiederbringlich* (1891) die modernste literarische Frauengestalt Fontanes, Ebba von Rosenberg: eine emanzipierte, zerebrale, erfrischend direkte, höchst ungretchenhafte Mischung von Adel und Judentum, die weiß, was sie will, sagt, was sie denkt, »kühl bis ans Herz hinan«. Ihre intellektuelle Sinnlichkeit, ein für Fontane charakteristisches Merkmal der ihn faszinierenden Jüdinnen, prägt sie zu einer der eigenartigsten und interessantesten – weniger, *obwohl* als *weil* keineswegs sympathischsten Romanpersönlichkeiten Fontanes.

In *Von, vor und nach der Reise* (1894) fügt Fontane das semitische Element in der vornehmen, feinen, andeutenden, leicht würzigen Art ein, die wir an ihm lieben (»Wohin?«, »Professor Lezius«).

Es ist sehr zu bedauern, daß er das für seine Zeit so charakteristische Motiv der Schwiegertochter jüdischer Abstammung, deren sanierende Heirat in den Adel lockt (oder droht), nicht ausgeführt hat: das vorliegende Fragment, *Storch von Adebar* (1881–1882), ist sowohl scharfblickend wie einfühlend.

Bleiben die Altersverse, besonders die erst – wohl aus guten Gründen – nach seinem Tod veröffentlichten. Sie bieten, auch wenn man ihren spontanen Stimmungsursprung in Betracht zieht, eine für unser Thema bittere Nuß. Wenn man sie mit den in den letzten fünfzehn Jahren seines Lebens geschriebenen Briefen zusammenliest, ist das wachsende und überwiegende Ressentiment gegen die sogenannte Herrschaft des Judentums unübersehbar. Gewiß, er schließt brieflich seine und seiner Familie spontane Beziehungen zu Freunden jüdischen Glaubens oder Ursprungs durchweg von seinen negativen Verallgemeinerungen aus und erkennt, obgleich, so hat es den Anschein, in den letzten Jahren seines Lebens beiläufiger, seine persönliche Erkenntlichkeit vielen Juden gegenüber an, bewundert ihren Spür- und Sprühsinn, ihre Intelligenz und Energie und spart nicht mit Kritik des verstaubten, geistlosen Adels und des bürgerlichen Protzertums, das allerdings die Juden nun wieder einschließt. Selbst wenn wir ihm sein – und unser – Faible für blitzblanke, aphoristische Aperçus zugute halten, streifen seine steigenden Denunziationen einer komplottähnlichen Judenmacht in seinen Briefen an Zwangsvorstellungen, ja mitunter an Gehässigkeit (selbst in manchen Gelegenheitsgedichten), zum mindesten einen ihm sonst wesensfremden *mauvais goût*. Es wird steigend zu Judenschnüffelei an allen Ecken und Enden der Gesellschaft, im Charakter und Gebaren deutscher Freunde und Bekanntschaften jüdischen Glaubens oder Ursprungs, von Ostjuden, denen er besonders auf böhmischen Kuraufenthalten begegnete, gar nicht zu sprechen. Die endgültige Verneinung der Assimilationsfähigkeit seiner jüdischen Mitbürger drei Generationen *nach* ihrem Eintritt in die deutsche Gesellschaft, seine Befürwortung eines numerus clausus in ihren Bürgerrechten, die in der Praxis (höhere Beamtenlaufbahn, Militär, Universität) sowieso schon beschränkt waren, muß mindenstens unser Kopfschütteln erregen. Ist *das* der Fontane, der vier Jahrzehnte früher (1856) auf Freytags bürgerlichen Antisemitismus in *Soll und Haben* antwortete: »Wohin soll *das* führen?« Durch Fontanes ironisch-kunstvolle Gestaltung des berühmten Preußentoasts Güldenklees in der Försterei Uvagla in *Effi Briest* bestochen, habe ich selbst allzu wohlwollend des alten Junkers Desavouierung der Lessingschen Ringparabel als die Meinung Güldenklees, nicht Fontanes interpretiert,[2] aber nun, da wir Fontanes persönliche, wiederholte Haltung zu Lessings Toleranzidee kennen: ›schön als Ideal, praktisch überlebt‹, bin ich dessen weit weniger sicher und frage Fontane: »Ist das *wirkliche* Problem nicht der *Mangel* an einem deutschen Lessing hundert Jahre *nach* seinem *Nathan dem Weisen*?« Wo war der deutsche Zola?[?]

Das Bürgertum kommt im allgemeinen nicht sehr gut in Fontanes Romanen weg: es ist, wie die Juden, zu materialistisch und arrogant, zu unästhetisch, aber literarisch produktiv durch seine unfreiwillig anheimelnde Komik (wie z. B. die Treibels). Objektiv gesehen, denkt Fontane, wird das Bürgertum, wie die Juden, die Rolle des abgewirtschafteten Adels übernehmen.

In Fontanes Briefen und Kulturschriften der späteren Zeit erscheint der wirkliche märkische Adel als engstirnig, mittelmäßig, anti-intellektuell, und braucht jüdische Aufpulverung, aber belletristisch bleibt er für ihn in allen seinen Erscheinungen wunderbar ergiebig (man denke nur an Prachtexemplare wie Adelheid und Dubslav von Stechlin). Einhellig positiver sieht Fontane den inneren Adel des einfachen Bürgerstandes: Lene, Gideon, Stine, selbst die prosaische Mittelstandsfigur Mathilde Möhring.

Allgemein kann man feststellen, daß Fontane auch in seinem Werk, aber weit mehr in seinen brieflichen Gesprächen, die Juden als eine hochzuschätzende aber nicht eigentlich sympathische und, später, in ihrer angeblichen Anmaßung gefährliche, fremdartige Gärung im deutschen Sauerteig sieht.

Zu wenig beachtet in der Fontane-Forschung scheint mir bisher seine äußerst empfindliche Ästhetik. Sein Schönheitsideal war das nordische. Das rein südliche lag ihm weniger, und das in den Norden verlagerte südöstliche, von fernhin orientalische mancher in Deutschland ansässigen, aus guten Gründen nicht voll assimilierten Juden verletzte seinen halb instinktiven, halb sozial-politisch gezüchteten nordländischen Schönheitssinn. Für Jüdinnen – deren ›exotische‹ Mischung von morgenländischer Sinnlichkeit und klugem Kopf – hatte er, wie überhaupt für südlich-abenteuerliche Frauen, ein in der deutschen Literatur häufiges belletristisches Faible – besonders wenn sie unter vierzig waren. Es ist vielleicht kein Zufall, daß Emilie etwas ›geheimnisvolles‹ in ihrer Herkunft, etwas »abruzzenhaftes« in ihrem Aussehen hatte.

Eine abschließende Beobachtung. Es ist für uns erstaunlich, daß wir sehr beißende Beobachtungen über Juden in Fontanes Briefen an jüdische Empfänger finden. Diese schon assimilierten Adressaten oder Gesprächspartner – mit Ausnahmen wie der von ihm bewunderten, unerschrockenen, aber auch schönen Frau Marie Sternheim – distanzierten sich selbst von den noch nicht assimilierten oder ihnen sonst peinlichen Abstammungs- oder Glaubensgenossen.

Unser pointierter Überblick eines thematischen Minenfeldes mußte auf vieles verzichten, das den Zeitgeist prägt, in dem Fontane denkt, fühlt und wirkt: von Marx' *Zur Judenfrage* (1843) und Wagners *Das Judentum in der Musik* (1850) über Nietzsches *Jenseits von Gut und Böse* (1886–1887, besonders die Abschnitte 249–251 in Teil 8, »Völker und Vaterländer«) bis zu Jakob Wassermanns *Mein Weg als Deutscher und Jude* (1921). In der allen Hauptseiten einigermaßen gerechten Erfassung eines von der allzu nahen Vergangenheit beschwerten Problems ist man immer unsicher, das Thema nicht zu verwischt, aber auch nicht allzu zugespitzt umrissen zu haben. Das eigen-, vielleicht einzigartigste, was Fontane für die deutsche Literatur geleistet hat, sind die Nuancen. Und so ist es nur recht, Fontane am Schluß unserer Überlegungen selbst das Wort zu geben. Einige Zeilen in dem Stichwort-Entwurf zu seinem geplanten, aber leider nicht ausgeführten Essay, *Die Juden in unserer Gesellschaft*, atmen, was uns trotz aller Einwände und Besorgnisse, ja aller Empörung unwiderstehlich zu Fontane zieht: seine natürlich-elegante, Vertrauen einflößende, unsystematische, pointierte, intelligente »Ja, aber ...«- und »Nein, aber ...«-Aufrichtigkeit:

»Ahlwardt und seine Ungeheuerlichkeiten. Dies zuerst ausführlich behandeln und als unmöglich hinstellen. Menzel.[3] Ich bin nicht eigentlich ein Philosemit. Mir ist das Germanische lieber. Eine hübsche germanische Frauengestalt ist mir lieber als eine jüdische Schönheit; es ist mir angenehmer, Land- als Stadtleben zu sehn, zum Teil weil das Jüdische da fortfällt, ich liebe die Länder (leider nur wenige noch), wo das Volk germanisch ist, namentlich Skandinavien. Dann: ihre [d. h. der Juden] Berühmtheiten überall. Dann (auch wenn wir von allen Berühmtheiten absehen) die Juden als Träger feiner Bildung und Sitte. Natürlich vielfach nicht. Aber vielfach doch.«[4]

Anmerkungen

1 MICHAEL FLEISCHER: *»Kommen Sie, Cohn.« Fontane und die Judenfrage*. Berlin 1998.

2 HENRY H. H. REMAK: *Politik und Gesellschaft als Kunst: Güldenklees Toast in Fontanes »Effi Briest«*. In: *Formen realistischer Erzählkunst. Festschrift für Charlotte Jolles.* Nottingham 1979, S. 550 562.

3 Adolf von Menzel liebte es, sich auf die Juden als »Perser« zu beziehen. Vgl. FLEISCHER, wie Anm. 1, S. 203.

4 Ebd., S. 205–206, S. 359, zuerst veröffentlicht von FRIEDRICH FONTANE im *Ruppiner Stürmer*, 8. Juli 1933. Später in: JOST SCHILLEMEIT: *Berlin und die Berliner. Neuaufgefundene Fontanemanuskripte*. In: *Jahrbuch der Deutschen Schillergesellschaft*, 30. Jahrgang 1986, S. 38f. Der Ursprung des Entwurfs wird von Schillemeit auf die frühen 1890er Jahre datiert.

Meinen Dank an die Bibliothekarin Nancy Boerner und Herrn Brian Pinke von der Indiana University und Herrn Peter Schaefer vom Theodor-Fontane-Archiv in Potsdam für ihre wertvolle Hilfe bei der Fertigstellung dieser Arbeit.

»Zugegeben, daß es besser wäre, sie fehlten, oder
wären anders, wie sie sind« – Der selbstverständliche
Antisemitismus Fontanes

Bernd Balzer

Mit dieser Äußerung Adelheides im *Stechlin* formulierte Fontane nicht nur eine bis heute unveränderte brandenburgische Maxime – der Satz illustriert zudem sein Verfahren, Kritik zu relativieren, wie er umgekehrt auch kein Lob ohne ein »ja – aber« ließ.

Natürlich ist Adelheide »petrefakt«,[2] wie ihr Bruder feststellt, sie ist »Wutz«, nicht »Windsor«,[3] Kontrast zur Weltläufigkeit der Barbys, die Woldemar herausstellt: »»Er weiß – was sie hierzulande nicht wissen oder nicht wissen wollen –, daß hinterm Berge auch noch Leute wohnen. Und mitunter noch ganz andere.««[4] Aber Adelheide ist zugleich nach dem Vorbild Mathildes von Rohr gestaltet, der Freundin des Dichters, also ganz gewiß keine Distanzfigur, und Fremdenfeindlichkeit war Fontane selbst nicht so völlig fremd, wie viele abschätzige Bemerkungen über Engländer, Polen und vor allem Juden in seinen Briefen belegen. Über das »Vorurteil im Erzählwerk Fontanes« ist kürzlich in Berlin gesprochen worden,[5] dabei allerdings nicht über seine eigenen Vorurteile im erzählerischen Werk.[6] Hier wäre ein Beispiel: Adelheides »mir widersteht das Fremde« dokumentiert die Auseinandersetzung Fontanes mit dem eigenem Vorurteil – wobei der Ausgang dieser Auseinandersetzung im Kontext des Romans klar ist: Melusine überstrahlt alle andern, vor allem Adelheide, auch wenn Woldemar ihre »blasse« Schwester heiratet. In biographischer Hinsicht jedoch ist das gar nicht so eindeutig:

Die Fremdenfeindlichkeit Adelheides leitet sich nämlich nicht nur aus Fontanes Vorurteilen her, sie verrät erst im Blick auf diese ihre Spezifik: Schrieb er doch an den Sohn Theodor am 15.3.1886 zu dessen Verlobung: »Die frühere Deklination Deiner Gefühle nach der semitischen Seite hin, so begreiflich sie mir war, war doch nicht das Richtige. Das Richtige ist: Verbleib innerhalb der eigenen Sphäre, dieselbe Nationalität, dieselbe Religion, dieselbe Lebensstellung.«[7] Adelheides »heirate heimisch und heirate lutherisch«[8] im Roman faßt dies zusammen, wobei der antisemitische Kern dieser Xenophobie im *Stechlin* nicht mehr kenntlich ist, nachdem Fontane das Motiv einer jüdischen Schwiegertochter ante portas fallengelassen hatte.[9] Folge davon ist auch die eher schwächlich motivierte Entscheidung Woldemars für Armgard und gegen Melusine. Bei ihrer Vorgängerin Ebba Rosenberg[10] in *Unwiederbringlich* hingegen war das spezifisch Melusinenhafte – also das »noch-nicht-ganz-Mensch-Sein« – noch ebenso unverkennbar Teil des Jüdischen wie auch in dem nicht realisierten Romanprojekt *Storch von Adebar*[11] das Motiv der problematischen schönen Jüdin offenkundig war. So deutlich sprach sich Fontanes antijüdisches Vorurteil sonst nur in Briefen aus, wie in dem an Emilie vom 12. August 1883: »Je älter ich werde, je mehr bin ich für reinliche Scheidungen, Haare aparte und Cotelette aparte. Jude zu Jude, Christ zu Christ.« Michael Fleischer hat dergleichen Zeugnisse gerade in dankenswerter Vollständigkeit dokumentiert.[12] Die Zeit, in der Fontanes Verhältnis zu den Juden für die

Literaturwissenschaft als »heißes Eisen« behandelt wurde,[13] sollte nach dieser Publikation vorbei sein. Die manchmal krampfhaften Differenzierungsversuche – »gewiß kein Antisemit«,[14] »Antisemit eigener Prägung«,[15] »petit bourgeois-Antisemitismus«[16] – entsprangen ohnehin weniger dem jeweiligen Kenntnisstand der Forschung als einer falsch verstandenen Loyalität gegenüber dem Forschungsgegenstand. In der Tat wird »Fontanes Leistung als Erzähler […] nicht verdunkelt durch seinen Antisemitismus, sondern eher noch erhellt«[17] – insofern ist hier kein Ikonoklasmus intendiert, sondern ein gewisses Korrektiv nach einem Zuviel an Hagiographie.

Judenfeindschaft war, wie Wolfgang Benz das auf diesem Symposion unterstrichen hat, zum Ende des Jahrhunderts ein kultureller Code, über den sich die bürgerliche Gesellschaft des Kaiserreiches verständigte.

Selbstverständlich war Fontane daher wie die meisten seiner deutschen Zeitgenossen Antisemit, und dieser Antisemitismus war für ihn selbst ebenfalls so selbstverständlich, daß er »ihm als solcher gar nicht zu Bewußtsein kommen mußte, weil er so verbreitet war«.[18] Er konnte ihn sogar als Philosemitismus begreifen, wie aus einem Brief an Mathilde von Rohr hervorgeht: »Ich bin von Kindesbeinen an ein Judenfreund gewesen, […] dennoch hab' ich so sehr das Gefühl ihrer Schuld, ihres grenzenlosen Uebermuths, daß ich ihnen eine ernste Niederlage nicht blos gönne, sondern wünsche.«[19] Und 25 Jahre früher wandte er sich zwar in seiner Rezension von Gustav Freytags *Soll und Haben* gegen dessen »Ungerechtigkeit« den Juden gegenüber und plädierte für den »stillen Segen von Toleranz und Freiheit«, versicherte aber zugleich, er zähle »nicht zu den Judenfreunden«, und schloß die Bemerkung an, die ich im Titel dieses Vortrags zitiere: »Zugegeben, daß es besser wäre, sie fehlten, oder wären anders, wie sie sind.«[20]

Ein »bald mehr bald weniger latent bleibender *Alltags*Antisemitismus«[21] prägte ihn zeitlebens, und er hatte damit Anteil an der vorherrschenden Zeitströmung. Der lange Zeit dominierende Beschönigungsdiskurs hat sich vor dieser Tatsache in die zitierten Formeln zu retten versucht, die noch in jüngster Zeit in dem Satz gipfelten, »von Antisemitismus im eigentlichen Sinn kann bei ihm keine Rede sein«.[22] Wie fest das sitzt, belegt selbst Michael Fleischer, der sich immer noch bemüht, Fontane sozusagen über den Zeitgeist zu erheben, weil er sich zum Beispiel »von Gustav Freytag oder Wilhelm Raabe« unterschieden habe, »die negative jüdische Figuren in ihren Werken darstellten, wie man weiß, mit einer fatalen Breitenwirkung beim Publikum«.[23] Natürlich gibt es Unterschiede zwischen Baruch Hirschfeld (*Der Stechlin*), Moses Freudenstein (Raabes *Der Hungerpastor*) und Veitel Itzig (Freytags *Soll und Haben*); aber es ist doch auffällig, daß die für Fontane genutzte Argumentationsfigur der »Eigentlichkeit« auch bei Raabe angewandt wird, den man dann über Freytag stellt[24] – und auch diesem kommt sie zugute; denn Veitel Itzig ist eigentlich doch nur Dickens' Uriah Heep (*David Copperfield*) nachgebildet.[25]

Gegen den vernebelnden Jargon der Eigentlichkeit könnte die Einsicht helfen, daß »jede Form von Judenfeindschaft« Antisemitismus[26] ist. Das leugnet überhaupt nicht die Unterschiede zwischen dem »Hepp-Hepp-«, einem »Alltags-« oder einem »akademischen Antisemitismus«, aber es schiebt dem verbreiteten Mißverständnis – oder Mißbrauch – dieser Differenzierung als einer »Rangordnung« oder moralischen Wertskala einen Riegel vor. Sicherlich war die staatlich verordnete fabrikmäßige Vernichtung der Juden exzeptionell und nicht zu vergleichen mit dem Erzählen von Judenwitzen. Doch unterhalb der Ebene des nationalsozialistischen Judenmords dienen entsprechende Hierarchisierungen zumeist als argumentativer Schutzschirm, unter dem antisemitische Grundstimmungen hoffähig werden und sich ausbreiten können, um bei Bedarf oder bei Gelegenheit durchaus in einen »eliminatorischen Antisemitismus« umzuschlagen. Wolfgang Paulsen hat mit Blick auf Fontane von »Dynamit«[27] gesprochen, das aber gleichsam unter Bewachung stünde. Das macht es nicht harmloser, weil dies die Legitimation zu schrecklicher Verharmlosung bieten kann: In Golzow etwa, wo sich der Gemeinderat in diesem Jahr »nur« weigerte, ein Wohnheim für jüdische Aussiedler aus Rußland zu dulden, gibt es nach solchen Maßstäben auch keinen Antisemitismus »im eigentlichen Sinne«!

Fontane hat sich scheinbar bemüht, seinen Antisemitismus zumindest vor der Öffentlichkeit zu verbergen. Nicht erst seit Reuter unterscheidet man seinen »privaten« Antisemitismus von der Offenheit und Toleranz im literarischen Werk: »Soviel der Dichter im Leben mit Juden zu tun hatte, so wenig kommen sie in seinen Werken vor«,[28] konstatiert Kremnitzer generell und Fleischer hat das auch im Detail nachzuweisen versucht: »Die Darstellung der Juden in ›L'Adultera‹ zeigt, wie vorsichtig Fontane die ihn brennend interessierende aktuelle ›Judenfrage‹ behandelte. Seine private Parteinahme auf der Seite des ›akademischen‹ Antisemitismus kannten nur wenige Freunde.«[29]

Anlaß zu Vorsicht bestand ja wirklich: »Am 14. Januar 1880 bot Fontane seinen neuen Roman Paul Lindau für dessen Zeitschrift ›Nord und Süd‹ an.«[30] – Natürlich verbot sich bei dem jüdischen Verleger offensichtlicher Antisemitismus. Oder war Fontane doch gerade in einer »philosemitischen Phase«[31]? Ich kann solche Phasen in der Biographie Fontanes nicht erkennen. Innerhalb der generell antisemitischen Zeitströmung gab es allerdings wirklich Ausnahmen. Eine davon war Karl Gutzkow, dessen Schauspiel *Uriel Acosta*, (1846) im Vormärz ein Erfolgsstück war und in der zweiten Jahrhunderthälfte, wie der Verfasser schrieb, zum »Witterungsbarometer für die öffentlichen Zustände« wurde: In reaktionären Phasen habe es Verbote des »Judenstücks« gegeben, »fand ein Systemwechsel statt, so ließ man ›Uriel Acosta‹ frei«.[32] Natürlich gab es auch im Vormärz Antisemitismus – die Kontroverse Heines mit Platen ist nur ein Beispiel dafür –, und Gutzkow realisierte in seinem Stück gewiß kein philosemitisches Anliegen. Vielmehr waren die Juden für ihn hier eher eine Chiffre oder Maske für die Meinungsminorität, die er als Jungdeutscher selbst verkörpert hatte. Damit aber verstieß er aber auch gegen den kulturellen Code der Zeit.

Fontane hat Aufführungen des Stückes 1872, dreimal im Jahre 1879 und dann noch einmal 1886 besprochen, wobei die Rezension vom Januar 1879 aus dieser Reihe hervorsticht mit ihrer Kritik am Text und am »Ton jenes lichtfreundlichen Liberalismus aus der ersten Hälfte der vierziger Jahre, der mit öden Redensarten das Bestehende zu dethronisieren [...] trachtete«.[33] Fontane hat also den Chiffren- oder Maskencharakter der jüdischen Thematik durchschaut und markierte erneut seine Distanz zur »Herweghzeit«.

Im Dezember jenes Jahres begann Fontane mit der Arbeit an seinem ersten Gesellschaftsroman, *L'Adultera*, in dem er selbst auf *Uriel Acosta* verwies durch den Namen der männlichen Hauptfigur »Vanderstraaten«, das jüdische Milieu der Handlung und durch den ausdrücklichen Hinweis im ersten Kapitel. Da aber für den nicht sehr aufmerksamen Leser »die zwei männlichen Hauptpersonen [...] kaum als jüdische Figuren zu erkennen«[34] sind, hat man sich daran gewöhnt, mit Ezel Van der Straaten »jede Verwandschaft mit dem von der Bühne her so bekann- ten Manasse Vanderstraaten«[35] zurückzuweisen – nicht mit ganz so gutem Recht: Auch der Name Ruben stammt aus Gutzkows Stück, er ist Uriels Bruder. Manasse Vanderstraaten sammelt Kunstwerke, Kopien (!) antiker Plastiken, pflegt seine Gärten mit Orangerie und Treibhaus,[36] schätzt »Das stille Walten friedlichen Behagens«.[37] Er verlangt von seiner Tochter, »schütz mich vor Leidenschaft! Du weißt, ich sehe,/Was allzu ernst, nicht gern auf meinem Wege«.[38] Das Motiv des abgelehnten Duells (*L'Adultera*, 2. Kapitel) enthält schon das Schauspiel, ebenso den Garten, das »grüne, stille Laub« (2/4) als Rahmen für die erwachende Liebe Judiths zu Uriel. Fontane zitiert Gutzkows Stück ausführlicher, als für den heuti- gen Leser noch ohne weiteres erkennbar ist.[39] Aber auch schon das eine, längst bekannte, weil im Text identifizierte Zitat durch den Namen des Protagonisten, legitimiert uns, dem Vorbild Hermann Meyers folgend, auch hier zur Suche nach der Funktion des Zitats, »Brücken zu schlagen und dadurch zur tektonischen Bindung der Erzählung beizutragen«.[40]

Meyer hat die konstitutive und konstruktive Rolle von Goethes *Wahlverwandt- schaften* für Fontanes Roman aus dem zunächst kryptischen Zitat in der Kapitel- überschrift »Unter Palmen« hergeleitet. Eine mindestens ebenso enge Beziehung scheint mir zu Gutzkows *Uriel* zu bestehen – vielleicht waren Manasses Garten, Orangerie und Kunstsammlung überhaupt Fontanes motivliche Brücke zu Goethe. Ich halte *L'Adultera* vom Ansatz her für den Versuch einer Antithese zu Gutzkows Stück, das Fontane weitaus stärker beschäftigt haben muß, als es schon seine mehrfachen Rezensionen und Briefäußerungen vermuten lassen, formulierte es doch an zentraler Stelle ein Problem, um das zu Beginn der 80er Jahre und auch danach Fontanes Überlegungen kreisten. Gutzkows Manasse formuliert im *Uriel Acosta*:

»›Nur zwei Begriffe kenn ich, die mir teuer. Der eine, lächle nur, das ist – ich sag es, Mein Glück daheim im eigenen Besitz, Das stille Walten friedlichen

Behagens – Im andern bin ich untertan der Stimme, Die man die allgemeine nennt, ich prüfe nicht ihren Wert: sie ist – und ich gehorche.‹«[41]

Nicht in *L'Adultera*, aber in *Schach von Wuthenow*, an dem er zur gleichen Zeit arbeitete, läßt er Victoire von Carayon ganz ähnlich sprechen: »›Die Gesellschaft ist souverän. Was sie gelten läßt, gilt, was sie verwirft, ist verwerflich‹«,[42] und ihre Mutter bekräftigt das: »›Ich gehöre der Gesellschaft an, deren Bedingungen ich erfülle, deren Gesetzen ich mich unterwerfe.‹«[43] Während Gutzkow aber auf Philistersatire aus ist, sieht Fontane hier das existenzielle Problem angesprochen, das für ihn ein unlösbares Dilemma darstellte und das er über ein Jahrzehnt später noch einmal zugespitzt darstellte: Frau von Briests Brief an ihre Tochter im 31. Kapitel von *Effi Briest* und vor allem Innstettens berühmter Dialog mit Wüllersdorf (27. Kapitel) machen deutlich, daß auch dem Götzen einer abgestorbenen Konvention unbedingt Folge zu leisten ist, solange sie nicht durch eine neue ersetzt ist. Fontane mußte sich deswegen mit diesem Stück Gutzkows intensiv auseinandersetzen, obwohl es ihm nicht nur wegen der »verschwommenen Anschauungen einer überwundenen Epoche«[44] ein Ärgernis – und wegen seiner Beliebtheit[45] ein doppeltes Ärgernis war, das ihn zudem vor allem durch »den Unsinn« abstieß, »daß die Juden durch die ›Ehre‹ zusammengehalten würden«.[46] Trotz der Einsicht – und der Klage darüber –, daß es sich bei *Uriel Acosta* nur vordergründig um ein »Judenstück« handelte, nahm Fontane also ganz offensichtlich vor allem am Bruch des kulturellen Codes, der Infragestellung des antisemitischen Stereotyps, Anstoß – so sehr, daß ihm die innere Widersprüchlichkeit seiner zweifachen Kritik entging.[47] Vielmehr addierte er beide Vorwürfe im brieflichen Dialog mit dem Schauspieler Maximilian Ludwig aus dem Jahre 1873, aus dem die zitierte Passage stammt, zu der »empfindungsgeborene[n] Überzeugung von der unbedingten Verwerflichkeit dieses Stücks«.[48]

Das so gescholtene Schauspiel wertet die Juden auf spezifisch vormärzliche Weise schon im ersten Auftritt auf, wo Judiths Onkel de Silva »[...] die freie Republik / Von Holland« lobt, die »unser Volk nicht haßt, nicht grausam andern Orts, in Spanien, Portugal, Am Rhein und an der Donau uns verfolgt [...] Denn jedes Volk, das selbst erfahren hat, Wie weh die Knechtschaft tut, wird Brüder nicht Aus einem blinden Vorurteil verfolgen.«[49]

Wie viel Fontane hieran politisch zuwider sein mußte, ist offenkundig und wird auch in seiner Rezension deutlich; daß er sich auch ethnisch herausgefordert fühlte, zeigt, wie stark ihn das Vorurteil der Zeit prägte: An der weiblichen Hauptfigur von Gutzkows Stück nahm Fontane ebenfalls Anstoß:

»An ihr ›Das lügst du‹ vermag ich nie und nimmermehr zu glauben. [...] Daß eines reichen und vornehmen Juden Tochter in dem Augenblicke, wo der Bannfluch über ihren Lehrer und Geliebten ausgesprochen wird, in kühner Verachtung dieses Fluchs, zugleich auch in Gegenwart von Hunderten von Gästen und Zuschauern, auf die Seite des Ausgestoßenen tritt. [...] das ist heroischer als alles, was die Judith des Alten Testaments getan.«[50] Es ist mir nicht bekannt, ob

Fontane auch die Novellenversion Gutzkows, *Der Sadduzäer von Amsterdam* (1836), gelesen hat – ich halte es für wahrscheinlich. Dort traf Gutzkow mit der Begründung der niederländischen Toleranz die zentralen Motive von Fontanes Gegenposition: »Die Holländer fürchteten sich weder vor eurem Gelde noch vor euren Bärten, noch vor euren schönen Töchtern.«[51] Wie sehr nämlich neben den üblichen judenfeindlichen Stereotypien, Geld, Geiz und Haartracht, der »Typus der hübschen Jüdin« zur »Klischeevorstellung« Fontanes gehörte, ist gerade dokumentiert worden.[52] Daß er diesen Typus als Bedrohung empfand, illustrieren unter anderen Ebba Rosenberg und Rebecca Gerson v. Eichroeder (*Storch von Adebar*). In *L'Adultera* – wie im *Stechlin* – vermied er die Bedrohung, indem er seine Protagonistin als Christin gestaltete.

Gegen den »unglaubwürdigen« öffentlichen Affront der revolutionären Judith bei Gutzkow stellt er die private Entscheidung Melanies, gegen die Intrige des Nebenbuhlers im *Uriel* ihre Liebe zu Rubehn, gegen den scheiternden Aufklärer Acosta den trotz allem großherzigen Skeptiker Van der Straaten. Gegen die Suche eines »Apostels« nach der letzten »Wahrheit«[53] konzentriert er sich auf die Debatte um das rechte Wort.

Die Addition dieser Antithesen ergibt, wie jeder Leser weiß, gerade nicht einen antisemitischen Gegenpol zum »Judenstück« Gutzkows.[54] Meine Absicht ist auch keineswegs das Freilegen weiterer kryptischer Antisemitismen[55] im Werk Fontanes – dies wäre nach der vorliegenden Dokumentation seines offensichtlichen und selbstverständlichen Antisemitismus auch müßig. Es geht mir vielmehr darum zu zeigen, daß der Autor Fontane den antisemitischen Bürger Fontane keineswegs, auch nicht aus Vorsicht, verborgen hat und dennoch keine antisemitische Tendenzliteratur schrieb: Die Umwandlung des »langathmigen und etwas suspecten [Namens] ›Ezechiel‹«[56] hat man auf dem Höhepunkt des Berliner Antisemitismusstreits mit Sicherheit »richtig« verstanden, ebenso wie niemandem die Ironie entgangen sein dürfte, die darin liegt, daß der als Jude geborene Van der Straaten die »arische« Melanie auf den Fauxpas im Vergleich eines deutschen Kutschers mit dem Juden Simson hinweist, woraufhin sie das mit »Wieland den Schmied«[57] verbessert. Das verdoppelt die Ironie, weil hier der Wagner-Diskurs des Romans seinen Ausgang nimmt. Melanie rechnet sich mit Anastasia »jener kleinen Gemeinde«[58] zu, in deren Mittelpunkt Wagner steht und Rubehn ist sofort begeistertes Mitglied – der nüchtern-sympathische und ironische Kritiker dieses »Wagner-Cultus«[59] ist Van der Straaten, und seine Kritik an diesem »Abgott« enthält einen Gutteil Fontanescher Selbstironie: Er kritisierte Wagner zwar häufiger, war also gewiß kein Wagnerianer, den Antisemitismus Wagners jedoch hat er in diese Kritik nie einbezogen.[60]

Keine Doppelbödigkeit solcher Art enthält Melanies Reserve gegenüber dem ihr »suspecten« Namen Rubehn,[61] ebensowenig ihre Präferenz für »etwas Christlich-Germanisches«[62] – aber das wird letztlich mehr als ausgeglichen durch ihre schließliche Ehe mit Rubehn – wie denn überhaupt solche antisemitischen

Momente überlagert, geradezu überstrahlt werden – vor allem durch Ezel Van der Straaten, der in »der modernen Fontanerezeption [zurecht] zur heimlichen Hauptfigur geworden ist«.[63] Seine Ironie, wie seine Humanität, die das glückliche Ende des Romans erst ermöglichen, drängen sogar ein möglicherweise in die Nähe des Rassismus weisendes Attribut, wie die ihm von Fontane zugeschriebenen »abstammlich zukommenden hohen Backenknochen«[64] in den Hintergrund.[65] Seine Berufung auf Heine – er »bekenne sich vielmehr, in allem was Heroismus angehe, ganz zu der Schule seines Freundes Heine, der, bei jeder Gelegenheit, seiner äußersten Abneigung gegen tragische Manieren einen ehrlichen und unumwundenen Ausdruck gegeben habe«[66] – konnotiert wiederum nur Ironie und Realitätssinn, auch wenn Fontane selbst bei aller Hochachtung gegenüber einzelnen Gedichten Heines diesem eher zwiespältig gegenüberstand.[67]

Es zeigt sich auch an diesem Beispiel, wie Fontanes ästhetisches Ideal der künstlerisch gestalteten Wirklichkeit, sein Romankonzept der »Verklärung« und die innere Logik und »Wahrheit« seines literarischen Werkes oder seiner Figuren die entscheidende Grenzlinie ziehen gegenüber der ideologischen oder politischen Haltung des Autors. Seine Romane verschweigen nicht seine dem Zeitgeist entsprechenden Vorurteile, sie verweigern sich aber ihrer bloßen Bebilderung – so wie er beispielsweise auch die zu Tode zitierten Äußerungen zur Rolle des vierten Standes im Brief an James Morris vom Februar 1896 niemals zur Grundlage seines erzählerischen Konzepts gemacht hat.

»Was Fontanes Romankunst bis heute so bewundernswert macht: Sie gelangt über Positionen, die der Autor bezogen hat, und über Grenzen, die ihm gezogen waren, objektiv hinaus« – man kann es kaum besser formulieren.[68]

Natürlich ist L'Adultera daher auch als Antithese zum Uriel Acosta dennoch kein antisemitischer Roman geworden. Nur in einer Randfigur zeigt sich hier ein Beispiel für die unmittelbare Literarisierung des Vorurteils, und nicht von ungefähr gerät sie dadurch zur Fratze – des Gärtners Kagelmann, einem »kleinen und ziemlich häßlichen Mann«, »unfreundlich, grob und habsüchtig«, an dem alles »zu groß« erschien: Der Name verrät ihn noch nicht,[69] auch nicht die »zu groß[e]« »Nase, die Ohren, die Hände«, wohl aber der Kahlkopf, der »an beiden Schläfen ein paar lange glatte Haarsträhnen hatte«. Die Pejes, die Schläfenlocken oder -haare jüdischer Orthodoxie, sind hier – wenn überhaupt – nur sehr leicht verfremdet, und die spätere Briefäußerung Fontanes »Haare aparte und Cotelette aparte. Jude zu Jude, Christ zu Christ«[70] kündigt sich hier schon bildhaft an. Im übrigen bedeuten ihm die Attribute tropischer Natur, die Palmen, denen Melanie romantisch erliegt, selbstverständlich nichts als schnöden Mammon: Er betreibt unter der Hand einen Pflanzenverleih. Und auch das letzte und für ihn wohl wichtigste der antijüdischen Klischees hat Fontane ihm aufgeladen: »›Ein Mann wie Sie, so frisch und gesund, und ein so gutes Geschäft. Und reich dazu. Die Leute sagen ja, Sie hätten ein Rittergut.‹«[71]

»Der Vorstellung, daß jüdisches Kapital den adligen Grundbesitz verdränge, begegnet man später bei Fontane mehrfach, am prägnantesten in der Formel von den ›Cohn'schen Rittergütern‹«. Auch dieser Hinweis findet sich bei Fleischer[72] – er ist allerdings zu ergänzen; denn vor *L'Adultera* und lange vor der zitierten Briefäußerung war dies ein literarisiertes Klischee und Freytags *Soll und Haben* war auch hierfür die Quelle. Man könnte tatsächlich Fontanes Rezension des Freytagschen Romans als programmatisch begreifen und seine »eigenen Arbeiten später als die Richtigstellung der von Freytag so schief gezeichneten Adelswelt«[73] ansehen, man müßte aber dabei auch die Juden und ihr Verhältnis zum Adel einbeziehen. Ich kann das hier nur andeuten mit einem Hinweis auf Fontanes letzten Gesellschaftsroman, den *Stechlin*. Das scheint mir deshalb besonders sinnvoll, weil immer wieder von einem altersweisen Abrücken Fontanes von inzwischen bedauerten antijüdischen Äußerungen früherer Jahre die Rede ist.[74] Tatsächlich hatte sein Antisemitismus in den 90er Jahren einen Höhepunkt erreicht, wie der entsetzliche Brief an Friedrich Paulsen vom Mai 1898 belegt – »ein Volk, dem von Uranfang an etwas dünkelhaft Niedriges anhaftet, mit dem sich die arische Welt nun mal nicht vertragen kann«.[75] Der Vorabdruck des *Stechlin* war da schon erschienen. Und doch leuchtet auch hier ein Urteil wie das folgende zunächst ein:

»Auch im *Stechlin* ist sehr wenig von Juden die Rede. Dubslav von Stechlin äussert sich über seinen Freund Baruch Hirschfeld zwar am Ende seiner Tage etwas enttäuscht [...] Eine bewusste Abwertung wird auch in diesem grossen Werk [...] vermieden.«[76]

Ein genauerer Blick gibt aber der These von der lebenslangen Auseinandersetzung mit Freytag recht. Wie *Soll und Haben* ist der Roman *auch* angelegt als die Geschichte der abgewendeten Gefahr eines »Cohnschen Rittergutes« durch eine arische Ehe. Nicht nur Adelheide ist »der Gedanke, das alte Schloß in andern Besitz, und nun gar in einen solchen [gemeint ist einen jüdischen] übergehen zu sehen [...] unerträglich«.[77] Aus Hirsch Ehrenthal ist freilich ein Baruch Hirschfeld geworden – eine marginale Verfremdung, und Situation wie Konstellation akzentuieren die Beziehungen. Eine Reihe antisemitischer Spitzen gegen Dr. Moscheles, Katzenstein und seinen »zum Christentum übergetretenen Kollege(n)« reflektieren die überhaupt nicht veränderte Nähe zur »Zeitströmung«. Ursprüngliche Konzepte hätten das noch mehr akzentuiert – Fontane hat sie verworfen. An den diabolischen Charakter Veitel Itzigs erinnert nur noch der enttäuschte Satz Dubslavs: »›Ich dachte wunder, was das für ein Heiliger wär', und nun is der Pferdefuß doch schließlich rausgekommen.‹«[78]

Der weitgehende Verzicht auf einen auktorialen Erzähler (schon in *L'Adultera* erprobt), die Dialektik symmetrischer Gesprächssituationen und – ich wiederhole das – die innere Wahrhaftigkeit von Figuren und Handlungskonzeption bewahrten Fontane vor der Fiktionalisierung von Klischees ebenso wie vor dem Absturz in Kolportage à la Eugène Sue, die Freytag so schätzte. Und so wird der Mechanismus der Vorurteilsbildung – auch Fontanes eigener und ihrer Folgen – selbst zum Gegenstand des Romans: In Adelheides »›Mir widersteht des Fremde‹« ebenso, wie in dem an sich selbst gerichteten Monitum: »»Die Juden sind nicht so schlecht wie manche meinen.‹‹«[79] Auch dieser Satz ist selbstverständlich immer noch antisemitisch und nicht zu akzeptieren, aber er ist nur einer in einer höchst artistisch ausbalancierten Gesprächskonstruktion, die den Romancier auszeichnet, ohne den Bürger Fontane zu rechtfertigen, der sich bedenkenlos des antisemitischen Codes seiner Zeit bediente.

Anmerkungen

1 THEODOR FONTANE: *Der Stechlin.* In: UFA Bd. 19. 1985, S. 283.

2 Ebd., S. 284.

3 Ebd., S. 380.

4 Ebd., S. 117.

5 Eda Sagarra hielt Ende Juni einen Vortrag über dieses Thema an der Humboldt-Universität zu Berlin.

6 ADELHEID MÜLLER-LISSNER: *Entlarvendes Plaudern. Fontane und Vorurteile.* In: *Der Tagesspiegel* v. 30.6.1998, S. 27: Die Autorin vermißte Ausführungen über »Vorurteile und zeitgebundenes Denken des Menschen Fontane selbst«.

7 Briefe werden sämtlich zitiert nach: UFA, Bd. 51–54, 1987, unter Angabe des Briefdatums, des Bandes und der Seitenzahl, hier: Bd. 53, S. 460.

8 FONTANE, wie Anm. 1, S. 162.

9 Vgl. dazu PAUL IRVING ANDERSON: *Der Stechlin. Eine Quellenanalyse.* In: *Fontanes Novellen und Romane.* Hrsg. v. CHRISTIAN GRAWE. Stuttgart 1991.

10 Der Vorname »Ebba«, der sich nach onomastischem Konsens als Kurzform von Namen mit dem ersten Bestandteil »Eber-« (Schwein-) herleitet, kann sogar als besonders boshafte antisemitische Spitze gelesen werden. Vgl. dazu beispielsweise *Neues Lexikon der Vornamen.* Köln 1987, S. 105, oder GÜNTHER DROSDOWSKI: *Duden-Lexikon der Vornamen.* Mannheim 1974.

11 MICHAEL FLEISCHER: *»Kommen Sie, Cohn.« Fontane und die »Judenfrage«.* Berlin 1998, S. 106.

12 Ebd. Fleischer verdankt zahlreiche Anregungen der Dissertation John Kremnitzers von 1972, auf dessen »weitgehend unbeachtet[e]« Studie und ihre Verdienste er ausdrücklich hinweist (S. 4).

13 KENNETH ATTWOOD: *Fontane und das Preußentum.* Berlin 1970 , zit. nach: FLEISCHER, wie Anm. 11, S. 2.

14 ATTWOOD, wie Anm. 13.

15 FLEISCHER, wie Anm. 11, S. 7.

16 PETER DEMETZ: *Rezension zu Reuter.* In: *Die Zeit* v. 9.1.1970, S. 17.

17 NORBERT MECKLENBURG: *Theodor Fontane im Zwielicht.* In: *Kölner Stadtanzeiger* Nr. 174 vom 30.7.1998, S. 22.

18 NORBERT MECKLENBURG: *Einsichten und Blindheiten. Fragmente einer nichtkanonischen Fontane-Lektüre.* In: *Theodor Fontane. Sonderband Text und Kritik.* Hrsg. v. HEINZ LUDWIG ARNOLD. München 1989, S. 159.

19 Brief v. 1.12.80, zit. nach: FLEISCHER, wie Anm. 11, S. 87f.

20 Rezension von GUSTAV FREYTAGS *Soll und Haben.* In: *Literatur-Blatt des Deutschen Kunstblattes* 2 (1855), zit. nach: UFA Bd. 28. 1979, S. 108, ein Satz der in die Überlegung mündet, daß es »nur zwei Mittel giebt, sie los zu werden: das mittelalterliche Hepp, Hepp mit Schafott und Scheiterhaufen, oder [die] allmähliche Amalgamierung«.

21 MECKLENBURG, wie Anm. 18.

22 HELMUTH NÜRNBERGER: *Fontanes Welt.* Berlin 1997, S. 310.

23 FLEISCHER, wie Anm. 11, S. 29.

24 HORST DENKLER: *Neues über Wilhelm Raabe.* Tübingen 1988, S. 67.

25 Vgl. ROLAND FREYMOND: *Der Einfluß von Charles Dickens auf Gustav Freytag.* Prag 1912, Neudruck: Hildesheim 1973, S. 39ff.

26 MECKLENBURG, wie Anm. 17, zit. damit Thomas Nipperdey.

27 WOLFGANG PAULSEN: *Theodor Fontane – The Philosemitic Antisemite.* In: *Year Book XXVI of the Leo Baeck Institute* 1981, S. 322, zit. nach: FLEISCHER, wie Anm. 11, S. 5.

28 JOHN KREMNITZER: *Fontanes Verhältnis zu den Juden.* (Diss.) New York 1972, S. 24.

29 FLEISCHER, wie Anm. 11, S. 112.

30 So Gabriele Radecke im Kommentar zu: THEODOR FONTANE: *L'Adultera.* In: GBA *Das erzählerische Werk.* Bd. 4. 1998, S. 170.

31 NÜRNBERGER, wie Anm. 22, S. 310.

32 *Karl Gutzkows Meisterdramen.* Hrsg. v. HEINRICH HUBERT HOUBEN. Leipzig o. J., Bd. II, S. 77.

33 THEODOR FONTANE: *Gutzkow. Uriel Acosta.* In: UFA *Theaterkritiken.* Dritter Bd. 1979, S. 15.

34 KREMNITZER, wie Anm. 28, S. 32.

35 THEODOR FONTANE: *L'Adultera.* In: GBA *Das erzählerische Werk.* Bd. 4. 1998, S. 6.

36 So plausibel Heide Eilerts Argumentation für das Treibhaus als eines Dècadence-Motivs auch ist – Treibhäuser spielen auch schon vor der Jahrhundertwende eine literarische Rolle. Vgl. HEIDE EILERT: *Im Treibhaus: Motive der europäischen Décadence in Fontanes L'Adultera.* In: *Jahrb. d. Schillergesellschaft* 22 (1978), S. 496ff.

37 *Uriel Acosta.* In: GUTZKOW, wie Anm. 32, Bd. II, S. 92.

38 Ebd.

39 Auch wenn man den gründlicheren Kommentar der Brandenburger Ausgabe mit den Hinweisen auf einige verwandte Motive zur Hife nimmt; Vgl. FONTANE, wie Anm. 35, S. 206.

40 HERMAN MEYER: *Das Zitat in der Erzählkunst.* Zit. nach der Ausgabe Frankfurt/M. 1988, S. 170.

41 *Uriel Acosta.* In: GUTZKOW, wie Anm. 32, Bd. II, S. 92.

42 THEODOR FONTANE: *Schach von Wuthenow.* In: GBA *Das erzählerische Werk.* Bd. 6. 1997, S. 77.

43 Ebd., S. 97.

44 FONTANE, wie Anm. 33, S. 16.

45 »Gutzkows Uriel Acosta hat sich seit fast einem Menschenalter auf unseren deutschen Bühnen behauptet, ja, mehr als das, es war von Anfang an beliebt und ist es geblieben«, so der Anfang von Fontanes Rezension.

46 Brief an Maximilian Ludwig vom 29.4.1873, Bd. 52, S. 430.

47 Wenn die Juden bei Gutzkow nur Chiffrencharakter hatten, dann konnte ›richtiges‹ jüdisches Verhalten eigentlich nicht eingeklagt werden.

48 Brief vom 2.5.1873, Bd. 52, S. 432.

49 *Uriel Acosta.* In: GUTZKOW, wie Anm. 32, Bd. II, S. 81.

50 FONTANE, wie Anm. 33, S. 16.

51 KARL GUTZKOW: *Die Kurstauben. Erzählungen.* Berlin 1983, S. 5.

52 FLEISCHER, wie Anm. 11, S. 260f.

53 Sämtliche Formulierungen im Brief an Maximilian Ludwig v. 29.4.1873.

54 Wie sehr ihn dieser plakative Begriff bewegte, zeigt noch die Kontroverse mit dem Herausgeber der *Deutschen Rundschau,* Julius Rodenberg, über den Begriff »Judengeschichte« in *Effi Briest;* Vgl. FLEISCHER, wie Anm. 11, S. 256.

55 Als Norbert Mecklenburg dies mit einer Szene aus *Unwiederbringlich* erfolgreich vorführte, war die Erkenntnis von Fontanes »Alltagsantisemitismus« noch nicht etabliert; Vgl. MECKLENBURG, wie Anm. 18.

56 FONTANE, wie Anm. 35, S. 8.

57 Ebd., S. 11.

58 Ebd., S. 55.

59 Ebd., S. 56.

60 EILERT, wie Anm. 36, S. 498, hebt die Wagner-Kritik Fontanes hervor und kann sich auf die schon von Reuter zitierten Briefe vom Juli '81 und Juli/August '89 stützen, in denen Fontane vor allem sein Bayreuth-Erlebnis schildert (Vgl. HANS-HEINRICH REUTER: *Fontane.* München 1968, S. 652–718). Kritisiert werden da allerdings nur die Musik und – der »Rummel«.

61 FONTANE, wie Anm. 35, S. 19.

62 Ebd.

63 PETER WESSELS: *Konvention und Konversation. Zu Fontanes L'Adultera.* In: *Dichter und Leser.* Hrsg. v. F. VAN INGEN. Groningen 1971, S. 166.

64 FONTANE, wie Anm. 35, S. 114.

65 »Hohe Backenknochen« sind für Fontane auch ein Merkmal Luthers; Vgl. FONTANE, wie Anm. 42, S. 11.

66 FONTANE, wie Anm. 35, S. 68.

67 Vgl. FLEISCHER, wie Anm. 11, S. 85 und S. 265.

68 MECKLENBURG, wie Anm. 17.

69 Für Hans Otto Horch war das in der Diskussion der stärkste Einwand gegen meine These: Da antijüdische Polemik bei Fontane sonst ausnahmslos von den jeweiligen »jüdischen« Namen begleitet ist, sei ein Jude Kagelmann als absoluter Sonderfall unglaubwürdig. »Kagelmann« ist nicht Cohn, diesen Namen reserviert Fontane für das Ledergeschäft

»Flatow und Cohn«, auf das sich Kagelmanns vorausdeutende Parallelgeschichte über ein altersungleiches Paar bezieht. Kagelmann selbst trägt in der Tat keinen »typisch jüdischen Namen«, aber Namen auf -mann sind auch für Juden häufig belegt. Vgl. dazu Nelly Weiss: *Die Herkunft jüdischer Familiennamen. Herkunft, Typen, Geschichte.* Bern 1992. Neben dem bekannten »Liebermann« nennt sie Antmann, Beckmann, Flaxmann, Glasmann, Holzmann, Kleidermann, u. a. – ob »Kagel« dabei auf »Kegel«, »Kachel« (in obszöner Bedeutung) oder »Kaputze« verweist (»Kagelmann« = Kaputzenmacher), ist dabei nebensächlich.

70 Brief an Emilie vom 12. August 1883. In: GBA. *Der Ehebriefwechsel.* Hrsg. v. Gotthard Erler unter Mitarbeit v. Therese Erler. Berlin 1988. Bd. 3, S. 362.

71 Fontane, wie Anm. 35, S. 88.

72 Fleischer, wie Anm. 11, S. 57. Die Formulierung stammt aus einem Brief an Martha Fontane v. 17.9.1895. Schon 1875 berichtet er aus Doberan: Selbst der jüdische Bankier folgt ihm mit Interesse, aber mit einem anderen. Er weiß am besten, daß es mit dem Grafen nicht lange mehr dauern kann (ebd., S. 54).

73 Fleischer, wie Anm. 11, S. 29.

74 Z. B. Heinz Ohff: *Theodor Fontane. Leben und Werk.* München 1995, S. 367.

75 Zit. nach: Fleischer, wie Anm. 11, S. 211.

76 Kremnitzer, wie Anm. 28, S. 36.

77 Fontane, wie Anm. 1, S. 13.

78 Ebd., S. 317.

79 Ebd., S. 246.

»Der Deutsche, wenn er nicht besoffen ist,

ist ein ungeselliges, langweiliges und furchtbar

eingebildetes Biest.«[1] – Fontanes Sicht der

europäischen Nationalstereotypen

ROLF PARR

D ie Fontane-Forschung ist dem Gegenstand der Nationalsterotypen bisher vorzugsweise in Form binärer Relationen vom Typ ›das deutsche Polenbild bei Theodor Fontane‹ nachgegangen,[2] wobei es zugleich vielfach um die Separierung bloß ›zugeschriebener‹ von ›wirklichen‹, historisch oder auch empirisch ›nachweisbaren‹ Nationalzügen ging.[3]

Demgegenüber möchte ich im folgenden im Anschluß an die Arbeiten von Jürgen Link einen diskurstheoretischen Ansatz erproben,[4] der von zwei konträren Prämissen ausgeht: Erstens, daß man es bei den Nationalcharakteren, also all jenen Vorstellungen, die von den als Individualsubjekten imaginierten Nationen verstärkt seit Mitte des 19. Jahrhunderts kursieren, mit vorzugsweise diskursiven Materialitäten zu tun hat, die die Semantik der konstatierten Nationenbilder allererst herstellen, so daß ihre Funktion in literarischen Texten auf dem Wege der bloßen Konfrontation mit ›Wirklichkeiten‹ nicht hinlänglich analysiert werden kann.

Zweitens gehe ich davon aus, daß die europäischen Nationalsterotypen ein eng aufeinander bezogenes System bilden, in dem der ›Platz‹ der einen Nation nicht unabhängig von dem der anderen zu denken ist. Dieses System weist über die je konkreten Texte der je konkreten Autoren hinweg relative Konstanz auf, wie sie Jürgen Link als »Normalmatrix«[5] der Nationalsterotypen für die zweite Hälfte des 19. Jahrhunderts rekonstruiert hat. Diese Normalmatrix wäre dann zugleich die abstrakte Folie, auf der im folgenden Theodor Fontanes spezifische Akzentuierungen dieses Systems (bis hin zu Verschiebungen von Nationen auf neue Positionen) herausgearbeitet werden können.

Dazu werde ich erstens einen kurzen Abriß der Entwicklung des Systems der europäischen Nationalsterotypen im 19. Jahrhundert geben und die »Normalmatrix« als erwartbare Verteilung der Positionen für die Zeit nach 1870/71 vorstellen; zweitens werde ich versuchen, die bei Fontane sichtbar werdenden Systeme von Nationalsterotypen und einige Konstanten seines Umgangs mit ihnen zu rekonstruieren, um dann im dritten Schritt Fontanes Akzentuierung der Nationalsterotypen auf seine Semiotik geographischer Räume zu beziehen. Den Schluß bilden ein Blick durch die Romane des letzten Lebensjahrzehnts am Leitfaden der Nationalsterotypen und die Frage nach Tendenzen beim ›alten‹, manchmal so modernen Fontane.

Einige Grundlinien des Systems der europäischen Nationalsterotypen im 19. Jahrhundert

Bis etwa zur Jahrhundertmitte galt Deutschland als philosophisch-musikalisch-idealistisches Land der ›Dichter und Denker‹, das symbolisch entweder abgehoben in den Lüften der Phantasie oder romantisch-tief in der Erde plaziert war, während Frankreich die Oberfläche der Erde und England die weite Horizontalität des Meeres zukam – so Musäus, Madame de Staël in Anlehnung an Jean Paul und Heinrich Heine.[6] Mit der bismarckschen Reichsgründung verschob sich diese

Verteilung, denn einer ihrer wichtigsten Effekte bestand darin, für Deutschland eine realistische Diskursposition zurückgewonnen und mit der alten ›idealistisch-romantischen‹ vermittelt zu haben. Entsprechend konnte sich das Land der ›Dichter und Denker‹ nach dem gewonnenen Krieg von 1870/71 gegenüber Frankreich als die ›realistischere‹ Nation konstituieren, eine Position, die noch 1900 als ›plötzlich eingetreten‹ empfunden wurde. In gleichem Maße wie Preußen-Deutschland ›Realismus‹ gewann, mußte ihn Frankreich verlieren, so daß die Zuschreibung von Merkmalen wie ›Phantasie‹ und ›Leichtlebigkeit‹ jetzt ein Entfernen vom realistischen Boden der Tatsachen signifizierten, die Zuschreibung von ›Theatralität‹ sogar die Verwechslung von Realität und Darstellung.

Fontane berichtet 1871 in *Kriegsgefangen* über den Wartesalon von Gray, in dem er französische Truppenbewegungen beobachtet:

»Theaterhaft bunt drängten sich Linie, Garde mobiles und Legionäre; die Hauptmasse bildeten die Franctireurs. Ich konnte sie nicht ansehen, ohne immer wieder an einen lesenswerten Aufsatz Hugo v. Blombergs zu denken: ›Über das Theatralische im französischen Volkscharakter‹. Welche natürliche Begabung sich zurecht zu machen, sich zu drapieren und ornamentieren!«[7]

›Theaterhaftigkeit‹ läßt Fontane gut zehn Jahre später, zu Beginn der 1880er Jahre auch seinen Grafen Petöfy als wichtiges Element im französischen Nationalcharakter herausstellen: »›Es ist ein Phantasievolk, dem der Schein der Dinge vollständig das Wesen der Dinge bedeutet, ein Vorstellungs- und Schaustellervolk, mit einem Wort, ein Theatervolk.‹«[8]

War Frankreich also durch mangelnden Realismus von Preußen-Deutschland unterschieden, so ließ sich die notwendige Differenz dem England zugeschriebenen ›bloßen Manchestertum‹ und ›brutalen Realismus‹ gegenüber durch die Betonung des nach wie vor gültigen ›idealistisch-romantischen‹ Moments im deutschen Nationalcharakter sicherstellen. Deutschland mußte zugleich ›realistisch‹ auf der horizontalen Oberfläche der militärischen und industriellen ›Tatsachen‹ stehen und vertikal-idealistisch-philosophisch oder auch musikalisch in der ›Tiefe wurzeln‹. Jedes Abweichen von dieser Mittelposition hätte immer zugleich die Gefahr heraufbeschworen, das ›Charakterbild‹ einer der beiden anderen Nationen zu übernehmen.[9] Dieser Position des Real-Idealismus entsprechend wurden nach dem Krieg gegen Frankreich alle nur denkbaren Ereignisse, Diskussionen und vor allem historischen Narrationen auf diese integrierende Position hin codiert, etwa die literarisch mythisierte Figur Bismarck[10] oder das ästhetische Konzept des poetischen Realismus selbst.

Landsmannschaften – Nationen – Weltpolitik. Drei Ebenen der Formulierung von Nationalstereotypen und ihren Systemen bei Fontane

Solche Systeme von Nationalstereotypen finden sich bei Fontane auf drei Niveaus. Auf regionaler Ebene werden die preußisch-deutschen Landsmannschaften systematisiert und zugleich um eine symbolische Mitte gruppiert. Stellt man die im (späten) Erzählwerk Fontanes und seinen Briefen zu findenden Belege regionaler Stereotypen zusammen, so kommt ziemlich genau das dabei heraus, was Tante Adelheid ihrem Neffen Woldemar von Stechlin als Orientierungsmatrix für die Brautwahl an die Hand gibt, nämlich eine verbalisierte und narrativ expandierte West/Ost-Achse rechts und links um die bestmögliche Mitte:

»›Ich habe sie von allen Arten gesehen. Da sind zum Beispiel die rheinischen jungen Damen, also die von Köln und Aachen; nun ja, die mögen ganz gut sein, aber sie sind katholisch, und wenn sie nicht katholisch sind, dann sind sie was andres, wo der Vater erst geadelt wurde. Neben den rheinischen haben wir dann die westfälischen. Über die ließe sich reden. Aber Schlesien. Die schlesischen Herrschaften [...] sind alle so gut wie polnisch und leben von Jesu [...]. Und dann sind da noch weithin die preußischen, das heißt die ostpreußischen, wo schon alles aufhört. [...] Und nun wirst Du fragen, warum ich gegen andre so streng und so sehr für unsere Mark bin, ja speziell für unsre Mittelmark. Deshalb mein lieber Woldemar, weil wir in unsrer Mittelmark nicht bloß äußerlich in der Mitte liegen, sondern weil wir auch in allem die rechte Mitte haben und halten.‹«[11]

Auf europäischer Ebene geht es um ganze Nationen, wie es die »Peter Parley«-Stelle in *Kriegsgefangen* besonders deutlich macht. Allerdings bleibt eine solche, eine ganze Reihe von Nationen einschließende Exploration der Nationalstereotypen auf gesamteuropäischer Ebene bei Fontane eher die Ausnahme und wird – wenn sie vorkommt – eher zitiert als selbst entwickelt. Auf diese Weise lassen sich die Stereotypen reproduzierend in Umlauf bringen, ohne direkt auf das Konto Fontanes zu gehen:

»Die Engländer haben ein Schul- und Kinderbuch, das den Titel führt ›Peter Parley's Reise um die Welt, oder was zu wissen not tut.‹ Gleich im ersten Kapitel werden die europäischen Nationen im Lapidarstil charakterisiert. Der *Holländer* wäscht sich viel und kaut Tabak; der *Russe* wäscht sich wenig und trinkt Branntwein; der *Türke* raucht und ruft Allah. Wie oft habe ich über Peter Parley gelacht. Im Grunde genommen stehen wir aber allen fremden Nationen gegenüber mehr oder weniger auf dem Peter-Parley-Standpunkt; es sind immer nur ein, zwei Dinge, die uns, wenn wir den Namen eines fremden Volkes hören, sofort entgegentreten: ein langer Zopf, oder Schlitzaugen, oder ein Nasenring.«[12]

Von dieser europäischen Ebene aus wird der Blick bei Fontane nur gelegentlich auf die Weltpolitik hin geöffnet, so daß (Nord-) Amerika, Grönland und die Arktis, sowie die Kolonien und überseeischen Gebiete in Afrika, China und Indonesien ins Spiel kommen, dies aber meist mit Rückbezug auf die Missions- und Kolonialpolitik der jeweiligen ›Mutterländer‹ und damit auf das innereuropäische System der Nationalstereotypen. Man denke nur an das von Peter Utz herausgearbeitete Verhältnis von deutscher Schutzgebietpolitik in China und den mit *Effi Briest*[13] umgesetzten Vorstellungen von typisch chinesischer Grausamkeit.[14]

Fontanes Umgang mit dem System der Nationalstereotypen

Wollte man Fontanes Umgang mit dem System der Nationalstereotypen auf einen
Nenner bringen, so wäre als These zu formulieren: Er spielt, kalkuliert, bricoliert
im System der Nationalstereotypen *mit* den Nationalstereotypen, wertet sie gegenüber der Normalmatrix punktuell um und hat so die Möglichkeit, sie in neuen, interessanten Konstellationen und Kollisionen aufeinandertreffen zu lassen.

Ein solches Spiel ist – erstens – das mit dem Differential der die ›Normalmatrix‹
ausmachenden Positionen von ›Realismus‹, ›Real-Idealismus‹ und ›Idealismus‹
(vgl. dazu Schema 1, S. 221).[15] Denn während in der preußisch-deutschen Öffentlichkeit alle nur denkbaren Diskussionen und Gegenstände auf die integrierende
Mitte eines spezifisch-deutschen Real-Idealismus hin codiert wurden, hält
Fontane beide deutlich getrennt. Das ist im Prosafragment *Die Bekehrten*
(Alternativtitel *Goldene Mitte*),[16] in den Theaterkritiken, den Briefen an Friedlaender und in *Frau Jenny Treibel*[17] ebenso der Fall,[18] wie in den *Poggenpuhls*,
wo die ›Phantasie‹ des spielenden und verschuldeten Leutnants Leopold Poggen-
puhl mit dem harten ›nur‹-Realismus der wilhelminischen Gründer kollidiert.
»›Gott, Leo, wenn man dich so hört‹«, ruft seine Mutter aus, »›so sollte man glau-
ben, du könntest alles haben, wenn sich bloß der Wind ein bißchen drehen wollte.
Phantasien, Pläne, so warst du schon als kleiner Junge.‹« Was für die Mutter
›Wesensbestimmung‹ ihres Sohnes ist, stellt der Angesprochene selbst als bloßen
Reflex auf den Gründerzeit-Realismus dar:
»›Ja, Mutter, so muß man auch sein, wenigstens unsereiner. Wer was hat, nun
ja, der kann das Leben so nehmen, wie's wirklich ist, der kann das sein, was sie
jetzt einen Realisten nennen; wer aber nichts hat, wer immer in einer Wüste Sahara
lebt, der kann ohne Fata Morgana mit Palmen und Odalisken und all dergleichen
gar nicht existieren.‹«[19]
Keine das deutsche Nationalstereotyp gegenüber England und Frankreich besonders positiv heraushebende und glückliche Integration von Realismus und
Idealismus also mehr, sondern Flucht in die Phantasie (diese immer als negativ
codierte Form von Idealismus zu denken) vor einem erdrückend brutalen Realismus der Gründerzeit. Mit Blick auf die Normalmatrix könnte man sagen, daß Leo
Poggenpuhl sich der französischen Position von ›Phantasieren‹ und nicht mehr
vitaler ›Dekadenz‹ deutlich annähert. *Frau Jenny Treibel* zeigt dagegen, daß die
Integration von Idealismus und Realismus zwar nicht möglich ist, man aber je
nach Situation in durchaus schnellem Stakkato zwischen beiden hin und her wechseln kann, wie es die poetisierende Kommerzienrätin selbst ja durchaus erfolgreich praktiziert.
Zweitens spielt Fontane mit interessanten Kollisionen, wie sie mit den multina-
tionalen Ehen, Eheoptionen und sonstigen Verhältnissen quer durch Fontanes
Werk nahezu systematisch, d. h. alle denkbaren Felder einer Nationenmatrix beset-
zend, durchgespielt werden: deutsch/polnisch, deutsch/österreichisch-ungarisch,

deutsch/englisch, deutsch/skandinavisch, deutsch/französisch, deutsch/jüdisch.[20]

Drittens experimentiert er mit der probeweisen Aufhebung der Nationalstereotypen in einzelnen Romanfiguren, so daß der Individualcharakter über den präsupponierten Nationalcharakter dominiert. Das ist – wie Gudrun Loster-Schneider gezeigt hat – etwa in *Vor dem Sturm*[21] hinsichtlich der typisch deutschen Treue des Polen Tubal der Fall.[22] Auch der Ex-Kommunarde L'Hermite in *Quitt* ist als Figur so konzipiert, daß sie gängige Nationalstereotypen gleichzeitig reproduziert (z. B. französische Oberflächlichkeit, ständiges Projektemachen ohne wirkliche Durchführung im Gegensatz zur Lehnert Menz zugesprochenen deutschen Gewissenhaftigkeit und Tiefe[23]) und in Frage stellt. So wird L'Hermite nicht als typischer Statthalter französischen Gloirebewußtseins eingeführt, sondern ausdrücklich als ein erklärter Feind aller nationalen Zuschreibungen.[24]

Viertens arbeitet Fontane mit der Verschiebung von repräsentativ national attribuierten Figuren auf andere als die ihnen im System der Nationalstereotypen in der Regel zugewiesenen Positionen, und zwar vorzugsweise durch Kopplung mit politischen ›Charakteren‹ (wie ›sozialdemokratisch‹) oder mit Stereotypen des Jüdischen, wie sie Pastor Lorenzen für England im *Stechlin* entwickelt:

»›[…] England. Es hat für mich eine Zeit gegeben, wo ich bedingungslos dafür schwärmte. […] Aber das ist nun eine hübsche Weile her. Sie sind drüben schrecklich runtergekommen, weil der Kult vor dem Goldenen Kalbe beständig wächst; lauter Jobber und die vornehme Welt obenan. Und dabei so heuchlerisch; sie sagen ‚Christus' und meinen Kattun.‹«[25]

Fünftens spielen bei Fontane Achsenspiegelungen rechts und links um eine symbolische ›Mitte‹ eine Rolle, so daß etwa Frankreich und Polen hinsichtlich solcher Merkmale wie ›Spieler sein‹, ›unberechenbar sein‹, ›leichtfertig sein‹ austauschbar werden,[26] oder in den Hochzeitsempfehlungen von Woldemars Patentante Adelheid im *Stechlin* rheinische und polnische Katholikinnen als Ehefrauen gleichermaßen indiskutabel sind.

Weitere Beispiele: In *Effi Briest* ist es die Sängerin Tripelli, die verkündet, daß Rußland und Amerika im Geldpunkte gleich seien.[27] Im Gedicht *Arm oder reich* heißt es 1895: »*Mein* Intresse für Gold und derlei Stoff/ Beginnt erst beim Fürsten Demidoff« [also Rußland, R. P.], »Erst in der Höhe von Van der Bilt« [also USA, R. P.], »Seh ich *mein* Ideal gestillt«.[28] In *Quitt* werden der Mord des schlesischen Freiheitsfanatikers Lehnert Menz am staats- und rechtsdogmatischen Förster Opitz und der Mord des fanatischen[29] französischen Revolutionärs L'Hermite am nicht minder dogmatischen Erzbischof von Paris aufeinander abgebildet, so daß punktuell auch die Nationalstereotypen von Schlesien und Frankreich konvergieren.[30] Gleichzeitig spiegeln sich Schlesien und Amerika (genauer gesagt der durch die ›Lederstrumpf‹-Brille Coopers dargebotene mennonitische Ausschnitt von Amerika) im Merkmal ›Freiheit‹.

Sechstens schließlich ist Fontanes Manie zu nennen, binäre Dominanzverhältnisse zu behaupten, und zwar solche vom Typ ›Nation oder Region A ist in der spe-

ziellen Situation X und unter der Voraussetzung von Y über Nation oder Region B
zu stellen‹ bei meist sofort nachfolgender Relativierung des gerade Gesagten. An
Georg Friedlaender heißt es 1891: »Die österreichische Kunst [Nation A, R. P.] so
weit sie auf einer Postkarte zum Ausdruck kommen kann [das wäre die spezielle
Bedingung oder Situation X, R. P.] ist der k.-preußischen [Nation B, R. P.] überlegen. [...] nur [jetzt kommt die Einschränkung, R. P.] hat das Oesterreichische
[...] so leicht einen Beigeschmack von Bumms. Und das stört wieder.«[31]

Bei kleinen Umstellungen in der syntaktischen Abfolge (die Vergleichsnation
B taucht diesmal erst am Ende auf), ansonsten jedoch genau die gleiche Struktur
nutzend, schaltet sich der alte Graf Barby in die im dreizehnten *Stechlin*-Kapitel
geführte Musik-Diskussion ein:

»›Chopin, für den ich eine Vorliebe habe, wie für alle Polen, vorausgesetzt, daß
sie Musikanten oder Dichter oder auch Wissenschaftsmenschen sind. Als Politiker
kann ich mich mit ihnen nicht befreunden. Aber vielleicht nur deshalb nicht, weil
ich Deutscher und sogar Preuße bin.‹«[32]

Siebtens spielt eine Nord-Süd-Achse der ›Vitalität‹[33] für die Nationalstereotypen eine wichtige Rolle, wobei der Süden tendenziell ›vitaler‹ ist. In *Stine* z. B.
ist die »brünette Witwe« Pittelkow die gesundere, »das Bild einer südlichen
Schönheit, während die jüngere Schwester« Stine dagegen »als Typus einer germanischen, wenn auch freilich etwas angekränkelten Blondine gelten konnte.«[34]

Nationalstereotypen und Semiotiken des Geographischen

Zunehmend wichtig für die Darstellung von Nationalcharakteren wird im letzten
Lebensjahrzehnt Fontanes die Opposition der Merkmale ›natürlich‹ vs. ›nicht
natürlich‹, die häufig mit der von ›poetisch‹ vs. ›nicht poetisch‹ verknüpft ist.[35] An
Friedlaender schreibt Fontane im März 1896:

»[...] das Dümmste wird verschlungen und um das Gescheidteste kümmert
sich keine Katze und je mehr wir verassessort und verreserveleutnantet werden, je
toller wird es. Der letzte Rest von natürlichem Gefühl, was immer gleichbedeutend ist mit poetischem Gefühl, geht verloren. Als es noch keine Bildung gab, war
alles interessant; die rasch wachsende Verlederung der Menschen datirt von den
Examinas und wir sind deshalb das langweiligste Volk, weil wir das Examenvolk
sind. Sobald man nach Oberbaiern kommt und eine ›Loni die nicht ohni‹ ist, sieht,
wird es schon besser.«[36]

Österreich – in Verlängerung Bayerns – erscheint demgegenüber geradezu als
Hort der ›Natürlichkeit‹. In *Graf Petöfy* sind Franziskas Offenlegung ihres nor-
disch-preußischen Nationalcharakters vor Petöfys Schwester Judith und deren
ausführliche Antwort nichts anderes als die literarische Version des zitierten
Briefes an Friedlaender:

»›Ich hör' es gern‹, erwiderte die Gräfin, ›daß Ihnen unser Wien gefällt. Es ist
nicht immer so. Das norddeutsche Wesen ist doch sehr anders.‹

›Sehr anders‹, wiederholte die junge Schauspielerin. ›Gewiß. Aber vielleicht liegt gerade hierin ein Grund, daß sich das Norddeutsche zu dem Wienerischen hingezogen fühlt, denn das Wienerische hat neben dem Vorzuge der Umgänglichkeit auch noch andere Vorzüge, die das in den Schatten stellen, was gelegentlich mit zuviel Güte gegen uns als unsere besondere Tugend betrachtet wird. Wir empfinden tief das Unausreichende des bloß Angelernten. Eine tiefe Sehnsucht nach dem Einfacheren, Natürlicheren regt sich beständig in uns, und diese Sehnsucht ist vielleicht unser Bestes.‹«[37]

Auch Rußland ist im Vergleich mit Preußen-Deutschland ein »Naturvolk«, so in der Charakteristik durch den alten Stechlin.[38] Wenn es also so etwas wie eine Fontanes Schreiben immanente Logik der Verteilung der europäischen Nationalcharaktere nach der Binäropposition ›natürlich‹ vs. ›nicht natürlich‹ gibt, dann ist Effi Briests so oft beschworene Naturverbundenheit mit Blick auf die für Crampas und Innstetten gemachten nationalen Zuschreibungen auch als Dreiecksgeschichte von Nationalstereotypen lesbar: dem nicht verläßlichen, von Frauen affizierbaren, untreuen, aber mit Attributen von ›Natürlichkeit‹ ausgestatteten Nahezu-Polen Crampas steht die fast schon österreichische ›Natürlichkeit‹ Effis sehr viel näher als die norddeutsch-preußische ›Verlederung‹ Innstettens. Rudolf Helmstetter hat in seinem Buch über *Die Geburt des Realismus aus dem Dunst des Familienblattes* Parallelen zwischen Effis Schaukeln am Seil und der publizistisch weit verbreiteten zeitgenössischen »Heil- und Zimmergymnastik« aufgezeigt.[39] Unter der Perspektive der Nationalstereotypen und insbesondere der quasi österreichischen Position Effis in Fontanes System der europäischen Nationalstereotype wäre dann vielleicht auch an das über Zeitungen und Zeitschriften verfügbare Wissen um die österreichische Zimmergymnastin Kaiserin Elisabeth (»Sisi«) zu denken.

Wie korrespondieren nun die ›Nord/Süd-‹ (Beispiel *Stine*) und die ›West-Ost-Achse‹ (Beispiel *Stechlin*) miteinander? Beide sind zunächst einmal nach dem Modell von Zentrum und Peripherie eingerichtet, wobei Skandinavien jedoch nicht einfach nur die noch deutlicher ausgeprägte Variante des norddeutschen Wesens darstellt, sondern mit der ›Reinheit‹ dieser Ausprägung[40] zugleich die ›Natürlichkeit‹ Bayerns und Österreichs im Norden spiegeln kann (vgl. Schema 2, S. 222). Die Nord-Süd-Achse wird also nicht strikt durchgehalten. Auch Hamburg fällt heraus und wird – nicht nur in *Frau Jenny Treibel* – England zugeschlagen, während am anderen Ende der Achse Italien durchaus als die auf den Gipfel, nämlich bis ins Chaos getriebene Weiterführung der österreichischen ›Natürlichkeit‹ erscheint.

Diese Sortierungen oder Modi der Anordnung von Nationalstereotypen ergeben insgesamt so etwas wie ein geographisches Mapping semantischer Verbundräume oder, wenn man so will, ein Bild von Fontanes literaturinterner Geopolitik am Leitfaden der Nationenbilder. Unter dem Merkmal ›Natürlichkeit‹ bilden Skandinavien im Norden, Polen im Osten und Österreich/Ungarn bis hin nach

Bayern im Südosten und Süden einen homogenen Raum.[41] Sein Pendant unter dem Merkmal einer nicht sehr ›vitalen‹, ›unnatürlichen‹ ›Steifheit‹ und übertriebenen ›Vornehmheit‹ bilden zusammen mit England und manchmal auch Holland die Regionen Hamburg und Hannover.[42]

Eine wichtige dritte Binäropposition in diesem Mapping von Nationalstereotypen ist schließlich die von ›zivilisiert‹ vs. ›nicht-zivilisiert‹, im Sinne von ›feinere ästhetische Bildung besitzen‹ oder nicht. Unter diesem Kriterium können die ›Westnationen‹ England und Frankreich als Gegenpol zu Preußen-Deutschland gelegentlich sogar auf das engste zusammenrücken. Dies gilt aber nur auf der Ebene des Systems der innereuropäischen Nationalstereotypen. Kommt etwa Englands koloniales Gebaren ins Spiel, so ist die innereuropäisch hoch notierte Währung ›Kultur‹ nichts mehr wert. England erscheint dann – so Fontane in einem Brief an Karl Bleibtreu – als »roh und verrannt« und dies »allem Messer- und Gabel-Cultus zum Trotz«. Solche Positionsverschiebung zieht wiederum neue Plazierungen auch für alle anderen Nationen nach sich, Preußen-Deutschland etwa muß dann plötzlich als ›natürlich‹ erscheinen. So heißt es im zitierten Brief weiter:

»Der Deutsche ist freilich auch ein gemeines Biest, aber ›in the long run‹ ist er doch der beste. Er weiß wenigstens was und ist in der Regel *natürlich* und *ungeziert* [Hervorhebung von mir, R. P.]. Die andren spielen immer Komödie, die Franzosen die Helden- und die Engländer die Tugend-Komödie. Und eines ist so lächerlich und widerlich wie das andre.«[43]

Bereits diese wenigen Überlegungen machen noch einmal deutlich, wie wichtig es ist, nicht von einfachen Polen-, Frankreich- oder England-Bildern auszugehen, sondern den Systemcharakter der Nationalstereotypen, bei dem jede Akzentsetzung oder Verschiebung einer Nation zugleich Auswirkungen auf die Plazierung aller anderen hat, ernst zu nehmen. Zudem würden sich manche für Fontane konstatierten Widersprüche relativieren, wenn man jeweils genau unterschiede, ob Nationalstereotypen aus einer innereuropäischen oder einer welt-, was meistens heißt kolonialpolitischen Perspektive ins Spiel gebracht werden.

Ein Blick durch die Romane am Leitfaden der Nationalstereotypen

Cécile[44] ist – was die Nationalstereotypen angeht – ein vornehmlich auf Basis der West/Ost-Achse operierender Text, bei dem sich ein dem ›Jeu‹ zugetaner Oberst mit dem französischen Namen »St. Arnaud«, der zudem – was seine Vorgeschichte angeht – auch noch aus dem 1870/71er Krieg und damit geographisch aus dem Westen kommt, mit einer von Osten her kommenden polnisch bzw. slavisch attribuierten Kurtisane zu einem mediokren Verhältnis in der Mitte, in Berlin, zusammenfindet.[45] Gemeinsamkeiten werden auch hier über Achsenspiegelungen hergestellt.[46] Generative Basis für das Erzählen in *Graf Petöfy* ist demgegenüber die Nord/Süd-Achse und Franziskas zugleich religiöser wie auch nationaler Konversionsversuch, beides entlang an österreichisch-ungarischen Nationalstereotypen. *Effi Briest* kombiniert beide Achsen zu einem – wie schon angesprochen – auch geographisch-nationalstereotypen Dreiecksverhältnis, wobei gegenüber *Graf Petöfy* die Nord-Süd-Ausrichtungen von Männern und Frauen genau umgekehrt sind. *Frau Jenny Treibel* bringt mit Hamburg und England thematisch den zweiten semantischen Verbundraum von Nationalstereotypen (Hannover, Hamburg, England, Holland) ins Spiel. *Unwiederbringlich* stellt dänisch-höfischem Esprit und einer hauptstädtischen Leichtlebigkeit, die schon beinahe die französische Position im System der Nationalstereotypen besetzt,[47] deutsche Gründlichkeit und Schwere gegenüber, wie sie die kokette Hofdame Ebba Rosenberg dem Grafen Holk gleich zweimal vorwirft. Mit Blick auf sein genealogisches Interesse heißt es gleich nach ihrer ersten Begegnung, er gehe »allem so gründlich auf den Grund. Natürlich, dafür« sei »er ein Deutscher, und nun gar bei genealogischen Fragen, da« komme »er aus dem Bohren und Untersuchen gar nicht mehr heraus.«[48] Und hinsichtlich seines zögerlichen Werbens stichelt sie später: »›Holk, Sie sind doch beinah deutscher als deutsch ... Es dauerte zehn Jahre vor Troja. Das scheint Ihr Ideal.‹«[49]

Tendenzen am ›Ende des Jahrhunderts‹

Quer durch alle diese Beobachtungen und ersten Systematisierungsversuche läßt sich für den ›alten Fontane‹ eine Tendenz ausmachen. Während es das ›real-idealistische‹ Nationalstereotyp erlaubte, für Preußen-Deutschland eine herausgehobene, die negativ – weil defizitär – akzentuierten Nationalstereotypen zu England (›nur realistisch‹) und Frankreich (nur ›Phantasie‹ und ›Theater‹) positiv integrierende Position zu reklamieren (›wirklicher Idealismus‹ bei zugleich ›wirklichem Realismus‹), so betont Fontane demgegenüber immer wieder die »entsetzliche« deutsche »Mediocrität«.[50]

Die Briefe an James Morris und Georg Friedlaender variieren dieses Thema unermüdlich: 27.5.1891: »unsre Bücher, und nicht zum wenigsten die wissenschaftlichen, sind schlechter, als die der andern Culturvölker. Literatur und Kunst höchst fragwürdig«;[51] 11.9.1896: »[...] in allem Aesthetischen« ist der Deutsche »gegen die Westnationen zurück«.[52] Mittelmäßigkeit wird im europäischen Vergleich schließlich am 23.6.1891 selbst noch für die Fehler im preußisch-deutschen Nationalcharakter konstatiert:

»Unsrem Gebahren haftet nur so sehr oft was Ruppiges an und dies Ruppige wird Ursach, daß wir uns über den kleinen Stil unsrer Gebrechen aesthetisch mehr ärgern, als über die größren, aber forscheren Gebrechen der Andern.«[53]

»Furchtbar eingebildet«, langweilig und – wenn nicht gerade besoffen – auch noch ungesellig; in ästhetischer Hinsicht ein Ärgernis, im Nationenvergleich wenig forsch – das ist schon mehr als nur hintergründige Kritik an einer Nation, für die dem common sense nach als Nationalstereotyp doch eigentlich gerade die Integration von ›Ästhetik‹ und ›forscher Strammheit‹, nämlich ›Real-Idealismus‹

gelten sollte. Mit dieser Form der Kritik geht Fontane einen anderen Weg als viele der sich selbst als ›kulturkritisch‹ annoncierenden Autoren seit Mitte der 1880er Jahre, die zur Kompensation des Gründerzeitrealismus lediglich ein Wiedererstarken des alten deutschen ›Idealismus‹ forderten. Fontanes, die Nationalstereotypen ständig in Frage stellendes semantisches Plazierungsspiel bot dazu eine – zumindest im Nachhinein – überzeugendere Alternative.

	(-) Idealismus (negativ gewertet)	(+) Idealismus (positiv gewertet)	(+) Idealismus/Realismus (+) (positiv gewertet)	Realismus (+) (positiv gewertet)	Realismus (-) (negativ gewertet)
Nation	Frankreich (nach 1870/71)	Deutschland (zur Zeit der Befreiungskriege)	Preußen-Deutschland (ab 1848 und verstärkt nach 1870/71)	England (vor 1870/71)	England (nach 1870/71)
dominierende semantische Merkmale	'Leichtlebigkeit' 'bloße Phantsie' 'Projekte machen ohne Durchführung' 'Genuß' 'modisch'	'romantisch' 'idealistisch' 'musikalisch' 'philosophisch' 'Tiefe' 'Gründlichkeit' 'Wärme'	*Real-Idealismus*	'auf dem Boden der Tatsachen stehen'	'harter Manchester-Kapitalismus und Industrialismus' 'nur realistisch, ohne Ideal' 'Steifheit' 'Kälte' 'Berechnung' 'rücksichtslos'
dominante kulturelle Konzepte	Theatervolk	Dichter und Denken, Künstler Helden	Real-Idealisten realistische Künstler Staatskünstler Idealen auf realistische Weise Geltung verschaffen	gesunder Menschenverstand	Händler
typische Figuren	Louis Napoleon	Theodor Körner	Bismarck	Ingenieure, Erfinder, Naturwissenschaftler, z.B. James Watt	Cecil Rhodes
Vitalität	negativ	positiv	stark positiv	positiv	negativ

Schema 1: Matrix der europäischen Nationalstereotypen nach 1870/71

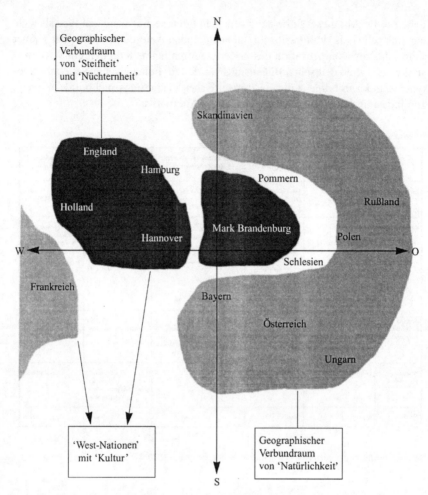

Schema 2: Fontanes geographische Anordnung von Nationalstereotypen

Anmerkungen

1 Brief Theodor Fontanes an Georg Friedlaender vom 19.5.1895. In: *Theodor Fontane. Briefe an Georg Friedlaender.* Aufgrund der Edition von Kurt Schreinert und der Handschriften neu hrsg. und mit einem Nachw. versehen von Walter Hettche. Mit einem Essay von Thomas Mann. Hrsg. v. WALTER HETTCHE. Frankfurt/M. 1994, S. 377.

2 Vgl. stellvertretend für viele andere Arbeiten: MANFRED E. KEUNE: *Das Amerikabild in Theodor Fontanes Romanwerk.* In: *Amsterdamer Beiträge zur neueren Germanistik,* Bd. 2 (1973), S. 1–25; HERBERT KNORR: *Theodor Fontane und England.* (Diss.) Göttingen 1961; GEORGE GILLESPIE: *Das Englandbild bei Fontane, Moltke und Engels.* In: *Viktorianisches England in deutscher Perspektive.* Hrsg. v. ADOLF M. BIRKE und KURT KLUXEN. München u. a. 1983 (= Prinz-Albert-Studien, Bd. 1), S. 91–108; HANS-MARTIN SCHORNECK: *Fontane und die Franzosen.* (Diss.) Göttingen 1967, bes. S. 151–168 (7. Fontanes Urteil über Charakter und Wesen der Franzosen); PIERRE-PAUL SAGAVE: *Theodor Fontane et la France de 1870/71.* In: *Internationales Archiv für Sozialgeschichte der deutschen Literatur* Bd. 1 (1976), S. 160–177; KARSTEN JESSEN: *Theodor Fontane und Skandinavien.* (Diss.) Kiel 1975; DIETRICH SOMMER: *Das Polenbild Fontanes als Element nationaler Selbstverständigung und -kritik.* In: *Weimarer Beiträge. Zeitschrift für Literaturwissenschaft, Ästhetik und Kulturtheorie* Jg. 16 (1970), H. 11, S. 173–190; SIEGFRIED SUDHOF: *Das Bild Polens im Werk Theodor Fontanes.* In: *Germanica Wratislaviensia* 34 (1978), S. 101–111; WILHELM JÜRGENSEN: *Theodor Fontane und Schleswig-Holstein.* In: *Nordelbingen. Beiträge zur Heimatforschung in Schleswig-Holstein, Hamburg und Lübeck* 26/1958, S. 174–183.

3 GUDRUN LOSTER-SCHNEIDER: (*Der Erzähler Fontane. Seine politischen Positionen in den Jahren 1864-1898 und ihre ästhetische Vermittlung.* Tübingen 1986 [= Mannheimer Beiträge zur Sprach- und Literaturwissenschaft, Bd. 1], S. 66–84), nimmt zwar nahezu alle bei Fontane vorkommenden europäischen Nationen in den Blick, bezieht diese jedoch jeweils nur auf Preußen-Deutschland und stellt – bis auf paradigmatische Gruppen, wie ›Österreich, Ungarn, Italien‹ oder ›Polen und Rußland‹ – nur wenige Relationen zwischen ihnen her.

4 Vgl. zum Stand und den verschiedenen Theorieansätzen der Nationalstereotypenforschung die Einleitung zu *Nationale Mythen und Symbole in der zweiten Hälfte des 19. Jahrhunderts. Strukturen und Funktionen von Konzepten nationaler Identität.* Hrsg. v. JÜRGEN LINK und WULF WÜLFING. Stuttgart 1991 (= Sprache und Geschichte, Bd. 16), S. 7–15.

5 JÜRGEN LINK: *Anhang: Nationale Konfigurationen, nationale »Charakter-Dramen«.* In: LINK/WÜLFING, wie Anm. 4, S. 53–71. Vgl. auch UTE GERHARD und JÜRGEN LINK: *Zum Anteil der Kollektivsymbolik an den Nationalstereotypen.* Ebd., S. 16–52.

6 Vgl. JOHANN KARL AUGUST MUSÄUS: *Volksmärchen der Deutschen. Vollständige Ausgabe, nach dem Text der Erstausgabe von 1782–1786.* Darmstadt 1961, S. 8; ANNE GERMAINE DE STAËL: *Über Deutschland.* Vollständige und neu durchgesehene Fassung der deutschen Erstausgabe von 1814 in der Gemeinschaftsübersetzung von Friedrich Buchholz, Samuel Heinrich Catel und Julius Eduard Hitzig. Hrsg. und mit einem Nachwort versehen v. MONIKA BOSSE. Frankfurt/M. 1985, S. 29; HEINRICH HEINE: *Deutschland – Ein*

Wintermärchen. Caput VII. In: DERS.: *Sämtliche Schriften.* Hrsg. v. KLAUS BRIEGLEB. München 1976, Bd. 7, S. 592.

7 THEODOR FONTANE: *Kriegsgefangen. Erlebtes 1870.* In: UFA Bd. 36, S. 34; BLOMBERGS Aufsatz *Das Theatralische in Art und Kunst der Franzosen* erschien in der von MORITZ LAZARUS und HEYMANN STEINTHAL hrsg. *Zeitschrift für Völkerpsychologie und Sprachwissenschaft* (Bd. I [1860], S. 478ff. und Bd. II [1862], S. 179ff. und S. 345ff.).

8 THEODOR FONTANE: *Graf Petöfy.* In: UFA Bd. 9, S. 55f.

9 Vgl. dazu ausführlich: GERHARD/LINK, wie Anm. 5, S. 16–52.

10 Vgl. ROLF PARR: *»Zwei Seelen wohnen, ach! in meiner Brust!« Strukturen und Funktionen der Mythisierung Bismarcks (1860–1918).* München 1992, bes. S. 145–156.

11 THEODOR FONTANE: *Der Stechlin.* In: UFA Bd. 19. 7. Aufl. 1991, S. 160f.

12 FONTANE, wie Anm. 7, S. 16; vgl. dazu auch: ILSE TIPPKÖTTER: *Theodor Fontane: Kriegsgefangen. Über die Wahrnehmung des Fremden.* In: *Diskussion Deutsch* H. 144 (Theodor Fontane) (Dezember 1995), S. 265–276.

13 THEODOR FONTANE: *Effi Briest.* In: UFA Bd. 17.

14 »›Ein Chinese‹«, meint Effi, »›hat immer was Gruseliges‹« (ebd., S. 46). – Vgl. dazu PETER UTZ: *Effi Briest, der Chinese und der Imperialismus. Eine »Geschichte« im geschichtlichen Kontext.* In: *Zeitschrift für deutsche Philologie* 103 (1984), S. 212–225; zu Fontanes Thematisierung der Kolonien vgl. auch ROLF PARR: *Kongobecken, Lombok und der Chinese im Hause Briest. Das ›Wissen um die Kolonien‹ und das ›Wissen aus den Kolonien‹ bei Theodor Fontane.* In: *Fontane und die Fremde, Fontane und Europa.* Hrsg. v. KONRAD EHLICH (erscheint demnächst: Würzburg 2000).

15 Vgl. ROLF PARR: *Real-Idealismus. Zur Diskursposition des deutschen Nationalstereotyps um 1870 am Beispiel von Ernst Wichert und Theodor Fontane.* In: *Literatur und Nation. Die Gründung des Deutschen Reiches 1871 in der deutschsprachigen Literatur. Mit einer Auswahlbibliographie.* Hrsg. v. KLAUS AMANN und KARL WAGNER. Wien u. a. 1996, S. 107–126.

16 THEODOR FONTANE: *Die Bekehrten.* In: UFA Bd. 26, S. 103f., hier: S. 104: »Professor von Holzenbeck, Major und Rittergutsbesitzer von *Holzenbeck.* Es sind Vettern aus der Uckermark./ Jener lebt in Berlin; er ist Archäolog, philologisch gebildet, war in Italien und Griechenland und ist in Leben und Politik *Idealist,* Theoretiker, feiner Doktrinär, der alles im Leben in Einklang mit Freiheits- und Fortschrittsprinzipien gestalten will. [...]/ Sein Bruder echt-uckermärkischer *Praktiker,* braver, reizender Kerl, aber ganz aus der alten Schule. [...] Ein bornierter Konservativer, nicht weil er überhaupt borniert wäre, sondern weil er glaubt, das *alte Regime,* das Wirtschaften nach Erfahrung [...] sei das Richtige./ Die Aufgabe ist nun zu zeigen, wie das Leben, Erfahrung, Politik (sie sitzen im Reichstag) den extremen Theoretiker zu einem mäßigen Praktiker und den extremen Praktiker zu einem mäßigen Theoretiker machen [...]./ Am Schluß: Es hat sein Mißliches mit dem Mittelkurs.«

17 THEODOR FONTANE: *Frau Jenny Treibel oder »Wo sich Herz zum Herzen find't«.* In: UFA Bd. 16.

18 Vgl. dazu PARR, wie Anm. 15, S. 116f.

19 THEODOR FONTANE: *Die Poggenpuhls.* In: UFA Bd. 19, S. 30.

20 Vgl. dazu LOSTER-SCHNEIDER, wie Anm. 3, S. 57f.

21 THEODOR FONTANE: *Vor dem Sturm*. In: UFA Bd. 1–4.

22 Vgl. LOSTER-SCHNEIDER, wie Anm. 3, S. 57.

23 THEODOR FONTANE: *Quitt*. In: UFA Bd. 14, S. 154: »›Ihr seid zu schwierig, Lehnert‹, lachte
L'Hermite. ›Zu schwierig und zu gewissenhaft, so recht ein Deutscher und wollt immer zu
tief auf den Grund.‹«

24 Ebd., S. 137.

25 FONTANE, wie Anm. 11, S. 224.

26 Vgl. in *Cécile* (THEODOR FONTANE: *Cécile*. In: UFA Bd. 11, S. 15) die Stelle, an der
Gordon überlegt, ob Cécile Polin oder rheinische Katholikin sei: »›Übrigens wirkt sie
katholisch, und wenn sie nicht aus Brüssel ist, ist sie wenigstens aus Aachen. Nein, auch
das nicht. Jetzt hab' ich es: Polin oder wenigstens polnisches Halbblut.‹«

27 FONTANE, wie Anm. 13, S. 95: »Sorgen gibt es in Rußland nicht; darin – im Geldpunkt sind
beide gleich – ist Rußland noch besser als Amerika.«

28 THEODOR FONTANE: *Arm oder Reich*. In: *Theodor Fontane. Gedichte*. Hrsg. v. JOACHIM
KRÜGER und ANITA GOLZ. Bd. I–III. Berlin 1989, hier: Bd. I, S. 73f.

29 Vgl. in *Quitt*, wie Anm. 23, S. 151, die Charakterisierung von L'Hermite als »stillen
Fanatiker«.

30 Vgl. ebd., S. 175.

31 Brief an Georg Friedlaender vom 5.2.1891. In: *Theodor Fontane. Briefe an Georg
Friedlaender*, wie Anm. 1, S. 196.

32 FONTANE, wie Anm. 11, S. 129.

33 Vgl. zur Wichtigkeit des Merkmals ›Vitalität‹ in der »Normalmatrix« LINK: Anhang,
wie Anm. 5.

34 THEODOR FONTANE: *Stine*. In: UFA Bd. 13. 5. Aufl. 1990, S. 13.

35 Sie tritt an die Stelle der für den ›mittleren‹ Fontane charakteristischen Opposition von
›Norden (= poetisch)‹ vs. ›Süden (= nicht poetisch)‹. Man könnte sagen, Fontanes früheres
›ich bin nicht südlich‹ ist im Alter zu einem ›ich associiere mich Natürlichem‹ geworden,
wobei dann der geographische Raum von ›natürlich sein‹ nicht mehr allein den vorherigen
Raum ›Norden‹ umfaßt.

36 Brief an Georg Friedlaender vom 22.6.1896. In: *Theodor Fontane. Briefe an Georg
Friedlaender,* wie Anm. 1, S. 396.

37 FONTANE, wie Anm. 8, S. 19.

38 FONTANE, wie Anm. 11, S. 225.

39 RUDOLF HELMSTETTER: *Die Geburt des Realismus aus dem Dunst des Familienblattes.
Fontane und die öffentlichkeitsgeschichtlichen Rahmenbedingungen des Poetischen
Realismus*. München 1997, S. 172.

40 Jahnke resümiert Effis Skandinavienbericht mit den Worten: »»Ja, so sind sie; rein germanisch, viel deutscher als die Deutschen«« (FONTANE, wie Anm. 13, S. 217).

41 »Welch Glück, daß wir noch ein außerpreußisches Deutschland haben. Oberammergau,
Bayreuth, München, Weimar – das sind die Plätze, daran man sich freuen kann. Bei
Strammstehn und Finger an der Hosennaht, bei Leist und Wehlan wird mir schlimm. Und

dabei bin ich in der Wolle gefärbter Preuße. Was müssen erst die Andern empfinden!« (Brief an Wilhelm Hertz vom 27.5.1894. In: HFA IV/4, S. 356).

42 Zu Hannover vgl. DIETMAR STORCH: *Theodor Fontane, Hannover und Niedersachsen.* Hildesheim 1981 (= Quellen und Darstellungen zur Geschichte Niedersachsens, Bd. 94).

43 Brief an Karl Bleibtreu vom 4.8.1880. In: HFA IV/3, S. 93.

44 FONTANE, wie Anm. 26.

45 Christian Grawe verdanke ich den Hinweis darauf, daß die literarischen Figuren St. Arnaud, Gordon und Cecile jeweils auch historische Figuren konnotieren, so daß die mit ihnen verbundenen Nationalstereotype auch auf dieser Ebene weitergeführt werden.

46 Für den Privatgelehrten Eginhard Aus dem Grunde vermutet St. Arnaud eine äußerst westliche Herkunft aus »der Kölner Gegend oder aber den Urkantonen« der Schweiz, bevor sich dieser zu seiner polnischen, d. h. östlichen Herkunft bekennt (FONTANE, wie Anm. 26, S. 77).

47 Für die Leser ›post 1870/71‹ konnten die beiden Bismarckschen Kriegsgegner Frankreich und Dänemark dann ein gemeinsames Paradigma bilden.

48 THEODOR FONTANE: *Unwiederbringlich.* In: UFA Bd. 15, S. 107.

49 Ebd., S. 198.

50 Brief an Georg Friedlaender vom 10.2.1888. In: *Theodor Fontane. Briefe an Georg Friedlaender,* wie Anm. 1, S. 122.

51 Brief an Georg Friedlaender vom 27.5.1891. Ebd., S. 202f.

52 Brief an Georg Friedlaender vom 11.9.1886. Ebd., S. 78.

53 Brief an Georg Friedlaender vom 23.6.1891. Ebd., S. 204.

»Die Ordnung der Dinge ist inzwischen durch keine übergeschäftige Hand gestört worden.« Zur Interaktion von National- und Geschlechterstereotypen in Theodor Fontanes *Kriegsgefangen*

GUDRUN LOSTER-SCHNEIDER

In seiner 1992 erschienenen Monographie *Das Vaterland der Feinde* analysierte der Historiker Michael Jeismann die Kontinuität der ideologischen und rhetorischen Arsenale zwischen den Befreiungskriegen, der Rheinkrise, der Revolution von 1848/49 und dem Krieg von 1870/71.[1] Er fokussierte damit zugleich die zunehmende Nationalisierung und Militarisierung des kollektiven Bewußtseins, die seit kurzem auch in das Interesse der historischen Genderforschung und der gendersensiblen Forschung zur Kollektivsymbolik gerückt ist.[2] Zum einen nämlich vollendet sich 1870/71 gerade auf deutscher Seite die schon im Nationaldiskurs der Befreiungskriege angelegte Tendenz, den Begriff der Kulturnation durch den der Volksnation zu ersetzen und das nationale Selbstverständnis so zu ethnisieren. Im Zuge dieser Umstrukturierung werden alte, schon im 18. Jahrhundert lexikalisierte Kataloge[3] von Nationalstereotypen unter Zuhilfenahme basissemantischer Topiken, Binäroppositionen und ihrer kollektivsymbolischen Korrelate systematisch ausdifferenziert: Der deutschen Seite, aufrichtig, gerecht, gründlich, innerlich, schlicht, schwer, sicher, stabil, treu, steht die französische Seite gegenüber: amüsant, äußerlich, eitel, fein, galant, gefällig und geschwätzig, luxuriös, lebhaft, ›luftig‹-leicht und verlogen, leichtlebig und leichtsinnig, mutwillig, tändelnd, stutzerhaft, unruhig. Wirkmächtig werden diese Stereotypenkataloge vor allem dadurch, daß sie zu wesenhaften ›Volkscharakteren‹ umgedeutet und die Einzelmerkmale zu politisch instrumentalisierbaren hierarchischen und asymmetrischen Gegenbegriffen konfiguriert werden, mit einer z. T. deutlich psychohygienischen Funktion: Die im Desaster von 1806/07 beschädigte Identität produziert die kollektive Phantasie von dem einen und unbeschädigten Volkskörper mit Subjektcharakter, indem sie ein nichtidentisches Anderes abspaltet und nach außen projiziert: Er ist bedroht – unter anderem – von einem als massenhaft, ungegliedert, willenlos, als Nicht-Subjekt, imaginierten französischen Gegenüber.[4]

Die historische Semantik von Begriffen wie ›Subjekt‹ oder ›Masse‹ bringt nun aber den zweiten Aspekt in den Blick, mit dem die rhetorischen Strategen und Mythologen im gesamten 19. Jahrhundert die nationale Homogenisierung betreiben: Die Nation wird nicht nur essentialisiert und ethnisiert. Sie wird zugleich sexualisiert, und exakt in dieser Vernetzung mit dem Geschlechterdiskurs und den dabei entstehenden interdiskursiven semantischen Übertragungen liegt die genderwissenschaftliche Attraktivität dieses 1870/71 ›zitierten‹ frankophoben Nationalkonzepts.

Für Fontanes Umgang mit National- und Geschlechterstereotypen sind aus der hierzu aktuell geführten genderwissenschaftlichen Diskussion vor allem vier Ergebnisse relevant: Der militärtechnische Strukturwandel und die damit einhergehende Militarisierung des soziopolitischen Systems bewirken erstens eine maskuline Semantisierung der deutschen Nation: Die wehrhafte Ermannung des deutschen Volkes, die Nation als männlicher Brüderbund von Kriegern, der das Vaterland gegen den französischen Feind, den ›welschen Tand‹ und die ›Hure Frankreich‹ verteidigt, sind seit den Befreiungskriegen feste Bestandteile des in Publizistik und Lyrik massenwirksam installierten Nationalmythos. Die Militarisierung von Staat und Gesellschaft hat zweitens Auswirkung auf die reale und symbolische ›Ordnung der Geschlechter‹, die in dieser Modernisierungskrise zum wichtigen Stabilisierungsfaktor wird: Sie wirkt als Katalysator für die soziopolitische Dissoziation der Geschlechter, so daß Frauen an der politischen Ordnung dieser Nation zwar nicht als mündige staatsbürgerliche Subjekte partizipieren, unter kulturell ›weiblich‹ codierten Vorzeichen an ihr aber dennoch ›patriotisch‹ teilhaben: organisiert in Hunderten von patriotischen Vereinen, als helfende und tröstende Bräute, Gattinnen und Mütter und als Allegorien für die zu verteidigenden Werte. Drittens verstärkt die soziokulturelle Militarisierung die sexuelle Semantik, wie sie von den anthropologischen, pädagogischen und literarischen Diskursen zu dieser Zeit bereits vormodelliert ist: Mit der wehrhaften Männlichkeit korrespondiert nach der Ordnung der Dinge und der Logik distinkter Gegenbegriffe eine pazifike Weiblichkeit. Entscheidend ist zudem viertens, daß auch die Ausdifferenzierung von geschlechtsneutralen und geschlechtsspezifischen Nationaltugenden, etwa von Treue und Opferbereitschaft einerseits sowie von Kraft und Mut vs. Reinheit und Sittlichkeit andererseits, auf einem Paradigmenwechsel beruht: Die Geschlechterdifferenz ist nicht mehr theologisch und ständisch, sondern anthropologisch und ethnisch konzipiert, was wiederum zwei Konsequenzen hat: Zum einen wird der so entstehende potentielle Widerspruch zwischen einem naturhaft-allgemeinen und einem ethnisch-besonderen ›Wesen des Weibes‹ logisch entsorgt durch die Mobilisierung einer alten, vertrauten und moralisch besetzten binären Kategorie: Die Basisdichotomie von Maria/Eva, Heilige/Hure, Mutter/Mätresse, die im 18. Jahrhundert vor allem ständisch distribuiert und für die bürgerliche Adelskritik genutzt wurde, dient nun verstärkt der nationalen Polemik. Auf diese Weise können nicht nur die Nationalcharaktere insgesamt, sondern auch die nationalen Geschlechtscharaktere in Kontrast gesetzt werden: Mit dem deutschen Musterweib, 1834 im *Damen-Conversationslexikon* lexikalisiert,[5] und 1898 (!) im *Bismarck-Frauen-Kalender* endlich von A bis Z durchbuchstabiert, also »anmutig, bescheiden, charaktervoll, demütig, ehrbar, fleißig, gefühlvoll, häuslich, innig, ordnungsliebend, pflichttreu, Qualen stillend, rasch, sparsam, treu, unermüdlich, verschwiegen, wirtschaftlich, xanthippenunähnlich, zuverlässig«,[6] kontrastiert die französische Frau: frivol, herz-, scham- und sittenlos, vergnügungssüchtig, witzig und ›öffentlich‹. Wichtig ist vor allem das letzte, moralisch und politisch konnotierte Stereotyp, das sich im Kontext der öffentlichen Präsenz und der faktisch ›massenhaften‹ politischen Partizipation von Frauen an der Französischen Revolution bildet.[7] Die Dämonisierungs- und Pathologisierungsleistungen eines Campe, Oelsner oder Schiller[8] ›verdunkeln‹ in diesem diskursiven Distinktionsspiel die um 1800 sowieso schon negative Positionierung der sexualisierten Französin und vernetzen sie mit der negativen Seite der Revolutionssymbolik: Revolution, Chaos, Masse, Feuer, Flut, Blut, Wut und Weiblichkeit geraten bis ins

20. Jahrhundert hinein in einen stereotypen und zählebigen Konnotations-zusammenhang.[9]

Zum anderen gewinnt in der Matrix der Nationalstereotype die Kategorie Geschlecht gegenüber anderen Parametern, wie beispielsweise Vitalität oder Fremd-/Selbstkontrolle,[10] zunehmend an Bedeutung. In diesem Zusammenhang wird der französische Nationalcharakter endgültig, wozu er in der diskursiven Position ›sündiger‹ und ›teuflischer‹ ›Erzfeinde‹ semantisch immer schon dispo-niert war: ›weiblich‹ in der eben skizzierten sexualisierten Betonung. Im übrigen korreliert diese diskursive Feminisierung des französischen Nationalcharakters mit der Feminisierung seiner männlichen Repräsentanten – eine Konstellation, die besonders 1870/71 fröhliche Urstände feiert.[11]

Dieser 1870/71 aktivierte Intertext einer ethnisierten und geschlechtssemanti-sierten Feindschaft bildet im folgenden den Verstehensrahmen für Fontanes *Kriegsgefangen*. Ihn anzulegen, bedeutet nicht allein, den Text auf die interdis-kursive Konfiguration von National- und Geschlechterstereotypen hin zu befra-gen. Es bedeutet zugleich, ein selbst schon stereotyp gewordenes positives Rezeptionsurteil über diesen Text kritisch zu überprüfen. Daß die Untersuchung methodisch nicht als ›Zapping‹ im weiten Intertext zeitlich und thematisch signi-fikanter Fontane-Zitate, sondern als Interpretation eines einzelnen Textes durch-geführt wird, basiert auf der texttheoretischen Prämisse, daß die in Literatur gespeicherten soziokulturellen Diskursformationen transcodiert sind nach den Regeln der jeweiligen textspezifischen Diskurse. Im Fall von Fontanes *Kriegs-gefangen* erfordert das vor allem die Berücksichtung der Gattung. Handelt es sich hier doch um ein autobiographisches Egodokument von betont selbsteffektiver Struktur, dessen Kernthematik, die komplexe, in der Extremsituation von Fremd-erfahrung und Lebensgefahr entstandene Angst- und Orientierungskrise,[12] bisher in keinen Erklärungszusammenhang mit seiner gemeinhin hoch geschätzten, widerständig-kritischen Frankophilie gebracht wurde.[13] Demgegenüber wird im folgenden davon ausgegangen, daß der textspezifische Umgang mit dem interdis-kursiven Komplex von National- und Geschlechterstereotypen ein konstitutiver Bestandteil des texteigenen, Motive, Reflexionen und Vertextungsstrategie regu-lierenden Metathemas ist: des ›Gefangenseins‹ in und ›Freiseins‹ von psychisch, kulturell und literarisch generierten Wahrnehmungsschemata. Entscheidend für die Bewertung des Textes ist dabei zum einen, daß er die Dynamik, Dialektik und Funktionalität von Stereotypenbildung, wie sie die moderne Stereotypenfor-schung gerade im Kontext der Kulturapperzeption aktuell diskutiert,[14] bereits reflektiert und ästhetisch gestaltet. Entscheidend für unsere Fragestellung ist zum anderen, daß der autobiographische Schreibakt, den das terrorisierte Ich in der Beruhigungs- und Konsolidierungsphase von Oléron mit einer allerdings riskant geringen Zeitdistanz zwischen der Erlebens- und Reflexionsebene startet,[15] selbsttherapeutische Zwecke hat. Dieser Umstand zwingt das identitätspolitisch interessierte Schreibsubjekt dazu, dem traumatischen Deautomatisierungsprozeß von Orientierungsmustern und Stereotypen entgegenzusteuern. Die Technik dazu liefert eine eingestanden rigid-selektive Erinnerungspolitik. Sie gestattet die Wiederkehr des Traumas im Schreibprozeß nur zensiert. So unterdrückt das Schreib-Ich von Oléron die erinnerte nächtliche Todesangst von Langres mit einem lapidaren »[g]enug davon«,[16] um kurz darauf die Verdrängung zum narrativen Programm umzudeuten und mit der zuweilen grotesk-humoristischen Tonlage des Textes in Verbindung zu setzen: »Ich [...] führe lieber Erlebnisse vor, über die leichter und lachender zu berichten ist.«[17] Und es ist – wie nachfolgend zu zeigen ist – exakt diese selektive und selbsteffektive Erinnerungs- und Vertextungspolitik, die den Charakter des Textes als »Idyll«[18] und seine spezifische Darstellung des Nationalen und des Gender begründet.

Zunächst: Es ist Teil dieser Gesamtkonzeption, daß die Grenze ins andere, fremde Land und hinter die Frontlinie von einem erzählten Ich überschritten wird, dessen Einstellungen und Wahrnehmungen ausdrücklich ›verkehrt gepolt‹ sind: Sie sind negativ, wo sie positiv sein sollten und umgekehrt – aus der kritischen Retrospektive des erzählenden Ichs eine fatale, die Katastrophe provozierende Ausgangssituation. Denn obgleich schon der erste Franzose, Monsieur Jacques, sich anders herausstellt, als stereotyp erwartet, nämlich hünenhaft, stark, gutmütig, verläßlich und ›gut Freund‹,[19] bewaffnet sich das Ich angesichts des chauffierenden »Blaukittels« und in Erwartung krimineller »mauvais sujets« und »Effronterien« mit »Verdacht«, »Mißtrauen« und dem kompromittierenden Revolver. Nicht nur im Hinblick auf den »Blaukittel« und die damit evozierten Erinnerungen an revolutionäre ›Blauhemden‹ und »Blusenmänner« »täusch[en] [aber] alle diese Zeichen«:[20] Sogar der Gegner in Potenz, ein französischer Franctireur, ist »frisch, patriotisch, bescheiden«, teilnehmend, plaudert und raucht.[21]

Diese früh gemachte Differenzerfahrung zwischen Stereotyp, Realitätserwartung und Realität zwingt dem Ich die kritische Reflexion auf seine subjektive und ästhetisch-literarisch generierte Wahrnehmungsstruktur[22] und auf die Problematik nationaler Stereotype ab:

»Die Engländer haben ein Schul- und Kinderbuch, das den Titel führt: ›Peter Parley's Reise um die Welt, oder was zu wissen not tut‹. Gleich im ersten Kapitel werden die europäischen Nationen im Lapidarstil charakterisiert. [...] Wie oft habe ich über Peter Parley gelacht. Im Grunde genommen stehen wir aber allen fremden Nationen gegenüber mehr oder weniger auf dem Peter-Parley-Standpunkt; es sind immer nur ein, zwei Dinge, die uns, wenn wir den Namen eines fremden Volkes hören, sofort entgegentreten: ein langer Zopf, oder Schlitzaugen, oder ein Nasenring.«[23]

Was »uns« unter dem Namen ›Frankreich‹ entgegentritt, bleibt in diesem Stadium der Demontage alter und allgemeiner Klischees vorerst wohlweislich eine Leerstelle: Erst später, insbesondere im Schlußkapitel der 1. Abteilung, erscheint der positiv revidierte und texteigene Merkmalskatalog des französischen Volkscharakters.[24] Er ist die Quintessenz und Abstraktion aus positiven persönlichen Erfahrungen und Eindrücken des inhaftierten Ichs in Besançon. Unter den »Vorzügen« des französischen Nationalcharakters erscheinen Identitätsmerkmale, welche die Franzosen individuell und privat charakterisieren: »[S]ie waren alle verbindlich, rücksichtsvoll, zuvorkommend, dankbar [...], nie beleidigt [...], vor allem ohne Schabernack und ohne Neid«, gebildet, voller »Gutmütigkeit, leichte[n] Sinn[s] und heiterer Laune«, »voll lebhaften patriotischen Gefühls« aber ohne »national[e] Gereiztheit«. Als ›typische‹ französische »Schwächen« erscheinen neben Eitelkeit und Renommiersucht vor allem die Merkmale der ›öffentlichen‹ Franzosen, mit denen sie als Staatsbürger und Träger eines Kollektivs zugleich das politische und soziokulturelle Ganze infizieren: ›zerfahren‹ und ›verfallend‹, ohne »feste[n], schöne[n] Glaube[n]«, »[a]lles einzelne sich selber Zweck, nie im Dienst einer Idee, nie im Dienst des Ganzen«, materialistisch, skeptisch, zynisch, und äußerlich-oberflächlich, selbst in der Vaterlandsliebe »[l]osgelöst von allem Tieferen«, und in der Nähe zum »Hohlen, einer schillernden Seifenblase, eine[m] Nichts«. Wichtig an diesem Katalog ist allerdings nicht nur sein Inhalt, sondern seine Funktion im narrativen Diskurs: Da nämlich dieser Kommentar dem zu Erzählenden textchronologisch vorangestellt ist, fungiert dieser neue Katalog bis in identische Einzelformulierungen hinein wiederum selbst als textspezifisches Stereotypereservoir für die nachfolgend modellierten französischen Individualcharaktere.[25] Er dokumentiert so, trotz aller neu gewonnenen Skepsis des erzählenden Ichs, zugleich seinen Glauben an die Unvermeidlichkeit und existentielle Notwendigkeit wahrnehmungs- und handlungsleitender Muster.

In Verbindung mit dem einleitend aufgespannten Intertext von National- und Geschlechterstereotypen macht dieser Katalog zweierlei deutlich: Erstens verzichtet Fontane keineswegs auf die tradierten kollektivsymbolischen Stereotypenarsenale: In einer Zeit, in der Kollege Victor Hugo vom Ballon aus Friedensappelle in Umlauf bringt,[26] läßt auch Fontane Vertrautes in befriedender Absicht zirkulieren – von höflich, heiter, über leicht-luftig bis hin zu hohl-seifenblasig und zersprengt-zerfahren sind alle bekannten Attribute vertreten. Die gleichwohl intendierte provokativ-kritische ›Retuschierung des Gesamtbildes ins Helle‹[27] erreicht er, indem er die positiv konnotierten Merkmale betont (›höflich‹), die negativen ausläßt oder positiv umwertet (aus ›Leichtsinn‹ wird ›leichter Sinn‹) oder indem er sie historisiert und so als korrigier- und kurierbar behandelt (›tiefster Verfall‹).

Deutlich wird zweitens, daß diese ›Retuschierung des Gegners ins Helle‹ die traditionell angelegte sexuelle Konnotierung des deutsch-französischen Gegensatzes voll nutzt und ausschreibt: Dieser französische Gegner ist in dem langen Aufmarsch seiner männlichen Repräsentanten stereotyp ›weiblich‹ inszeniert, was ihn gelegentlich ›ridikülisiert‹, immer jedoch humanisiert und pazifiziert: quecksilbrig, geschäftig und plapprig, wie der kleine Monsieur Bourgaut in Langres, ›allerliebst‹ und ›anhänglich‹, wie der Pariser Charbault, narzißtisch und modisch ›geputzt‹ vom Gürtel bis zur gallischen Hahnenfeder, wie die 500 Soldaten in

Auxonne, mit Neigung zu »wirre[m] Durcheinander«, Kategorienverwirrung und nervöser Verwirrtheit,[28] in Summe aber auch fein, freundlich, vermittelnd, verbindlich, versöhnlich, rücksichtsvoll und fürsorglich.[29] Insbesondere das männliche Bewachungspersonal, mit seinem z. T. deutlich markierten Reminiszensen[30] an die bekanntermaßen stark ›weiblich‹ strukturierte Vaterimago Fontanes,[31] ist semantisch eher auf der mütterlich-behütenden und beschützenden Seite verortet.[32]

Wenn nun aber die Verharmlosung und Positivierung des ›Erzfeindes‹ über seine Feminisierung verläuft, stellt sich die Frage nach den genderspezifischen Differenzkonzepten des Textes bzw. nach drei nun durchaus gefährdeten diskursiven Frontlinien: Erstens geht es um die Unterscheidung zwischen den Französinnen und ihren feminisierten Männern, zweitens zwischen den Französinnen und ihren deutschen Geschlechtsgenossinnen und drittens zwischen der femininen französischen und der maskulinen deutschen Nation.

Zunächst: Keine Französin in diesem Text trägt das nationalstereotype Stigma ludistisch-unernster und infantiler Weiblichkeit. Wo es wiederkehrt, ist es das Merkmal eines zwar weiblichen, aber vor allem jungen und ›englisch‹ wirkenden Kätzchens namens Blanche.[33] Dieses kindlich-unbefangene, »schelmisch[e]«, »Spielzeug«, die »feine Reine, schlanke Kleine«, die ›summende‹ und ›spinnende‹ Bettgefährtin, teilt mit den französischen nur die »Grazie« und mit ihren menschlichen Geschlechtsgenossinnen allgemein die ›Helle‹, die sie und ihre Vorgängerin im Text, Miß/Mimi, semantisch und phonetisch im Namen haben.

Hinsichtlich der stereotypen Konvention bedeuten diese Distribution und Verschiebung vor allem auch die selbst- und leserkritische Arbeit am Negativstereotyp der sexuell aktiven, erotomanen Nachbarinnen. Diese Intention zeigt sich bereits in der Exposition, bei der ersten Begegnung des erzählten Ichs mit einer Französin: Madame Grosjean empfängt ihren deutschen Besucher im »großen Himmelbette« nicht, weil sie ›lüstern‹ wäre, sondern weil sie »krank, abgezehrt« und von nervöser Konstitution ist.[34] In Anbetracht ihrer gleichwohl gezeigten Hilfsbereitschaft fungiert sie so nicht als Präfiguration einer langen Reihe von Verführerinnen, sondern von schwesterlich-mütterlichen, ›nährenden‹ Helfer- und Trösterfiguren. Wichtiger noch als die Technik, die Desexualisierung ›der französischen Frau‹ über Alter und Krankheit, das heißt, über die Koppelung mit einem allgemein-menschlichen Vitalitätsaspekt zu betreiben, ist die Technik, die sexuelle Aggressivität der Französin als männliche Projektion auszustellen oder sie reaktiv an männliches Verhalten rückzubinden:[35] So steht der Kriegshäftling, zum sonntäglichen Taubenbraten bei der Wärterfamilie Bourgaut geladen, zwar sehr deutlich im amourösen Interesse der Tante. Wie aber die bedrohliche Situation insgesamt, hat das erzählte Ich auch dieses drohende »Unheil« selbst provoziert und die unverheiratete Dame durch zweideutige Reden zu diesem Interesse ›verführt‹.[36] Gleiches wie für die sexuelle gilt auch für die gewaltförmige Variante weiblicher Aggression: Über alle regionalen, sozialen und altersspezifischen Differenzen hinweg repräsentieren die Französinnen das national und sexuell gedoppelte ›unheimliche‹ und bedrohliche Andere in seinem freundlichen, friedlichen, hellen, harmlosen und ›anheimelnd-deutschen‹ Aspekt.

Nun bedarf es aber nicht einmal des textexternen Umwegs über Fontanes *Kinderjahre* und *Von Zwanzig bis Dreißig* mit ihrer dichotomischen und national-stereotyp kurzgeschlossenen Mutter- bzw. Emilienimago,[37] um auch in *Kriegsge-fangen* die Suche nach der ›abruzzenhaften‹, romanisch-romantisch-dunklen, wilden, aggressiven und unheimlichen Seite des Weiblichen zu motivieren. ›Spukt‹ doch das intertextuelle Gespenst von Schillers *Glocke* lange genug unter-schwellig durch die Wahrnehmung des traumatisierten Ichs,[38] bevor es schließlich als »Visitenkarte« zwischen »brillante[n]«, »chevaléreske[n]« Männern »der höhern Ordnung«[39] ausgesprochen wird und sich in Form einer Fremdperspektive auch offiziellen Zutritt in den Text verschafft:

»Als ich ihn [Genzel] das erste Mal bei mir sah, […] erzählte er nur, wie er gefangen nach Orleans hineingeschleppt worden sei. ›Man warf mit Steinen, man spie vor mir aus, und Damen, nicht Weiber, stürzten auf mich los und hielten ihre kleinen weißen Fäuste mir drohend ins Gesicht. […] in mir dacht' ich unwillkür-lich an unsern unsterblichen Schiller und sprach halblaut vor mich hin: ‚[D]a wer-den Weiber zu Hyänen'.‹«[40]

Aber es ist für die auktoriale Sinnintention des Textes eben signifikant, daß die zitierte Fremdperspektive und die ihr eigene Affirmation des stereotypen Inter-textes von der Eigenperspektive des erzählenden Ichs nicht bestätigt wird. Das autobiographische Ich wird, anders als sein bildungsbeflissener ›schillernder‹ Kamerad, nicht von enragierten Weibern und Damen terrorisiert.[41] In seinem Fall ist vielmehr die negative Semantik des ›Weiblichen‹ von den ›Weibern‹, der Symbolisand vom Symbolisat, abgekoppelt: Wie das Infantil-Weibliche von der französischen Frau auf die Katze, ist das Dämonisch-Weibliche auf die ›tieflie-genden, schwarzen Augen‹ der Männer, rote, unanständig gestikulierende Papier-teufelchen oder menschliche und tierische Massen verschoben: auf »höllische[s] Getier«, »Ratten«, zischende »tobende Menschenhaufen«, »Hafenvolk«, schrei-enden, kreischenden »Pöbel«, »rote Populace«.[42]

Diese ganze Konstruktion ist zunächst in politischer Hinsicht interessant. Die konservierte, aber ins Liebenswert-, Pazifik-Unbedrohliche korrigierte Feminität des französischen Gegners evoziert im diskursiven Zusammenspiel mit dem ›männlichen‹ Vaterland die Konfiguration des »Paars«.[43] Mit Hilfe dieser sexuel-len Metapher bewirbt der Text auch auf internationaler Ebene ein politisches Ver-söhnungskonzept, das er für die intranationale Ebene plakativ entwirft: Explizit verkörpern die deutschen Mitgefangenen, die den Gefangenen von Oléron zumeist ›paarweise‹ besuchen, die sexuell konnotierten ›Stammesgegensätze‹ – etwa das »Breite, Männliche« der stattlichen Rheinfranken mit dem ›Heiteren‹, ›Liebens-würdigen‹, ›Entzückend-Naiven‹ und ›Blonden‹ der Bayern[44] – und versöhnen sie ›liebend‹ zu einem gewissermaßen androgynen deutschen Volkscharakter aus »Kraft« und »Güte«.[45]

Dieses politische Konzept und seine dem erotischen Diskurs entlehnte Symbolsprache machen nun aber die ganze Konstruktion auch genderpolitisch brisant: Funktioniert doch die hier propagierte innen- und außenpolitische Versöhnung nur unter Aufrechterhaltung der stereotypen Geschlechtersemantik von »Kraft« und »Güte« und der bürgerlich-konservativen Geschlechterordnung, der sie angehört. Um den Mythos vom nationalen französischen Erzfeind zu destruieren, rekonstruiert der Text einen anderen Mythos, den klassisch-idealistischen Mythos vom ›hellen‹ und disziplinierten Weiblichen. Der Text verfolgt damit seine politische Intention mit einer ›Strategie‹, die abschließend und gerade aus einer gendersensiblen Analyseperspektive heraus die Frage nach seiner selbstaufklärerischen und mythenkritischen Qualität provoziert.

Im politischen Bereich ist diese mythenkritische Qualität zweifellos, weil manifest vorhanden: Sie läßt sich zum ersten belegen an dem expliziten und selbstironischen Metadiskurs des Erzählsubjekts über die eigene Neigung zu Generalisierungen und Stereotypisierungen:

»[N]ie hab' ich in Völkerpsychologie und vergleichender Stamm- und Racenforschung so geschwelgt, als an meinem Kamine in Oléron. Wenn ich dann über die Weltherrschafts-Qualität der germanischen Race [...] meine freien Vorträge gehalten und der Graf (darin ganz Graf) mit völligster Ungeniertheit sich ausgegähnt hatte, zogen sich gegen acht die beiden Herren zurück«.[46]

Dieses explizite Bewußtsein deckt nun allerdings nur den politischen Bereich der Nationalstereotype ab. Wichtiger, weil auch auf den Gender-Kontext übertragbar, ist deshalb das mythenkritische Potential, wie es sich implizit aus der bereits oben erwähnten psychohygienischen Wahrnehmungs- und Erinnerungspolitik des Textes ergibt: Dieses von Real- und Imaginärängsten terrorisierte Text-Ich verdrängt nicht nur die politisch konnotierte Todesdrohung. Es kann sich auch die oft zitierte Vorliebe seines Autors für das starke und dunkle, ›infernal angeflogene Weibliche‹ und die ›Frau mit ein wenig Deibel im Leib‹ nicht leisten.[47] So gesehen, war schon die fatale, von Schiller inspirierte Reise ›hinter die sichere Frontlinie‹, ins ›alte romantische Land‹ der Jeanne d'Arc buchstäblich und ›sträflich‹ riskant: Symbolisiert doch selbst die Schillersche Version des Jeanne-d'Arc-Mythos für Fontane nicht nur das »Hohe, das Große, das Ideale« und »Heilige«, sondern Heroik, »Kraft und Blitz«, »Feuer«, und den dunklen »Dämonismus, der, was nicht gehorchen will, zum Gehorsam zwingt«.[48] Mehr noch: Auch die solcherart als beschwichtigend-therapeutisches Konstrukt entlarvte unaggressive, asexuelle Weiblichkeit,[49] die ›schöne Seele‹, die der Gefangene in den »großen, klugen Augen« vieler Französinnen entdeckt,[50] enthüllt sich zugleich als psychische Projektion: Diese Augen sind die Wiederkehr der »großen klugen Augen meines Lieblings«, die das Subjekt zur Wiedergewinnung seines Gleichgewichts und seiner poetischen Potenz ebenso benötigt wie Kaminfeuer, Wolldecken, Schaukelstuhl und den Traum von lieben, freundlichen Gesichtern.[51]

Die gesamte grenzüberschreitende ›schöne‹ Weiblichkeit gehört somit zur ironisch ausgestellten Ordnungs- und Glückserwartung eines ›klassisch‹ sozialisier-
ten männlichen Ichs, welches sich zu Beginn der Krise selbst als ›weiblich‹-
schwach apostrophiert[52] und welches sich das Happy-ending als Restitution von
Friede, Freiheit und männlicher Hausherrenschaft phantasiert.[53]

Und schließlich ergibt sich die selbstaufklärerische Qualität des Textes in
Sachen Genderkonstruktion durch die diskursive Positionalität des Weiblichen als
Anderem. Oder salopper formuliert: Gerade die aus der preußisch-deutschen,
›männlichen‹ Definitionsperspektive erfolgende Codierung aller ›anderen‹ als
›weiblich‹ und der solcherart drohende semantische ›Gendertrouble‹, etwa zwischen dem Ich, den Franzosen, den Französinnen, den Bayern und den Katzen,
zwingt zu internen Binnendifferenzierungen, die den Wahrheitsanspruch der
erzielten Definitionen ad absurdum führen: Sind doch, genau besehen, die helfen-
den, tröstenden, mütterlich-einfühlsamen und lebensklugen Französinnen ›deutscher‹ als die ›blonden‹ bayrischen Männer, deren ›entzückende‹ Naivität jenseits
des Rheins wiederum nur dem Kätzchen Blanche auf den Leib geschrieben ist.
Und spielt sich diese Sabotage der bürgerlichen Geschlechtersemantik auch lediglich ›im Rücken‹ von erzähltem und erzählendem Ich ab, zeichnet sich der Text
damit aber dennoch insgesamt durch eine Struktur aus, die auch seine konservative Geschlechterkonstruktion vor der Kritik bewahrt, wie sie der ›Herr Leutnant‹
an den Aufräumkünsten seines Burschen Rasumofsky übt: »Die Ordnung der
Dinge ist inzwischen durch keine übergeschäftige Hand gestört worden.«[54]

Anmerkungen

1 MICHAEL JEISMANN: *Das Vaterland der Feinde. Studien zum nationalen Feindbegriff und
Selbstverständnis in Deutschland und Frankreich 1792–1918.* Stuttgart 1992, S. 161.

2 Vgl. folgende Titel in Auswahl: UTE FREVERT: *»Mann und Weib, und Weib und Mann«.
Geschlechterdifferenzen in der Moderne.* München 1992; KAREN HAGEMANN: *»Heran,
heran, zu Sieg oder Tod!« Entwürfe patriotisch-wehrhafter Männlichkeit in der Zeit der
Befreiungskriege.* In: *Männergeschichte – Geschlechtergeschichte: Männlichkeit im Wandel
der Moderne.* Hrsg. v. THOMAS KÜHNE. Frankfurt/M. u. a. 1996, S. 51–68; DIES.:
*Heldenmütter, Kriegerbräute und Amazonen. Entwürfe ›patriotischer‹ Weiblichkeit zur Zeit
der Freiheitskriege.* In: *Militär und Gesellschaft.* Hrsg. v. UTE FREVERT. Stuttgart 1997,
S. 174–200; CAROLA LIPP: *Liebe, Krieg und Revolution. Geschlechterbeziehung und
Nationalismus.* In: *»Schimpfende Weiber und patriotische Jungfrauen«. Frauen im Vormärz
und in der Revolution von 1848/49.* Hrsg. v. DERS. Baden-Baden 1986, S. 353–385;
MECHTHILD RUMPF: *Staatsgewalt, Nationalismus und Geschlechterverhältnis.* In:
Frauen und Nation. HRSG. V. FRAUEN UND GESCHICHTE BADEN-WÜRTTEMBERG.
Tübingen 1996, S. 12–29; CHARLOTTE TACKE: *Nation und Geschlechtscharaktere.* Ebd.,
S. 35–48. Zur Kollektivsymbolik vgl.: FRANK BECKER, UTE GERHARD und JÜRGEN LINK:
Moderne Kollektivsymbolik. In: *IASL* 22 (1997), S. 70–154, bes. S. 93f.; UTE GERHARD:

»Die Masse als Weib«. Kollektivsymbolische Verfahren als Strategien des politischen und literarischen Diskurses im 19. Jh. In: *Frauen, Literatur, Politik.* Hrsg. v. ANNEGRETH PELZ u. a. Hamburg 1988, S. 145–153; UTE GERHARD und JÜRGEN LINK: *Zum Anteil der Kollektivsymbolik an den Nationalstereotypen.* In: *Nationale Mythen und kollektive Symbole in der zweiten Hälfte des 19. Jh.* Hrsg. v. JÜRGEN LINK und WULF WÜLFING. Stuttgart 1991, S. 61–52; MICHAEL JEISMANN: *Was bedeuten Stereotypen für nationale Identität und politisches Handeln?* Ebd., S. 84–93, bes. S. 84f. und S. 93.

3 Zur älteren Tradition vgl. u. a. FRANZ BOSBACH: *Der französische Erbfeind. Zu einem deutschen Feindbild im Zeitalter Ludwigs XIV.* In: *Feindbilder.* Hrsg. v. FRANZ BOSBACH. Köln u. a. 1992, S. 117–141; HANS-WOLF JÄGER: *Zum Frankreichbild deutscher Reisender im 18. Jh.* In: *Aufklärungen.* Hrsg. v. GERHARD SAUDER und JOCHEN SCHLOBACH. Heidelberg 1986, Bd. 1, S. 203–219.

4 BECKER/GERHARD/LINK, wie Anm. 2, S. 101f.; GERHARD/LINK, wie Anm. 2, S. 28.

5 *Damen-Conversationslexikon.* Hrsg. v. CARL HERLOSSOHN. 10 Bde. Leipzig 1834–1838 (Mikrorepr. Erlangen 1993).

6 [ANONYM]: *Das alphabetische Musterweib.* In: *Bismarck-Frauenkalender für 1898,* S. 89, zit. nach: KARIN BRUNS: *Das moderne Kriegsweib.* In: *Frauen, Literatur, Politik.* Hrsg. v. ANNEGRETH PELZ u. a. Hamburg 1988, S. 132–144, hier: S. 134.

7 Vgl. URSULA GEITNER: *»Die eigentlichen Enragées ihres Geschlechts«. Aufklärung, Französische Revolution und Weiblichkeit.* In: *Grenzgängerinnen.* Hrsg. v. HELGA GRUBITZSCH. Düsseldorf 1985, S. 185–220.

8 JOHANN HEINRICH CAMPE: *Briefe aus Paris zur Zeit der Revolution geschrieben.* Braunschweig 1790 (Repr. Hildesheim 1977), S. 186ff.; KONRAD ENGELBERT OELSNER: *Luzifer oder gereinigte Beiträge zur Geschichte der Revolution.* Auswahl. Hrsg. v. WERNER GREILING. Frankfurt/M. 1988, pass.; FRIEDRICH SCHILLER: *Das Lied von der Glocke.* In: DERS.: *Sämtliche Werke.* Hrsg. v. GERHARD FRICKE und HERBERT G. GÖPFERT. München 1959, Bd. 1, S. 429–441, hier: S. 439.

9 ARTHUR BREHMER: *Der Weg der Frau.* In: *Die Frau im Jahrhundert der Energie 1813–1913.* Berlin 1913, S. 4, zit. nach: BRUNS, wie Anm. 6, S. 137.

10 Vgl. JÜRGEN LINK: *Der ›Nationalcharakter‹ als innere Grenze.* In: *Über Grenzen. Jb. f. Literatur und Politik in Deutschland* 2 (1995), S. 61-81.

11 Vgl. MICHAEL JEISMANN: *Staatenkrieg und Volksinstinkt. Deutschland in der französischen Wahrnehmung 1870/71.* In: *Marianne und Germania 1789–1889.* Hrsg. v. MARIE-LUISE V. PLESSEN. Berlin 1997, S. 405–411, hier: S. 408.

12 Vgl. LOTHAR KÖHN: *Zwei Zivilisten im Krieg.* In: *Literatur und politische Aktualität.* Hrsg. v. ELRUD IBSCH und FERDINAND V. INGEN. Amsterdam 1993, S. 145-186; ILSE TIPPKÖTTER: *Theodor Fontane. »Kriegsgefangen«. Über die Wahrnehmung des Fremden.* In: *DD* 144 (1995), S. 264–275.

13 Andere Erklärungsansätze bieten z. B. HERMANN FRICKE: *Theodor Fontanes Kriegsgefangenschaft 1870.* In: *Der Bär von Berlin* 5,5 (1955), S. 53–73; E. F. GEORGE: *Fontanes »Kriegsgefangen«.* In: *Studia neophilologica* 55,2 (1983), S. 181–186; DIETER BÄNSCH: *Preußens und Dreyßens Gloria. Zu Fontanes Kriegsbüchern.* In: *Text und Kritik.*

Sonderband Theodor Fontane. München 1989, S. 30–54; Pierre-Paul Sagave: *Ein Berliner Kriegskorrespondent in Frankreich: Fontane 1870/71.* In: Ders.: *Berlin und Frankreich 1685-1871.* Berlin 1997, S. 219–241 und S. 26–269.

14 Nabil Kassem: *Stereotype und Stereotypenbildung als interkulturelle Dauerherausforderung.* In: *Kairoer Germanistische Studien* 7 (1993/94), S. 145–186.

15 Nach Fricke, wie Anm. 13, S. 59ff., konnte Fontane in Oléron den Text bis zum 3. Kapitel des III. Buches abschließen, das heißt auch die besonders angstbesetzten Phasen in Neufchateau, Langres und Lyon. Die Krisenhaftigkeit des Erinnerns zeigt sich dabei in der dichten Metaphorik des Unheimlichen, mit der das autobiographische Ich den Schreibort Oléron inszeniert, und in einem lyrisch verarbeiteten Traum. Vgl. Theodor Fontane: *Gedichte.* Hrsg. v. Joachim Krueger und Anita Golz. 3 Bde. Berlin und Weimar 1989, Bd. 2, S. 453.

16 Theodor Fontane: *Kriegsgefangen. Erlebtes 1870.* In: HFA III/4. 1973, S. 560.

17 Ebd., S. 572.

18 Fontane an Rudolf v. Decker am 13.12.1870. In: HFA IV/2. 1979, S. 364.

19 Fontane, wie Anm. 16, S. 544.

20 Ebd., S. 544f.

21 Ebd., S. 550.

22 Ebd., S. 598 und S. 565.

23 Ebd., S. 550.

24 Ebd., S. 582f.

25 Ebd., S. 576, 593, 623 und 667.

26 Vgl. Marie Luise v. Plessen: *1870/71.* In: Dies., wie Anm. 11, S. 426.

27 Vgl. Fontanes explizite Kritik am negativen Frankreichbild der preußisch-deutschen Öffentlichkeit. In: Fontane, wie Anm. 16, S. 583.

28 Ebd., S. 557, 612, 567, 571 und 588f.

29 Ebd., S. 576, 594, 612, 616ff., 623 und 637.

30 Die Wiederkehr der ›hellen‹ Seite der ambivalenten Vaterimago ist physiognomisch markiert über die vielen schönen ›Blaubärte‹ und einen expliziten Kommentar. Ebd., S. 552.

31 Vgl. insb. Claudia Liebrand: *Das Ich und die Andern. Fontanes Figuren und ihre Selbstbilder.* Freiburg 1990, S. 30–38.

32 Fontane, wie Anm. 16, S. 567, 686 und 592.

33 Ebd., S. 630f.

34 Ebd., S. 574. Fontane spielt hier mit einem Motiv, wie es stereotyp nicht nur im *Simplicissimus Teutsch,* sondern auch in Literatur deutscher Frankreich- und Parisreisender zu finden ist. Vgl. Jäger, wie Anm. 3, S. 203ff.

35 Fontane, wie Anm. 16, S. 574, 605 und 621.

36 Ebd., S. 564.

37 Vgl. exemplarisch THEODOR FONTANE: *Von Zwanzig bis Dreißig.* In: HFA III/4. 1973,
     S. 474. Gleiches gilt für die frühen Prosatexte, etwa *Tuch und Locke, Sidonie von Borcke*
     oder *Ellernklipp,* die schon Frei zufolge den Mythos vom Dämonisch-Weiblichen bearbei-
     ten. NORBERT FREI: *Theodor Fontane. Die Frau als Paradigma des Humanen.*
     Königstein/Ts. 1980, S. 93ff.

38 FONTANE, wie Anm. 16, S. 594.

39 Ebd., S. 639f.

40 Ebd., S. 639f.

41 Einzige Ausnahme ist der Transport durch Gueret (ebd., S. 605). Das Bedrohliche wird hier
     jedoch sofort verharmlost: »Macbeth-Aufführung«, »Volksbelustigung«.

42 Ebd., S. 557, 575, 624, 554, 599, 595, 584 und 680.

43 Zu dieser Metapher vgl. LIPP, wie Anm. 2, S. 359.

44 FONTANE, wie Anm. 16, S. 636f.

45 Ebd., S. 640f.

46 Ebd., S. 637.

47 Vgl. FREI, wie Anm. 37, S. 93ff. u. 133f.

48 Vgl. FONTANES Theaterrezensionen zu Schillers *Jungfrau von Orléans.* In: HFA III/2. 1969,
     S. 428–468 pass.

49 FONTANE, wie Anm. 16, S. 593. Den Zwangscharakter dieser diszipliniert-hellen, therapeu-
     tischen Weiblichkeit enthüllen besser noch als der Text selbst zwei Briefe Fontanes an
     Emilie Fontane vom 27.10. und 18.10.1870. In: HFA IV/2. 1979, 348 und 341: »Ich bitte
     Dich mir einige Worte zu schreiben, aber sanft und ruhig, nicht in Leidenschaft.«

50 FONTANE, wie Anm. 16, S. 621.

51 Ebd., S. 660.

52 Vgl. den Kommentar zur ›Männlichkeit‹ von Augenduellen, ebd., S. 551.

53 Ebd., S. 674.

54 Ebd., S. 629.

»… und das Lachen verging mir.«
Theodor Fontane und der Nationalismus

HUGO AUST

Tick, tick, / Tausend Jahre sind ein Augenblick!«[1] Das Motto des Potsdamer Fontane-Symposiums weckt im Rahmen des Nationalismus-Themas einen Schwarm von Assoziationen, der nicht nur himmlisch fern um Odins »Welten-Esche« kreist, sondern die irdische Welt recht gern und immer wieder aufsucht: Das »Tick, tick« steht dann nicht nur für die Dauer einer »Nachtwache«,[2] sondern macht den Mechanismus der Zeitbombe hörbar, die sich – fast möchte man sagen – automatisch dort einschaltet, wo die Stunde des Nationalismus zu schlagen beginnt. Die »Tausend Jahre« zählen nicht nach dem Maß des »HERRN«,[3] sondern nach dem Wahn jener Herren, die wenig später am »Eindruck […] genesen: Es ist alles so, wie's einst gewesen, Vater Wotan freue dich doch, / Die Hermunduren leben noch.«[4] Und ob dieser Stamm wirklich auch nach einem »Augenblick« noch leben wird, hängt von der »Zukunfft« jenes Tages ab, »Jn welchem die Himel zergehen werden / mit grossem krachen […] Vnd die Erde vnd die werck die drinnen sind« verbrennen.[5]

Ob Fontane ein ›prophetischer‹ Dichter war in der Art, wie man es an Nestroy, Kafka, G. Hauptmann und Th. Mann zu ermitteln suchte,[6] mag fraglich sein und von der Definition des Prophetischen abhängen. ›Divinatorische‹ Verschreibungen, wie sie Nestroy unterlaufen, wenn er seinen Häuptling Abendwind den zivilisatorischen Fortschritt als »nazinale« Errungenschaft kommentieren läßt, findet man bei Fontane vielleicht nicht, und dennoch rumort es auch in seinem Wortlaut aus vielerlei Gründen und nach manchen Richtungen.[7]

Fontanes Verhältnis zum Nationalismus kommt bei unterschiedlichen Gelegenheiten und auf verschiedenen Ebenen zum Ausdruck: auf persönlicher, geschichtlicher, gegenständlicher, textlicher und struktureller. Das Persönliche spielt sich in Begegnungen und Gesprächen ab, z. B. mit dem Völkerpsychologen Moritz Lazarus oder dem Historiker Heinrich von Treitschke, dem er nachrühmte, »uns aus der Zeit der verkauften 10.000 Landeskinder *mit*erlöst und eine deutsche Nation hergestellt zu haben«[8] oder dem englischen Arzt James Morris, dem Fontane versicherte, daß die »fünfzig Millionen Deutsche«, seitdem sie sich nicht mehr ›untereinander auffressen‹, »dieselben *nationalen* Ansprüche erheben« können wie andere Nationen.[9] Das Historische betrifft die zeitgenössische Teilhabe an den Jahrhundertereignissen Revolution, Einigungskriege, Reichsgründung, Balkankrise, Kolonialismus und allen darauf bezogenen feierlichen Folge-Maßnahmen. Damit ist schon das Gegenständliche in seiner symbolischen Form angesprochen, das in den Monumenten als verdinglichtes Selbstbewußtsein und den Terminen als kalendarisch betonter Demonstration begegnet.[10] Zu solchen rituellen Mustern und ihren Ergebnissen gehören eigentlich auch die Texte, ihrerseits nicht minder Monument und Demonstration, die das Nationale als schriftliches Denkmal berufen oder bannen. Und wie ein Leitmotiv durchdringt alle Ebenen die Struktur des stereotypen Sehens, Redens, Denkens und Handelns.

Läßt sich ›Nationalismus‹ in Kürze und für Fontane fruchtbringend definieren? Die Vorgabe des Sektionsthemas »Das Fremde und das Eigene« aufgreifend, könnte ›Nationalismus‹ der »Wille« sein,[11] sich in Momenten der Orientierungskrise als Gruppe Gleichartiger zu zeigen und durch die Ausgrenzung einer anderen Gruppe als Fremdartige zu beweisen, daß man selbst das Eigene und Eigentliche rechtens, kompetent und schon seit langem hier behauptet. Die nicht nur sozialen, institutionellen und kulturellen, sondern vor allem auch staatlich-territorialen Implikationen rücken den Begriff in die Nähe des Patriotismus, der aber, eigentlich bis in den gegenwärtigen Sprachgebrauch, eine andere Bedeutungsnuance besitzt. *Archibald Douglas* mag eine patriotische Ballade sein, aber keine nationale; und ihr Patriotismus ermißt sich auch nicht allein am Grad der Heimatliebe, sondern an den Erfahrungen mit feudalen Fehden und dem bürgerlichen Alltag im Exil. Ähnliches mag vom Bild des vaterländischen Schriftstellers oder von den ›vaterländischen‹ Romanen *Vor dem Sturm* und *Der Stechlin* gelten.[12] Welche weitere Definitionsschärfe man braucht, um Fontanes Verhältnis zum nationalen Fühlen seiner Zeit zu ermitteln, mag fraglich bleiben. Der Weg, die Nationalitätenfrage mit den »Hülfskonstruktionen« der Stereotype zu beantworten, war Fontane als »Peter-Parley-Standpunkt« vertraut. Gemeint ist damit ein Kinderbuch, das wie eine Fibel den Erwerb des nationalen Alphabets mit Hilfe des ›Naturlautverfahrens‹ vermittelt. Fontane hat dieses Lehrbuch in einem Augenblick der Todesangst aufgeschlagen, die bekanntlich nicht unbedingt die gelassenste Lesehaltung hervorruft, für das Entstehen eines Nationalgefühls aber ein recht fruchtbarer Boden ist. Unter Spionageverdacht »zu ›Füßen der Jungfrau‹ verhaftet«, wohin ihn seine romantische Neugier trieb, schien sein weiteres Los besiegelt zu sein, zumal ihm als nächster Souspräfekt, dem er vorgeführt werden soll, »Mr. Cialandri, ein *Korse*«, genannt wurde.

»Ich kann nicht sagen, daß mir bei diesem Zusatz besonders wohl geworden wäre. Ein Korse! Die Engländer haben ein Schul- und Kinderbuch, das den Titel führt: ›Peter Parley's Reise um die Welt, oder was zu wissen not tut‹. Gleich im ersten Kapitel werden die europäischen Nationen im Lapidarstil charakterisiert: Der *Holländer* wäscht sich viel und kaut Tabak; der *Russe* wäscht sich wenig und trinkt Branntwein; der *Türke* raucht viel und ruft Allah. Wie oft habe ich über Peter Parley gelacht. Im Grunde genommen stehen wir aber allen fremden Nationen gegenüber mehr oder weniger auf dem Peter-Parley-Standpunkt; es sind immer nur ein, zwei Dinge, die uns, wenn wir den Namen eines fremden Volkes hören, sofort entgegentreten: der lange Zopf, oder Schlitzaugen, oder ein Nasenring. Unter einem Korsen hatte ich mir nie etwas anderes gedacht als einen kleinen braunen Kerl, der seinen Feind meuchlings niederschießt und drei Tage später von dem Bruder seines Feindes niedergeschossen wird.«[13]

Fontane kannte auch die Lieblingsszenarien der Erwachsenen, die den Willen zur Nation in vorgeplanter Spontaneität bekundeten. Es sind dies die Gänge zu Werken auf Sockeln und auf Bühnen, Werke wie etwa Rudolf Gottschalls geschichtliches Trauerspiel *Herzog Bernhard von Weimar* (1873):

»Das ganze Stück ist eine dramatisierte Turner- und Sängerfahrt mit aufgelegtem Fäßchen und Redeprogramm. Erste Nummer (Festrede): Gott schuf den *Deutschen* und freute sich. Zweite Nummer: ›Sie sollen ihn nicht haben‹. Drittens: ›O Straßburg‹. Viertens: ›Die deutsche Maid‹ (Deklamation unter gütiger Mitwirkung einer Blondine). Fünftens: Wiederholung der Festrede. Zu gütiger Beachtung: Rückfahrt 9 ½; der Zug hält bei Station Finkenkrug.«[14]

Bei der Definition von nationalem Bewußtsein spielen also viele Verhaltensweisen, Handlungen, Denkmuster und Symbole der wiederkehrenden Festtage und des kontinuierlichen Alltags eine Rolle. Da im gegenwärtigen Zusammenhang der Blick nur auf einen winzigen, aber vielsagenden Ausschnitt aus Fontanes Lektürebiographie fallen soll, um seine Reaktion auf zeitgenössische Artikulationen von Nationalismus und seinem Ambiente zu beleuchten (ähnlich ansetzen könnte man schon bei Fichtes *Reden an die deutsche Nation*, oder Marwitz' *Memoiren* und Ernst von Wolzogens *Linksum kehrt schwenkt – Trab!*), mag es bei der kurz gehaltenen Theorie bleiben; statt dessen soll die Praxis der Lektüre und ihr Ertrag ausführlicher zum Zuge kommen.

Das, worüber Fontane das Lachen verging, ist die Nachbarschaft zweier Bücher in dem Schaufenster einer Buchhandlung. Während seines Kissinger Aufenthaltes Ende Juni 1890 sah er da nämlich zum einen *Rembrandt als Erzieher. Von einem Deutschen* und zum anderen *Stine*, sein eigenes Werk. Lachen können hätte er durchaus über den *Rembrandt*, aber daß seine *Stine* dicht daneben steht, bewirkt, daß ihm das Lachen im Halse stecken bleibt. Über die Gründe seiner Reaktion schweigt Fontane; verkaufspsychologisch gesehen hätte er sich eigentlich freuen sollen, könnte er doch hoffen, daß die Attraktion des Bestsellers auch etwas für das eigene Werk abwirft. Aber wahrscheinlich geht es doch um etwas anderes. Wenige Monate zuvor (am 19. April) erschien in Fritz Mauthners Zeitschrift *Deutschland* ein kurzer Artikel mit dem Titel *Nante Strump als Erzieher. Von einem Berliner. Frei nach »Rembrandt als Erzieher«*. Verfasser der anonymen, aber bald identifizierten Schrift war Fontane, der, was er sonst eigentlich selten und ungern tat, hier doch gewagt hat, indem er öffentlich zu einem kontroversen Thema Stellung bezog. Diesmal handelte es sich um keine bloße Unterschrift oder kurze Wortmeldung, sondern um eine ausgefeilte, treffsichere Parodie. So entstand ein ›Werk‹, das fast schon im Kreis der Rezensionen fehl am Platze wirkt, auf jeden Fall aber mehr Aufmerksamkeit verdient, als es bislang gefunden hat.

Das Buch des »Rembrandt-Deutschen« Julius Langbehn ist nicht nur ein augenblicklicher Blender, sondern ein »Durchschläger«, wie Fontane sagen könnte; es gehört in die Reihe der lang wirkenden, viel bewegenden und sehr gefährlichen Schriften. Daß es entschieden »ins Bornierte« reicht,[15] schwächt seine Bedeutung keineswegs ab. Bei Strindberg in den *Gotischen Zimmern* findet sich die Einschätzung:

»Langbehn […] ist eigentlich ein wiedererstandener Kant […] beide suchen die Rettung im Postulat und Imperativ, da die Urteilskraft und die reine Vernunft nicht die Fähigkeit gezeigt hatten, die Welträtsel zu lösen oder dem Individuum die Haltung zu geben, die nötig ist, um in offener See gute Fahrt zu halten.«[16] Herbert Cysarz erkennt in dem Werk »nach Wesen und Wirkung, das Spengler-Buch der neunziger Jahre, ein Spengler-Buch vor der Katastrophe – Gebet in später Nacht, einer der längsten Donner nach den jähen Blitzen Nietzsches«.[17] Das braucht zwar nicht zu stimmen, vielmehr sollte man sich mit Fritz Stern eher die Frage stellen, »wie dieser mühsam zu lesende Protest so große Beachtung hat finden können«.[18] Doch lenken Euphorie wie Kritik gleichermaßen die Aufmerksamkeit auf jenen Rezeptionsprozeß, um den es hier vornehmlich geht.

Das Buch des »Rembrandt-Deutschen« wirkt wie ein ›Katechismus‹ des Nationalismus: Volk, Rasse, Blut, Erde, Kampf, Einheit, Führer, Gesundheit, Mystik, »Organik«,[19] Konservatismus und Männlichkeit heißen seine Schlüsselwörter und Glaubensartikel. Besonders breit fallen die Wortfelder um Rasse, Kampf, Einheit und Führer aus: Zum Rasse-Begriff gehört die neue ›Anthropologie‹ als Erforschung der »gewachsenen Dokumente«,[20] der Gesichtsforschung zumal, und als Entwurf des körperlichen Idealismus; »Entwickelung« bedeutet immer Wehrhaftigkeit, »Politik der ›gewaffneten Hand‹«[21] und »Streit der Geister des Lichts mit denen der Finsterniß«.[22] Ins Führerkonzept münden alle rhapsodischen Ausführungen über Individualismus, Heroismus, Aristokratie, Zentralismus und Kunst. ›Einheit‹ definiert sich als Gestalt, parteilose Ganzheit und Synthese. – Dennoch ist mit diesem Webmuster das Gespinst bzw. wirkungsgeschichtlich gesprochen, das Fangnetz des »Rembrandt-Deutschen« noch nicht vollständig umschrieben. In seinen Einflußkreis gehört auch die Berührung mit Konzepten, die sich in ihrer Folgegeschichte mehr oder minder erfolgreich aus diesem Bann zu emanzipieren suchten: Wandervogel-Mentalität,[23] Jugendbewegung, Sport, Reformpädagogik, Kunsterziehungsbewegung, überhaupt der Geist der Aufbruchsstimmung, das Pathos der Erneuerung und »Wiedergeburt«.

Mehr noch, und damit richtet sich der Blick wieder auf Fontane: Zwischen der Position des »Rembrandt-Deutschen« und Fontane gibt es eine Reihe von Berührungen: Gegen das Spezialistentum, die Professorenweisheit und das papierene oder lederne Wissen der Gegenwart sprechen sich beide aus. Hier wie da ertönt die Bildungskritik; beide prangern die Lüge des Daseins an; ihre Verfallsklagen klingen ähnlich, das »moderne Berlin«[24] ist ihnen ein Gegenstand kritischer Auseinandersetzung, und fast allen Mißständen halten sie ihre »neuzeitliche[n] *Vorbilder*«[25] entgegen, darunter Shakespeare, Moltke und natürlich Bismarck. Ein »parlamentarisches Ideal« mit seiner »Majoritäten«-Regelung dagegen verachteten sie gleichermaßen.[26] Reform ist das Schlüsselwort, dem Neuen gilt das Interesse, den Jungen und der Jugend. Der Verklärungsidealismus behauptet sich auf beiden Seiten, und beide setzen auf Selbsterziehung. So lächerlich Langbehns Spekulationen über banale Details der alltäglichen Lebensführung wirken mögen, es liegt darin ein Zug, der Fontanes Vorliebe für »Schilderungen aus dem Klein- und Alltagsleben«[27] nicht fern steht. Beide beherrschen die Technik der symptomatischen

Darstellung, die Einzelnes und Konkretes zeigt und doch übergreifende Zusammenhänge meint.

Was macht Fontane, der die Welt auch mit den Augen der Hermunduren sehen kann und damit »in nationalen Fragen« nicht immer zu einem erquicklichen »freien Drüberstehn«[28] gelangt, in seiner Replik »frei nach ›Rembrandt als Erzieher‹«? Je nachdem, welche Fontane-Stelle gerade ins Auge fällt, wird die Antwort lauten: Natürlich oder überraschenderweise parodiert Fontane seine Vorlage; das heißt, er hält sich ziemlich genau an die Vorlage (nicht an deren Länge, hier spielt er eher mit dem Gegensatz der Kürze) und gibt ihr nur eine minimale Wendung, damit ihr Sinn als Unsinn offenbar werde. Er übernimmt den ganzen wohlgeschmierten Apparat der etymologischen Argumente, rhetorischen Beweise und syllogistischen Schlußfolgerungen und zeigt, was passiert, wenn man sich beim Denken und Schreiben strikt daran hält. Insbesondere spielt er den Trumpf der »antithetische[n] Behandlung«[29] aus, er läßt zurückprallen, er brikoliert. Gerade den Eckensteher Nante nämlich hat nicht erst Fontane ins Spiel gebracht, sondern aus der Vorlage übernommen, wo er natürlich die Rolle der Gegenfigur spielen muß: »Tellheim bedeutet mehr als Just und der Prinz von Homburg mehr als der Eckensteher Nante; was aber mehr ist, das muß auch mehr gelten; dann werden höhere Interessen nicht zu kurz kommen.«[30] Wie in einer Kettenreaktion setzt sich nun bei Fontane fort, was dieser Nante-Funken auslöst:

»Es nutzt nichts, auf Prinzipien zu verweisen, aber eine bedeutende historische Gestalt, auf die man zeigen kann, die fördert, bildet und erzieht, und wenn ich Umschau halte, wen ich wohl in dieser Zeit des Niederganges der deutschen Nation als Bildner und Erzieher empfehlen könnte, so finde ich nur einen, der solcher Aufgabe gewachsen ist: *Nante Strump.*

Über die Reinheit seines Germanentums kann kein Zweifel walten. Schon sein Name gibt die Gewähr. Wenn einst ›Nachtmütze‹ (nach Heine) das deutscheste Wort war, jetzt ist es ›Strump‹. Ein sinniges Spiel des Zufalls, Gegensätze, die sich berühren, Nordpol, Südpol. Das antipodische Wort ist jetzt an der Reihe. Macauleys Neuseeländer auf der Londonbrücke. So vollziehen sich allerorten die ewigen Gesetze. Der Volksgeist ahnt es, aber die Wissenschaft geht daran vorüber.

In Nante Strump haben wir den vollendeten Ausdruck des Berlinertums und dadurch, in natürlicher Entwickelung der Dinge, des gesamten Deutschtums. […] Berlin, wenn auch seinem Ursprunge nach mit dem wendischen Makel und, was schlimmer als das, mit der Goethevernachlässigung behaftet, Berlin ist das große Prinzip, das alles Deutsche fördert, leitet, führt. Wohin? Das ruht in der Zukunft Schoße.«[31]

Fontane jongliert auf engstem Raum mit allen Versatzstücken des »Rembrandt-Deutschen« und verkehrt sie auf bravouröse Art: Das anthropologische Argument mit den »körperlichen Dokumenten« ergibt das Idealbild im Hosemann-Stil, die Lehre von den Symptomen des Kostüms vertauscht die Rembrandtsche Hasenfellmütze mit dem Strump, die Diagnose der Schädlichkeit des Bierkonsums setzt sich in Fontanes Behandlungsmethode fort als Gesundungsweg vom dünnen Tee der Hegelzeit über den »Augustiner- und Franziskanerbräu« in der Phase der tiefsten Erniedrigung vor Kanossa bis hin zur Wiederentdeckung der heilbringenden Verpflegung durch die »Weiße« und den »Glinka«; all das geschieht auf logisch strengem Wege wie der Schluß von der »Karre«, die Nante schiebt, auf die »Karriere« die er damit macht. Fontane schreibt in der Maske des Berliners, jenes Typus, der bei Langbehn wegen seiner Entartung, Verstädterung, Intellektualisierung und Französisierung am schlechtesten wegkommt. Die Rollenfiktion dient getreu den Gesetzen der Parodie nicht der offenen Widerlegung, sondern der Anwendung »Rembrandtscher« Prinzipien, um sie ins Absurde zu führen. Lakonisch und schlagend fällt aus, was der »Berliner«-Deutsche über die Schlüsselbegriffe des »Rembrandt-Deutschen«, »Individualismus, Kunst, Adel«, zu erklären hat: »Nichts Individuelleres als der ›richtige Berliner‹« und: »wer unseren Weihnachtsmarkt kennt, der kennt unsere Kunst, und wer unseren Wedding kennt, der weiß, daß wir von Adel sind.«[32] Fontanes Raffinesse liegt nicht im polemischen Widerspruch, sondern in der wörtlichen Übernahme seiner Vorlage:

»Weg mit Dubois-Reymond, weg mit Darwin, der kein Auge für die Kunst hatte. Die Kunst! Ihr Heil ist in Böcklin und Uhde, das Heil des Lebens aber in der ›Kruke mit der Doppel-Strippe‹. Hüten wir uns vor Frankreich, vor Zola. ›Warum in die Ferne schweifen?‹«[33]

Es bezeichnet wohl nicht nur den Peter-Parley-Standpunkt in der Kinderstube des nationalen Wachstums, wenn von früh auf Fahnen eine wesentliche Rolle bei der nationalen Selbstvergewisserung spielen. Für den »Rembrandt-Deutschen« sprach sich in der Wahl der Fahnenfarben die Wahrheit der Synthese zwischen Erde, Blut und Gold aus:

»Die Farbe des Eisens, welches alle Völker befriedet und das deutsche Volk befreite, ist – schwarz; schwarz ist auch die Farbe der Erde, welche der Bauer pflügt und welcher der vaterländische Künstler seine besten Kräfte verdankt; fügt man dies dunkelste aller Elemente zu jenen beiden andern, zu Blut und Gold: so hat man die Farben des einstigen idealen Deutschlands – Schwarz Rot Gold.«[34] Auch der »Berliner«-Deutsche hißt am Ende seiner Mahnschrift die ihr gemäße Flagge; er tut dies abermals auf seine Weise, wenn er die »Fahne« seines loyalen Eckenstehers meint und in Erinnerung bringt, wie dieser sein Banner hielt:

»Seine Person schwankte zuweilen, nicht sein Charakter. In der Sonne liegend, wenn er überhaupt lag (und er lag viel), deckte sich seine Lebensform mit der alten Hohenzollernaar-Devise ›Non soli cedo‹, noch bestimmter aber kam seine Gesinnung in seiner zweiten Eigenschaft als Eckensteher zum Ausdruck. Er stand an der Ecke der Königs- und neuen Friedrichsstraße, die blauen Blechschilder der Straße dicht über dem eigenen Schilde. [...] Er haßte große Worte, sein Tun war stumm. In seiner Ausdauer an der Eulner Ecke war die Treue seiner Gesinnung vorgezeichnet. [...] in seiner Loyalität, der auch die Namen etwas bedeuten, stand er, wo er stand, eine Stütze so gut er konnte, solange seine Kraft reichte, bis er fiel.«[35]

Es ist die – darf man mit Seitenblick auf die berühmte »Kornblume« sagen – ›blaue‹ Fahne des Gefallenen, die der »Berliner«-Deutsche wieder hochhält, um die er neue Gefolgschaft sammelt und im begeistert kühnen Drang nach der alles umgreifenden Synthese der Fahnenfarbe Rembrandts sogar angleicht, denn »Im Dschumm waren beide gleich.«

Welche Rolle kann Fontanes Quodlibet im Zusammenhang seines Spätwerkes und ihres nationalen Horizontes spielen? Gewiß bestätigt es, was schon Reuter[36] anläßlich des Wenden- bzw. Böhmen-Themas herausgearbeitet hat (anders verhält es sich, wenn man den Blick auf das »urdeutscheste Land« Elsaß richtet);[37] und alle Nationalphantasien, die Fontane »gern« mit Leuten wie Paul de Lagarde, dem geistigen Vater des »Rembrandt-Deutschen«, zusammenführen wollten,[38] zerplatzen in Nichts. Aber so einfach ist das nicht. Denn Fontane kann auch anders schreiben. Es führt dieser Gesichtspunkt auf ein weiteres Feld, aber man wird den Zusammenhang nicht blindlings bestreiten können. Auch Fontane wendet das Instrumentarium der nationalen Typologie an: »Race« ist ein wiederkehrendes Wort, dessen Attribute »höher«, »schwächer«, »superior« oder »inferior« lauten können. Die »arische Welt« spielt durchaus eine Rolle, »Entartung« kann einen Entwicklungsprozeß bezeichnen, »Judenblut«[39] ist eine Kraft, »Verjüdelung«[40] eine beängstigende Tendenz und »Judenstadt« eine gegenwärtige Wirklichkeit. Auch Fontane beherrscht die Gesichtsforschung und ist in der Lektüre der »gewachsenen Dokumente« bewandert: Er sieht den »semitischen Rassenkopf«,[41] die »frechen, unschönen Gaunergesichter«,[42] die »Nase«,[43] das »Profil«,[44] die »schwarzen Locken«[45] sowie die »O-Bein-Garde«[46] und bestätigt auch seinerseits die ethnisch-nationale Lesbarkeit der Welt. Auch sie wird wohl zur »lieben, unterhaltlichen und lehrreichen Kunst« des Menschenbeobachtens gehören, die dank einer »ganz feinen Sinnlichkeit« einen hohen »Genuß« bereitet.[47]

Nochmals also, welches Gewicht fällt der Parodie in einem Kontext zu, der fortschreitend zu lehren scheint, daß der ehemalige Schlüsselsatz – »*Denn wie er ganz zuletzt war, so war er eigentlich*«[48]– im »allerletzten« Sinne des Sohnes Friedrich auf der Basis des Briefes an Friedrich Paulsen vom 12. Mai 1898 zu beantworten sei?[49] Handelt es sich abermals um den ebenso bekannten wie beunruhigenden Gegensatz zwischen dem »strengen Zeitgenossen« und dem »versöhnlichen Dichter«,[50] dessen Versöhnlichkeit ›eigentlich‹ mehr auf Vorsicht beruht? Oder läßt sich gerade hier des Alten »Mißtraun gegen den eigenen Sohn«[51] ins Feld führen, um doch noch den »Segen« in der »Hand«-Schrift des Gestorbenen zu erkennen?

Hierzu nur wenige Andeutungen. Auch die Parodie handelt vom »Zusammenhang der Dinge«, diesmal aber parodistisch-satirisch gefaßt. Auf dem Spiel steht ein Kunstprinzip, vielleicht sogar eine Verstehensmaxime oder eine Verhaltensregel: der verlockend schöne, aber eben auch gefährliche Grundsatz, die Vielfalt zur Einheit zu bringen, das Polyphone einstimmig zu machen, das Einzelne im Globalen zu vernetzen und gleichzeitig diese weltweite Öffnung dem Kartell der Netzbetreiber zu überantworten. In die Enge getrieben wird dadurch jede Skepsis, der Spielraum für den Perspektivenwechsel schrumpft ein, das Möglichkeitsdenken erstickt. Wo alles stimmt, herrscht Reinheit, die tötet.

Wenn *Stine* neben dem »Rembrandt-Deutschen« zu stehen kommt, so ergibt sich ein Kommentar über eine Geschichte, die unter ›Pariser Einfluß‹ geschrieben wurde, von dem »Typus einer germanischen, wenn auch freilich etwas angekränkelten Blondine«[52] handelt, in Berlin in der Invalidenstraße spielt, die weniger gewachsenen als mutwillig zugefügten »Dokumente« an Körper und Seele thematisiert und »Sedan« als eichenlaubumwundenen Genesungstag aus dem Kalender streicht. Man hat sich gefragt, ob Fontanes Verfallsklagen, wie sie etwa in den Briefen an Friedlaender anklingen, eine Verwandtschaft mit Langbehns »verworrene[r] Zeitanklage« haben. Die Antwort liegt eigentlich schon in der eklatant differierenden Auflagenzahl der beiden Werke. Fontane hatte eben nicht wie Langbehn »die Stimmung eines suchenden, unzufriedenen, aufstrebenden Volkes eingefangen«, und so begrüßten die Menschen seinen Roman auch nicht »als einen Ausdruck ihres eigenen aufkeimenden Unbehagens«.[53]

Was es für Fontane heißt, bei national relevanten Fragen nicht vom Prinzip auszugehen, sondern von ›Vorbildern‹ und konkreten Einzelfällen, mag vielleicht am besten *Unwiederbringlich* lehren, wo der nationale Konflikt nicht nur territoriale Angelegenheiten und die ›Sprachenfrage‹ betrifft, sondern bis in den intimen Kreis der Ehe oder gar Liebe hineinreicht und zugleich offenbart, von welchen ›Reinheitsgeboten‹ das große wie das kleine Zusammenleben abhängt. Wenn gerade hier »Alltagsrassismus«[54] zur Sprache kommt, sollte nicht vergessen werden, daß es die Sprache einer untergehenden, trotz ›christlicher‹ Fahnenkritik sich selbst den Untergang bereitenden Welt ist.

»Ich habe kein Interesse für Kriegsgeschichten, es sieht sich alles so ähnlich, und immer bricht wer auf den Tod verwundet zusammen und läßt sterbend irgend ein Etwas leben, das abwechselnd Polen oder Frankreich oder meinetwegen auch Schleswig-Holstein heißt. Aber es ist immer dasselbe. Dieser moderne Götze der Nationalität ist nun mal nicht das Idol, vor dem ich bete.«[55]

Wahrscheinlich müßte sich Fontane in einem ›Interview‹ von diesem Satz distanzieren; als ›Requisit‹ einer Ehegeschichte im Kontext der ›viktorianischen‹ Sexualmoral geht er unter die Haut.

Daß Effi nicht nur nach christlichen und mythologischen Bildern gemessen wird, sondern auch nach nationalen, ist bekannt. Zu denken wäre insbesondere an Güldenklees Lob der »deutschen Frauen«, das um so leuchtender ausfällt, als auf der anderen Seite das »Weib von Babel« steht. Man hat in dieser Gegenüberstellung trotz des satirischen Momentes, das sich gegen den Sprecher richtet, einen antisemitischen Zug des Autors erkennen wollen, der absichtlich »das Thema von jüdischem Reichtum und jüdischer Verführung« anspielt.[56] Wer nachschlägt, wen das Weib von

Babel meint und daß diese Semiramis wörtlich die »Tochter der Luft« bedeutet, wird der nationalistisch oder antisemitisch inszenierten Gegenüberstellung der beiden Frauen nicht trauen und ahnen, wie sehr die Feind- und Schreckbilder vom Fremden verborgene Abbilder eigener, heimischer Konflikte sind.

In der Reihe der Bilder einer nationalen Ausstellung, an der hier im Schnellauf vorbeigeführt wird, spielt *Mathilde Möhring* insofern eine wichtige Rolle, als dieses Fragment die Entstehungsbedingungen für ein »ächtes deutsches Mädchen«[57] vor Augen führt. Mathilde braucht keineswegs das zu sein, was andere, genesende Langzeitstudenten, christlich-germanische Landräte oder fortschrittliche Juden ihr zuschreiben; aber sie ist eine perfekte Schauspielerin in der Art eines Nestroy, die dem Publikum vorführt, was es heißt, sich nach vorgegebenem Maßstab zu vergesellschaften und politisch korrekt zu handeln. In der Tat löst Mathilde jene »Linienführung« ein, von der der »Rembrandt-Deutsche« schwärmt.[58] Noch heute reagieren Interpretationen auf dieses raffinierte Spiel mit nationalen Erwartungen entweder moralisch entrüstet, indem sie den Vorwurf der »Perfidie« erheben, oder männlich schockiert, indem sie die bedrohliche »Gefühlskälte« anprangern.[59] Wenn dieser Roman eine Parabel auf die Geburt des Nationalismus aus dem Geiste der Gesellschaft darstellen soll und nicht nur aus den Bedingungen des Charakters oder gar der »grisen« Hautfarbe, so entspinnt sich am wechselhaften Erfolgsweg einer Mathilde eher ein schwankhaftes Märchen aus »Grusinien«, das in satirischer Verfremdung zeigt, wie politische Tatsachen und Kräfte entstehen, wovon die Erregungskurve des Nationalgefühls abhängt und was dabei für die einzelnen Menschen, insbesondere wenn sie Frauen werden wollen und tätig bleiben möchten, herauskommt.

Mein Ergebnis, oder vorsichtiger mein Verdacht, daß Fontane an den Fahnen der Nation die Berliner Atemluft des Eckenstehers Nante wiedererkannte, daß er mithin den nationalen Rausch, wenn auch nicht gänzlich nüchtern, so doch unter poetischer Anstrengung und ›permanentem Notieren‹[60] gelegentlich recht glücklich überwand – diese Bilanz bleibt anfechtbar, solange Sätze wie der folgende ausgeklammert werden: »Ich bin freilich auch jetzt noch der Ansicht, daß eine rein nationale Entwicklung (wie sie sich in manchen Teilen Skandinaviens findet) das Schönere wäre.«[61] Die Versuchung, hier ein Auge zuzudrücken, mag groß sein, ebnet doch die Fortsetzung im selben Brief den Weg dazu:

»Andererseits aber habe ich mich nicht bloß von der Unmöglichkeit der Durchführung dieser Idee überzeugt, sondern auch unserm von mir aufrichtig geliebten Adel gegenüber einsehen müssen, daß uns alle Freiheit und feinere Kultur, *wenigstens hier in Berlin,* vorwiegend durch die reiche Judenschaft vermittelt wird. Es ist eine Tatsache, der man sich schließlich unterwerfen muß und als Kunst- und Literaturmensch (weil man sonst gar nicht existieren könnte) mit Freudigkeit.«

Aber nicht immer folgt dieser Ausgleich auf dem Fuße, nicht immer springt das Nebeneinander von *Rembrandt als Erzieher* und *Stine* ins Auge, ein Schock, der es einem frommen Sohn erschwert zu sagen, wie sein Vater »eigentlich zu diesen Dingen gestanden habe«;[62] oder – um nochmals auf die Fahne zurückzukommen – denken wir doch an Konsul Cunninghams »Flagge« und wie ›salomonisch‹ er mit ihrer Hilfe das Leben eines in »Not« geratenen Landsmannes rettet: »Fire, but don't hurt the flag!«, und halten wir uns vor Augen, daß die deutschen Zeitungen über diesen Vorfall nur deshalb berichteten, um die Diskussion über den »mangelhaften Schutz der Deutschen im Auslande« in Gang zu halten.[63] Zu suchen ist also weiterhin nach jenen Gegensätzen, die etwas in der Schwebe lassen, was schon Grillparzers Rudolf durch Zögern vergeblich aufzuhalten suchte. Vielleicht führt nur die poetische Abwägung (im Verein mit apothekerhaftem Geschick) aus der Zwickmühle, die eigentlich durch beide Auskunftsvarianten der Hermunduren gebildet wird: »Die Hermunduren leben noch« lautete die eine fröhliche und »Gott, ist die Gegend runtergekommen« hieß die beklommen gestotterte. Denn wen oder was können »Hermunduren« schon sehen oder fürchten? »Shakespeares Strumpf« wird es ebenso wenig gewesen sein wie die »roten Strümpfe« der Agnes, und doch zählen Fontanes persönliche ›Hermunduren‹, seine hugenottischen Vorfahren, durchaus zu den realen Strumpfwirkern.

Anmerkungen

  1 THEODOR FONTANE: *Veränderungen in der Mark. Die Mark und die Märker* (390. 1890). In: AFA *Gedichte II*, S. 492.

  2 Psalm 90, 4; zit. nach: D. MARTIN LUTHER: *Biblia: Das ist die gantze Heilige Schrifft* (1545). Hrsg. v. HANS VOLZ. München 1974, Bd. 2, S. 1045.

  3 2. Brief des Petrus, 3/8. Ebd., Bd. 3, S. 2421. Vielleicht mag sich Fontane auch an das Motto auf Adolph Menzels *Festblatt zum 50. Jubiläum der Firma Heckmann* erinnert haben; vgl. *Fontane und die bildende Kunst*. Hrsg. v. CLAUDE KEISCH, PETER-KLAUS SCHUSTER und MORITZ WULLEN. Berlin 1998, S. 207.

  4 THEODOR FONTANE: *Hermunduren-Gedicht II*. In: AFA *Gedichte*, wie Anm. 1, II, S. 517.

  5 2. Brief des Petrus, 3/10, wie Anm. 3.

  6 ROLF CHRISTIAN ZIMMERMANN: *Der Dichter als Prophet. Grotesken von Nestroy bis Thomas Mann als prophetische Seismogramme gesellschaftlicher Fehlentwicklungen des 20. Jahrhunderts*. Tübingen und Basel 1995.

  7 Vgl. zum Thema Völkermord GERHARD FRIEDRICH: *Fontanes preußische Welt. Armee – Dynastie – Staat*. Herford 1988, S. 294 und WOLFGANG HÄDECKE: *Theodor Fontane. Biographie*. München 1998, S. 345.

  8 Brief an Georg Friedlaender vom 14.1.92; In: HFA IV/4, S. 177.

  9 Brief an James Morris vom 7.3.1898; Ebd., S. 700.

 10 WULF WÜLFING, KARIN BRUNS und ROLF PARR: *Historische Mythologie der Deutschen 1798–1918*. München 1991, hier: Kap. 6: Nationale Denkmäler und Gedenktage bei Theodor Fontane. Zur Beschreibung, Funktion und Problematik der preußisch-deutschen Mythologie in kunstliterarischen Texten, S. 210–232.

11 WERNER WEIDENFELD: *Was ist nationale Identität?* In: *Die Intellektuellen und die nationale Frage.* Hrsg. v. GERD LANGGUTH. Frankfurt/M. 1997, S. 48. Vgl. darin auch HUGO AUST: *Schriftsteller und Nation im Wilhelminismus.* Ebd., S. 107-124.

12 PETER WRUCK: *Theodor Fontane in der Rolle des vaterländischen Schriftstellers.* In: *Theodor Fontane im literarischen Leben seiner Zeit. Beiträge zur Fontane-Konferenz vom 17. bis 20. Juni 1986.* Hrsg. v. OTFRIED KEILER. Berlin/DDR 1987, S. 1–39. Hugo Aust: *Zur Modernität des vaterländischen Romans bei Theodor Fontane.* In: *Fontane Blätter* 60/1995, S. 83–102.

13 THEODOR FONTANE: *Kriegsgefangen.* In: HFA III/4, S. 550.

14 THEODOR FONTANE: *Gottschall. Herzog Bernhard von Weimar.* In: HFA III/2, S. 115.

15 WALTER MÜLLER-SEIDEL: *Theodor Fontane. Soziale Romankunst in Deutschland.* Stuttgart 1975, S. 290.

16 AUGUST STRINDBERG: *Die gotischen Zimmer. Familienschicksale vom Jahrhundertende.* Verdeutscht v. EMIL SCHERING. 7. Aufl. München und Leipzig 1916, S. 113 (= *Strindbergs Werke.* Deutsche Gesamtausgabe II/4).

17 HERBERT CYSARZ: *Von Schiller zu Nietzsche. Hauptfragen der Dichtungs- und Bildungsgeschichte des jüngsten Jahrhunderts.* Halle/S. 1928, S. 260.

18 FRITZ STERN: *Kulturpessimismus als politische Gefahr. Eine Analyse nationaler Ideologie in Deutschland.* Aus dem Amerik. übers. v. ALFRED P. ZELLER. Bern 1963, S. 149.

19 *Rembrandt als Erzieher. Von einem Deutschen.* 4. Aufl. Leipzig 1890, S. 305. Zitiert wird nach dieser frühen Ausgabe. Das ›Lob des Antisemitismus‹ wurde erst in die 37. Aufl. 1891 eingefügt, so daß es Fontane zur Zeit seiner Erstlektüre noch nicht lesen konnte; Vgl. STERN, wie Anm. 18, S. 141.

20 *Rembrandt als Erzieher,* wie Anm. 19, S. 291f.

21 Ebd., S. 295.

22 Ebd., S. 302.

23 STERN, wie Anm. 18, S. 220.

24 Brief an Heinrich Jacobi vom 23.1.1890. In: HFA IV/4, S. 18.

25 Brief an Georg Friedlaender vom 8.7.1895. In: THEODOR FONTANE: *Briefe an Georg Friedlaender.* Hrsg. v. KURT SCHREINERT. Heidelberg 1954, S. 285.

26 Brief an Philipp zu Eulenburg vom 12.3.1881. In: HFA IV/3, S. 125.

27 THEODOR FONTANE: *Der Stechlin.* In: HFA I/5, S. 219.

28 Ebd., S. 232. Vgl. GUDRUN LOSTER-SCHNEIDER: *Der Erzähler Fontane. Seine politischen Positionen in den Jahren 1864–1898 und ihre ästhetische Vermittlung.* Tübingen 1986. Loster-Schneider spricht von »nationaler Verfangenheit und rassenideologische[n] Betrachtungen« (S. 59); HÄDECKE, wie Anm. 7, S. 336, erkennt einen »modernen Nationalismus, der sich über traditionelle Ansichten hinwegsetzt«.

29 THEODOR FONTANE: *Die preußische Idee.* In: HFA I/7, S. 505.

30 *Rembrandt als Erzieher,* wie Anm. 19, S. 131.

31 THEODOR FONTANE: *Nante Strump als Erzieher. Von einem Berliner. Frei nach »Rembrandt als Erzieher«.* In: NFA XXI/1, S. 484–487, hier: S. 484.

32 Ebd., S. 485.

33 Ebd., S. 486.

34 *Rembrandt als Erzieher,* wie Anm. 19, S. 283.

35 FONTANE, wie Anm. 31, S. 486f.

36 HANS-HEINRICH REUTER: *Fontane.* München 1968, S. 402ff.

37 Brief an James Morris vom 30.8.1898. In: HFA IV/4, S. 744.

38 HEINRICH SPIERO: *Fontane.* Wittenberg 1928, S. 89.

39 Brief an Georg Friedlaender vom 29.4.1890. In: HFA IV/4, S. 40; hier als ›Kraft‹ gemeint, die ›Schönheit‹ verleiht.

40 Brief an Martha Fontane vom 17.9.1895. In: HFA IV/4, S. 482; freilich handelt es sich hierbei um ein Wachstum, in das sich Fontane nach überwundenem »ersten Schauder« wiederum »ganz ernsthaft verlieben kann«.

41 THEODOR FONTANE: *Von Zwanzig bis Dreißig.* In: HFA III/4, S. 354.

42 Brief an Emilie Fontane vom 17.8.1882. In: HFA IV/3, S. 200.

43 Brief an Bernhard von Lepel vom 27.5.1884. Ebd., S. 323.

44 Brief an Friedlaender vom 29.4.1890. In: HFA IV/4, S. 40.

45 THEODOR FONTANE: *Effi Briest.* In: HFA I/4, S. 266.

46 Brief an Martha Fontane vom 17.9.1895. In: HFA IV/4, S. 483.

47 Brief an Emilie Fontane vom 2.7.1889. In: HFA IV/3, S. 702.

48 THEODOR FONTANE: *Meine Kinderjahre.* In: HFA III/4, S. 151.

49 Dazu MICHAEL FLEISCHER: *»Kommen Sie, Cohn.« Fontane und die »Judenfrage«.* Berlin 1998.

50 RICHARD BRINKMANN: *Theodor Fontane. Über die Verbindlichkeit des Unverbindlichen.* 2. Aufl. Tübingen 1977.

51 THEODOR FONTANE: *Herr von Ribbeck auf Ribbeck im Havelland.* In: HFA I/6, S. 256.

52 THEODOR FONTANE: *Stine.* In: HFA I/2, S. 483.

53 STERN, wie Anm. 18, S. 190.

54 NORBERT MECKLENBURG: *Einsichten und Blindheiten. Fragmente einer nichtkanonischen Fontane-Lektüre.* In: *Theodor Fontane. Text + Kritik.* Sonderband *1989,* S. 148–162, hier: S. 154.

55 THEODOR FONTANE: *Unwiederbringlich.* In: HFA I/4, S. 23.

56 FLEISCHER, wie Anm. 49, S. 258.

57 THEODOR FONTANE: *Mathilde Möhring.* In: HFA I/4, S. 610.

58 *Rembrandt als Erzieher,* wie Anm. 19, S. 208; Vgl. auch S. 61.

59 STEFAN GREIF: *»Neid macht glücklich«. Fontanes ›Mathilde Möhring‹ als wilhelminische Satire.* In: *Der Deutschunterricht 50* (1998), S. 46–57, hier: S. 50.

60 ROLAND BERBIG: *»Aus diesem Convolut ist Einiges [...] gut zu brauchen«. Zur wissenschaftlichen Auswertung der Sammlung Andree.* In: *Die Fontane-Sammlung Christian Andree. KulturStiftung der Länder – Patrimonia 142,* Potsdam 1998, S. 14–20, hier: S. 17.

61 Brief an Herrn und Frau Guttmann vom 25.1.1890. In: *Theodor Fontane's Briefe Zweite Sammlung.* Berlin 1909, Bd. 2, S. 245.

62 Zit. nach: FLEISCHER, wie Anm. 49, S. 320.

63 *Die Fontane-Sammlung Christian Andree,* wie Anm. 60, S. 41.

Fragwürdige Identität? Zur national-territorialen
Bestimmung der Figuren aus dem deutsch-slawischen
Kulturgrenzraum in Fontanes Spätwerk

MIROSŁAW OSSOWSKI

In der Fontane-Forschung wird mehrfach auf das Interesse des Schriftstellers für die wendischen Relikte in der Mark Brandenburg und auf seine tolerante Haltung gegenüber den Sorben verwiesen. Besonders in den *Wanderungen durch die Mark Brandenburg* und im Roman *Vor dem Sturm* geht Fontane auf die Spuren der slawischen Einwohner ein. Auch die wiederholt bekundeten Sympathien Fontanes für die Polen – und es gab im 19. Jahrhundert reichlich Berührungspunkte zwischen der preußischen und polnischen Geschichte – werden in der Literaturforschung gewürdigt. Wir wollen uns im folgenden einigen Aspekten in Fontanes Spätwerk zuwenden, die belegen, daß Fontane Stoff und Anregung im deutschslawischen Kulturgrenzraum fand, und einige Interpretationsvorschläge zu seinen im letzten Lebensjahrzehnt erschienenen Romanen unterbreiten.

Als deutsch-slawischer Kulturgrenzraum kommen in bezug auf die Fontanesche Dichtung vor allem die östlichen Provinzen Preußens in Betracht. Nicht nur die noch heute in Deutschland lebenden Sorben stellten den slawischen Bevölkerungsteil des Hohenzollernstaates dar. Andere westslawische Stämme, die einst dieses Territorium bewohnten, häufig pauschal als Wenden bezeichnet, waren zu Fontanes Lebenszeit in den preußischen Kernländern so gut wie verschwunden. Aber infolge der territorialen Ausdehnung des brandenburgisch-preußischen Staates im 17. und 18. Jahrhundert wuchs der Anteil der Slawen an der Gesamtbevölkerung. Preußen verdankte den östlichen Provinzen nicht nur den Namen, die territoriale Verbreitung im Osten im 18. Jahrhundert legte auch den Grundstein für die Großmachtstellung Preußens in Deutschland. In dieser Entwicklung wurzelten zugleich die künftigen nationalen Gegensätze. Es sei darauf hingewiesen, daß unmittelbar vor den Napoleonischen Kriegen Preußen mit Warschau, Lodz und Białystok fast mehr polnische Territorien umfaßte als deutsche. Rudolf von Thadden stellt deshalb in seinem Buch *Fragen an Preußen* (1982) fest: »[Es] schien [...] so, als würde der Hohenzollernstaat seinen Schwerpunkt in Deutschland verlieren und einen Weg einschlagen, der mehr dem der späteren österreichisch-ungarischen Monarchie entsprach. Jedenfalls wirkten die deutschen Territorien westlich der Elbe zu jener Zeit wie kümmerliche Anhängsel an eine Ländermasse, die mehr im Sog der polnischen Geschichte stand.«[1] Dieses zeitweilige Übergewicht des Ostens in Preußen zu Anfang des 19. Jahrhunderts erklärt wohl, warum Fontane in seinem historischen Roman *Vor dem Sturm*, in dem er sich mit der preußischen Identität zur Zeit der Befreiungskriege auseinandersetzt, auch die polnischnationale Problematik so tiefgründig behandelt. Alexander von Ladalinski, seine erwachsenen Kinder Tubal und Kathinka sowie der Graf Bninski stellen einen der drei die Romanhandlung tragenden Lebenskreise dar und demonstrieren eine enge, schicksalshafte Verflochtenheit der preußischen und polnischen Geschichte. Gegen Ende des 19. Jahrhunderts sehen aber die nationalen Verhältnisse in Preußen anders aus als an dessen Anfang. Nicht nur haben die Napoleonischen Kriege den preußischen Staat im Osten territorial geschwächt. Das Jahr 1848 brachte einen ersten schwerwiegenden nationalen Konflikt zwischen polnischen und deutschen Einwohnern Preußens, und mit der Gründung des Deutschen Reiches 1870/71 verlagerte sich der politische Gravitationspunkt in Deutschland zuungunsten des Ostens. Der forcierte Aufbau eines Nationalstaates und die verstärkte Germanisierung entfremdeten in den östlichen Provinzen des Reiches die polnische Bevölkerung, während andere westslawische Sprachen in Deutschland in dieser Zeit weitgehend verschwanden.

Einen Ansatzpunkt für die Untersuchung der slawischen Aspekte im Spätwerk Fontanes bietet der Roman *Effi Briest* mit der Darstellung von Kessin. Mit dieser Ostseestadt wird hier ein Ort im Kontrast zu Effis Lebenskreis im märkischen Hohen-Cremmen gestaltet. An Stelle von vertrauten Lebensformen eines märkischen Landguts findet die Heldin eine kleine Stadt vor, die an Übersee orientiert ist. Die internationale Zusammensetzung der Bevölkerung von Kessin bietet auf den ersten Blick etwas Exotisches, was dann aber wiederum verblaßt und recht zweifelhaft erscheint.[2] Der Provinzialismus der Bewohner macht die möglichen Vorteile des Lebens in der Hafenstadt und im Seebad zunichte und verbreitet Langeweile.[3] Fontane transformiert in das Bild von Kessin Realien aus Swinemünde, wo er Ende der zwanziger und Anfang der dreißiger Jahre (1827–1832) lebte. Es lassen sich gewisse Parallelen zwischen Kessin in *Effi Briest* und Swinemünde im autobiographischen Roman *Meine Kinderjahre* erkennen.[4] Kessin ist jedoch mit Swinemünde nicht identisch, denn Fontane verleiht diesem Ort auch Bedeutungen, die er Swinemünde nicht abgewinnen konnte. Kessin ist auch spießbürgerlicher als das Swinemünde aus den Memoiren *Meine Kinderjahre*, wo Fontane zwar die Stadt seiner Kindheit ambivalent beurteilt, aber als einen »Ort von ganz besonderem Reiz«[5] bezeichnet.

Sollte man den Autor des Romans beim Wort nehmen, so müßte man Kessin auf der Landkarte nicht bei Swinemünde, sondern weit in östlicher Richtung, etwa zwischen Stolp und Danzig, suchen. So findet sich im Roman ein Hinweis auf die in der Umgebung von Kessin lebenden Kaschuben: »»Was du hier landeinwärts findest, das sind sogenannte Kaschuben, von denen du vielleicht gehört hast, slawische Leute, die hier schon tausend Jahre sitzen und wahrscheinlich noch viel länger.‹«[6]

Diese Worte Innstettens zu Effi über die Kaschuben am Tag ihrer Ankunft in Kessin verweisen auf einen slawischen Stamm an der Ostsee, dessen angestammte Gebiete nicht vor Swinemünde liegen. Fontane erwähnt zwar auch im Buch *Meine Kinderjahre* Slawen, die in seiner Kindheit möglicherweise noch die Umgebung von Swinemünde bewohnten (»In den umliegenden großen und reichen Dörfern wohnten vielleicht noch wendisch-pommersche Autochtonen aus den Tagen von Julin und Vineta her.«[7]), aber die Autochtonen bei Swinemünde waren keine Kaschuben, von denen in *Effi Briest* die Rede ist. Meyers großes Konversations-Lexikon aus dem Jahre 1908 bringt über die Kaschuben u. a. folgende Informationen:

»Kassuben (Kaschuben), alter slaw. Volksstamm, der ehedem das Gebiet zwischen der Persante [...] und der unteren Weichsel ausfüllte, gegenwärtig aber auf die westpreußischen Kreise Putzig, Neustadt, Karthaus und Danziger Höhe, zum Teil auch Berent, Konitz und Schlochau und einige Punkte von Pommern beschränkt ist. Die Kassuben sind katholisch; ihre Zahl dürfte 200 000 nicht übersteigen.«[8]

Die Kaschuben, die in der Nähe von Danzig ansässig sind, bewohnten im 19. Jahrhundert auch das östliche Pommern, wo sie noch in abgelegenen Dörfern beim Lebasee anzutreffen waren – man sprach dort von Lebakaschuben. Sie waren ein Rest der altslawischen Pommoranen. Ihr angestammtes Land, in dem die staatliche Hoheit in der Vergangenheit mehrmals wechselte, war seit Jahrhunderten ein ausgeprägter Kulturgrenzraum. Christian Graf von Krockow, der einer in diesem Gebiet alteingessesenen Familie entstammt, schreibt in seinem Buch *Die Reise nach Pommern* (1985) über die Kaschuben folgendes:

»In Pommern schwanden der Stamm und die Sprache kaum merklich dahin, weil es für die Protestanten im protestantischen Staat einfach keinen Anlaß dazu gab, sich im Widerstand zu behaupten. Anders in Pomerellen-Westpreußen, in dem Gebiet, das 1466 der Deutsche Orden an Polen abgetreten hatte und das daher als ›Preußen königlich-polnischen Anteils‹ die Reformation nicht mitvollzog. Hier bewahrten die katholischen Kaschuben ihre Identität weit stärker, und als schließlich der protestantische Staat ihnen als Feind der Kirche erschien, verbanden sie sich im gemeinsamen Abwehrkampf mit den Polen.«[9]

Von Krockow verweist in seinem Buch auf eine im östlichen Kulturgrenzraum Deutschlands weit verbreitete stereotype Vorstellung – »katholisch gleich polnisch, protestantisch gleich deutsch«, die um die Jahrhundertwende in den östlichen preußischen Provinzen, besonders in West- und Ostpreußen, das nationale Identitätsbewußtsein der Bewohner bestimmte. Während im 19. Jahrhundert in Pommern die slawische Sprache der protestantischen Slowinzen so gut wie verschwunden war,[10] besannen sich die katholischen Kaschuben in Pomerellen-Westpreußen auf ihre eigene Identität. Die zeitgenössischen Publikationen legen ein Zeugnis ab von nationalen Spannungen in dieser Region nach dem Kulturkampf.[11]

Wenn Fontane im Roman *Effi Briest* die Bewohner der Umgebung von Kessin als Kaschuben bezeichnet, so verwertet er literarisch die mit dem Begriff »Kaschuben« zusammenhängenden Konnotationen und verleiht dem epischen Raum die Dimensionen des Kulturgrenzraums. Die »wendisch-pommerschen Autochtonen«, von denen er im autobiographischen Roman *Meine Kinderjahre* berichtet, wurden im 19. Jahrhundert restlos integriert. Vorpommern mit Swinemünde war kein Raum nationaler Spannungen. Aber das kaschubische Hinterland, ein Gebiet, das nach der Reichsgründung den preußischen Einflüssen entgleitet, verfremdet den epischen Raum in *Effi Briest*. Dahinter steckt nicht nur die eigene Historizität der Kaschuben, sondern Fontane spielt in seinem Roman auch auf den latenten nationalen Antagonismus in den Ostprovinzen an. Dieser Antagonismus und das häufig abschätzige Verhältnis zu den armen, die unwirtlichen Moränengebiete bewohnenden kaschubischen Bauern lag auch wohl dem damals funktionierenden Schimpfwort ›Kaschube‹ zugrunde.[12]

Elemente der national-mentalen Charakteristik der Bewohner dieser Provinz, wie Fontane sie im Roman *Effi Briest* wiedergibt, stützen die Gegensätze zwischen Hohen-Cremmen und Kessin. Bei Fontane lesen wir: »›Eure märkischen Leute sehen unscheinbarer aus und verdrießlicher, und in ihrer Haltung sind sie weniger respektvoll, eigentlich gar nicht, aber ihr Ja ist Ja und Nein ist Nein, und man kann sich auf sie verlassen. Hier ist alles unsicher.‹«[13]

Man beachte, daß dieses Urteil von Innstetten, dem Repräsentanten des Preußentums, stammt, der hier gewissermaßen auch eine offiziöse Stellung vertritt. Von Innstetten wird ähnlich Golchowski charakterisiert, der nach den Auffassungen des Landrats »›ein halber Pole‹« und »›ein ganz unsicherer Passagier‹«[14] ist. Auch Golchowski steht hier für die Bewohner der östlichen Provinzen Preußens bzw. des Deutschen Reiches. Vor dem Gasthaus »Zum Fürsten Bismarck« wirkt er wie ein heimlicher Starost, was seine polnischen Konnexionen verstärkt. Golchowski ist eine Symbolfigur, der Effi wie einem Türhüter dieses Landes bei der Ankunft in Kessin und bei ihrer Abreise begegnet. Dem Landrat erscheint er ebenso einflußreich wie suspekt. Innstettens Argwohn gegenüber Golchowski resultiert daraus, daß Innstetten hinter der überspitzten Loyalität des Gastwirts nationale Widerborstigkeit vermutet.[15] Es kommt Fontane in *Effi Briest* nicht darauf an, sich mit nationaler Problematik oder nationalen Gegensätzen im Osten Deutschlands explizite auseinanderzusetzen, aber er benutzt den nationalen Antagonismus zur symbolischen Gestaltung des epischen Raumes. Es wird bereits bei der Ankunft Effis in Kessin deutlich, daß Innstettens junge Frau sich in einen Raum begibt, der vom preußischen Standpunkt aus nicht ganz geheuer ist. Der Argwohn Innstettens gegenüber Golchowski findet ein Pendant im Mißtrauen gegenüber Crampas, der zwar keine polnische Provenienz hat, jedoch von Effis Ehegatten zusammen mit Golchowski mit demselben Stereotyp in einen Topf geworfen wird: »›Er ist so ein halber Pole, kein rechter Verlaß, eigentlich in nichts, am wenigsten mit Frauen.‹«[16]

Im Roman Fontanes fallen nationalen Momenten in erster Linie symbolische Funktionen zu.[17] Mit Kessin bietet sich in der epischen Wirklichkeit ein Gegenraum zu Hohen-Cremmen. Kessin liegt außerhalb des Raumes der märkisch-preußischen Lebensformen und Traditionen. Effi findet selbst zu dem Adel aus der Umgebung von Kessin keine Fühlung. Fontane verwendet – was in der erzählenden Literatur keine Seltenheit ist – den Kontrasteffekt räumlicher Oppositionen.[18] Das märkische Hohen-Cremmen und das pommersche Kessin bilden Gegenräume. Wo liegt aber in der Tat Kessin, ein Ort, der der Titelfigur noch vor ihrer Ankunft suspekt vorkommt und in dem sie so vehement aus dem Standeskodex ausbricht und ihre ganze Existenz aufs Spiel setzt? Im Roman Fontanes fällt der regionalen Bestimmung des epischen Raumes eine wesentliche Rolle zu. Aber Kessin läßt sich geographisch nicht näher bestimmen. Fontane führt widersprüchliche topographisch-regionale Momente ein. Die Kessiner Realitäten und Räumlichkeiten verweisen auf Swinemünde und Vorpommern, das kaschubische Hinterland und Golchowski gehören eher ins Westpreußen, während der im Roman ebenfalls geschilderte Landadel mit treu preußischer Gesinnung und beengter protestantischer Religiosität wiederum auf Hinterpommern hindeutet. Vielleicht tut Fontane mit der betont provinziellen Mittelmäßigkeit der hier abgebildeten Gutsbesitzer den pommerschen Junkern aber unrecht? Immerhin galten die östlichen Provinzen Pommern und Ostpreußen ebenso wie die Mark Brandenburg als preußische Kernländer. Fontane kommt es nicht auf die räumlich-geographische Exaktheit an. Er verficht in erster Linie das Ziel, die Opposition zwischen dem Lebenskreis in Hohen-Cremmen und dem in Kessin zu gestalten. Die Lebensformen der pommerschen Gutsbesitzer unterschieden sich aber nicht dermaßen von denen des märkischen Adels, als daß allein mit den pommerschen Realien ein literarischer Gegenraum für die Mark Brandenburg hätte dargestellt werden können. Fontane verleiht deshalb Kessin Bedeutungen, die er nicht in der pommerschen Realität, wohl aber im damaligen Westpreußen[19] findet. Dazu gehört etwa das kaschubische Hinterland. Es kommt ihm in erster Linie auf die sinntragende Bedeutung des epischen Raums an und nicht auf eine exakte regionale Bestimmung. Daraus resultiert ein Nebeneinander von unterschiedlichen regionalen und nationalen Momenten. Kessin ist jedenfalls – trotz gewisser Ähnlichkeiten mit Swinemünde – mit dieser Stadt nicht gleichzusetzen.

Eine räumliche Opposition findet sich auch in *Mathilde Möhring*. Hier werden Berlin und Woldenstein in Westpreußen, deutsche Metropole und preußische Provinz im deutschen Osten, entgegengestellt. Heinrich Heine, der 1822 eine sechswöchige Reise in die preußisch polnischen Gebiete unternahm, stellte fest, wie provinziell dort das Leben in den kleinen Städten war und wie wenig attraktiv dieses Land für die preußische Beamtenschaft erschien. Heine schrieb:

»Viele deutsche Beamten werden oft, ohne ihren Willen, nach Polen versetzt, suchen aber sobald als möglich wieder heraus zu kommen; andere sind von häuslichen Verhältnissen in Polen festgehalten. Unter ihnen finden sich auch solche, die sich darin gefallen, daß sie von Deutschland isoliert sind; die sich bestreben, das bißchen Wissenschaftlichkeit, das sich ein Beamter, zum Behuf des Examens erworben haben mußte, so schnell als möglich wieder aus zu gähnen.«[20]

Auch wenn die Handlung von *Mathilde Möhring* mehrere Jahrzehnte später in einer veränderten Realität des Deutschen Reiches spielt, macht die Schilderung Heines deutlich, warum Fontanes Mathilde ein kleines Nest in Westpreußen als Wirkungsbereich für den passiven und bequemen Hugo Großmann aussucht. Mit seiner notdürftigen Ausbildung kann Hugo ausgerechnet in den östlichen Provinzen zu raschem gesellschaftlichem Ansehen gelangen. Fontane entnimmt aber dieser Grenzlandschaft allerlei Bedeutungen, die nicht nur das Provinzielle dieser Gebiete herausheben. Der Osten Deutschlands erscheint als ein Raum von Lebensformen, an denen sich die Titelfigur reibt.

Das auf Berechnung[21] aufbauende Streben Mathildes wird besonders im Kontrast zu den Figuren Rybinskis und des Grafen Goschin konturiert. Beide sind Träger der hier als polnisch-national zu betrachtenden Eigenschaften[22] (wobei das Polentum Rybinskis fragwürdig erscheint, denn man bleibt im Ungewissen, ob seine »Polenmütze«[23] auf die nationale Identität dieser Figur oder bloß als Requisit auf das Theaterhafte ihrer Existenz verweist). Mit den Figuren Rybinskis und des Grafen Goschin werden von Fontane solche Eigenschaften heraufbeschworen, wie Spielsucht, Lebenslust und Übermut, mit denen etwa auch schon Heine in seinem Aufsatz *Über Polen* den polnischen Adel charakterisiert. Diese Eigenschaften stehen hier im Gegensatz zum Streben der Hauptfigur. Rybinski, der nicht der Pflicht, sondern der Neigung lebt, übt mit seiner leichten Lebensart auf den willensschwachen und träumerischen Hugo Großmann eine unwiderstehliche Anziehungskraft aus. Er fungiert auch als Mathildes Gegenspieler: verschwenderisch, schwärmerisch, leichtlebig, von Berechnung keine Spur. Für Mathilde, die Hugo ans Examen heranführen will, ist Rybinski »eine Gefahr, noch dazu eine komplizierte«.[24] Er ist »für die, die abspringen«.[25] Um im Theater als Kosinsky aufzutreten, wo er im Grunde sich selbst darstellt, verzichtet Rybinski sowohl auf das Studium als auch auf das Adelsprädikat. Hugo Großmann, der sich dem Druck des Studiums und später wohl auch dem seines Amtes nicht gewachsen fühlt, spielt mit dem Gedanken an die »Rybinski-Wege«.[26] Selbst während des Silvesterballs in Woldenstein beneidet der anscheinend erfolgreiche Bürgermeister Rybinski: »Hugo dachte den ganzen Abend über an Rybinski und beneidete das Stehen in der freien Kunst.«[27]

Zu Mathildes Strategie gehört, Hugo dem Einfluß Rybinskis zu entziehen. Mit dem von ihr angeregten Umzug nach Westpreußen begibt sie sich aber gerade in einen Raum von Lebensformen, die Rybinski repräsentiert. Hugo gehört in Woldenstein zwar zur preußischen Oberschicht, aber der epische Raum wird hier untergründig durch das Polentum bestimmt. Die zum kulturellen Grenzland gehörenden Momente bilden in der Erzählung ein Netz von Bedeutungen, die auf das Andersartige dieses Raumes verweisen: Hugos Cousinen am Hochzeitstag, »halb polnisch und sehr hübsch«,[28] die katholische Umwelt, die kleinstädtischen Juden, das vom landrätlichen Hauswesen angeblich gewonnene Polentum (so in Mathildes Zeitungsartikel) und die Haltung der Landrätin, die »sich die Festigung des christlich Germanischen zur Lebensaufgabe gestellt hatte«.[29] Nicht Hugo, sondern Mathilde verfängt sich in den ihrem Wesen fremden Lebensformen. Man gewinnt den Eindruck, daß Mathilde sich in Woldenstein übernimmt. Auf der Höhe ihres Aufstiegs gibt sie ihre durch Kalkül gekennzeichnete Rolle auf und nimmt eine Identität an, zu der auch Spielsucht, Lebenslust und Übermut gehören, Eigenschaften, die hier bereits im Zusammenhang mit den Polenfiguren aus dieser Erzählung genannt worden sind. »Es kann auch mal schiefgehen«,[30] warnt Hugo seine Frau nach ihrem gelungenen Coup mit dem Zeitungsartikel. Nach dem Silvesterball ignoriert Mathilde übermütig die Erkrankung ihres Mannes: statt

Zuckerwasser bereitet sie ihm Kaffee zu und statt am nächsten Tag ihren fiebernden Mann nach Hause zu bringen, läßt sie sich von dem Grafen Goschin, der ein Pendant zu Rybinski ist, zu einer Schlittenfahrt verleiten. Hugos tödliche Erkrankung ist von Mathilde nicht abgewendet worden, sie kann deshalb in der Erzählung nicht nur als Zufall aufgefaßt werden. Diese Krankheit ist ebenso auf die schwächliche Natur Hugos wie auf die Anmaßung Mathildes zurückzuführen. Ihren Übermut überwindet Mathilde im Moment, als sie nach dem Tode ihres Mannes die ihr vom Grafen Goschin angebotene Stelle als Hausdame abschlägt und sich in ihre alten Lebensformen zurückzieht.

Auch in *Mathilde Möhring* – wie in *Effi Briest* – steht die nationale Problematik nicht im Vordergrund des Erzählvorgangs. Fontane nimmt aber mit sicherem politischem Instinkt die nationalen Aspekte der Realität in den östlichen Provinzen des Deutschen Reiches wahr.[31] Als Bürgermeister in Woldenstein eignet sich Hugo beispielsweise eine betont patriotische Gesinnung an und wird zum Verfechter der preußischen Ideologie – eine Rolle, die zu ihm kaum paßt.

Im Roman *Der Stechlin* entnimmt Fontane der deutsch-slawischen Nachbarschaft ganz andere Momente. In diesem Werk finden sich zahlreiche Anspielungen auf die slawische Komponente in der Geschichte der Mark Brandenburg. Auffallend sind zunächst die slawisch klingenden Namen der Personen und Ortschaften. Dies fängt bei dem – wie im Roman betont wird – zur pommerschen Tradition gehörenden Vornamen ›Dubslav‹ des alten Stechlin an. Daß Namen für die menschliche Identität ins Gewicht fallen und in diesem Roman von symbolischer Bedeutung sind, betont Fontane, indem er die kritische Einstellung Dubslavs zu seinem Vornamen zeigt (»solche Namensmanscherei verwirrt bloß«[32]). Die Halbschwester Dubslavs, Adelheid von Stechlin, ist eine geborene Radegast, was der Name einer wendischen Gottheit ist. Bei der Domina, die hier für »das märkisch Enge, das Mißtrauen gegen alles, was die Welt der Schönheit oder gar der Freiheit auch nur streifte«[33] steht, ist – wie Melusine, ihr Gegenstück, formuliert – »›[a]lles so wendisch‹«.[34] Solche Anspielungen auf das Heidnisch-Wendische sind im Roman Fontanes ironisch-humoristisch aufzufassen, wie etwa auch der Name einer anderen Stiftsdame aus dem Kloster Wutz, des Fräuleins Triglaff aus dem Hause Triglaff, von der Fontane berichtet: »Eine direkte Deszendenz von dem gleichnamigen Wendengotte [...] war freilich nicht nachzuweisen, aber doch auch nicht ausgeschlossen.«[35] Durch ihre Frequenz wirken sich die Anspielungen auf das alte Slawentum – ungeachtet ihrer humoristischen Funktion – auf den literarischen Raum regional bestimmend aus. Das wendisch anmutende Fräulein Triglaff ähnelt auffallend dem Lehrer Krippenstapel, der sich als Autorität in Sachen der märkischen Vergangenheit erkennen läßt. Diese Ähnlichkeit mit der Triglaff läßt auch bei Krippenstapel Affinität mit dem Wendentum ahnen. Krippenstapel ist im Roman *Der Stechlin* eine Figur, die den Einstieg in die Historizität erschließt, etwa wenn er den Auffassungen des Ministerialassessors Rex über die Herkunft der Stechliner Kirche widerspricht oder die Barbys durch das

Stechliner Museum führt. Da die Geschichte des Ortes Stechlin in der Zeit vor dem Dreißigjährigen Krieg nicht dokumentiert werden kann, was im Roman hervorgehoben wird, ersetzen in der Romanwelt solche historischen Artefakte wie die Namen der Personen oder ihre äußerliche Erscheinung die fehlende Historizität. Zu den Wurzeln der märkischen Wesensart gehört hier das immer wieder hervorschimmernde Wendische, das für das Herkömmliche und Ursprüngliche, das Heidnische, Gespenstische, Enge und Häßliche steht.[36]

Inhaber eines slawischen Nachnamens und zugleich slawischer Eigenschaften, wie »frivole Natur«[37] und »latente Sinnlichkeit«,[38] ist im Roman Czako. Der Held selbst äußert über die Wirkung seines Namens in der deutschen Hauptstadt: »»Hier hat ‚Czako' ja auch schon einen Beigeschmack, einen Stich ins Komische, aber das Slawische drin gibt ihm in Berlin etwas Apartes.««[39] Der Klang des Namens und der Kontext, in dem im Roman die Herkunft der Czakos erörtert wird: Huß, Ziska, Hunyadis, lassen auf die habsburgischen Konnexionen der Czakos und ihre tschechisch-schlesische Herkunft schließen. Der Leser des Romans erfährt, daß »der erste wirkliche Czako noch keine zweihundert Jahre alt ist«.[40] Es liegt nahe, daß die Czakos in der von Friedrich II. für Preußen gewonnenen Provinz Schlesien beheimatet sind. So ist Czako bei Fontane eine Figur, die für den territorialen Wandel Preußens im 18. Jahrhundert steht. Er vertritt hier besonders den schlesischen Adel, der z. B. nicht auf die preußischen Traditionen vor 1740 zurückgreifen konnte. Eine solche Figur – in den Werken Fontanes finden sich dergleichen mehr – wird durch die Spannung zwischen Kontinuität und Wandel bestimmt. Czako, der sich seines Außenseitertums in der preußischen Rangordnung bewußt ist, wird im Roman als »ein ganz moderner, politisch stark angekränkelter Mensch« charakterisiert, der an »strammster Dienstlichkeit«[41] keinen Zweifel läßt.

Im Roman Der Stechlin berufen sich die märkischen Junker auf die preußischen Traditionen und die historische Kontinuität, und sie sind mitunter stolz darauf, daß sie – wie die Stechlins – »schon vor den Hohenzollern da waren«.[42] Vom Herrn von Alten-Friesack, den das »wendisch Götzenbildartige«[43] seines Kopfes besonders kennzeichnet, heißt es im Roman: »Er hielt sich nämlich (worin er einer ererbten Geschlechtsanschauung folgte) für den einzig wirklich berechtigten Bewohner und Vertreter der ganzen Grafschaft.«[44] Es ist eine historische Tatsache, daß im Preußen des 18. und 19. Jahrhunderts nur Bruchteile der Bevölkerung von altpreußischen Traditionen geprägt worden waren.[45] Wo aber die historische Kontinuität fehlt, fängt das Fragwürdige der nationalen oder territorialen Identität an. Fontane war sich dieses Zusammenhangs bewußt, was ihn veranlaßte, bei der Gestaltung seiner Figuren immer wieder dem Problem der historischen Kontinuität nachzugehen. Den extremen Standpunkt vertritt im Roman Adelheid von Stechlin, die im Brief an Woldemar pauschal ihr Mißtrauen gegenüber dem nicht märkischen Adel äußert: »»Was ich Adel nenne, das gibt es nur noch in unsrer Mark und in unsrer alten Nachbar- und Schwesterprovinz««[46] (sie meint hier

Pommern). Sie macht besonders dem schlesischen Adel das Preußentum streitig: »»Die schlesischen Herrschaften, die sich mitunter Magnaten nennen, sind alle so gut wie polnisch.«« [47] Daß aber Woldemar ungeachtet der Mahnungen seiner Tante eine Barby heiratet – und die beiden Schwestern sind gerade durch internationale Konnexionen in höchstem Grade bestimmt –, bedeutet, daß in der Romanwelt der enge Standpunkt über den märkischen Adel, der allein das Preußentum vertreten will, überwunden wird.

Fontanes Spätwerk fällt in eine Zeit wachsender nationaler Spannungen in verschiedenen Teilen Europas, von denen auch die östlichen Provinzen Deutschlands mit ihren slawischen, insbesondere den polnischen Bewohnern, nicht verschont geblieben sind. Die nationalen Gegensätze stehen nicht im Mittelpunkt der Altersromane Fontanes, aber der Autor stützt sich bei der Gestaltung der sozialkritischen Aussage auch auf die nationalen Besonderheiten in den östlichen preußischen Provinzen, die ihm gesellschaftliche und symbolische Bedeutungen liefern. Während die »wendische« Komponente in der Mark Brandenburg bei Fontane in keinem Spannungsverhältnis zur modernen preußisch-deutschen Realität steht und einen Bestandteil der märkischen Identität bildet – dies wird im Roman *Der Stechlin* versinnbildlicht –, werden in Fontanes späten Romanen besonders die polnischen Momente dem Preußentum entgegengestellt. Diese Opposition, in *Vor dem Sturm* explizite gestaltet, funktioniert implizite in der epischen Realität der Romane *Effi Briest* und *Mathilde Möhring* nicht nur als Ausdruck nationaler Gegensätze, sondern auch als Kontrast von unterschiedlichen Lebensformen. Die preußischen Ostprovinzen als Handlungsschauplatz verfremden den epischen Raum. So bildet etwa das Gebiet der Kaschuben in *Effi Briest* eine räumliche Opposition zu Effis märkischer Heimat. Die polnische Herkunft der Figuren und ihre nationalen Eigenschaften dienen einer scharfen Konturierung der preußischen Gestalten etwa in *Mathilde Möhring*. Daß sich der Autor zuweilen negativ der nationalen Besonderheiten bedient, um wertende Konnotationen anzubringen, steht wohl in keinem Widerspruch zur realistischen Literaturauffassung. Nichtsdestoweniger ist Fontane in seinem Spätwerk um Objektivität bei der Behandlung der nationalen Problematik bemüht.

Anmerkungen

1 RUDOLF VON THADDEN: *Fragen an Preußen. Zur Geschichte eines aufgehobenen Staates.* München 1981, S. 29.

2 Bezeichnend ist die Reaktion Effis auf die Schilderung von Kessin durch Innstetten, als ihr zunächst angeregtes Interesse für das Exotische in Mißmut wegen des Fadenscheinigen der Bewohnerschaft überschlägt. Auch Effis Ängstlichkeit während der Kutschenfahrt nach Kessin nimmt die sie hier erwartende Isolierung und Einsamkeit vorweg. Es wird, noch bevor Effi in Kessin eintrifft, sichtbar, wie wenig Innstetten imstande ist, seiner jungen Frau die Geborgenheit des Elternhauses in Hohen-Cremmen zu ersetzen und ihr Perspektiven

eines erfüllten Lebens zu bieten. Vgl. THEODOR FONTANE: *Effi Briest.* In: DERS.: *Romane und Erzählungen in drei Bänden.* Hrsg. v. HELMUTH NÜRNBERGER. München und Wien 1985, S. 472–476.

3 Kessin verbindet mit anderen Hafenstädte an der Ostsee, daß hier Eingewanderte »aus aller Welt Ecken und Enden« (ebd., S. 475) leben, Kaufleute und Unternehmer, die »mit aller Welt in Verbindung stehen« (ebd., S. 268). Es wird im Roman aber auch darauf verwiesen, daß sie nur mäßigen geschäftlichen Erfolg haben: der schottische Maschinen- und Baggermeister, der zwar Macpherson heißt, aber bloß »ein verhutzeltes Männchen« (ebd., S. 270) ist, der aus Lissabon stammende Wundarzt Beza, den nur der ähnlich klingende Name mit dem berühmten General de Meza verbindet, Stedingk, der zwar Abkömmling einer schwedischen Familie, aber kein Reichsgraf, sondern nur Goldschmied ist, schließlich der dänische, wohl langweilige Doktor Hanemann.

4 Vgl. CHRISTIAN GRAWE: *Führer durch Fontanes Romane. Ein Lexikon der Personen, Schauplätze und Kunstwerke.* Stuttgart 1996, S. 178f.

5 THEODOR FONTANE: *Meine Kinderjahre.* Berlin und Weimar 1984, S. 52.

6 FONTANE, wie Anm. 2, S. 473.

7 FONTANE, wie Anm. 5, S. 57.

8 *Meyers großes Konversations-Lexikon. Ein Nachschlagewerk des allgemeinen Wissens.* Leipzig und Wien 1908. Bd. 10, S. 722.

9 CHRISTIAN GRAF VON KROCKOW: *Die Reise nach Pommern. Bericht aus einem verschwiegenen Land.* München 1994, S. 172f.

10 Slowinzisch – eine zum Ostflügel des Pommoranischen gehörende, um 1900 ausgestorbene westslawische Sprache.

11 Vgl. FRIEDRICH LORENTZ: *Geschichte der Kaschuben.* Berlin 1926, S. 131.

12 Vgl. im Roman *Der Stechlin* den Streit zwischen Professor Cujacius und Dr. Wrschowitz, den jener »Kaschube, Wende, Böhmake« beschimpft. – THEODOR FONTANE: *Der Stechlin.* In: *Romane und Erzählungen in drei Bänden,* wie Anm. 2, Bd. 3, S. 401.

13 FONTANE, wie Anm. 2, S. 472.

14 Ebd.

15 Es sei an dieser Stelle gesagt, daß beispielsweise alle Gastwirte im sorbischen Gebiet um die Jahrhundertwende Deutsche waren. Da im Gasthaus deutsch gesprochen wurde, trug dieses Etablissement wesentlich zur Verbreitung des Deutschen unter diesem slawischen Stamm bei. Das Gasthaus war Zentrum des geselligen Lebens im Dorf, zugleich auch ein Faktor der Nationalpolitik des Wilhelminischen Reiches. Vgl. DR. FRANZ TETZNER: *Die Slawen in Deutschland. Beiträge zur Volkskunde der Preussen, Litauer und Letten, der Masuren und Philipponen, der Tschechen, Mähren und Sorben, Polaben und Slowinzen, Kaschuben und Polen.* Braunschweig 1902, S. 293.

16 FONTANE, wie Anm. 2, S. 575.

17 Diese Aspekte lassen allerdings über das Politische hinaus auch andere Deutungen zu. Auf Grund von Zusammenhängen zwischen der Titelfigur und Golchowski erkennt Christian Grawe z. B. einen »triebhaft-polnische[n] Einfluß« über Effis Leben in Kessin. – GRAWE, wie Anm. 4, S. 123. Grawe stellt in einer Interpretation des Romans auch fest, »daß die

wendisch-slawische Welt in ›Effi Briest‹ immer wieder das Unordentliche, Triebhaft-Ur-sprüngliche suggeriert ...« – *Interpretationen. Fontanes Novellen und Romane.* Hrsg. v. CHRISTIAN GRAWE. Stuttgart 1991, S. 234.

18 Vgl. das Kapitel »Räumlichkeit und Regionalität« in: NORBERT MECKLENBURG: *Erzählte Provinz: Regionalismus und Moderne im Roman.* Königstein/Ts. 1982, S. 31–38.

19 Westpreußen – ein 1772 an Preußen angeschlossenes Gebiet. Einst pommersches bzw. pruz-zisches, vom Deutschen Orden erobertes Gebiet, das dann mehr als 300 Jahre unter polni-scher Hoheit stand.

20 HEINRICH HEINE: *Über Polen.* In: DERS.: *Sämtliche Schriften.* München 1995. Bd. 2, S. 90.

21 Vgl. HUGO AUST: *Mathilde Möhring. Die Kunst des Rechnens.* In: GRAWE: *Interpretationen,* wie Anm. 17, S. 275–295.

22 Es sind solche Eigenschaften gemeint, die sich in die Tradition der Darstellung der Polenfiguren in der deutschen Literatur des 19. Jahrhunderts einreihen.

23 THEODOR FONTANE: *Mathilde Möhring.* In: *Romane und Erzählungen in drei Bänden,* wie Anm. 2, Bd. 3, S. 501.

24 Ebd., S. 531.

25 Ebd., S. 502.

26 Ebd., S. 522.

27 Ebd., S. 566.

28 Ebd., S. 554.

29 Ebd., S. 561.

30 Ebd., S. 564.

31 Etwa in der Haltung des Landrats zu den Polen oder in Hugos Antrittsrede in Woldenstein. Ebd., S. 556.

32 FONTANE, wie Anm. 12, S. 109. Auch der tschechische Musiker Wrschowitz tut sich im Roman mit seinem dänischen Namen Niels in auffallender Weise schwer.

33 Ebd., S. 180.

34 Ebd., S. 357.

35 Ebd., S. 189.

36 Beispielsweise äußert Melusine: »›Mistelbusch ist auch noch so ein Überbleibsel aus heid-nischer Zeit her, bei den alten Deutschen gewiß und bei den Wenden wohl auch, für den Fall, daß die Stechlins wirkliche Wenden sind. Wenn ich Tante Adelheid ansehe, glaub' ich es beinah. Und wie sie von den Hühnern sprach und den Eiern. Alles so wendisch.‹« Ebd., S. 357f.

37 Ebd., S. 172.

38 Ebd., S. 175.

39 Ebd., S. 310.

40 Ebd., S. 186.

41 Ebd., S. 142.

42 Ebd., S. 107.

43 Ebd., S. 473.

44 Ebd., S. 474.
45 Vgl. THADDEN, wie Anm. 1, S. 44.
46 FONTANE, wie Anm. 12, S. 259.
47 Ebd.

Fontane und Böcklin. Eine Recherche

REGINA DIETERLE

1878 empörte in Berlin Böcklins Gemälde *Gefilde der Seligen*, zehn Jahre später erregte Fontanes Roman *Irrungen, Wirrungen* (1888) die Gemüter. Im Rückblick auf das Ende des 19. Jahrhunderts scheint deutlich zu werden, dass beide Künstler mit ihren je eigenen Mitteln den Nerv ihrer Zeit trafen, in Szene setzten, was schließlich um die Jahrhundertwende mit Freuds Schriften öffentliches Gespräch wurde: das Triebhafte, die unbewussten Wünsche, der Zwiespalt zwischen Wollen und Dürfen.[1]

Dass es zwischen Fontane und Böcklin einen ganz konkreten Bezug gibt, wird einem schließlich auch bei der Lektüre von *Effi Briest* bewusst. Der Roman erzählt ja in den Anfangskapiteln, wie Effi kurz nach ihrer Verlobung in die Berliner Nationalgalerie und vor das Böcklin-Gemälde *Die Gefilde der Seligen* geführt wird. Fragt man sich, was dieser Böcklin in einem Fontane-Roman treibe, kommt man zu einem erstaunlichen Ergebnis: Fontane hat sich in einem Zeitraum von 40 Jahren und bis an sein Lebensende mit dem Schaffen des Schweizer Malers auseinandergesetzt.

Dabei ist er dem acht Jahre jüngeren Arnold Böcklin (1827–1901) wohl nie persönlich begegnet. Erst gegen Ende seines Lebens und kurz vor der Jahrhundertwende kam es zu einer flüchtigen *künstlerischen* Begegnung: Beide, sowohl Fontane wie Böcklin, begannen ihre Werke in der neuen, der Moderne verpflichteten Zeitschrift *Pan* zu publizieren, die als eine außergewöhnlich sorgfältig gestaltete Edition ab 1897 im Verlag von Fontanes Sohn Friedrich erschien.[2]

Die wichtigsten Bildideen des umstrittenen Malers kannte Fontane, lange bevor Böcklin in Deutschland Furore machte. Erstmals auf ihn aufmerksam geworden ist er wohl im März 1859, als er in München weilte und sich erfolglos um den Posten als königlicher Bibliothekar bemühte. Böcklin, der damals recht ärmlich mit seiner Familie in München wohnte, hatte zu diesem Zeitpunkt gerade die Aufmerksamkeit der Kunstwelt auf sich gezogen, weil der bayrische König Maximilian II. ein Bild von ihm erworben hatte.

In München lebte damals auch der erste Sammler von Böcklin-Gemälden, Freiherr[3] Adolf von Schack (1815–1894). In jenem März 1859 wurde Fontane durch den Freund Paul Heyse, der übrigens auch mit Böcklin eng befreundet war und sich um die Anerkennung des jungen Künstlers bemühte, bei Schack eingeführt. Schacks berühmte Gemäldegalerie, die 1939 in die Bayerischen Staatsgemäldesammlungen eingegliedert wurde, war (und ist) eine erste Adresse für bildende Kunst. Bei seinen Besuchen in München zog es Fontane denn auch jeweils zu Schack.[4] 1875 notierte er beispielsweise: »In München [...] Angenehme Tage. [...] Galerie Schack, in der mich vorzugsweise die Böcklins interessierten.«[5]

Mitte der 70er Jahre konnte Fontane in der Schack-Galerie 16 Böcklin-Gemälde[6] studieren, Gemälde, die bereits die wichtigsten Themen und Bildgedanken des Malers enthielten. So sah Fontane unter anderen das damals neue, heute berühmte Gemälde *Triton und Nereide* (1873/74) sowie *Drache in einer Felsenschlucht* (1870),[7] ein Bild, das ihm besonders wichtig war.

Arnold Böcklin: Die Gefilde der Seligen, 1877/78
170 x 250 cm
Staatliche Museen, Preußischer Kulturbesitz, Nationalgalerie Berlin

Böcklins Bilderwelt wirkte in Fontane stark nach. Eine Pferdewagenfahrt im August 1875 von Thusis durch die gefährliche Via Mala nach Bellinzona erlebte er als Fahrt durch die Böcklinsche »Felsenschlucht«. Das Naturerlebnis wurde ihm zum Kunsterlebnis, wenn er seiner Frau Emilie schrieb:

»[...] Beständig drängte sich mir die Erinnerung an das Böcklinsche Bild auf; alles war da; nur der Ichthyosaurus kuckte *nicht* aus seinem Felsenfenster heraus. Und dennoch fehlte auch er nicht; denn der Ichthyosaurus, den der Künstler so genial erfunden hat, ist allerdings der Genius loci dieses Orts, nichts als die Verkörperung des Schreckhaften, des Elementar-Ungeheuerlichen, das, aus Fabelzeiten her, hier seine Stätte hat. Was alles man auch über Böcklin sagen, ja ob man beweisen mag, daß dies und ähnliches gar keine malerischen Aufgaben seien, dennoch ist mir schließlich solch Nicht-Maler lieber als hundert andre, denen niemand ihren Titel bestreitet.«[8]

Böcklin suchte als Maler Mittel, eine bestimmte Landschaftsstimmung auszudrücken. Bei *Drache in einer Felsenschlucht* ging es ihm darum, die »Menschenfeindlichkeit des Hochgebirges«[9] auszusprechen. Was er hinzufügte – hier den Drachen bzw. nach Fontane den Ichthyosaurus – sollte dieser Bildidee dienen. Die Schrecken der Via Mala ließen sich der künstlerischen Idee Böcklins zufolge nicht mit getreuer Abschilderung, sondern nur mit dem ungeheuerlichen Drachen vermitteln. Das ungezähmte, wilde Phantasietier sollte beim Betrachter jenes Grauen erwecken, den der menschenfeindliche Ort auslöste.[10] Fontane empfand dies alles unmittelbar, als er selbst durch die Via Mala kam. – Allerdings: So unmittelbar, wie es ihm scheinen mochte, war dieses Empfinden nicht. Es war vielmehr ein Empfinden nach Bildern. Fontane erlebte, pointiert gesagt, nicht die Via Mala, sondern einen Böcklin.

Erleben zu ermöglichen, davon war Fontane schließlich überzeugt, war die eigentliche Aufgabe der Kunst. Gerade deshalb schätzte er die Kunst Böcklins, jedenfalls bis weit in die 70er Jahre. Die Fabel- und Mischwesen, die Drachen und Wasserfrauen zum Beispiel, waren für Fontane Verkörperungen seelischer Zustände und ermöglichten dem Betrachter das Erleben von so intensiven Gefühlen wie Schreck und Lust. An den Freund Karl Zöllner schrieb er:

»In meinem Gemüthe steht es [...] felsenfest, daß in aller Kunst – wenn sie mehr sein will als Dekoration – [...] auf etwas Seelisches, zu Herzen Gehendes ankommt, und daß alles was mich nicht erhebt, oder erschüttert oder erheitert oder gar gedanklich beschäftigt [...] keinen Schuß Pulver werth ist.«[11]

Fontane war, als er so schrieb, knapp 55jährig und jemand, der sich zeitlebens mit Fragen der Kunst beschäftigt hatte. Als er Theaterkritiker der *Vossischen Zeitung* geworden war, hätte er gern auch ein festes kunstkritisches Engagement übernommen, war aber bei Chefredakteur Hermann Kletke damit abgeblitzt. Abgeblitzt war er insbesondere mit dem Angebot, »2 höchst merkwürdige, epochemachende Bilder von Böcklin«[12] zu besprechen.

1876 holte Fontane nach, was ihm fünf Jahre zuvor die *Vossische* nicht zuge-

Arnold Böcklin: Drache in einer Felsenschlucht, 1870
152 x 92,5 cm
Bayerische Staatsgemäldesammlungen, Schack-Galerie München

standen hatte. In Paul Lindaus Wochenzeitung *Die Gegenwart* besprach er das neueste Gemälde Böcklins: die *Kreuzabnahme*.[13] Die *Beweinung unter dem Kreuz,* wie das Gemälde heute heißt[14], entstand während Böcklins Florentiner Aufenthalt (1874–1885), in einer Zeit, die als seine künstlerisch fruchtbarste gilt.[15] Als das Gemälde noch im Jahr seiner Fertigstellung 1876 in Berlin zu sehen war, erfuhr es sowohl heftige Ablehnung wie auch emphatische Zustimmung.

Fontanes Rezension weist sowohl auf die Vorzüge wie auf die Mängel der *Kreuzabnahme* hin und wird heute in der Böcklin-Forschung als wichtiges Urteil rezipiert.[16] Sein Kunsturteil maß sich an der unmittelbaren Wirkung des Gemäldes auf ihn selbst. Diese Wirkung beschreibt er so:

»[…] der erste Eindruck [ist] Schreck. Man fährt zurück. ›Was soll das?‹ fragt man sich in rasch aufsteigender Verstimmung. Und Verstimmung ist noch schlimmer als Schreck.«[17]

Da Fontane jedoch damals das Schaffen Böcklins schon seit fast 20 Jahren kannte, die Mehrheit der Berliner hingegen noch kaum je seinen Namen gehört hatten, fährt er als Kenner fort: »Indessen, es ist eine Arbeit Böcklins, und so geziemt es sich, Posto vor ihr zu fassen und eine Anfreundung zu versuchen. Es glückt auch wirklich […].«[18]

Berührend findet Fontane die Figurengruppe um den toten Christus, besonders die drei Köpfe. Denn hier entspinne sich »ein gutes Verhältnis, das angesichts des Petrus, der Maria und des Joseph von Arimathia von Minute zu Minute intimer«[19] werde. Alle drei trauern: der Mann, die Mutter, der Greis. Dieser trauernde Greis ist nach Fontane »die bedeutendste und selbständigste Figur des Bildes; die Maria [sei] zwar menschlich tiefer, aber dieser Joseph von Arimathia [sei] künstlerisch höher empfunden«[20].

Insgesamt schätzt Fontane als Böcklin-Kenner die meisterhafte Inszenierung der Stimmung. Er urteilt:

»Und gleichzeitig mit der Schönheit dieser drei Köpfe ist uns auch die Schönheit der Landschaft aufgegangen. Der Meister des Stimmungsbildes bewährt sich wieder; mit scheinbar einfachsten Mitteln ist ein Außerordentliches erreicht. Wie schön passen sich diese grauen Dämmertöne, und dazwischen das weiße Gemäuer, dem Hergang an!«[21]

Die Mängel des Bildes hebt Fontane jedoch auch hervor. Stilistisch störend empfindet er zum Beispiel die Darstellung von Maria Magdalena und Johannes, weil sie, wie er sich ausdrückt, »nach Salon und Katheder«[22] schmeckten. Magdalena wirke, so meint er, »als ob sie den Absagebrief eines heimlich Verlobten eben empfangen, Johannes, als ob er ihr das Trosteswort zuzurufen hätte: ›Lenchen, die Zeit heilt alles!‹«[23] Trotz aller Mängel in der Darstellung nimmt Fontane aber letztlich ganz Partei *für* den Maler. »Wir unsererseits«, so urteilt er abschließend, »in unerschütterter, ja trotz alledem und alledem in gesteigerter Empfindung für den Meister, lassen unsere Sympathien den Ausschlag geben.«[24] Böcklin gewinnt Fontanes Sympathien, weil er ein religiöses Thema ins Menschlich-Alltägliche

Arnold Böcklin: Beweinung unter dem Kreuz (Kreuzabnahme), 1876
164 x 250 cm
Staatliche Museen, Preußischer Kulturbesitz, Nationalgalerie Berlin

übersetzt und sich dadurch als Künstler des seelischen Ausdrucks erweist. Was zur Darstellung kommt, ist nicht eine Bibelszene, sondern – so Fontane – »ein Toter und die Trauer um ihn«.[25]

Kurz nach der Ausstellung der Böcklinschen *Kreuzabnahme*, noch im Jahre 1876, suchte die neueröffnete Berliner Nationalgalerie den Kontakt zu Böcklin. Bald darauf erhielt der in Florenz lebende Maler von der Kunstkommission den Auftrag, ein großes Landschaftsbild zu malen. 1878 wurde die Auftragsarbeit *Die Gefilde der Seligen* – das Gemälde ist seit dem 2. Weltkrieg verschollen – in Berlin erstmals gezeigt.[26] Es gab sofort einen Skandal. Die Frauengestalten im Bildvordergrund provozierten durch ihre leuchtende Nacktheit, die Schwanenhälse im selben hellen Farbton erregten das Publikum durch ihre unnatürliche Steilheit. Insgesamt wurde die Komposition abgelehnt wegen der Vielteiligkeit, der Leuchtkraft der Farben, dem Artifiziellen.[27] Weil auch die Kronprinzessin Victoria keinen Gefallen an dem Gemälde fand – es war ihr zu wenig fromm –, musste es vorübergehend in den Keller gestellt werden.[28] Das seit 1945 verschollene Bild, von dem ein Entwurf noch erhalten ist,[29] blieb jedoch im Besitz der Nationalgalerie und wurde zu Fontanes Zeiten auch wieder gehängt.

Trotz oder auch wegen des anfänglichen Skandals zählte das großformatige Gemälde *Gefilde der Seligen* (170 x 250 cm) am Ende des Jahrhunderts zu den populärsten Schöpfungen Böcklins. Fontane selbst hat sich zu diesem Bild nicht mehr recht äußern wollen – etwas daran gefiel ihm nicht.

Im Laufe der 70er und 80er Jahre sah Fontane den Maler, den er lange Zeit bewundert hatte, berühmt werden, und zwar mit seinen schwermütigen, elegischen Bildern. Zu denken ist an die verschiedenen Fassungen der *Toteninsel* oder an *Odysseus und Calypso* – Bilder, die voller ungestillter Sehnsucht sind. Mit seinen sehnsüchtigen Bilderfindungen wurde Böcklin zur gefeierten Kultfigur im kaiserlichen Deutschland, zum Mythos. »Wir leben halt in der Böcklin-Zeit«, urteilte der Malerfreund Hans Thoma.[30]

Die wichtigsten Bilder des späten Böcklin wurden alle in der kaiserlichen Hauptstadt Berlin ausgestellt – zu sehen waren sie in der Galerie Fritz Gurlitt.[31] Gurlitt war in den 80er Jahren eigentlicher Manager Böcklins und sorgte für stetiges öffentliches Interesse sowie für gute Preise. Fontane konnte sich für den späten Böcklin mit seinem deklamatorischen Pathos nicht mehr begeistern. Zudem langweilten ihn die Paraphrasierungen und Variierungen der Bildgedanken, mit denen Böcklin in den 80er Jahren begann. Am 8. April 1884 heißt es in Fontanes Tagebuch:

»[...] zu Gurlitt, um Böcklins ›Die Toteninsel‹ und ›Odysseus und Calypso‹ zu sehn. [...] – Böcklins ›Toteninsel‹ ist schön, wirkt aber doch, als hab er bei sich selbst eine Anleihe gemacht, es erinnert an verschiedene frühere Bilder von ihm; ›Odysseus und Calypso‹ ist nicht übel, aber lächerlich.«[32]

Während sich Fontane jetzt von dem Meister abwandte, wuchs die Böcklin-Begeisterung in ganz Deutschland. Der bald 70jährige Fontane reagierte mit Gähnen.

Seiner Tochter Martha schrieb er im Juni 1889, die »Böcklinsche [Insel der Seligen]« wirke ja »langweiliger« als der »Potsdamerstraße-Alltagszustand«.[33] Und so heißen denn die letzten persönlichen Urteile Fontanes über das künstlerische Schaffen Böcklins: »lächerlich«, »langweilig«.

Und doch blieb ein Faszinosum. Denn wenn sich auch der Kunstkritiker Fontane von Böcklin verabschiedet hatte, der Schriftsteller blieb ihm treu. Drei Böcklin-Gemälde spielen in Fontanes literarischem Spätwerk eine Rolle: es sind dies *Die Gefilde der Seligen* (1878), *Meeresstille* (1887) und *Drache in einer Felsenschlucht* (1870).

Auf *Die Gefilde der Seligen* wird sowohl im Roman *Stine*[34] wie im Roman *Effi Briest*[35] angespielt: Effi, begleitet von ihrer Mutter, wird – wie eingangs erwähnt – kurz nach ihrer Verlobung von ihrem Cousin in die Nationalgalerie und vor Böcklins *Gefilde der Seligen*, geführt, die hier »Insel der Seligen«[36] genannt werden. Es fallen zweideutige Bemerkungen, denen dann der joviale Briest mit seiner Vorliebe für Anzüglichkeiten ihre eindeutige Bedeutung gibt. Als Frau und Tochter ihm nämlich nach ihrer Rückkehr vom programmgemäßen Museumsbesuch und den »Inseln der Seligen« erzählen, weiß Briest, der das skandalöse Gemälde kennt, auch etwas zu berichten:

»»Ihr habt mir da vorhin von der Nationalgalerie gesprochen und von der ,Insel der Seligen‘ – nun, wir haben hier, während ihr fort wart, auch so was gehabt: unser Inspektor Pink und die Gärtnersfrau. Natürlich habe ich Pink entlassen müssen, übrigens ungern. Es ist sehr fatal, daß solche Geschichten fast immer in die Erntezeit fallen. Und Pink war sonst ein ungewöhnlich tüchtiger Mann, hier leider am unrechten Fleck.‹«[37]

Die Figurenrede charakterisiert hier zum einen den Ritterschaftsrat Briest als Mann ohne Böcklinsches Pathos, zum andern aber entweiht der organisierende Auctor[38] selbst, jene Instanz, die die Geschichte komponiert, den weihevollen Böcklinschen Ernst. Auf subtile Weise wird so nicht nur das Gemälde *Gefilde der Seligen* ins Lächerliche gezogen, sondern auch das Publikum, das sich von solchen Bilderfindungen hinreißen lässt.[39]

Neben *Effi Briest* ist schließlich *Der Stechlin*[40] jener Roman, der am bestimmtesten auf Böcklin verweist.[41] Böcklins Kunst wird hier nicht mehr lächerlich gemacht, die Annäherung ist jedoch eine ironisch gebrochene. Fontanes reizvolle und kluge Melusine von Barby zum Beispiel bekennt sich in einem Kunstgespräch über den Maler Peter Cornelius heimlich zur Gegenpartei, zu Böcklin. Ihrer Nachbarin Baronin Berchtesgaden flüstert sie zu, sie sei ganz für die »Böcklinsche Meerfrau mit dem Fischleib«[42] ohne den Zusatz zu vergessen, sie sei »freilich Partei«.[43] Bei diesem halb ernsten, halb scherzhaften Bekenntnis ist – wie eine jüngere Böcklin-Studie nahelegt[44] – an das Gemälde *Meeresstille* (1887) zu denken, das eines der kühnsten erotischen Kompositionen des Malers ist.

Als letzte Reverenz an den Meister schließlich liest sich jene Szene, in der der alte Dubslav von Stechlin seinem Arzt Sponholz, der durch die Via Mala zu reisen

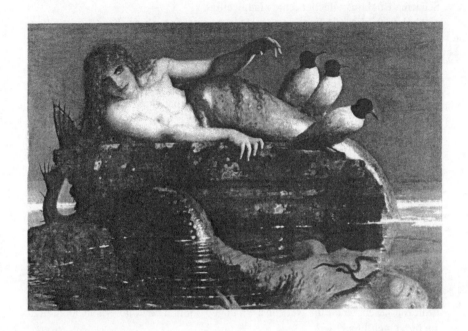

Arnold Böcklin: Meeresstille, 1887
103 x 150 cm
Kunstmuseum Bern

gedenkt, das Böcklinsche Gemälde *Drache in einer Felsenschlucht* schildert. Zwar klingt es wie Spott, wenn der Auctor seine Hauptfigur umständlich nach dem Namen des Malers suchen lässt – »Böcking oder Böckling hieß [er]«[45] –, doch dann folgt eine erzählende Beschreibung des Gemäldes, die nicht nur an Fontanes persönliches Erleben erinnert, sondern auch exemplarisch zeigt, wie stark die Bilder dieses Malers auf das Gemüt, die Seele wirken konnten. So stark nämlich, dass selbst Dubslav von Stechlin, der das Gemälde *Drache in einer Felsenschlucht* vor Jahren einmal gesehen haben will, vor Schreck der Atem stillstand.

Im Gespräch mit seinem Arzt Sponholz beginnt er sich in folgender Weise zu erinnern:

»»Nun sehen Sie, Doktor, da war denn also auf diesem Bilde diese Viamala, mit einem kleinen Fluß unten, und über den Fluß weg lief ein Brückenbogen, und ein Zug von Menschen [...] kam grade die Straße. Und alle wollten über die Brücke. [...] Und nun denken Sie sich, was geschieht da? Grade neben dem Brückenbogen, dicht an der [...] Seite, tut sich mit einem Male der Felsen auf, etwa wie wenn morgens ein richtiger Spießbürger seine Laden aufmacht und nachsehen will, wie's Wetter ist. Der aber, der an dieser Brücke da von ungefähr rauskuckte, hören Sie, Sponholz, das war kein Spießbürger, sondern ein richtiger Lindwurm oder so was Ähnliches aus der sogenannten Zeit der Saurier, also so weit zurück, daß selbst der älteste Adel (die Stechline mit eingeschlossen) nicht dagegen ankann, und dies Biest, als der herauskommende Zug eben den Fluß passieren wollte, war mit seinem aufgesperrten Rachen bis dicht an die Menschen und die Brücke heran, und ich kann Ihnen bloß sagen, Sponholz, mir stand, als ich das sah, der Atem still, weil ich deutlich fühlte, nu noch einen Augenblick, dann schnappt er zu, und die ganze Bescherung ist weg.«« [46]

Eda Sagarra hat in ihrer *Stechlin*-Studie auf eindrückliche Weise eine Verbindung herstellen können zwischen dem Böcklinschen »Lindwurm« und den düsteren Zukunftsvisionen des alternden Malers, die in Gemälden wie *Krieg* (1896) und *Pest* (1898) ihren Ausdruck gefunden haben.[47] Inwiefern jedoch der alte Fontane diesen späten Böcklin noch zur Kenntnis nahm, ist ungewiss. Demnach gilt als Ergebnis der Recherche vorläufig: Fontane war zuerst als Kunstkritiker vom Böcklinschen Schaffen hingerissen, reagierte dann, als die Böcklin-Manie ausbrach, ostentativ mit Langeweile, um sich schließlich als Schriftsteller erneut dem Meister des Stimmungsbildes, dem Maler von Seelenlandschaften aus der ironischen Distanz zu nähern. Eine solch ironisch gebrochene Annäherung – hinter der sich auch Weltuntergangsstimmung verbergen kann – zeigt sich beispielhaft in der Erzählung des alten Stechlin, der nicht nur von einem revolutionären roten Hahn, sondern auch von einem alles verschlingenden, »richtigen Lindwurm« weiß.

Anmerkungen

1 Vgl. zur Modernität Böcklins auch: *Arnold Böcklin, Giorgio de Chirico, Max Ernst. Eine Reise ins Ungewisse.* Hrsg. v. GUIDO MAGNAGUAGNO und JURI STEINER. Bern 1998.

2 Vgl. dazu auch PETER-KLAUS SCHUSTER: *Theodor Fontane: Effi Briest – Ein Leben nach christlichen Bildern.* Tübingen 1978, S. 161.

3 A. v. Schack wurde 1876 vom deutschen Kaiser in den Grafenstand erhoben.

4 Die Schack-Galerie war ab 1865 interessierten Besuchern zugänglich.

5 THEODOR FONTANE: *Italienische Aufzeichnungen. Tagebücher, Notizen, Erinnerungen, 1874 und 1875.* In: HFA III/3/II, S. 1094. Fontane reiste am 3. August 1875 zum zweiten Mal – diesmal ohne seine Frau – nach Italien und kehrte am 7. September 1875 nach Berlin zurück. Vom 24. bis 28. August 1875 machte er auf seiner Rückkehr Zwischenstation in München, wohin ihm Emilie Fontane am 25. August entgegenfuhr, um den Rest der Reise mitzumachen. Vgl. auch Fontanes Tagebuchaufzeichnung: »Freitag, d. 27. August [.] In die Glyptothek. Zu Paul Heyse. Gegen Erwarten ihn und sie getroffen. Zur Table d'hôte. In die Schacksche Galerie. Ins Hôtel zurück. Besuch von Frau Heyse. [...]« (ebd., S. 1091f).

6 Schack besaß folgende 16 Gemälde von Böcklin (Die Katalognummern [Kat.] beziehen sich auf das Werkverzeichnis von ROLF ANDREE: *Arnold Böcklin. Die Gemälde.* 2. Aufl. Zürich 1998. Die Abbildungsnummerierung [Abb.] bezieht sich auf *Schack-Galerie. Vollständiger Katalog, Tafelband.* Bearbeitet v. EBERHARD RUHMER u. a. München 1969): 1) *Ideale Landschaft mit einer Nymphe* od. *Nymphe an der Quelle* (1855), erworben 1863 (Abb. 167). 2) *Pan erschreckt einen Hirten* (1860), kurz vor 1866 erw. (Kat. 121, Abb. 168). 3) *Felshang mit Einsiedler* od. *Der Einsiedler* (um 1863), zwischen 1863 und 1866 erw. (Kat. 130, Abb. 169). 4) *Hirtin* (um 1861), kurz vor 1866 erw. (Kat. 139, Abb. 171). 5) *Villa am Meer* (1864, 1. Fassung), erw. 1864 (Kat. 173, Abb. 174). 6) *Villa am Meer* (1864/65, 2. Fassung), erw. 1865 (Kat. 174, Abb. 175). 7) *Altrömische Weinschenke [im Frühling]* (1865), erw. 1865 (Kat. 180, Abb. 172). 8) *Die Klage des Hirten* od. *Amaryllis* (1866), erw. 1866 (Kat. 186, Abb. 177). 9) *Italienische Villa im Frühling* (um 1870), erw. um 1870 (Kat. 211, Abb. 176). 10) *Der Gang nach Emmaus* (1870), erw. 1870 (Kat. 213, Abb. 173). 11) *Ein Mörder von Furien verfolgt* od. *Die Furien* (1870), erw. 1871 (Kat. 232, Abb. 178). 12) *Drache in einer Felsenschlucht* (1870), erw. 1871 (Kat. 238, Abb. 182). 13) *Ideale Frühlingslandschaft* (1870), erw. 1871 (Kat. 240, Abb. 170). 14) *Der Ritt des Todes* od. *Herbst und Tod* (1871), erw. 1871 (Kat. 243, Abb. 179). 15) *Heiliger Hain [von einem Einhorn bewacht]* (1870/71), erw. kurz vor 1874 (Kat. 252, Abb. 180). 16) *Triton und Nereide* (1873/74), erw. 1874 (Kat. 284, Abb. 181).

7 Fontane kannte das Gemälde *Drache in einer Felsenschlucht* (1870) damals schon; möglicherweise hatte er es Anfang Oktober 1874 gesehen, als er auf seiner ersten Italienreise Zwischenstation in München machte. Das Gemälde wurde auch in der Ausstellung *Fontane und die bildende Kunst* präsentiert, die die Berliner Nationalgalerie am Kulturforum vom 4. September bis 29. November 1998 veranstaltete. Vgl. *Fontane und die bildende Kunst.* Hrsg. v. CLAUDE KEISCH, PETER-KLAUS SCHUSTER und MORITZ WULLEN. Berlin 1998, S. 176f.

8   Brief an Emilie Fontane vom 9. August 1875. In: EMILIE und THEODOR FONTANE: GBA
    Der Ehebriefwechsel 1873–1898. Berlin 1998, S. 41.

9   GUSTAV FLOERKE: *Zehn Jahre mit Böcklin. Aufzeichnungen und Entwürfe.* München 1901,
    S. 97.

10 Ebd., S. 97.

11 Brief an Karl Zöllner vom 31. Oktober bis 3. November 1874. In: HFA IV/2, S. 486f.

12 Brief an Hermann Kletke vom 21. Januar 1871. Ebd., S. 373.

13 THEODOR FONTANE: *Zwei Bilder in der Kommandantenstraße.* In: NFA XXIII/1, S.
    405–410. Die Besprechung erschien zuerst in: *Die Gegenwart* Nr. 51 vom 16. November
    1876. Vgl. dazu auch SCHUSTER, wie Anm. 2, S. 33, sowie BURKHARD BITTRICH: *Theodor
    Fontane und die bildende Kunst der Kaiserzeit.* In: *Ideengeschichte und Kunstwissenschaft.
    Philosophie und bildende Kunst im Kaiserreich.* Hrsg. v. EKKEHARD MAI. Berlin 1983, S.
    175.

14 Unter diesem Titel wurde das Gemälde auch in der Ausstellung *Fontane und die bildende
    Kunst* gezeigt. Vgl. KEISCH ET AL., wie Anm. 7, S. 178.

15 Vgl. ERNST BERGER: *Böcklins Technik.* München 1906, S. 13.

16 Vgl. ANDREE, wie Anm. 6, S. 394.

17 FONTANE, wie Anm. 13, S. 408.

18 Ebd.

19 Ebd.

20 Ebd.

21 Ebd.

22 Ebd., S. 409.

23 Ebd.

24 Ebd.

25 Ebd.

26 Der Titel *Die Gefilde der Seligen* stammt von Max Jordan, dem damaligen Direktor der
    Nationalgalerie. Vgl. auch ANDREE, wie Anm. 6, S. 401, sowie KEISCH ET AL., wie Anm.
    7, S. 21 und 179.

27 Vgl. ANDREE, wie Anm. 6, S. 28.

28 Vgl. BÖCKLIN-MEMOIREN: *Tagebuchblätter von Böcklins Gattin Angela. Mit dem gesamten
    brieflichen Nachlaß.* Hrsg. v. FERDINAND RUNKEL. Berlin 1910, S. 241.

29 Vgl. KEISCH ET AL., wie Anm. 7, S. 179.

30 Hans Thoma in einem Brief an Daniela Thode; zit. nach: PETER WEGMANN: *Von Caspar
    David Friedrich bis Ferdinand Hodler. Meisterwerke aus dem Museum Stiftung Oskar
    Reinhart Winterthur.* Frankfurt/M. und Leipzig 1993, S. 190.

31 Friedrich (meist Fritz) Gurlitt (1854-1893) war Kunsthändler. Er gründete 1880 in Berlin
    (Behrenstrasse 29) die Galerie Fritz Gurlitt, förderte Böcklin und Feuerbach und führte die
    französischen Impressionisten in Deutschland ein. 1889 kam es zwischen Böcklin und
    Gurlitt zum Bruch. Vgl. GBA *Tagebücher,* Bd. 2, S. 468 sowie FRANZ ZELGER: *Arnold
    Böcklin. Die Toteninsel. Selbstheroisierung und Abgesang der abendländischen Kultur.*
    Frankfurt/M. 1991, S. 8ff. – Bei Gurlitt konnte Fontane folgende Böcklin-Gemälde sehen

(die Katalognummern [Kat.] beziehen sich auf das Werkverzeichnis von ANDREE, wie Anm. 6): 1) *Tritonenfamilie* (1880), ausgestellt bei Gurlitt 1881 (Kat. 349), seit 1945 verschollen; es gibt jedoch eine adäquate Beschreibung von Gottfried Keller, der eng mit Böcklin befreundet war. Vgl. GOTTFRIED KELLER: *Sämtliche Werke*. Bd. 22. Bern 1948, S. 295f. (Ein bescheidenes Kunstreischen). 2) *Sommertag* (1881), ausgest. 1882 (Kat. 359). 3) *Der Abenteurer* (1882), ausgest. 1882 (Kat. 369). 4) *Prometheus* (1882), ausgest. 1883 (Kat. 370). 5) *Das Drama* (1882), ausgest. 1883 (Kat. 371). 6) *Odysseus und Kalypso* (1882), ausgest. 1883 (Kat. 372). 7) *Frühlingstag* (1883), ausgest. 1883 (Kat. 374). 8) *Im Spiel der Wellen* (1883), ausgest. 1883 (Kat. 375). 9) *Die Toteninsel* (1883), ausgest. 1884 (Kat. 345, 3. Version); Besitz Adolf Hitler, 1939; nach 1945 verschollen, seit 1980 wieder in der Nationalgalerie Berlin. 10) *Heiligtum des Herakles* (1884), ausgest. 1886 (Kat. 378). 11) *Bildnis Annarella Gurlitt mit Tochter Angelina* (1884), ausgest. 1884 (Kat. 379). 12) *Der Einsiedler* (1884), ausgest. 1885 (Kat. 384). 13) *Der Kampf auf der Brücke* (1885?), ausgest. 1885 (Kat. 386). 14) *Opferfest* (1885), ausgest. 1885 (Kat. 387). 15) *Das Schweigen des Waldes* (1885), ausgest. 1886 (Kat. 388). 16) *Burgruine mit zwei kreisenden Adlern* (um 1886), ausgest. 1886 (Kat. 400). 17) *Meeresstille* (1887), ausgest. 1887 (Kat. 403). 18) *Meeresidylle* (1887), ausgest. 1887/8? (Kat. 405). 19) *Frühlingshymne* (1888), ausgest. 1888? (Kat. 411).

32 THEODOR FONTANE: *Tagebücher* (Eintrag vom 8. April 1884). In: GBA *Tagebücher,* Bd. 2, S. 211. – Vgl. Anmerkung 31.

33 Brief an Martha Fontane vom 25. Juni 1889. In: GOTTHARD ERLER: *Fontanes Briefe in zwei Bänden.* 2., verb. Aufl. Berlin 1980, Bd. 2, S. 221.

34 Die Entstehungszeit fällt in die Jahre 1881–1888, die erste Buchausgabe erfolgte 1890. Vgl. CHARLOTTE JOLLES: *Theodor Fontane.* 4., überarbeitete u. erw. Aufl. Stuttgart und Weimar 1993, S. 66. Die entsprechende Szene heißt: »›In der ganzen Welt gibt es keine zweite solche Zigarre‹, versicherte Papageno. ›Zugestanden‹, erwiderte der Graf. ›Und zudem eine Zigarre *hier,* im Hause meiner Freundin, ist mir immer wie Opiumrauchen, das glücklich macht, und bei jedem neuen Zuge seh' ich die Gefilde der Seligen oder, was dasselbe sagen will, die *Huris* im Paradiese‹« (THEODOR FONTANE: *Stine.* In: HFA I/2, S. 498).

35 Die Entstehungszeit fällt in die Jahre 1888/89–1894, die erste Buchausgabe erfolgte 1895. Vgl. JOLLES, wie Anm. 34, S. 78. Vgl. zudem SCHUSTER, wie Anm. 2, S. 118, 140–143, BITTRICH, wie Anm. 13, S. 175 sowie ERIKA SWALES: *Private Mythologies and Public Unease: On Fontane's ›Effi Briest‹.* In: *The Modern Language Review,* Vol. 75, 1980, S. 114–123.

36 THEODOR FONTANE: *Effi Briest.* In: HFA I/4, S. 23.

37 Ebd., S. 25.

38 Der Begriff ist übernommen von Renate Böschenstein, die unter Auctor »das organisierende Subjekt des Textes [versteht], das seine sämtlichen Bestandteile (also auch den Erzähler) erzeugt«. Vgl. RENATE BÖSCHENSTEIN: *Das Rätsel der Corinna. Beobachtungen zur Physiognomie einer ›realistischen‹ Figur aus komparatistischer Perspektive.* In: ALAN BANCE, HELEN CHAMBERS und CHARLOTTE JOLLES: *Theodor Fontane. The London Symposium.* Stuttgart 1995, S. 274 und S. 294.

39 Vgl. auch den Brief an Martha Fontane vom 13. Mai 1889: »Das Poetische hat den Sieg über die Mängel der Technik davon getragen. Bei Böcklin liegt es ähnlich. Aber doch nicht voll so. Dieser ist mehr der Abgott einer bestimmten ›Clique‹ von Gebildeten, als der Gebildeten überhaupt.« In: HFA IV/3, S. 690. Die Abgrenzung gegen *Die Gefilde der Seligen* durch Lächerlichmachung verweist auf komplizierte Beziehungskonstellationen. Vgl. dazu auch REGINA DIETERLE: *Vater und Tochter. Erkundung einer erotisierten Beziehung in Leben und Werk Theodor Fontanes.* Bern 1996, S. 212–214.

40 Entstehungszeit: November 1895–Juli 1897. Erste Buchausgabe postum im Oktober 1998. Vgl. JOLLES, wie Anm. 34, S. 91. Vgl. zudem SCHUSTER, wie Anm. 2, S. 185.

41 Vgl. dazu die weiterführende Interpretation von EDA SAGARRA: *Theodor Fontane. »Der Stechlin«.* München 1986, V. Kapitel: Die Symbolik der Revolution im Roman, vor allem S. 72–76. Eda Sagarra verweist auf die thematische Verknüpfung von Revolution und Weltuntergang und erinnert dabei u. a. an Böcklins Gemälde *Krieg* (1896) sowie *Pest* (1898).

42 THEODOR FONTANE: *Der Stechlin.* In: HFA I/5, S. 205. Vgl. zudem SCHUSTER, wie Anm. 2, S. 84.

43 FONTANE, wie Anm. 42, S. 205.

44 Vgl. ANDREA LINNEBACH: *Arnold Böcklin und die Antike. Mythos, Geschichte, Gegenwart.* München 1991, S. 160: »Die ›Meeresstille‹ befand sich von 1887 bis 1892 in Berlin, Kunsthandlung Gurlitt. Obwohl Fontane den Titel nicht nennt, kann es sich nur um dieses Bild handeln.« Auch Eda Sagarra vermutet eine Anspielung auf die *Meeresstille* von 1887. Vgl. SAGARRA, wie Anm. 41, S. 75.

45 FONTANE, wie Anm. 42, S. 320.

46 Ebd.

47 Vgl. SAGARRA, wie Anm. 41, S. 72ff.

Fontane und Liebermann – Versuch eines Vergleiches

PETER PARET

Fontane und Liebermann werden oft verglichen, oder – um nicht zu viel zu sagen – gemeinsam genannt; als Vertreter einer spätbürgerlichen Kultur Berliner Observanz, Zeitgenossen, die in manchem ihre Umwelt aus ähnlicher Perspektive sehen. Eine umfassende Synkrisis ist mir nicht bekannt, aber eine ganze Anzahl von Gegenüberstellungen einzelner Eigenschaften ihrer Werke und Persönlichkeiten. Am bedeutendsten, und auch häufig zitiert, sind wohl zwei Sätze in dem kleinen Essay, den Thomas Mann 1927 Liebermann zu seinem achtzigsten Geburtstag widmete. »In Liebermann«, so beginnt die Laudatio, »bewundere ich Berlin [...]. Berlin, das ist Energie, Intelligenz, Straffheit, Unsentimentalität, Unromantik, das Fehlen jeder übertriebenen Ehrfurcht vor dem Vergangenen, Modernität als Zukünftigkeit, Kosmopolitismus als Abwesenheit germanischer Gefühlsfeuchte [...]«. Und dies seien auch die Merkmale der Fontaneschen Kunst, »dessen Berlinertum durch das Gascognische sublimiert, raffiniert, europäisiert wurde, wie dasjenige Liebermanns durch das Jüdische [...]«.[1]

Weiter betont Thomas Mann die Diskretion und das Unfeierliche, das den Werken beider zu eigen sei, und kontrastiert Liebermann mit Richard Wagner, um den unsinnlichen Charakter seiner Bilder hervorzuheben, sowie ihre »noble Nüchternheit«, die sie zukünftig mache. Er schließt, ohne auf Fontane zurückzukommen.

Offensichtlich ist nicht alles in seiner freundlichen Schrift ganz ernst gemeint, so zum Beispiel die Fiktion vom fortschrittlichen Geist Berlins, der auch den Schriftsteller und den Maler belebe. Gegen welchen Widerstand die Moderne in Berlin zu kämpfen hatte, und wie gefährdet sie weiterhin blieb, wußte Thomas Mann genausogut wie einst Fontane und wie Liebermann vor und nach dem Ersten Weltkrieg. Dennoch sind die Affinitäten und Verbindungen, auf die er weist, nicht nur Phantasie und verdienen Beachtung. Eine Gegenüberstellung der verwandten Züge und auch der Unterschiede und Gegensätze, kann zur schärferen Definition des Gemeinsamen sowie des Besonderen führen.

Das Wichtigste in ihren Werken allerdings – nicht der Inhalt, sondern die Art wie die Themen in der Sprache oder in Form und Farbe entwickelt und ausgedrückt werden – läßt sich nur schwer vereint untersuchen. Bestandteile der Technik und des Stils jeder Kunstform sind autonom. Wie können Liebermanns Komposition, Pinselführung und Kolorit mit der Struktur der Fontaneschen Romane und Novellen, der Eigenart seiner Satzbildung, den mit Absicht und auch unbewußt eingefügten Hinweisen und Symbolen auf eine analytische Ebene gebracht werden? Ohne Inhalt und Intention scharf von der Methode des Ausdrucks zu trennen, müssen wir uns hauptsächlich auf andere Dinge beschränken, die immer noch wichtig genug sind: Themen, Motive und was der Künstler mit ihnen und durch seine Art, sie zu sehen und darzustellen, sagen will.

Fontane und Liebermann gehören der großen, in sich sehr unterschiedlichen Bewegung des Realismus in der deutschen Literatur und Kunst an. Fontane, obwohl achtundzwanzig Jahre älter als Liebermann, veröffentlichte seinen ersten

Roman zu einer Zeit, in der Liebermann schon anfing, bekannt zu werden. Bedeutende Werke des europäischen Realismus dienten ihm als Anregung, Vorbilder, von denen er lernen, die er aber auch ablehnen konnte. Sein Stil und sein Verständnis für die Struktur und Ausdrucksmöglichkeiten des Romans erreichten bald ein hohes Niveau, entwickelten sich aber weiter bis zu seinem letzten Werk. Seine Romane enthalten Züge des Realismus und des Naturalismus, aber auch anderes – man hat nicht ganz zu Unrecht vom Impressionismus des Fontaneschen Dialogs gesprochen – und lassen sich nicht in eine bestimmte Kategorie einordnen, ohne Wesentliches zu verkennen.

Liebermanns Entwicklung war ganz anders und zeigt doch Parallelen und Ähnlichkeiten. Er kam vom sogenannten Berliner Realismus, aber schon manche seiner frühen Bilder – angefangen mit den *Gänserupferinnen* – lassen einen neuen dramatischen Ton anklingen. Der verliert sich so ziemlich in späteren Jahren; was bleibt, und sich immer mehr ausbildet, ist die eigenartig vitale Pinselführung, erst als skizzenmäßig kritisiert, allmählich in der ganzen Stärke ihres persönlichen Ausdruckes erkannt. Hinzu kommt ein Kolorismus, der schon in Bildern der achtziger Jahre hier und da an impressionistische Lichtmalerei erinnert. Er fing früh an, wie er sagt, »vor der Natur zu malen [...]. Nicht das sogenannte Malerische, sondern die Natur malerisch aufzufassen ist's, was ich suche, die Natur in ihrer Einfachheit und Größe [...].«[2] Aber er betonte immer wieder, daß er nicht die Natur selbst male, sondern die Gefühle und Gedanken, die die Natur in ihm erweckte: Die Reflexion seiner Persönlichkeit in der Natur, wobei Natur selbstverständlich sowohl Landschaft wie Tier, Mensch und die Werke des Menschen bedeutet. »Der Inhalt der Kunst«, so seine Schrift *Die Phantasie in der Malerei,* »ist die Persönlichkeit des Künstlers«. Und die Aufgabe des Künstlers ist es, »seine Natur so restlos und überzeugend als möglich durch die Mittel seiner Kunst zum Ausdruck zu bringen«.[3] Er endete, wie Eberhard Ruhmer gesagt hat, in einem »undogmatischen Naturalismus, in welchem die Sachlichkeit der Realisten und die optischen Abenteuer der Impressionisten zum Ausgleich gelangen«.[4] Wie Fontane läßt Liebermann sich nicht kategorisieren. Hier genügt es, vielleicht festzustellen, daß Fontane nach 1880 und Liebermann um die Jahrhundertwende eine Zeitlang an der Spitze der modernen Bestrebungen ihrer Kunst stehen.

Wir wissen, daß Fontanes Bedeutung für die Moderne nicht nur in seinen Schriften liegt, sondern auch in der unauffälligen Autorität seiner Persönlichkeit gegenüber einer jüngeren Generation von Schriftstellern. Liebermann übernahm eine ähnliche Funktion, aber bedingt durch sein Temperament und den Umstand, daß er als Jude viel gehässigeren Angriffen ausgesetzt war, engagierte er sich öffentlich und kämpferischer, obwohl er in seiner Kunst durchaus nicht aggressiv war. Einige Monate vor Fontanes Tod wurde die Berliner Secession als Gegengewicht offizieller Kunstpolitik gegründet, der Liebermann bis 1911 vorstand. Nach dem Ersten Weltkrieg übernahm er selbst ein staatliches Amt als Präsident der Preußischen Akademie der Künste von 1920 bis 1932, derselben Institution, in der es Fontane als ständiger Sekretär kaum fünf Monate lang ausgehalten hatte. Daß Liebermann ein ausgesprochenes Talent auch für die zeremonielle Seite der Politik besaß – seine Eröffnungsreden und Gedenkansprachen sind glänzende Definitionen ihres Anlasses und dabei oft von kunsthistorischer Bedeutung – unterscheidet ihn noch mehr von dem reservierten Schriftsteller, der sich jeden Sinn für Feierlichkeit absprach. In der Akademie, wie vorher in der Secession, vertrat Liebermann eine weitgehend undogmatische Ausstellungspolitik, aber die verschiedenen Richtungen der neuen Avantgarde konnten sein Werk nur als überholt ablehnen. Fontane blieb es erspart, als Gegner neuer Richtungen zu erscheinen. Wir könnten aber fragen, wie er bei einem längeren Leben zum Beispiel die Literatur des Expressionismus aufgenommen hätte.

Wenden wir uns nun ihren Themen zu. Fontane in den meisten seiner Werke, Liebermann fast im gesamten Werk, schildern die Gesellschaft, in der sie lebten, oder deren besondere Institutionen – ein Waisenhaus in Amsterdam, ein Berliner Offizierskasino – sie wenigstens beobachten konnten. Erotik und Liebe sind wichtigste Themen für Fontane; bei Liebermann erscheinen sie mehr am Rande. Historische Themen, für Fontane seit seinen frühesten Gedichten von größter Wichtigkeit, sind bei Liebermann fast nur in einigen biblischen Bildern wie *Samson und Delila* und *Jesus im Tempel* vertreten. Aber ob in Gegenwart oder der Vergangenheit, beide schildern die Menschen in ihrer Alltäglichkeit ohne Phrase und nur hin und wieder etwas idealisiert. Das war es ja, was 1879 den Skandal über *Jesus im Tempel* auslöste. Liebermann malte Jesus als jüdischen Bengel (das Modell war allerdings ein Italiener), der fast mauschelnd mit den Schriftgelehrten diskutiert, die ihrerseits auch nicht gerade die Vornehmheit eines wilhelminischen Hofpredigers bekunden.

Die meisten der bedeutenden Bilder, die Liebermann in der ersten Hälfte seines Lebens malte, zeigen Bauern, Arbeiter und ihre Frauen und Kinder, nicht als amüsante Genrefiguren oder heroisch stilisiert, sondern als Menschen, die der Künstler, wie sie sind, ernst nimmt. So erscheinen sie auch bei Fontane. Er behandelt den Gärtner oder den Werkmeister mit demselben schöpferischen Interesse wie den Junker, und selbst wie Figuren, über die er sich lustig macht, etwa Jenny Treibel, die trotz aller erheiternder Unehrlichkeit als Individuum und Typ von höchster Potenz gezeichnet wird. Fontanes Welt ist umfassend, wenn er auch gewisse Gruppen als Sujets bevorzugt. Liebermanns gesellschaftliche Perspektive dagegen erweitert sich erst allmählich, und nachdem um die Jahrhundertwende die bürgerliche und großbürgerliche Welt zu seinem Hauptthema wird, verstärkt sich seine distanzierte Objektivität noch um einen Grad.

Seine wärmsten Darstellungen dieser Schichten sind die Strand- und Parkszenen, die Bilder von Reitern und Tennisspielern, in denen der Mensch Teil der Landschaft wird. In ihrer feinen Deutung der sozialen Realität lassen sie sich in Fontanes Romanen vielleicht mit den Gesprächen und Selbstgesprächen auf Ausfahrten oder auf einem Ritt durch Berlin vergleichen. Weniger überzeugend, alles in allem, sind die Porträts. Zusammen mit vielem Guten enthalten sie auch eine Anzahl routinemäßiger Bilder von Industriellen, Bankiers, sogar von Hindenburg, die kaum ins Persönliche dringen. Nur hin und wieder, wie in den Porträts von Bode und Sauerbruch, führen besonderes Interesse und Verständnis für den Dargestellten zu einer überzeugenden Verbindung des Typischen mit dem Individuellen. Diese relative Schwäche in Liebermanns Œuvre wird aufgewogen durch die lange Reihe bedeutender Selbstbildnisse, ein einzigartiges document humain in der modernen Kunst. Fontane kann diesem glänzenden Beweis des Satzes »Der Inhalt der Kunst ist die Persönlichkeit des Künstlers«, nur die doch ziemlich vorsichtig formulierten Aussagen in den autobiographischen Schriften und vielleicht auch in der einen oder anderen seiner Romanfiguren gegenüberstellen.

Nichts ist häufiger, und nichts – im unwissenschaftlichen Sinn des Wortes – natürlicher, als daß die Gesellschaft, in der der Künstler lebt, zum Thema seiner Kunst wird. Das muß aber nicht bedeuten, daß die Gesellschaft das Hauptanliegen des Künstlers ist. Das war es sicher nicht bei Liebermann, und aus anderen Gründen auch nicht bei Fontane.

Fontanes Kritik der gesellschaftlichen Zustände in Deutschland verschärfte sich mit der Zeit, aber in seinen Romanen galt sein Interesse zuerst dem einzelnen Menschen. Es ist richtig, er verwarf den Dünkel und einige – nicht alle! – Konventionen und Ungerechtigkeiten der adligen und bürgerlichen Gesellschaft. Sein Infragestellen gewisser sozialer Normen erzeugte Unbehagen bei manchem Leser, bis die Aktualität der Konflikte, in die er seine Charaktere stürzte, nachließ. Er sagte voraus, – im positiven Sinn in den *Poggenpuhls* und im *Stechlin,* mehr pessimistisch in seinen Briefen – daß sich die Gesellschaft ändern würde, wußte aber, daß Enttäuschung und psychisches Elend nicht nur in sozialen und politischen Zuständen begründet waren. Auch in der reformierten oder revolutionierten Gesellschaft würden die Menschen sich und andere quälen, und dem Deuter ihrer Gefühle und Beziehungen weiter Material liefern.

In seinem Werk dagegen ist Liebermann alles andere als ein Kritiker der gesellschaftlichen Ordnung, und schon gar nicht ein Prophet. Trotzdem scheinen die Bilder armer Menschen, größtenteils vor seinem fünfzigsten Lebensjahr entstanden, Brücken zwischen Bürgertum und viertem Stand zu schlagen. Mathias Eberle hat ihre Aussage sehr richtig beschrieben: »Seine Bilder riefen nicht zum Klassenkampf und nicht zum Mitleid auf, sie zeigten, daß arbeitende Menschen in Selbstverantwortung und Selbstorganisation Würde und Größe haben, selbst wenn sie sogenannte niedere Arbeiten verrichten.«[5] Auch diese Botschaft erweckte Unbehagen. Beschimpfungen wie »Armeleutemalerei« und »Rinnsteinkunst« entsprachen der Verpönung von *Irrungen, Wirrungen* als »grässliche Hurengeschichte«. Hinzu kamen Angriffe auf den Juden, der die deutsche Kunst und Kultur mit internationaler Säure zersetzt hätte. Und es ist nicht unmöglich, daß in dem Motiv der armen Leute der jüdische Künstler, ein anderer Outsider, der Würde und Größe im Kaiserreich erstrebte, einen Teil seiner Persönlichkeit und seiner Konflikte mit der Gesellschaft zum Ausdruck brachte.

Später verschwand, wie wir wissen, dieses Motiv weitgehend aus Liebermanns Œuvre. Selbst wenn er die Judengasse in Amsterdam malt, sind es die wimmelnden, gestikulierenden Massen (mit denen er sich trotz aller Verschiedenheit verwandt fühlt), die ihn faszinieren, nicht ihre sozialen und wirtschaftlichen Verhältnisse. Das Werk seiner letzten dreißig Jahre spiegelt hauptsächlich sein immer stärkeres Verlangen nach einer ausgeglichenen Welt, in der sich seine schöpferische Energie frei entfalten könne. In den Krisenjahren nach dem Ersten Weltkrieg wirken seine märkisch-paradiesischen Wannsee-Bilder wie ein stilles Zurückziehen.

Anders als Fontane, der in einer festgefügten, von Energie strotzenden Gesellschaft ernste Schwächen bemerkte und sie mit dem Gefühlsleben seiner Charaktere zu verflechten wußte, lebte der alternde Liebermann in einer von Krieg, Inflation und Fanatismus gepeinigten bürgerlichen Welt, über deren drohenden Zerfall seine Kunst aber wenig sagte. Der Schriftsteller, der die Gefahr kommen sah, behandelt sie viel deutlicher, als der Maler, der sich in ihr befand, und am Ende von ihr überwältigt wurde. Was Liebermann in den letzten Jahrzehnten seines Lebens malt, ist nicht Reaktion auf die veränderte Umwelt, sondern das konsequente Ergebnis früherer Bestrebungen und Erfahrungen, und seines Prinzips: »Der Inhalt der Kunst ist die Persönlichkeit des Künstlers.« Sein Interesse – nicht als Kulturpolitiker und Bürger, aber als Maler – blieb weiterhin nach innen gerichtet.

Deswegen ist er, besonders von marxistischer Seite, kritisiert worden. Sein Unverständnis für die grundlegende Bedeutung des Klassenkampfes hätte seine Kunst verfremdet und verengt.[6] Ähnliche Urteile sind auch über Fontane bekannt. Noch in den späten siebziger Jahren – ein Beispiel unter vielen – wurde beanstandet, daß in seinen Gesellschaftsromanen, »eine grundsätzliche Kritik der repressiven, das demokratische Leben der Gesellschaft stark einschränkenden Funktion des Militärs [...] unterbleibt«.[7] Wobei übrigens zu fragen wäre, wo Fontane im kaiserlichen Berlin demokratisches Leben gefunden hätte? Wie Rainer Warning vor kurzem bemerkte, befragte die marxistische Ideologiekritik die Texte des europäischen Realismus »allein nach Maßgabe des in sie eingegangenen richtigen oder falschen Bewußtseins«.[8] Das Bewußtsein, daß Fontanes Prosa und Liebermanns Bilder beherrscht, ist allerdings richtig, aber von ganz anderer – nicht kollektiver – Art.

In Fontanes letzten Jahren begegneten sich die beiden Künstler wiederholt. Ein Brief Fontanes erwähnt Liebermann mit lobenden Worten; Liebermann entdeckt Ähnlichkeiten zwischen seinem ersten Lehrer, Karl Steffeck, und Fontane. Viel später illustriert er *Effi Briest,* und es überrascht nicht, daß seine Lithographien der Tragödie der jungen Frau weder psychologisch noch atmosphärisch ganz gerecht werden. Die wichtigste Bindung besteht selbstverständlich in Liebermanns zwei

Zeichnungen von Fontane, von denen die zweite als Vorlage für die bekannte Lithographie diente. Günter Busch hat den Zeichnungen einen schönen Aufsatz gewidmet, und die Forschung hat sich auch sonst mit ihnen beschäftigt.[9] In manchem gehen die Deutungen auseinander, aber man ist sich darüber einig, daß in der ersten Zeichnung Fontane alt und gebrechlich, mit fragenden, vielleicht sogar ängstlichen Augen erscheint, während die andere Zeichnung ihn als den großen Dichter zeigt, dessen kreatürliche Hinfälligkeit durch die Bedeutung seines Werkes veredelt und, ich möchte hinzusetzen, verharmlost wird. Es ist anzunehmen, daß beide den sechsundsiebzigjährigen Fontane zeigen, wie er wirklich war: den alten, müden Herrn, und den Dichterfürsten. Anders als seine Schriften bringen uns die Zeichnungen in seine Nähe. Aber sie sind auch, denke ich, eine Metapher für Liebermanns Werk an sich: das klare Verstehen der Tatsachen, das in der endgültigen Fassung entschärft und idealisiert wird, um dem Bedürfnis des Künstlers zu entsprechen, die Wirklichkeit harmonisch darzustellen.

Dieser Gesichtspunkt könnte eine weitere Frage nahelegen. Ist Liebermanns ernste, aber unkritische Darstellung der deutschen Wirklichkeit auch eine einzige große Aussage des Wunsches jüdischer Assimilation in Deutschland, die Liebermann sein Leben hindurch verkörperte, um sie dann kurz vor seinem Tod als Wahn zu verwerfen? Sollte das stimmen, dann würde unser Vergleich zwei weitere wichtige Unterschiede erhellen. Den einen habe ich schon am Rande erwähnt: den Unterschied zwischen Fontane, dessen Heimatsrecht auch von seinen schärfsten Kritikern nie in Frage gestellt wurde, und Liebermann, dessen Abstammung auch von denen, die ihn am meisten schätzen, damals und heute als etwas Besonderes nie ganz aus den Augen gelassen wird. Der zweite Unterschied ist natürlich der, daß für Fontane die Tatsache der jüdischen Abstammung ein Problem darstellte.

Fontanes Besorgnis, daß selbst assimilierte Juden, deren kulturelle Verdienste er oft anerkannte, einen störenden Fremdkörper in der deutschen Gesellschaft darstellten, verstärkte sich in seinen letzten Jahren. Dieses Gefühl hier zu verfolgen, würde uns in ein neues, sehr weites Feld führen. Aber eine abschließende Bemerkung im Rahmen des Vergleiches der beiden Künstler mag am Platz sein. Fontanes und Liebermanns Werke verkörpern Aspekte der Moderne in Deutschland. Die Moderne bestand aber nicht nur aus Unsentimentalität, Kosmopolitismus und den anderen Eigenschaften, die Thomas Mann in seinem Gruß an Liebermann lobend aufzählt, sondern auch aus entgegengesetzten Kräften, mit denen sich eine entschiedene Abneigung gegen Juden leicht vereinen läßt. Der Antisemitismus ist mehr als ein Vorurteil gegen Andersartige; in der Neuzeit drängt er die Politik und Gesellschaft in autoritäre, populistische Richtungen. Durch Abstammung, und noch mehr durch seine Persönlichkeit, war Liebermann gegen diese Tendenz gefeit. Es ist bedauerlich, daß Fontane trotz seiner weisen Humanität diese Seite der Moderne weder als Mensch noch als Dichter ableugnen konnte, aber auch bezeichnend für den Gang der deutschen Geschichte im Wilhelminischen Zeitalter und danach.

Anmerkungen

1 THOMAS MANN: *Altes und Neues. Kleine Prosa aus fünf Jahrzehnten.* Frankfurt/M. 1961, S. 142–43.

2 MAX LIEBERMANN: *Autobiographisches.* In: *Die Phantasie in der Malerei. Schriften und Reden.* Hrsg. v. GÜNTER BUSCH. Frankfurt/M. 1978, S. 28f.

3 Ebd., S. 45f.

4 EBERHARD RUHMER: *Naturalismus, Impressionismus und malerische Phantasie.* In: *Max Liebermann in seiner Zeit.* Hrsg. v. SIGRID ACHENBACH und MATHIAS EBERLE. München 1979, S. 58.

5 MATHIAS EBERLE: *Max Liebermann zwischen Tradition und Opposition.* In: Ebd., S. 35.

6 PETER PARET: *Der innere Feind: Max Liebermann als Präsident der Preussischen Akademie der Künste.* In: *Max Liebermann – Jahrhundertwende.* Hrsg. v. ANGELIKA WESENBERG. Berlin 1997, S. 72. DERS.: *Max Liebermann als Künstler und Kulturpolitiker.* In: *Jahrbuch Preussischer Kulturbesitz* 34 (1997), S. 123–24.

7 ULRIKE HASS: *Theodor Fontane. Bürgerlicher Realismus am Beispiel seiner Berliner Gesellschaftsromane.* Bonn 1979, S. 99.

8 RAINER WARNING: *Flaubert und Fontane.* Bayerische Akademie der Wissenschaften. Philosophisch-Historische Klasse. *Sitzungsberichte,* 1997, Heft 8. München 1997, S. 4.

9 GÜNTER BUSCH: *Max Liebermann und Theodor Fontane.* In: *Neue Züricher Zeitung,* 13. November 1966.

Anhang

Siglen

AFA   (Aufbau Fontane-Ausgabe) Hrsg. v. PETER GOLDAMMER, GOTTHARD ERLER u. a. Berlin, Weimar: Aufbau 1969–1993 (Bd. evtl. Aufl. Jahr, S.)

GBA   (Große Brandenburger Ausgabe) Hrsg. v. GOTTHARD ERLER. Berlin: Aufbau 1994ff. (Bd. evtl. Aufl. Jahr, S.)

HBV   (Hanser Briefeverzeichnis) *Die Briefe Theodor Fontanes. Verzeichnis und Register.* Hrsg. v. CHARLOTTE JOLLES und WALTER MÜLLER-SEIDEL. München: Hanser 1987.

HFA   (Hanser Fontane-Ausgabe) *Werke, Schriften, Briefe* [zuerst unter dem Titel *Sämtliche Werke*]. Hrsg. v. WALTER KEITEL und HELMUTH NÜRNBERGER. München: Hanser 1962–97. (Abt./Bd. evtl. Aufl. Jahr, S.)

NFA   (Nymphenburger Fontane-Ausgabe) *Sämtliche Werke.* Hrsg. v. EDGAR GROSS, KURT SCHREINERT u. a. München: Nymphenburger 1959–75 (Bd. Jahr, S.)

Prop   (Propyläen Briefausgabe) *Briefe.* I–IV. Hrsg. v. KURT SCHREINERT. Zu Ende geführt u. mit einem Nachw. vers. von CHARLOTTE JOLLES. Berlin: Propyläen 1968–71.

UFA   (Ullstein Fontane-Ausgabe) *Werke und Schriften* [zuerst unter dem Titel *Sämtliche Romane, Erzählungen, Gedichte, Nachgelassenes*]. Hrsg. v. WALTER KEITEL und HELMUTH NÜRNBERGER. Frankfurt/M., Berlin, Wien: Ullstein 1974ff. (Bd. evtl. Aufl. Jahr, S.)

Personenregister

Das Personenregister erfaßt alle in den Aufsätzen genannten realen Personen mit Ausnahme von Theodor Fontane, berücksichtigt jedoch nicht die in den Anmerkungen erwähnten Personen.

A

Adam, Juliette II, 130

Adler, Friedrich III, 124

Adorno, Theodor W. II, 232; III, 197

Ahlwardt, Hermann I, 158, 191, 194

Albersmeier, Franz-Josef II, 219

Alexis, Willibald, d. i. Georg Wilhelm
  Heinrich Häring I, 38

Alter Fritz, s. Friedrich II. (der Große), König
von Preußen

Améry, Jean II, 127

Anderson, Paul Irving I, 170, 178

Anhalt-Dessau, Leopold I. Fürst von III, 23

Anzengruber, Ludwig I, 62; III, 274, 279–281

Aristoteles III, 58

Arndt, Ernst Moritz I, 57; III, 172

Aubert, Andreas III, 286

Auerswald, Rudolf von I, 108

Augé, Marc III, 164

Augusta, deutsche Kaiserin I, 36

Augustinus, Aurelius III, 141

Aust, Hugo I, 144; II, 89; III, 144

Austen, Jane I, 54

B

Bachmann, Ingeborg III, 232, 233, 235

Bachofen, Johann Jakob II, 193

Bahr, Hermann I, 11; II, 11, 142; III, 11

Balzac, Honoré de II, 124, 127; III, 202–206

Bamberger, Ludwig I, 163

Barth, Karl I, 57

Barthes, Roland II, 56; III, 80

Baudelaire, Charles III, 204

Bauer, Bruno I, 25

Bauer, Edgar I, 25

Bayard, Pierre du Terreil Seigneur de II, 37, 77

Beard, George II, 136

Bebel, August I, 75, 79, 133, 139; II, 193

Becker, Eva D. III, 106

Beckmann, Martin II, 195

Beer, Michael III, 24

Belhoste, Bruno III, 145

Belke, Ingrid I, 166

Benjamin, Walter III, 22, 35, 83, 84, 182, 204,
  237f.

Benn, Gottfried II, 92

Benz, Wolfgang I, 199

Berbig, Roland III, 107

Bering, Dietz I, 172, 178

Bernhard, Thomas III, 97

Bernhardi, Friedrich von I, 121

Bertrand, Henri Gratien Graf III, 82, 83

Bethmann Hollweg, Theobald III, 229

Beyerle, Marianne II, 126

Biener, Joachim II, 223

Bierbaum, Otto Julius III, 286, 288–292

Bismarck, Otto Fürst von I, 12, 22, 25, 28, 29,
  37, 43, 45, 62–66, 75, 79, 88, 115, 117–121,
  133–135, 139, 174, 185, 212, 213, 229, 245;
  II, 12, 142, 150, 152, 190; III, 12, 17, 23, 88,
  91, 94, 98, 106, 190, 209, 229, 249

Björnson, Björnstjerne III, 273, 279, 280

Blaich, Hans Erich III, 246

Bleibtreu, Carl II, 197; III, 174

Bleichröder, Gerson von I, 174

Blesson, Johann Ludwig Urbain III, 156

Blomberg, Hugo von I, 213

Blücher von Wahlstatt, Gebhard Leberecht Fürst
  III, 17

Blumenberg, Hans I, 12, 178; II, 12; III, 12

Blumenthal, Oskar I, 177

Bode, Wilhelm I, 289; III, 287, 291

Poincaré, Henri III, 145
Polenz, Wilhelm von I, 190, 191
Politzer, Heinz III, 90
Prokop, Ulrike II, 126
Proudhon, Pierre Joseph II, 130
Proust, Marcel III, 163
Prümm, Karl II, 233
Puttkamer, Jesco von I, 70

Q

Quast, Alexander Ferdinand von III, 124

R

Raabe, Wilhelm I, 58, 158, 190, 191, 199;
    II, 101, 190; III, 150, 244
Radetzky, Joseph Wenzel von III, 98
Radziwiłł, Bogusław Fürst I, 36
Radziwiłł, Elise I, 36
Radziwiłł, die Familie III, 23, 209
Ranbuteau (Präfekt von Paris) III, 207
Ranke, Leopold von I, 116
Rapp, Jean Graf III, 84
Rauch, Christian Daniel I, 41; II, 71
Ravené, Jakob Frédéric Louis I, 174
Ravené, die Familie I, 174
Redern, Wilhelm Friedrich Graf von III, 156
Reich-Ranicki, Marcel III, 216
Remak, Wilhelm I, 184
Rembrandt (der Rembrandt-Deutsche)
    I, 244–250
Rentschler, Eric II, 232, 233
Reuter, Fritz I, 36, 200
Reuter, Hans-Heinrich I, 74, 177, 248; III, 89,
    140, 152
Richter, Karl II, 105
Ricœur, Paul III, 58
Riehl, Wilhelm Heinrich I, 106, 187
Rilke, Rainer Maria III, 182, 280
Riviere, Joan II, 162, 164
Rix, Walter T. I, 52
Rodenberg, Julius III, 92, 110, 156
Rohdich, Friedrich Wilhelm von III, 156

Rohr, Mathilde von I, 39, 171, 198, 199; III, 219
Rohrbach, Günter II, 233
Roloff, Volker II, 219
Roß, Wilhelm Johann Gottfried I, 175
Roth, Joseph I, 12; II, 12; III, 12, 215–223
Rousseau, Jean-Jacques I, 74; II, 129, 130
Rubens, Peter Paul III, 165
Rudolf II., König von Ungarn und Böhmen
    III, 95
Ruhmer, Eberhard I, 287

S

Sagarra, Eda I, 279; II, 28
Saint-Pierre, Bernardin de II, 129
Salisbury, Lord, d. i. Gascoyne-Cecil, Robert
    Arthur Talbot, Marquis of I, 121
Salzmann, Karl H. III, 286
Sand, George I, 75; II, 124, 130
Sanders-Brahms, Helma II, 222, 223, 232
Sauer, August III, 89
Sauerbruch, Ferdinand I, 289
Schack, Adolf Friedrich Freiherr von I, 106, 270
Schapp, Wilhelm III, 58
Schasler, Max I, 25
Schiff, Emil I, 184
Schiff, Fritz I, 184
Schiller, Friedrich I, 38, 39, 67, 69, 229, 234,
    235; II, 18, 59, 179, 220, 229–231; III, 21,
    81, 93, 178, 277
Schinkel, Karl Friedrich II, 71; III, 24
Schlaf, Johannes III, 275, 279–281
Schlegel, Friedrich von I, 102
Schleiermacher, Friedrich Daniel Ernst I, 56
Schleif, Wolfgang II, 219
Schlenther, Paul I, 173; III, 247
Schley, Gernot III, 279
Schliemann, Heinrich III, 126–129
Schmidt, Arno III, 228
Schmidt, Erich I, 36, 173
Schmidt, Julian I, 151, 153; II, 129
Schneider, Louis I, 83

Register der Werke Fontanes

Das Register erfaßt alle in den Aufsätzen eindeutig als Titel gekennzeichneten Werke Fontanes, berücksichtigt jedoch nicht die in den Anmerkungen erwähnten Titel.

Autorinnen und Autoren

PROF. DR. HUGO AUST

geb. 1947; Universität zu Köln; Veröffentlichungen u.a.: *Fontane aus heutiger Sicht* (Hrsg., 1980), *Der historische Roman* (1994), *Johann Nestroy: Kompl. Historisch-kritische Ausgaben* (1992 und 1998), *Theodor Fontane. Ein Studienbuch* (1998).

PROF. DR. BERND BALZER

geb. 1942; seit 1977 Professor für Neuere deutsche Literaturwissenschaft an der Freien Universität Berlin; Publikationen zur Literatur des 16., 19. und 20. Jahrhunderts.

PROF. DR. WOLFGANG BENZ

geb. 1941; Technische Universität Berlin; Leiter des Zentrums für Antisemitismusforschung; Studium der Geschichte, Politikwissenschaften, Kunstgeschichte; Veröffentlichungen u.a.: *Herrschaft und Gesellschaft im nationalsozialistischen Staat* (1990), *Der Holocaust* (1995), *Feindbild und Vorurteil. Beiträge über Ausgrenzung und Verfolgung* (1996).

PD DR. ROLAND BERBIG

geb. 1954; Studium der Anglistik, Germanistik und Pädagogik an der Humboldt-Universität zu Berlin; Promotion über die Hölderlin-Rezeption in der DDR-Lyrik; Habilitation über das literarische Leben in Berlin im 19. Jahrhundert; seit 1993 Mitarbeit im Archiv für Regionalliteratur am Institut für deutsche Literatur der HU.

DR. REGINA DIETERLE

geb. 1958; Studium der Germanistik, Psychologie und Publizistik; Publikationen u.a.: *Vater und Tochter. Erkundung einer erotisierten Beziehung in Leben und Werk Theodor Fontanes* (1996), *Theodor und Mete Fontane. Der Briefwechsel* (in Vorbereitung).

DR. HANS ESTER

geb. 1946; Katholieke Universiteit Nijmegen; Studium der Germanistik und der Theologie in Amsterdam, Johannesburg und Tübingen; Promotion über Fontane; Veröffentlichungen u.a.: *Fließende Übergänge. Historische und theoretische Studien zu Musik und Literatur* (1998), *Von Goethe war die Rede ...* (1999).

PROF. DR. HUBERTUS FISCHER

geb. 1943; Studium in München und Hamburg; Ass. Prof. an der FU Berlin; seit 1982 Professor an der Universität Hamburg, 1989–93 Vizepräsident; Gastprofessuren in Kairo und Posen; Bücher und Aufsätze zur Literatur, Geschichte, Karikatur, Umweltbildung.

PROF. DR. HANS OTTO HORCH

geb. 1944; seit 1992 Universitätsprofessor an der Rhein. Westf. Technischen Hochschule Aachen (Deutsch-jüdische Literaturgeschichte); zahlreiche Veröffentlichungen zum Spezialgebiet sowie zu Fontane, Raabe, Benn u.a.

GYÖRGY KONRÁD

geb. 1933 in Debrecen; studierte Literaturwissenschaft, Soziologie und Psychologie in Budapest; 1956 Teilnahme am ungarischen Volksaufstand, nach 1956 als Fürsorger, Soziologe und Psychologe tätig; 1969 internationale Anerkennung für sein Romandebüt *Der Besucher*; 1965–1973 wissenschaftlicher Mitarbeiter des Budapester Instituts für Städtebau, 1974 Entlassung und vorübergehende Inhaftierung; 1978–1988 Publikationsverbot in Ungarn, Auslandsaufenthalte; 1990–1993 Präsident des Internationalen P.E.N., seit 1991 Mitglied, seit 1997 Präsident der Akademie der Künste.

PD DR. GUDRUN LOSTER-SCHNEIDER

geb. 1957; seit 1985 Hochschuldozentin am Seminar für Deutsche Philologie der Universität Mannheim; Forschungsschwerpunkte: einzelne AutorInnen des 18.–20. Jahrhunderts; allgemeine Gattungsgeschichte, Frauen- und Geschlechterforschung.

DR. HABIL. MIROSŁAW OSSOWSKI

geb. 1953; Universität Gdańsk, Institut für Deutsche Philologie; Veröffentlichungen u.a.: *Der Berliner Roman zwischen 1880–1900* (1989), *Der kritische Provinzroman in der Weimarer Republik* (1994).

PROF. DR. DR. H. C. MULT. PETER PARET

geb. 1924; Professor Emeritus, Institute for Advanced Study, School of Historical Studies, Princeton; Veröffentlichungen u.a.: *Die Berliner Sezession, Kunst als Geschichte, Clausewitz und der Staat, Imagined Battles,* Schriften zur Geschichte des Krieges, Schriften zur Kulturgeschichte.

HD Dr. Rolf Parr

geb. 1956; Universität Dortmund; 1996 Habilitation; Monographien bzw.
Aufsätze zur Mythisierung historischer Figuren, elementaren Literatur,
Literaturtheorie und -geschichte des 19. und 20. Jahrhunderts sowie zum
literarischen Vereinswesen.

Prof. Dr. Henry H. H. Remak

geb. 1916 in Berlin als jüdischer Deutscher; Studium der Geschichte und
Literatur an den Universitäten Montpellier, Indiana und Chicago; Professor
Emeritus für Germanistik und Komparatistik an der Universität von Indiana
in Bloomington, USA.

Prof. Dr. Werner Rieck

geb. 1939, gest. 1999; 1973–79 Dozent und 1983–87 Professor an der Universität Warschau; seit 1978 Professor für Vergleichende Literaturwissenschaft an der Universität Potsdam; Veröffentlichungen u.a. zur deutschen
Aufklärung, zu Autoren des 19./20. Jahrhunderts sowie zu deutsch-polnischen
literarischen Wechselbeziehungen.

Prof. Dr. Pierre-Paul Sagave

geb. 1913; Professor Emeritus, Universität Paris X; Studium der Klassischen
Philologie; 1933 Lektor (Aix-Marseille); 1938–40 Maschinengewehr-
Schütze in der französischen Infanterie, 1942 Teilnahme an der Résistance;
1945 Assistenz-Professor (Straßburg); 1954 Ordinarius (Aix-Marseille);
1964–82 Leitender Ordinarius (Paris X).

Prof. Dr. Peter Sprengel

geb. 1949; seit 1990 am Institut für Deutsche und Niederländische Philologie
der Freien Universität Berlin; zahlreiche Publikationen, zuletzt: *Geschichte
der deutschsprachigen Literatur 1870–1900* (1998), *Von Luther zu Bismarck.
Kulturkampf und nationale Identität bei Theodor Fontane, Conrad Ferdinand
Meyer und Gerhart Hauptmann* (1999).

Dr. phil. Dietmar Storch

geb. 1937; Ltd. Regierungsdirektor in der Niedersächsischen Landeszentrale
für politische Bildung; Mitglied der Historischen Kommission für Niedersachsen und Bremen; veröffentlichte über Fontane u.a. *Theodor Fontane,
Hannover und Niedersachsen* (1982).

PROF. DR. BERND WITTE

geb. 1942; Studium der Germanistik, Gräzistik und Philosophie; 1966 Dissertation; 1976 Habilitation; seit 1994 Lehrstuhl für Germanistik II an der Heinrich-Heine-Universität Düsseldorf.

DR. WULF WÜLFING

geb. 1934; Ruhr-Universität Bochum; lehrt Neuere deutsche Literaturwissenschaft; Veröffentlichungen u.a.: *Schlagworte des Jungen Deutschland* (1982), *Nationale Mythen und Symbole in der zweiten Hälfte des 19. Jahrhunderts* (Mithrsg., 1991), *Handbuch literarisch-kultureller Vereine, Gruppen und Bünde 1825–1933* (Mithrsg., 1998).

PROF. DR. HANS DIETER ZIMMERMANN

geb. 1940; Professor am Institut für Deutsche Philologie, Allgemeine und Vergleichende Literaturwissenschaft der Technischen Universität Berlin; Veröffentlichungen u. a.: *Der babylonische Dolmetscher. Zu Franz Kafka und Robert Walser* (1985), *Heinrich von Kleist. Eine Biographie* (1991).

Gesamtinhaltsverzeichnis

Band I

Band II

315

Band III